● 二十一世纪“双一流”建设系列精品教材
● 四川省“十二五”普通高等教育本科规划教材

社会福利概论

（第三版）

主编◎胡 务

U0952762

西南财经大学出版社
中国·成都

图书在版编目(CIP)数据

社会福利概论/胡务主编.—3版.—成都:西南财经大学出版社,
2022.11
ISBN 978-7-5504-5662-4

Ⅰ.①社… Ⅱ.①胡… Ⅲ.①社会福利—概论—高等学校—教材
Ⅳ.①C913.7

中国版本图书馆CIP数据核字(2022)第224897号

社会福利概论(第三版)
SHEHUI FULI GAILUN
主编 胡务

责任编辑:陈何真璐
责任校对:金欣蕾
封面设计:墨创文化
责任印制:朱曼丽

出版发行	西南财经大学出版社(四川省成都市光华村街55号)
网　　址	http://cbs.swufe.edu.cn
电子邮件	bookcj@swufe.edu.cn
邮政编码	610074
电　　话	028-87353785
照　　排	四川胜翔数码印务设计有限公司
印　　刷	郫县犀浦印刷厂
成品尺寸	185mm×260mm
印　　张	16.5
字　　数	378千字
版　　次	2022年11月第3版
印　　次	2022年11月第1次印刷
印　　数	1—2000册
书　　号	ISBN 978-7-5504-5662-4
定　　价	48.00元

1. 版权所有,翻印必究。
2. 如有印刷、装订等差错,可向本社营销部调换。
3. 本书封底无本社数码防伪标识,不得销售。

内容简介

近年来，我国的社会保障和社会工作发展方兴未艾，对处于两者交叉领域的社会福利的研究却较为滞后。本书作者结合现实，追踪社会福利的热点，深入洞悉问题的根源，希望找出我国社会福利发展的方向。本书共分14章，全面介绍了社会福利的历史与现状、问题与出路。本书的特点如下：

第一，概念明晰，条理清楚。目前学术界和实务界对社会福利的概念仍混淆不清。本书开宗明义地解释相关概念，然后以此为纲，组织材料，展开陈述。

第二，从统筹城乡社会福利发展的角度组织全书，关注农民社会福利。本书专门设立农民专业合作经济组织一章，对农村相关组织进行了全面论述，以吸引社会各界的关注，呵护其成长。

第三，以人为本，关注民生。住房、养老、医疗、教育关乎人民的生计，是当今社会的热点话题。本书对这四个领域分别进行专章讨论，凸显重点。

第四，强调对弱势群体的关爱。老年人、妇女儿童、残疾人属于社会的特殊群体，其高福利水平往往是一个国家或地区社会发展甚至社会文明的标志。“老有所终，壮有所用，幼有所长，鳏寡孤独废疾者皆有所养”是儒家笔下的美谈，而今正逐步走进现实生活。本书对这三个特殊群体的社会福利也分别进行专章介绍。

第五，把握全球社会福利发展的脉络，密切注视社区社会福利的动向。我国社会福利建设虽起步晚，却可以借鉴别国已经走过的道路，明辨世界社会福利的潮流。全书的思路是“洋为中用”。同时，社区养老和社区医疗代表了世界社区福利发展的潮流，在我国已初现端倪，理应进一步实践和完善。

第六，首次将社会福利基金的管理纳入书中并进行探讨。社会福利说到底需要钱。离开社会福利基金，或者说社会基金管理不善，都会直接影响社会福利的水平。以往有关社会福利的教材一般都未触及社会福利基金，而本书作者希望通过对基金会和彩票业的论述来扭转该局面，呼吁社会各界重视并监督社会福利基金的管理。

第七，试图破解社会福利提供者的难题。社会文化、法律环境等的重大差异导致我国与西方世界不同。如何真正实现“社会福利社会化”是我国社会福利发展面临的一道难题。在新形势下，我国社会团体、行业协会、志愿者等非营利组织的发育和成长的优劣将最终决定我国社会福利水平的高低。为此，本书作者倾注了大量的笔墨和心血。

该书可作为高等院校社会保障和社会工作专业的教材，也是社会福利学术界和实务界如民政、社会保障、卫生、教育、住房等诸多部门的参考资料和工作指引。用心的读者定能发现开卷有益！

前言
方兴未艾的我国社会福利事业

目前我国学术界关于社会福利的定义较为混乱，大致有广义、狭义、广义与狭义之间的层次之分。本书所谓的社会福利即针对其狭义而言，将其作为社会保障内容体系之一加以处理，既有对弱势群体的服务与保障，又有为全民提供的普遍福利设施和资金保障。这是首先需要交代清楚的。

1997年笔者负笈海外，可谓“颠沛流离”，不过也曾亲身体验外界的福利。2003年，笔者被“引入”西南财经大学保险学院，受命讲授社会福利与社会救助。那时候，笔者便深感我国学术界与实务界的脱节，常为没有一本合适的教材而苦恼。近年来，民生问题日显炙手，社会福利事业的发展被提至新的高度，笔者更觉高校社会福利教材建设滞后，由此萌发编写该教材的念头。断断续续，历经数载，终了夙愿！至今，该教材即将发行第三版。

与传统城乡分割的二元经济体制相适应，我国社会福利制度呈现出制度性供给与补缺型福利并存的二元格局。这种福利模式的特点体现在：

第一，城乡社会福利完全分离，水平悬殊。新中国成立初期，我国社会福利的很大一部分内容包含在企事业单位和政府机关的职工福利中。城市社会福利与充分就业的就业制度紧密相连，属于制度化再分配型福利，是保障程度和福利水平很高的国家福利模式。绝大多数城市居民通过自己就业的单位得到全面而优厚的社会福利待遇。从衣食住行到生老病死，人们生活中几乎一切方面都得到了单位的关怀与保障。而在广大的农村地区，由于当时农村的经济发展十分落后，国家不对农村的社会福利承担责任，而是由人民公社、生产队等农村集体组织承担有限的责任，即对农村的孤老残幼等“三无”人员实行“五保”（保证其衣、食、住、医、葬）供养。

第二，企业提供的职业福利在社会福利中所占比重过大，福利水平形成两极分化。源于计划经济体制的“单位办社会”的局面持续了几十年，事实上单位是社会福利的主要提供者。职业福利的待遇水平与企业效益紧密联系。即使在市场经济改革多年之后的今天，有着垄断利润的国有企业的福利待遇水平仍然很高，而没有工作的人却难以享受到职业福利的待遇，职业福利水平两极化局势形成。

第三，由政府和社会提供的社会福利项目少，水平低。新中国成立以来，我国的非政府组织一直未能发育成熟，社会福利主要依靠政府提供。以往经济的长期落后致使由政府提供的社会福利项目较少，其对象仅仅包括“五保户”、残疾人和孤儿等。政府提供社会福利的方式有院内服务、经济补贴等。但是其进入的条件比较苛刻，受益人少，且福利水平并不高，只能保障受益人的基本生存需求。

第四，在社会上，社会福利是和社会救济结合在一起的，统称救济福利事业。城市中人数不多的非就业人口如孤老残幼等“三无”对象，接受着国家民政部门的收养和救济。从理论上讲，社会救济与社会福利的区别是显而易见的：社会救济是保障最基本的生存需求，而社会福利则是在此基础之上的一种“享受”，处于更高的层次。不过，直到现在，要完全划分清楚两者的界限仍然很困难，尤其是关于特殊群体的社会福利与社会救助。例如，廉租房和经济适用房究竟是住房领域的社会福利还是社会救助，恐怕难以归类。

改革开放以来，政府加大对社会福利的投入，完善社会福利的项目，提高待遇水平，并扩大社会福利的覆盖范围。社会福利水平的适当提高，有助于全民共享社会发展成果，缩小社会的贫富差距，拉近与西方发达国家的距离，促进经济的发展。近年来，随着我国经济的发展，一些社会福利项目从无到有，如公园逐渐免费对群众开放、博物馆基本对外免费、老年人游览景区不用门票、老年人乘公交车不用买票、一些省市对某些疾病患者提供免费治疗、带薪休假制度的推行等。不难预计，将会有越来越多的福利项目走进国人的生活。随着我国工业反哺农业，社会福利的范围亦正在并将进一步扩大到农村。

不可否认的是，制度和环境的因素制约了我国社会福利的进一步发展，如非政府组织发育不够充分、社会福利社会化仅停留于口号、市场和政府介入社会福利的分水岭难以划定，等等。在考察国外社会福利发展轨迹的同时，发展我国的社会福利还需走出自己的道路。

本书第一章通过介绍国外社会福利的改革，找到当今世界社会福利的发展方向，以使我国的社会福利建设避免重蹈覆辙。第二章、第三章、第四章、第五章和第七章介绍国内外社会福利的重要供给者——非政府组织的状况。社会团体、基金会、农民专业合作经济组织等都是目前和今后若干时期内应重点完善的领域。老年人社会福利、妇女儿童社会福利和残疾人社会福利是针对特殊群体的社会福利，是我国社会福利发展迅速的领域。住房、养老、医疗、教育都是如今百姓关心的大事。社区福利必将是社会福利发展的大趋势。社会福利基金的管理有待加强。余下的几章对这些内容均有专门介绍。

感谢众多的同行。本书在编写过程中参考了大量的相关文献。如果没有众多同行的学术成果，本书不可能完成。正是在此意义上，可以说该书是众多同仁长期研究成果的结晶。本书在相关页都以脚注形式将这些成果一一注明，恕不在此赘述。

笔者组织了该书的编写工作。从构思到统稿以及第一章、第六章、第十一章、第十三章、第十四章由笔者完成。第二章、第三章、第四章、第五章、第七章由吕双翠撰写，第八章、第九章、第十章由叶博撰写，第十二章由武丽撰写。叶博同学当年曾在笔者的指导下顺利完成研究生学业，不料工作后因一次交通意外离开人世，终止了短暂的生命历程。愿他在天堂安息！

本书编纂的宗旨是了解现实，把握方向。在知晓正在演进中的我国社会福利现状后，通过分析其问题，找到改进的方式，从而促进我国社会福利制度的完善。国外社会福利的介绍也是基于该原则的。从事社会工作和社会保障教学、科研和实务的人，均需将意识上升到此高度。搞好社会福利，人人有责，人人都须参与。但愿本书能对此有所贡献。您的意见和建议对我和我们的社会福利事业都弥足珍贵。社会福利期盼您的行动！

胡　务

2022 年夏于蓉城

目录 CONTENTS

第一章
国外社会福利改革

第一节　基本概念

一、社会福利的概念

社会福利有广义和狭义之分。

广义的社会福利是指由政府开展和出资的一切旨在改善人民物质和文化、卫生、教育等方面的社会措施，包括政府大力发展的文化、教育和医疗卫生事业，城市住房事业和各种服务业以及政府发放的各项福利性财政补贴。

狭义的社会福利仅指由国家出资或给予税收优惠照顾而兴办的、以低收费或免费形式向一部分需要特殊照顾的社会成员提供物质帮助或服务的制度，通常包括老人、妇女、儿童等特殊群体的福利津贴或福利设施。

欧美国家一般从广义上理解社会福利，即相当于我们常说的社会保障甚至更宽的范畴。而我国的社会福利通常是指整个社会保障的一个组成部分，大体介于广义和狭义之间的中间层次，即既有对弱势群体的服务与保障，又有为全民提供的普遍福利设施和资金保障。本书所述社会福利的范畴即属于中间层次的社会福利。

二、社会福利的基本特征

与社会保险和社会救助相比，社会福利有以下特征：

（1）保障对象的全民性。

（2）保障对象的福利性。

（3）权利与义务的不对等性。

（4）保障对象的公平性和高层次性。

三、社会福利与公共福利的区别

公共福利（public welfare）是社会福利的主干内容。从广义上讲，它是指一个政府为其公民提供的所有商品和服务，尤其是那些旨在提高其公民生活质量的商品和服务，如对教育、房产抵押和收入等的补贴，公共建筑以及其他改进大多数国民生活质量的活动等，都是公共福利的形式；从狭义上讲，它是指那些为无力支付的穷人提供商品和服务的政府计划。

公共福利和社会福利有明显的不同：公共福利的实施主体是国家和政府，而社会福利的实施主体是政府、社会团体、宗教机构、私人等，其发展日益多元化、多支柱化；公共福利的主要内容是反贫困、教育等，社会福利还有提高全民生活水平和质量的含义。

四、社会福利的划分

根据不同的标准，可对社会福利进行不同的划分。

按照福利的具体内容，社会福利可分为：教育福利、住房福利、卫生福利、个人生活福利、各种社会津贴等。

按照享受福利的对象，社会福利可分为：妇婴福利、老年福利、残疾人福利、儿童福利、青少年福利和单位职工福利。

按照福利的给付形式，社会福利可分为：货币形式，如直接补助贫困者一笔资金；实物形式，如向贫困者提供大米、食用油等生活必需品，或免费为残疾人提供假肢、助听器等。

按照福利服务的形式，社会福利可分为：对贫困家庭子女的免费义务教育、对失业人员的免费培训、带薪假期，等等。

按照供给方的不同，社会福利可分为：个人提供的福利、志愿部门提供的福利、国家提供的福利。个人为增进社会福利，履行文化和道德责任而承担各种活动，如个人帮助周围需要帮助的人。志愿部门或称第三部门（在市场和政府之外的第三种承担一定社会功能的社会组织机构）进行有组织的、宗教的和非宗教的慈善活动，如宗教组织进行的有组织的慈善救助活动和各种提供照顾与服务的活动，非宗教的慈善活动，非营利组织、志愿组织提供的社会福利活动。国家直接承担社会福利责任、开展社会福利服务，并通过税收等影响社会福利状态。

按照是否对服务的接受者进行经济调查，社会福利可分为普遍性（universal）福利和选择性（selective）福利。普遍性福利供给是根据年龄、家庭中未成年的子女数、患有某种疾病的标准来确定供给对象。只要符合这些标准，一个人就有受益的权利，而不管其收入或经济状况。选择性福利供给采用双重标准：一是同普遍性福利一样，根据一些标准确定目标群体；二是根据收入标准再次细分目标群体，只有收入低于某一标准的人才能接受社会供给。

我国民政部门一般将社会福利分为：

（1）职工集体福利。其走势是社会（社区）化。

（2）特殊社会福利。其走势是多元化。

（3）社区社会福利服务。其走势是从城市延伸到农村，成为社会福利的主干。

五、世界社会福利的发展里程

按照时间顺序，世界社会福利的发展大致经历了以下几个阶段：

1. 剩余型社会福利（residual social welfare）

剩余型社会福利首先在英国建立。其标志是1601年英国女王伊丽莎白一世颁布的旧《济贫法》，1834年的新《济贫法》。其特征是慈善、济贫，保障贫困成员的最低生活水平。

2. 制度型社会福利（institutional social welfare）

1883年、1884年、1889年德国政府分别在疾病、工伤、养老和残疾等方面出台了一系列的社会保险法律。从此，社会福利开始制度化、立法化。

3. 福利国家

1942年，英国的贝弗里奇爵士提交《社会保险报告》即《贝弗里奇报告》，成为英国福利国家的蓝图。1948年，英国第一个宣布自己为福利国家，随后其他欧美等资本主义国家纷纷效仿。福利国家的标志为社会福利项目全、范围广、标准高。与此同时，社会主义国家实行更为彻底的福利模式，即结构性福利（structural social welfare）。

4. 福利国家危机

福利国家危机体现在以下五方面：

（1）政府直接经办的相关机构服务素质欠佳，效率低；

（2）国民有依赖心理；

（3）削弱家庭和社区的责任；

（4）人口老龄化和失业人数激增，加之政客的承诺，使政府负担过重；

（5）公营部门规模太大，浪费社会资源，降低竞争力。

5. 福利多元化和福利市场化

福利多元化亦称混合福利经济（mixed economy of welfare），主张福利产品应来自国家、家庭、商营部门和志愿机构，来源越多越好。而福利市场化则通过走市场化路线来推进社会福利的发展。

六、发展社会福利的核心问题

发展社会福利，过分肯定市场能量或过分依赖政府调控都不行。

社会福利比较完备的国家一般通过以下三种途径向全体社会成员提供社会福利：专业化的社会福利、职业化的职业福利和社区化的社会福利服务。其中专业化的社会福利是由一些非政府的社会福利团体负责向有关社会成员提供服务的。这些社会福利团体又被称为志愿组织。它们在遵守法律的前提下，自行决定其服务内容和方式。团体的主要经济来源是政府的资助。政府除扮演“后台老板”的角色外，经常处于监督和评判的位置。由非政府组织组成的专业化的社会福利服务团体，在很多市场经济国家已是一个为社会所普遍认同的行业或职业，即“社会工作”。在香港地区，2000 年就有慈善团体 600 多个，工作人员近万人，承担了全港 80%的社会福利服务。到 2010 年，慈善组织发展到 6 380 个，其福利经费 80%由香港政府提供。在 20 世纪 90 年代初，香港政府每年用于社会保障制度的经费仅 32 亿港元，占总支出的 3%；而在 1994—1995 年，福利事业开支为 143 亿港元，占政府总支出的 8.4%，其中拨给福利团体 32 亿港元。2014 年，香港政府用于社会福利的开支为 569 亿港元，占整体政府总支出的 18.5%，仅次于教育。2020—2021 年，香港政府投放社会福利经常开支预算 939 亿港元，占整体政府经常开支的 19.3%。

第二节　国外社会福利改革的方向

一、家庭福利的变化

在过去的几十年间，随着结婚率下降、非婚生子女数量增加、离婚和独身人数上升、重组家庭大量涌现，家庭的组织形式种类繁多。同时，单亲家庭数量急剧攀升，单亲家庭收入与双亲家庭相比进一步下降。许多西方国家单亲父母（母亲居多）难以进入劳动力市场，加之儿童护理设施昂贵，致使技能低、工作经验少的妇女无法兼顾家庭责任和职业。为此，这些国家采取了一系列措施①。

（一）协调职业生涯和家庭责任

1. 产假：权利的延伸和男女平等原则

在产假方面，产假权不仅在西方国家扩大了覆盖范围，而且在许多发展中国家如柬埔寨和巴基斯坦也得到了扩展。例如，美国过去的产假权由各州的法律规定确定。新的《联邦家庭和产假条例》规定，规模在 50 人以上的企业的男女职工有权享受 12 周的无薪产假。该假期是选择性的，休假人员享有法律赋予的回到原有工作岗位的权利。

产假期延长、产假待遇提高是一些工业化国家和地区产假权的发展趋势。这些国家和地区包括印度、伊朗、韩国、土耳其、西班牙、英国等。一些国家采取更加灵活的产假模式，如英国将整个假期分为产前和产后两个部分。1992 年，欧洲妇女产期保护指导纲要规定，各国应为产妇提供 14 周的假期和多于疾病福利的产假福利金，并保障其就业安全和身体健康。从 2010 年 4 月开始，女性产假（包括流产、难产）可以申请 52 周，即 1 年。

---

① 霍斯金斯，等. 21 世纪初的社会保障［M］. 侯宝琴，译. 北京：中国劳动社会保障出版社，2004：228-247.

一些国家如丹麦、挪威、瑞典、西班牙、葡萄牙、以色列等都允许将产假的身体恢复期以外部分由父母双方分担。

2. 抚养幼儿、照顾家属假期：核心趋势

该做法萌芽于20世纪70年代，是在中东欧和北欧国家实行的基础上逐渐推广的。在一些传统上政府对家庭事务关注较少的国家（如澳大利亚、新西兰、英国、美国），此类假期通常以产假的延伸形式出现，休假人的报酬很少或没有。南欧国家情况与此类似。而在政府对家庭事务积极干预的国家（如法国、德国、北欧五国），假期的形式和休假人与劳动力市场的关系，因儿童教育责任在父母和社区间不同的分工而不同。如法国和北欧国家公共部门投资的儿童护理机构和设施发展完善，妇女可以兼顾职业和家庭责任；而在德国和荷兰，妇女通常必须在育儿早期减少工时或者完全放弃工作。

1996年，欧盟发布抚养幼儿、照顾家庭假期指导纲要，规定成员国国民有权享受3个月抚养幼儿、照顾家庭的假期（产假不计算在内），而且休假人应在小孩8岁前休完该假期。休假期间休假人的社会保障不应中断，休假后的复职应得到保障。具体津贴待遇由各国制定。

（二）家庭收入扶持政策

由于经济困难和部分人口缺乏保障，不少国家对以前普遍实行的家庭福利项目进行改革，通过财产验证程序集中帮助特困人群。例如，阿根廷和匈牙利在1996年、法国在1998年开始对超过规定线的家庭停发家庭福利。葡萄牙于1997年规定，随着家庭收入增加按比例降低福利水平。新西兰1996年仅对中低收入的有子女家庭收入补助一个项目进行了福利金上调。

一些国家在担心依赖社会福利的家庭尤其是单亲家庭不断增加的情况下，采取措施鼓励、促使贫困人群重返劳动力市场。如南非在1996年、美国在1997年、英国在1997—1998年、法国在1998年拨出专款，改善就业服务，并为福利金依赖者提供“过渡”岗位。美国、新西兰、英国及挪威等将承担工作义务作为领取福利金的条件；同时改革福利发放方式，包括根据就业状况调整福利金水平、消除单亲家庭和双亲家庭福利金的差别、允许有工作收入的人继续领取福利金直到收入达到一定的水平等，以此保证从依赖福利走向工作岗位的人不受经济上的损失。

针对原有“缺席父母”不履行支付抚养费，最终由国家代为偿付的情况，一些国家采取措施强化家庭内部赡养机制，提高现行规定的执行力度。加拿大从1996年起规定更加严格的到期偿付程序。爱尔兰将偿付抚养费的责任扩大到未婚父母。

（三）妇女福利权利的独立

近年，妇女个人权利不断得到承认。在瑞士和列支敦士登，夫妻养老金制度被取消，取而代之的是夫妻双方各自独立的权利。以色列老年保障项目下的无工作妻子的养老金补助已被妇女的个人福利权利代替。加拿大的普通养老金、澳大利亚的收入补助等项目均采用福利权利个性化的原则。

以前，最低福利保障、无保险费缴纳史人群的福利保障，使妇女加倍受益。但是，在以职业为基础的保障制度中，强化保险费和福利金之间的关系以增加储蓄是一种发展趋势。该做法损害了妇女的既得利益。为强制维持一定水平的妇女养老金，奥地利、比利时、德国和意大利等国均将妇女花在养育孩子上的时间算作工龄计入养老金。

（四）重新审核派生权益

派生权益是指被保障人的无职业配偶所享受到的保障权益。随着社会的发展，传统观念上为家庭妇女提供风险保护的理念逐渐被为无工作能力的一方提供风险保护的思想替代。基于男女平等的原则，一些国家开始修改法律，在同等条件下给予鳏夫相同的抚恤金权利。同时福利金发放条件更为严格，如必须履行财产验证、子女状况申报以及提供无工作能力证明程序等。

20 世纪 90 年代初，一些国家采取"按需求发放福利"的原则，除老一代妇女外，废除了对寡妇和鳏夫的特殊规定。对独身、离婚、分居以及一方死亡等独居的风险不加区别地综合考虑。当事人经过财产验证并申报子女状况，领取福利金的权利相同。

另有一些国家如日本、法国、比利时、奥地利等的改革完全不同。它们在发展妇女以职业活动为基础的个人权益的同时，并未废除派生权益，而是对其做出适当调整。如法国设定福利权益最高限额，在此条件下维持现有的个人权益和派生权益并存的格局。

二、社会福利五边形（社会福利社会化）

社会福利五边形如图 1-1 所示。

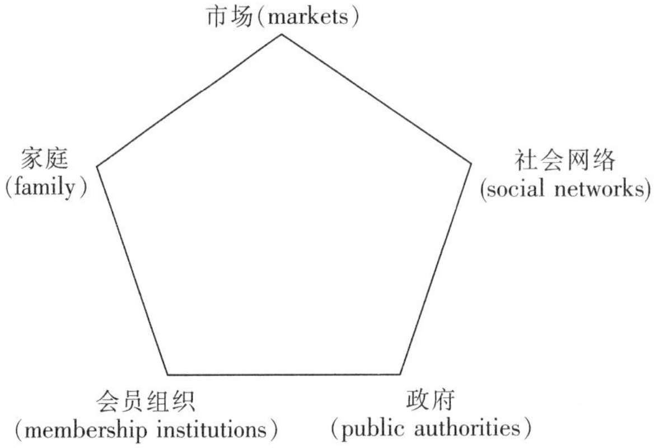

图 1-1　社会福利五边形

当众多社会个体成员不得不应对基本需求时，他们可以求助于图 1-1 中所示五边形的每一角所代表的主体或这些主体的组合。虽然存在单纯依靠简单一角的情况，如满足儿童基本需求完全依靠市场的个体保障（因为孩童主要依靠家庭中的代际支持，而个人的市场行为似乎只依赖于市场一方），但用五边形进行决策比单独依靠一方更容易被接受。即使在上述简单依靠的情形下，其他因素同样起着不容忽视的作用。

世界社会福利的发展历程催生了社会福利社会化（多元化）的到来。从 20 世纪 70 年代后期由中东石油危机引发资本主义世界经济滞胀开始，福利国家危机出现。在此背景下，产生了社会福利多元化（welfare pluralism）的诉求。如前所述，福利多元化亦称混合福利经济（mixed economy of welfare），主张福利产品应来自国家、家庭、商营部门和志愿机构，来源越多越好。社会福利社会化包括服务对象、福利资源、福利事业管理、服务设施、服务队伍的社会化。

三、社会福利市场化

社会福利市场化（marketization）就是将某些社会福利项目需要的资金由国家负担转变为私人负担；某些福利服务由国家提供转变为私人提供；有些营利性福利服务机构和设施可以交给企业经营运作，在保证社会效益的同时兼顾企业经济效益。随着全球化的到来，私营福利机构能在全球范围内或在许多国家开展业务，其开展业务的机会越来越多，从而不断动摇国家公共福利服务的基础，削弱了国家福利政策的影响力。国际保险市场正蓄势待发。当社会保障税高到人们开始结成政治联盟以对抗不断加重的公共养老金负担时，保险公司就乘机向欧洲低风险人群出售其保险产品。按照世界服务贸易总协定的规定，社会照顾、健康服务和其他社会福利项目的全球化市场规模已经扩大并将不断扩大①。如 1994 年，瑞典社会民主党再次执掌政权后，政府开始根据自由主义原则对国家进行改革。为了降低失业率，瑞典政府允许从前属于政府经营的产业向私人开放，如开放儿童和老年人医疗卫生和服务业②。2000 年 4 月开始实施的日本老年看护保险制度即通过市场提供老年护理服务。

社会福利市场化后亦带来一些新的问题。以日本的护理保险为例，在规模成倍增长的护理市场中，大量民间经营者参与导致相关服务质量令人担忧。另外，老人对护理人员不信任的情况与日俱增，要求限定护理收费的最高额度。

四、非正规护理的发展

作为应对病残老人护理困境的对策，非正规护理在 20 世纪 80 年代开始受到人们的关注。20 世纪 90 年代，由于社会保障系统覆盖面的扩大、申请条件的控制以及预防欺诈，健康保障、长期护理的审核标准变得日益严格，许多国家降低了先前的公共护理水平。因此非正规护理有关的政策开发特别具有活力和更加引人注目，其发展呈现以下趋势③：

（1）护理人现金福利政策的巩固和加强。用现金支付护理报酬在许多国家都是一种较新的做法（尤其是当护理费不与社会保障体系的收入保障项目挂钩时）。

（2）向直接偿付制度迈进的趋势。由于绝大多数处于就业年龄阶段的护理人是妇女，护理工作一直是这些女性的生活保障，因此支付报酬也是解决性别不平等的问题的方法之一。报酬支付包括三种模式：①直接支付给护理人报酬属于普通保障金的范畴，只需提供从事护理工作的证明即可，而无须通过财产、收入验证。另一些国家将其归入收入补贴项目，领取时需要经过收入、财产验证。还有一些国家对护理报酬的领取加以

---

① 斯歌，等. 地球村的社会保障：全球化和社会保障面临的挑战［M］. 华迎放，等译. 北京：中国劳动社会保障出版社，2004：5.

② 同①188.

③ 霍斯金斯，等. 21 世纪初的社会保障［M］. 侯宝琴，译. 北京：中国劳动社会保障出版社，2004：33-54.

限制措施，如仅限于处于就业年龄阶段且无正式工作的护理人，配偶之间的护理被排除在外。②在“准工资方法”模式的国家，护理报酬的一部分可以直接付给被护理人，然后再转到非正规护理人员手中。③ 20 世纪 90 年代，一些以保险为基础的国家如奥地利、德国、法国在社会保障系统中引进了病残老人福利项目。考虑到用护理津贴帮助病残老人购买护理服务和应对与残疾有关的额外生活费，这些国家一般直接支付给病残人护理金。

（3）护理人支持服务范围的扩大。对护理人员的服务的支持包括对传统服务如家务和日托服务的支持，以及对旨在减轻护理人员压力的新形式服务如临时替代性护理服务的支持。护理人员本身对服务的需求日益得到承认。

（4）将非正规护理人员的需求纳入项目评估内容。各国的共同趋势是注重护理人的权利和需求，对非正规护理安排做出专业的评估。

（5）信息、培训机构的出现。1993 年，欧洲改善生活和工作条件基金会在其家庭护理报告中提出的中心政策建议便是舆论宣传和培训，包括在地方一级开展宣传活动，开发和改进支持性服务结构；在国家一级建立护理人规章、护理人组织网络，以在较高层次上代表护理人利益。根据 1992 年《公共管理法令》，美国在县市一级成立了公共管理委员会，其作用是将独立的护理提供者组织起来，帮助其就业，向残疾人和护理人提供角色培训，并代表护理人和被护理人进行报酬协商。

根据不同国家的做法，实施非正规护理政策的国家大致可以划分为以下三类：

第一类国家包括以非正规护理人现金津贴国家项目为特点的英语系国家。其项目的管理、津贴的发放大都通过国家社会保障系统进行。此外，由于这些国家其他社会救助体系较为发达，护理人现金津贴随收入和财产验证而定（奥地利实行护理人与被护理人双重财产验证）。英国例外，它设有无须财产验证的护理人和护理依赖人双份现金津贴。

第二类是北欧国家。北欧高福利国家有着全面、广泛的护理人社会保护协调机制和护理人就业政策。北欧诸国都以“准工资”制为基础，由地方政府掌管，由地方决策，报酬数量的地区差异很大。丹麦是一个特例，不为护理人提供报酬。丹麦属于绝无仅有的纯粹福利国家，培育发展广泛的公共福利。该做法和观念长期以来排斥非正规护理的存在。

第三类国家全部在欧洲大陆。这些国家的残疾人现金津贴制度大致相同，津贴供残疾人购买护理服务。奥地利、德国和法国均于 1993—1997 年在全国实施该种津贴制度。这些国家不通过财产验证来取得申领资格，同时护理人没有以自己名义领取现金津贴的权利，而且有关项目没有为护理人考虑到向社会保障系统缴纳保险费的问题（德国除外）。与澳大利亚相似，奥地利制定了帮助停止护理、另行就业的非正规护理人员解决过渡时期困难的规定。

五、普享性社会福利向选择性社会福利的转变

坚持普享性（universal）社会福利者认为，正如英国的国民健康保健，社会福利应该为全体国民所享有，不必进行家庭财产调查。社会福利的定义本来就包括将福利资源

分配给总人口中某些较弱势的群体，如老年人和儿童津贴；主张将福利作为一种权利赋予所有公民或主要群体的所有人，以此避免社会分化为施予者和受施者两个独立阶层，增进社会团结，消除受施者的受辱感。而在坚持选择性（selective）社会福利的人看来，受益资格应通过对个人需要的调查（如家庭财产调查、人口或人群身份标准）来确定。选择性社会福利政策优越于普享性，前者既可以减少总支出，又可确保将有限的社会福利资源分配给最需要者，有利于资源的再分配。公共援助主要针对那些处于社会边缘的人，不应要求纳税人去补贴那些能够满足自己需要的人。

20 世纪 80 年代以来，许多国家尤其是高福利国家制定目标定位（targeting）政策，出现由普享性社会福利向选择性社会福利过渡的趋势。以新西兰为例，第二次世界大战结束伊始，由于希望国民尽快回归正常的家庭生活，提高出生率，并把妇女为支援战事所从事的工作让位给复员军人，新西兰政府建立起普享性家庭津贴。随着时间的推移，这些目标逐步实现，普享性家庭津贴的价值渐渐消失。1991 年，该家庭津贴被取消，取而代之的是针对低收入家庭的选择性家庭援助项目包括家庭扶助（family support）、家庭最低收入保障（guaranteed minimum family income，GMFI）、非福利家庭税收抵免计划（independent family tax credit，IFTC）。这些援助项目不仅定位于低收入家庭，从更高程度上讲，还定位于低收入工薪家庭，尤其是全职工薪家庭。又如 1997 年瑞典政府立法规定，寡妇的津贴要经过家计调查后才能享受。

全球选择性社会福利日益流行的原因主要有以下三个方面：

（1）社会福利资源的稀缺。福利计划是一项社会再分配政策，是一种优效型公共产品，用以帮助特定人群。福利政策的问题不在于是否需要选择性或目标定位，而在于如何制定令人满意的政策，并通过它最有效地实现各种政策目标。

（2）福利国家的财政危机。1973 年石油输出国组织（Organization of Petroleum Exporting Countries，OPEC）宣布大幅减产，导致国际市场油价猛增。中东石油危机使西方福利国家不同程度地陷入财政危机之中。这些西方国家不得不削减福利支出，降低福利水平，收缩福利国家规模。选择性和目标定位便成为西方国家摆脱困境、“福利瘦身”的急切手法。

（3）新保守主义的崛起。新保守主义又称新自由主义。20 世纪 90 年代开始，新保守主义在政治学、经济学和社会学等领域活跃起来。该主义强调个人、家庭、市场的重要作用，重申“国家失灵”可以满足社会改革的自身需要。新保守主义意识形态的形成是对福利国家的一种“反动”，推动福利国家由普享性向选择性转变。新保守主义为福利改革提供理论指导①。

① 吉尔伯特. 社会福利的目标定位：全球发展趋势与展望［M］. 郑秉文，等译. 北京：中国劳动社会保障出版社，2004：2-4.

第三节　日本社会福利基础结构改革[①]

一、改革背景

1998 年，日本社会福利界酝酿多年的“社会福利基础结构改革”拉开了序幕。改革主要基于以下两方面的原因：

（1）解决财政困难。一方面，经济持续萧条，中小企业大量破产，失业率居高不下；另一方面，福利费用开支逐年增长，人口老龄化急剧发展。日本由于其社会生活、医疗水平的不断提高，已经成为世界上国民平均寿命最高的国家。日本男性平均寿命为 77.01 岁，女性平均寿命为 83.59 岁。日本婴儿出生率逐年下降，由 20 世纪 50 年代至 20 世纪 70 年代每年 160 万~200 万的出生人口，跌落到 121 万人（1996 年）。1995 年，日本 14 岁以下的人口比 1985 年减少了 600 万。现在，人口的高龄化已经成为日本社会面临的最大难题。

（2）梳理和革新第二次世界大战后 50 年福利发展遵循的理论、价值观念。第二次世界大战后，出现了众多的战争受害者和被遣送回国的战俘及家属，他们居无定所、生无所依。政府开始制定、实施以救贫、扶贫为中心的社会福利保障制度。这一制度沿袭多年。

二、改革的主要内容

此次日本社会福利基础结构改革的主要措施有：

1. 追求新的社会福利理念

日本此次改革中，在重申社会福利应尊重人权的基本原则时，还提出应超越传统道德观念的束缚，尊重个性和个人选择的权利。比如，对那些未婚而同居的男女以及他们的子女应该给予同等的福利待遇。同时强调福利服务要避免一律化，提倡个性化。

2. 建立老人看护保险体制

针对在老龄化过程中出现的护理难的社会问题，1997 年 12 月 17 日，日本政府颁布《看护保险法》，在全民范围内强制推行看护保险制度。这项新制度是与国民年金保险相配套的保障体系。这项制度的推行可以使老人在取得退休金的经济保障之外，同时可以依法获得老后护理的保障，解除老人老后无人护理之忧。2005 年、2008 年和 2012 年日本又对护理保险制度进行了三次改革。

1994 年 4 月，日本厚生劳动省设立老年人看护对策本部，并开始建立新的老年人护理模式。1994 年 9 月，社会保障未来蓝图委员会和高级护理自营职业援助系统研究

---

① 沈洁．本世纪末福利改革的主要动向及其启示［J］．华中师范大学学报（人文社科版），1999（6）：52-58.

协会联合发布了一份报告，建议将社会保险纳入对老年人的服务。1995 年 2 月，老年人健康和福利审查委员会审查了该提议；同年 7 月，高级卫生和福利审查委员会提出“重建社会保障制度——旨在建立一个可以实现安心生活的 21 世纪”，并指出照顾老年人的财政资源主要来自长期护理保险费。1996 年 4 月，日本政府开始建立公共保险制度；同年 11 月，日本国民议会提出了三项与老年护理有关的法案，分别是“介护保险法案”“介护保险法施行法案”以及“医疗法的部分修正”，三项法案的正式执行日期为 2000 年 4 月 1 日。2006 年 8 月，日本增设预防看护体系。2012 年 7 月，增加在一定区域内的全天候看护服务。2015 年 10 月，增设和推行小规模多机能居家看护。在 20 余年的发展过程中，日本政府针对老年护理问题不断完善看护保险制度，目标是在 2025 年实现地域内看护和医疗资源一体化融合。日本看护保险发展历程如表 1-1 所示。

表 1-1　日本看护保险发展历程

年份	制度设立的关键内容
1994	厚生省设立老年人看护对策本部
1995	提出看护保险制度的初步想法
1996	提出关于看护保险的三项法案
1997	对三项法案进行部分修正
2000	正式实施看护保险制度
2005	增设预防看护体系
2008	看护服务从业者薪资待遇得以改善，政府的监管能力得以提高
2012	为地域内老年人提供 24 小时的综合看护服务，重新制定看护服务者的工资待遇
2015	增设和推行小规模多机能居家看护
2025	实现“地域内看护和医疗资源一体化融合”目标

新的看护保险制度能够给日本国民带来的好处首先表现在实现老人福利与老人医疗的综合利用上。将过去实行的全额公费的老人福利和由医疗保险、公费负担的老人保健制度一体化，改变为由看护保险费加公费负担的看护保险，这样不仅可以做到使用者享有选择权，而且可以解决由高龄住院带来的医疗难题。而且，在新的制度下，除了公共团体提供看护服务以外，民间事业团体也可以参与提供服务，有利于提高看护服务的效率和质量。看护保险的对象分为两种：一是 65 岁以上的人可以成为一等被保险者；二是加入医疗保险的 40 岁至 65 岁的人可以成为二等被保险者。被保险者可以享受以下方面的保险服务：家访看护，服务人员定期家访；帮助料理家务等；帮助清洁，服务人员定期到家帮助被保险者洗澡等；家庭理疗，医务人员定期到家服务，帮助被保险者进行身体机能恢复运动等；医务人员家访，进行身体检查和营养指导等；全天看护，在看护设施内为被保险者提供当天的各项服务；短期设施内看护，需要 24 小时看护的被保险者可以搬入看护设施内享受 24 小时的看护服务；痴呆病人的集体设施看护；自费老人设施内的看护；轮椅等医疗器材的使用及特殊器材的费用补助；医疗需要进行的住宅改

修费用补助；对在家看护的支援，根据被保险者的身心状况以及被保险者提出的服务要求计划，通过与服务提供团体协商解决。另外，被保险者还可以享有进入或使用特别老人养老设施、老人保健设施、疗养治疗型看护设施的权利。同时，各地区的市、镇、村可以利用一等被保险者的保险费，自主地向被保险者提供必要的送饭服务、洗涤服务等。

在申领看护保险的过程中，需要者首先向所在的市、镇、村提出看护申请，然后由市、镇、村的专门机关审查申请者是否符合需要看护的标准，确定申请者应该受到何种程度的看护。政府组织专门的评估机构对老年人需要照顾的程度予以界定。如果使用者对市、镇、村的安排意见不满意可以向都、道、府、县的审查机关提出个人要求。根据需要看护的审查结果，使用者本人或家属可以直接向提供看护服务的事业团体申请服务，选择适合自己的看护服务，也可以通过专业机关与提供服务社会团体交涉。日本看护保险制度模式见图 1-2。

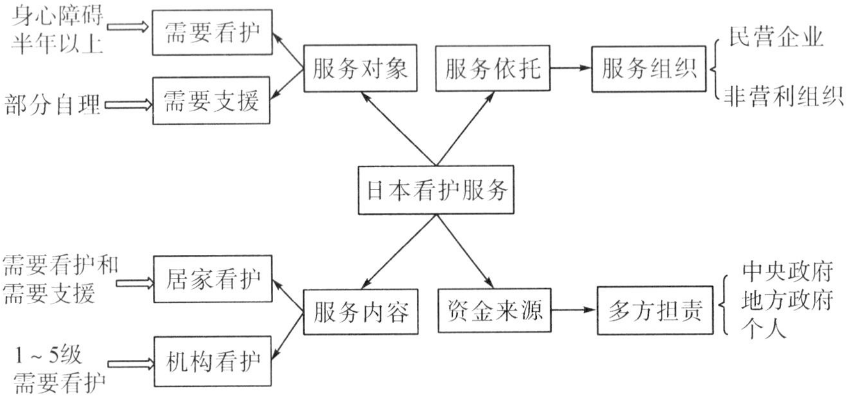

图 1-2　日本看护保险制度模式

资料来源：杨哲，王茂福. 日本医养结合养老服务的实践及对我国的启示［J］. 社会保障研究，2021（1）：93-102.

护理保险的财源来自被保险者交纳的保险金和接受服务时收取的（相当于 10% 的保险金）服务费。所有 40 岁以上的日本国民都要交纳护理保险费。40～64 岁的年纪还不算老的人，每月交纳 2 500 日元（个人和所在工作单位各负担一半）。该年龄段的人除极少数年轻痴呆症患者和有特殊疾病的人需护理之外，无须接受护理服务。对 65 岁以上的老人，无论身体健康程度如何，每月均须交纳护理服务费，他们平均交纳 3 000 日元保险金。尽管日本政府采取了减少低收入老人保险金的措施，但是对于依靠退休金生活的老年人而言，这仍是相当大的负担。原有对老人护理制度的收费，是按照享受服务的老人收入的多少来确定交付服务费标准的。因为高龄老人基本上多数属低收入者，所以约有 70%接受护理的老人免交服务费。但是，参加护理保险的人在接受护理服务时，原则上需要交付实际护理服务费用 10%的服务费，最多每月需要交付 3 万日元。

在日本看护保险制度实施之后，随着需要看护的高龄者的增加以及看护服务项目的充实，社会整体的看护费用逐步增大。据日本厚生劳动省《看护保险事业状况报告》，截至 2019 年 12 月，日本需要看护的总人数约为 669. 9 万人，预计到 2040 年将达到 988 万人。但是，看护保险制度的实施不会加大国民个人的负担，因为看护保险的服务费用，现在是通过老人福利制度和老人保健制度来负担的。随着新制度的建立，老人保健制度中的医疗保险转移到看护保险中，相应地减少了医疗保险的负担。另外，看护保险制度有利于减少需要看护的本人及家属的费用支出。同时，民间事业部门的参与，起到了促进提供服务团体之间竞争、提高服务效率的作用。此外，由于看护保险费用 80%以上是由公费和医疗保险费支付的，各市、镇、村征收的高龄者保险费占全体费用的比例不足 20%，因此看护保险制度的实施不会增大地方财政的负担①。

3. 社会福利产业化

日本原有的社会福利设施经营采取的是政府包揽财政、以行政为主导的计划经济管理的国家福利型经营方式。但是，看护保险推行之后，国家财政的大部分养老福利补贴将由发放给福利设施的法人团体转向发放给投保的个人，形成由个人用保险金买福利的格局，促进老人福利逐渐向产业化的方向发展。

4. 运用竞争原理，提高福利质量和效率

以往，政府对福利设施的财政补贴、个人利用福利设施交纳的费用等都是在政府严格的规制下非公开地进行的。利用者自由选择服务项目和福利设施的余地小，经营者缺乏自由经营的权限，其结果是形成了经营者的惰性和利用者的浪费，牺牲了效率和质量。政府利用市场经济规律，给经营者和利用者双向选择的自由，费用负担与利用项目挂钩，通过合理运用市场竞争原理，提高社会福利服务的质量和效率。

5. 新设置福利经纪人制度

保护弱者是社会福利的根本宗旨，而市场竞争的必然结果是弱肉强食。如何解决两者之间的矛盾，这是各国都在探索的问题。日本在这次改革中推行的一项新措施，是在社区普遍设立福利经纪人事务所，引进福利经纪人制度。福利经纪人事务所根据社区人口比例设置，负责提供有关社会福利问题的咨询，实地考核需要接受福利服务者的生活状况和对福利服务的需求度，根据每个人的实际状况和要求设计实施方案，并与各福利设施所有者协商，依法协调，直到双方的条件获得满足为止。

6. 实行家庭护理员制度

这是家庭护理社会化的措施。家庭护理员的主要职责是遵循互助的原则，对居家养老的老人、残疾人等进行定期访问、护理。以前这项活动被作为志愿者活动加以提倡，这次改革将其职业化、制度化、有偿化。每个人在经过一定的职业训练后，都可以获得家庭护理员的资格。凭借这种资格可以申请参与家庭护理的工作，同时也可以获得一定的报酬。即使是照顾自己的亲生父母，也可以依法获取报酬。

7. 设置社会福利情报管理中心，提高社会福利管理的透明度

此乃为对在自由竞争过程中出现的弊端进行监督而设置的市民监督体系。其主要功能是：一方面为市民提供福利政策信息和利用信息，供其在自由选择中参考；另一方面

---

① 合津文雄. 日本社会福利政策变革的新趋势［J］. 北京大学学报（哲学社会科学版），1999（6）：66-69.

吸引市民参与对社会福利的管理，对服务质量进行监督评估。

三、改革趋向特征

从日本的社会福利基础结构改革中，我们可以看到它在很多趋向上比较接近欧洲诸国的改革，但是它的社会福利毕竟基于东方社会文化，因此它表现出了自身的特点。

在日本的改革中，表现最明显的一个趋向特征是，社会福利由以家庭为单位转向以个人为单位，重视个人的自我决定权，即“帮助个人自立”“尊重个人需求”。迄今为止，日本的社会福利是以家庭为计量单位的。例如：妻子没有正式参加工作的话，妻子的退休金和孩子的各种社会福利补贴都计算在丈夫的名下；即使妻子正式就职，其纳税以及交纳保险金也都与丈夫的收入相联系。这事实上是一种扩大了的家庭福利和企业福利。它在很大程度上限制了福利社会化的发展。这是日本社会福利结构体系制度中的一个最大特点。

随着日本现代社会逐步走向成熟以及女性走向社会等，个人权利意识逐步强化，个人与个人之间、个人与社会之间的依赖关系也逐渐强化。相对而言，家庭以及社会集团对调节个人与社会之间关系的功能则逐渐削弱。在这种社会变动中，个人、家庭、社会三者关系中，作为中间环节的家庭在调节社会关系中的作用逐步弱化。以往通过家庭和邻里集团可以解决的生活福利问题，已经不可能在家庭、邻里集团中获得解决，个人必须直接面向社会，依靠社会的力量解决。在此基础上，社会福利的对象将由以家庭或者集团为单位转向以个人为单位，形成社会对个人、个人直接与社会相联系的一种结构关系。个人的风险和困难并不是理所当然地由个人和家庭承担，而应该是由社会承担。日本政府在1998年颁布、2000年4月起实施的《看护保险法》中明确了这一原则：护理照顾老人的责任在于社会，而不在于家庭。由此规定子女照顾卧床的父母，可以依法领取一定的报酬。在东方社会被认为最为重要的血缘、亲情纽带被法律化之后变得冰冷和僵硬。这与近年中国、韩国和新加坡颁布的强调家庭扶养老人责任的“孝行”法律格格不入。从日本改革中反映出来的东方与西方文化意识的冲突，对亚洲地区的改革具有一定的借鉴意义。

趋向特征之二是强化市场经济在福利领域中的调节作用，即提高服务效率。护理保险以及志愿者活动有偿化、法人化制度，都突出了市场经济的原则。这也是日本试图吸取欧洲各国的经验，及早修正以避免走弯路的一种表现。但是，日本并不像欧洲诸国那样，即国家对福利的投资比重偏高，迫切需要矫正。日本与瑞典相比国民收入高出一倍，而国家对社会保障的投资仅为瑞典的1/3。在这种状况下，日本依然强调市场经济在社会福利领域中的作用是否会获取预想的效果，还有待时日验证。护理保险在实施不到一年的时间，获得了日本社会85%的民众支持率，中央财政节省资金达4万亿日元。不过，从最初实施的几年来看，服务质量成为突出问题，如有些企业为了降低成本而使用外国劳动力，这就在照顾老人的过程中出现诸如语言障碍、文化冲突等问题。

思考题

1. 何为社会福利?
2. 社会福利是如何划分的?
3. 发展社会福利的核心问题是什么?
4. 社会福利与公共福利、社会救助的区别何在?
5. 当今世界社会福利改革的方向有哪些?
6. 日本为何要进行社会福利基础结构改革?改革的内容及特征分别有哪些?
7. 日本是如何对看护保险制度进行完善的?
8. 中国在不久的将来是否可以引进日本的护理保险制度?为什么?

第二章
非政府组织

"非政府组织"（non-governmental organizations，NGO）一词最初是在 1945 年 6 月签订的《联合国宪章》第 71 款中正式使用的。该条款授权联合国经济和社会理事会"为同那些与该理事会所管理的事务有关的非政府组织进行磋商做出适当安排"。1952 年经社理事会在其 288（x）号决议中将非政府组织定义为"凡不是根据政府间协议建立的国际组织都可被看成非政府组织"。当时，这主要是指国际性的民间组织。此后还有很多类似的称谓，如非营利组织（non-profit organizations）、志愿组织（voluntary organizations）、公民社会组织（civil society organizations）、民间组织（civil groups）等。后来，由于不同国家、不同学者对政府与私营部门之间的制度空间关注的焦点不同，人们对非政府组织的叫法也多种多样。比较常见的称谓有：第三部门、非营利组织、志愿者组织、免税组织、公民社会组织、独立部门、民间组织，等等。尽管这些概念之间有着一定的差别，但是其所涵盖的范围基本一致，都试图从不同角度来描述那些政府与私营部门之外的组织形态。

第一节　非政府组织概述

一、非政府组织的特点及其作用

目前，世界上对非政府组织还没有一致的、普遍认可的定义。不同学者根据所处的角度，对其的定义也有所不同。

有的学者根据组织在各国的法律地位进行界定。这种方法的优点是外延明确，其缺陷是内涵模糊，使得非政府组织与其他组织的界限不清晰。

世界银行把任何以援贫济困、维护穷人利益、保护环境、提供基本社会服务或促进社区发展为目的的民间组织都称为非政府组织。因此，国家体系的不同导致的一个后果就是，在一国被认为是非政府组织的机构，在他国则不一定属于该范畴。

有的学者根据组织的经费来源进行界定，其问题是把非政府组织的外延大大缩小，过于机械化、简单化。还有的学者根据非政府组织的目的和发挥的职能进行界定。这样界定使得非政府组织很难与其他公共部门区分开来。

鉴于此，本书结合各个国家、学者的定义，再结合非政府组织的特点，给非政府组织一个比较宽泛的定义，凡满足以下五个特点的组织则为非政府组织：①组织性。组织性意味着有内部规章制度，有负责人，有经常性活动。纯粹的、非正规的、临时积聚在一起的人不能被认为是非政府组织。②民间性。非政府组织不是政府的一部分，也不是由政府官员主导的董事会领导。但这不意味着非政府组织不能接受政府的资金支持。③非营利性。非政府组织的非营利性并不是指该组织不能营利，而是指营利所得必须继续用于组织的使命，而不是在组织缔造者中进行分配。④自治性。非政府组织能控制自己的活动，有不受外部控制的内部管理程序。⑤志愿性。组织人员无论是实际开展活动，还是在管理组织的事务中均有显著程度的志愿参与性。特别是形成由志愿者组成的董事会和广泛使用志愿工作人员。

概而言之，非政府组织需要满足的基本条件是在特定法律系统下，不以营利为目的且具有正式的组织形式、属于非政府体系的社会组织。

非政府组织由兴趣相同的人们推动。它们提供各种各样的服务和发挥人道主义作用，向政府反映公民关心的问题、监督政策和鼓励在社区水平上的政治参与。它们提供专门的知识，充当早期预警机制，帮助监督和执行国际协议。有些非政府组织是围绕诸如人权、环境或健康等具体问题组织起来的。它们与联合国系统各办事处和机构的关系会因其目标、地点和任务不同而有所差异。

在西方国家，特别是美国，非政府组织已经发挥了很大的作用，可以说是现代文明社会不可缺少的一部分。而非政府组织在中国只是刚刚起步，也没有受到重视。中国在过去采取受国家控制的计划经济体制，没有市场经济。到了 20 世纪 90 年代以后，虽然有了一定的市场经济，也不能否认它积极的一面，但是在很大程度上还是政府的市场，政府干预太多，非政府组织不能发挥出它的作用，很难建立健全的市场经济。对于任何一个国家，如果它的市场缺乏民间力量的扶助，仅仅依靠政府的力量，未来的发展阻碍都会非常大。

同时，在有的西方国家，例如美国，非政府组织算正规部门，工作人员可以拿薪水，但是普遍比较低；也有的可以拿到上百万美元，但是会受到谴责。而在中国差别就很大，主要包括三类非政府组织。第一类是政府创办的社会组织，如共青团组织、妇联、工会，其工作人员的工资按公务员水平发放，也可以算是事业单位。第二类是民间自己成立的组织。这类组织数量较多，但是没有稳定的资金来源，主要靠赞助维持，基本属于业余的、自愿的组织。第三类是在财政上比较独立的组织。这类组织包括两种：一种是通过工商注册的，有资助和营业收入；另一种则是挂在政府机构上的，但是有很大的自主权，营利性也比较强。

二、非政府组织的资金来源

目前，资金不足已成为制约我国非政府组织进一步发展的屏障。资金是非政府组织开展工作的基础。解决这一问题，可借鉴国外非政府组织资金筹集的方式。国外非政府组织资金筹集方式主要有以下四种：

（1）政府补贴，包括政府直接拨款、合约和补偿。直接拨款就是政府直接拨出部分税收收入用于资助非政府组织活动。合约即非政府组织向有资格享受某些政府项目的人提供服务，而由公共机构向非政府组织支付服务费。补偿即政府向那些有资格享受政府项目并从非政府组织那里购买服务的人支付补偿费。这种方式中，非政府组织是通过收取服务费而获得资金的。在欧洲一些发达国家，政府补贴是非政府组织资金的主要来源，如德国、法国。在美国，政府对非政府组织的资助分为直接资助和间接资助。直接资助就是政府直接向非政府组织拨款。间接资助包括豁免非政府组织的各种税收和对向非政府组织捐款的私人和企业进行减税。

就我国非政府组织的资金来源看，政府直接拨款也是一些官办色彩较浓的非政府组织资金的主要来源，这种方式应尽量减少。一方面，对非政府组织来说，直接拨款使其容易受政府的控制或干涉太多，失去自主性；另一方面，直接拨款也可能导致腐败，使公共资金不能有效利用。根据我国的实际情况，采取合约、补偿和间接资助的方式更有利于我国非政府组织的发展。合约和补偿实际上就是通过政府发包的方式由非政府组织向社会提供一定的公共产品而由政府向非政府组织付费。由非政府组织承担部分政府职能，这既减轻了政府负担又能提高公共资金的使用效率。对非政府组织来说，这既开通了财源，又可在服务中得到锻炼并发展壮大。间接资助可以使捐助者获得热心公益的美名，又有利于打造乐善好施的社会风气，但政府应制定科学、严格的税收政策。

（2）服务性收费，是指非政府组织通过提供服务而收取一定费用。在美国、意大利、日本的非政府组织中，服务性收费占总收入的一半以上。在我国服务性收费也可作为筹集资金的一条重要渠道，原因主要有三点：一是它解决了组织的“自养”问题，保证了非政府组织的独立性和可持续发展；二是它减轻了政府的负担；三是它使公共物品的提供呈现多样化，公众有了更多的选择余地。但政府必须严格规范收费标准，并且所收费用应全部用作组织的经营和运作，而不能被组织成员个人占有。这需要政府严格监督。

（3）民间捐赠，包括来自个人、基金会和企业的捐款。民间捐赠不是非政府组织资金的主要来源。即使在民间捐赠比例最高的美国，民间捐赠也仅占资金总量的19%，其余国家则更为有限。在我国，虽然近年来公益事业有很大的发展，但是全社会还未形成社会福利和社会救济捐赠的机制和氛围。一方面，这与人们的生活状况有关，还没有形成鼓励捐赠的良好风气；另一方面，非政府组织资金使用的透明度不够，公众对组织信任不足也成为“捐赠不足”的一个原因。政府应通过制度创新鼓励民间捐赠。

（4）外国援助。这主要是来自发达国家政府机构基金会和其他非政府组织的拨款和捐款。目前外国援助是一些发展中国家非政府组织收入的重要来源。但我们必须看到一些国外援助往往有一定的附加条件，这不利于非政府组织保持独立性。在我国，非政府组织不宜过多依赖外国援助，以免造成仰人鼻息、受人左右甚至沦为外国机构在中国的代理人的局面，这背离了非政府组织的宗旨。

第二节　非政府组织在国外的发展

一、国际几大非政府组织

非政府组织不是政府，不靠权力驱动；也不是经济体，不靠经济利益驱动。非政府组织的原动力是志愿精神。

根据统计，美国非政府组织总数超过 200 万个，年经费总数超过 5 000 亿美元，工作人员超过 900 万人。如此庞大和活跃的非政府机构，是与美国“大社会，小政府”的制度结构相配套的。这种制度的来源，与美国建国之初移民互助自助的传统有关。其经济来源主要是社会及私人的捐赠。美国有力量极其强大的各种私人基金会支撑美国的各种非政府组织。国家从税收上确立部分捐赠可以抵税的制度，以鼓励捐赠。

非政府组织是政府有效的“减压阀”和“稳定器”，还有着不可忽视的精神功能。目前为止，国际上已经有几大具有影响力的非政府组织正在有效、有序地运作着，无论在社会经济发展、环境保护方面，还是在世界和平方面都起到举足轻重的作用。例如：

（1）绿色和平组织。绿色和平组织是当今国际上影响最大的环保非政府组织之一。自 1971 年在美国反对阿拉斯加州的核试验基地以来，绿色和平组织以其激进、顽强、坚定而闻名于世。

（2）无国界卫生组织。无国界卫生组织于 1971 年成立于法国，主要由一些医疗救助志愿者组成，其目的在于向人们提供医疗救助，特别是赈灾援助。

（3）国际爱护动物基金会。国际爱护动物基金会成立于 1969 年，其宗旨是防止对动物的虐待行为。

（4）美国福特基金会。美国福特基金会创立于 1936 年，是全球最大的私人基金会之一。1988 年，福特基金会成为第一批被中国政府允许在中国设立办事机构的国际非政府组织之一。

（5）英国救助儿童会。英国救助儿童会是英国最大的国际非政府组织之一，成立于 1919 年，是救助儿童会国际联盟的重要成员。英国救助儿童会以伦敦为总部，在全球 60 多个发展中国家开展项目。

（6）日本笹川和平财团。日本笹川和平财团成立于 1986 年。为了进一步促进中日友好关系，笹川和平财团与中国国际友好联络会共同设立了中日友好交流基金。该基金总额为 100 亿日元（约 6.5 亿元人民币），是迄今中日间数额最大的民间友好交流专项基金。

二、非政府组织在国际事务中的作用与影响

从20世纪70年代开始，非政府组织就日益广泛地参与国际事务。它们在联合国体系内外的作用和影响不断增大，在各个领域里也得到了不同程度的认可。1997年9月初，联合国秘书长安南在向第52届联合国大会提交的工作报告中，列举和阐述了影响当时全球发展的八大因素。其中的第五大因素是：跨国性的民间社会组织迅速发展，非政府组织的作用越来越大。非政府组织在国际事务中所发挥的作用和影响主要有：

（1）从事咨询和信息处理活动，提供和宣传非政府组织的观点与思想。联合国吸收非政府组织参与其活动并建立起制度性的联系机制时，首先考虑的是发挥非政府组织在咨询和信息处理方面的作用。像经社理事会和公共信息部对非政府组织参与所做的安排，也是着眼于既能发挥非政府组织的咨询与信息处理的作用，又能限制它们在其他方面的影响。在联合国的会议场所，特别是会议的准备过程中，各国政府可以从非政府组织那里，得到有关特定专业领域的、技术的、法律的以及政治等方面的专门知识。

（2）对政府和政府间国际组织的行为进行监督。非政府组织可以对政府间国际组织的条约、承诺、计划和项目的落实进行监督，还可以对各政府间国际组织所通过的决议和条约的实施情况进行监督，促使各国政府遵守其在国际上做出的承诺。

（3）参与执行国际组织的项目，协助政府间国际组织提供特定的产品与服务。近十几年来，联合国各机构一直在鼓励非政府组织参与各发展项目的实施。联合国体系通过分包合同等方式，将操作性的责任转移到非政府组织身上。非政府组织通过缔结协议和签订合同的方式承担提供特定产品和服务的工作。

（4）影响政府间国际组织的决策过程。第二次世界大战以后至今，在全球发展决策过程中起决定性作用的，一直是政府间国际组织，特别是联合国体系内的各组织。以往非政府组织在联合国体系中的主要作用是促进决议和条约的实施。而近三十多年来，非政府组织不再仅满足于在联合国体系中提供信息和服务，而是试图对决策过程施加影响。它们积极争取参与决策的制定，对国际决策过程发挥着越来越大的影响。20世纪90年代后，联合国体系在确立议程、制定政策以及执行政策等方面越来越多地让非政府组织参与。

（5）在不同的利益冲突角色之间促成协调和妥协。在许多国际事务中，当事国政府往往会由于经济、政治、文化以及意识形态等方面的原因而争执不下，互不相让，有时甚至兵戎相见。在这种场合，非政府组织可以利用其民间的身份，在当事国政府之间进行斡旋，缓和紧张气氛，促进相互沟通与理解，打破僵局，推动问题的解决。

总体来说，联合国体系与非政府组织两方面相互吸引、相互支持，目前已形成了较密切的合作关系。从联合国方面看，它试图通过与非政府组织的合作去实现其在各个领域里的目标。非政府组织则通过联合国体系争取较多的发言权，力求对国际上的重大决策有较大的影响力，同时谋求从联合国体系中获得尽可能多的资助。但是，非政府组织同政府间国际组织有时也会出现很严重的冲突。有些政府间国际组织并不总是欢迎和支持非政府组织的活动。例如，1999年，非政府组织在其中起了很大作用的民间抗议活

动导致西雅图世界贸易组织会议的失败。2001 年，在意大利热那亚召开的八国集团首脑会议所遭遇到的大规模街头示威中，非政府组织也是重要参与者。非政府组织已成为全球治理体制演变进程中不容忽视的重要因素。不过，尽管非政府组织已进入了现存的全球治理体制，已经能够对一些重大的决策过程施加影响，但是总体看来，非政府组织仍处于现存国际体制的边缘，对决策的影响是有限的。

在可以预见的将来，政府仍然是全球治理体制的主要角色。尽管如此，非政府组织的兴起打破了长期以来一直由政府独占国际治理领域的局面。为了使全球发展和全球治理体制的变革能够朝着健康的方向演变，我们有必要重视对非政府组织及其在全球治理体制中所引发的各种关系的研究。

第三节　我国非政府组织的发展

在西方国家，非政府组织已经有了很长的发展历程，各类配套法律和规章制度也较为健全，它们所从事的经济活动往往仅限于同其宗旨有关的方面。而中国本土非政府组织尚处于初级阶段。中国并未制定相应的法律法规，而且非政府组织本身也带有摸索的性质，缺乏一系列完整健全的相关内部规章制度。

一、我国非政府组织的发展历程①

20 世纪以来我国非政府组织的发展主要经过了三个大的阶段。

第一阶段：从 20 世纪初至 1949 年新中国成立。由于中国处在各种势力相互争夺的半殖民地半封建的特殊历史时期，中国社会出现了大量的民间组织。当时最为活跃的民间组织至少包括如下 6 类：商会与行业协会、互助与慈善组织、学术性组织、政治性组织、文艺性组织以及被蒙上神秘面纱的“会党”或秘密结社。1932 年 10 月，国民党政府颁布了旨在从行政上加强对民间组织规范管理的《修正民众团体组织方案》。这大约是中国历史上第一个与非政府组织有关的专门法规。

第二阶段：从新中国成立后至“文化大革命”结束。新中国成立初期，新中国政府对民间结社进行了一次彻底的清理和整顿。一大批“封建组织”和“反动组织”被取缔；一部分民间组织政治化，转化为政党组织，如中国民主同盟、九三学社等。1950 年 9 月，政务院颁布《社会团体登记暂行办法》，使用“社会团体”的概念来定义民间组织，并从国家政权的角度初步建立了规范民间组织的管理体系。从那时到 20 世纪 60 年代中期，社会团体总的来说得到了一定的发展。根据统计，到 1965 年，全国性社团由新中国成立初期的 44 个增长到近 100 个，地方性社会团体发展到 6 000 多个。从 1966 年“文化大革命”开始，在法制基础上社会团体的健康发展中断了。

---

① 王名，贾西津．中国 NGO 的发展分析［J］．管理世界，2002（8）：30-43.

第三阶段：从改革开放至今。改革开放以来，中国经济、政治、社会生活以及文化观念的巨大变化很快反映到民间组织的发展上来，民间组织得到了迅速发展。在整个20世纪80年代，社会团体的数量增长呈现出空前的势头。王颖等（1993）曾对浙江省杭州市萧山区社会团体20世纪80年代的发展情况进行过统计调查。结果显示，从1978年到1990年的12年间，该市的社会团体数量增长了近24倍。萧山区的情况从局部反映了20世纪80年代中国社会团体的发展。这说明在这一时期，经济发展和社会政治环境较为宽松，中国的社会团体得到了长足的发展。

进入20世纪90年代，中国政府逐渐认同市场经济体制，确立了“小政府、大社会”的改革目标。经济体制的转轨和政府职能的转变为民间组织的发展提供了较为广阔的空间。在经过一段时间的调整以后，社会团体的发展在20世纪90年代中期出现了一个新的高潮。到1998年新的条例颁布之前，各级各类社会团体的总数已近17万家。这一期间民间组织发展中另一个重要的方面是民办非企业单位的迅速崛起。

在这个时期，中国社会对非政府组织的态度由忽视转向默认，进而重视。中国政府对非政府组织采取了“监督管理，培育发展”并重的方针。1988年和1989年，国务院先后发布了《基金会管理办法》和《外国商会管理暂行规定》，1989年10月又发布了《社会团体登记管理条例》。1998年10月，国务院在对原有条例做了大幅度修订的基础上颁布了新的《社会团体登记管理条例》，同时发布了《民办非企业单位登记管理暂行条例》。1999年8月，中国历史上第一个有关非政府组织的专门法案《中华人民共和国公益事业捐赠法》出台。2004年6月1日起开始实施修订后的《基金会管理条例》。2016年9月1日，《中华人民共和国慈善法》施行。随着一系列法律法规的发布和执行，中国非政府组织的宏观管理逐步走上了法制化的轨道。据中华人民共和国民政部数据，截至2019年末，已登记的非政府组织已达84.4万个；2007—2019年，我国非政府组织数量年均增长近18%。

需要说明的是，20世纪以来中国民间组织的上述三个发展阶段并不是前后相继、彼此连接的，而是在很大程度上呈现为截然不同的三个历史断面。这无疑与20世纪中国社会所走过的不同寻常的发展道路有关。因此，我们在思考今天中国的非政府组织的时候，特别是关乎那些宏观的、带有趋势性的根本问题时，就很难找到相应的历史坐标。当然，回顾出现在中国现代历史上民间组织的繁荣景象，不仅令人感慨和神往，而且对于观察今天中国的非政府组织，仍具有重大的参考和借鉴意义。

二、我国非政府组织的组织形式

关于中国非政府组织的组织形式，学界目前主要有以下几种观点：

第一种观点认为非政府组织主要包括两大类：社会团体和民办非企业单位。社会团体是中国公民自愿组成，为实现会员共同意愿，按照其章程开展活动的非营利性社会组织。主要包括：学术性社团、专业性社团、联合性社团、行业性社团。民办非企业单位即民办事业单位。主要包括：各种民办学校、民办医院、民办科学研究院、民办职业介绍所、民办福利院、民办婚姻介绍所、民办评估咨询服务中心等①。

第二种观点把中国非政府组织分为四大团体。一是学术性团体，是指从事自然科学、社会科学以及交叉科学研究的团体；二是行业性团体，是指由同行业的企业组织的团体；三是专业性团体，是指由专业人员组成或依靠专业技术、专门资金从事某项事业而成立的社会团体；四是联合性团体，是指人群的联合体或团体的联合体，如工会②。

第三种观点引入了主体加功能的分类标准，把中国的全国性非政府组织分为 17 类：产业部门、社会服务与社会福利、公共事务、信息与技术服务、卫生、体育、教育、文化艺术、新闻出版、科学技术会、人文社会科学、环境能源、特殊性质企业行业协会、职业组织、地区组织、个人联谊和其他组织③。

第四种观点根据各种非政府组织的主要特征，将其分为以下几类：同业组织，即相同行业的专业性协会；行业管理组织；慈善性机构；学术团体，即学者的同人组织；社区组织，其主要特征是从事社区性的管理和服务工作；职业性利益团体；公民的自治组织；兴趣组织；非营利性咨询服务组织④。

我们通常理解的非政府组织，包括公民的志愿性社团、协会、社区组织、利益团体、中介组织等各种独立于政府的公民社会组织或民间组织。它们是处于“国家和家庭之间的一个中介性的社团领域”，“在同国家的关系上享有自主权并由社会成员自愿结合而形成”，通过参与社会公共事务的管理“保护或增进他们的利益或价值”⑤。非政府组织是社会自我管理、协调和服务功能的承担者。它们的大量产生与活跃，标志着社会自身走向成熟。

第四节　我国非政府组织存在的问题及改进建议

一、我国非政府组织存在的问题

我国非政府组织除了具备有组织的、民间的、非营利分配的、自治的、自愿的等普遍特征，还具有区别于西方国家非政府组织的一些特征。

（1）官民双重性。首先，从我国非政府组织的创建来看，非政府组织绝大多数是由政府创建的，并受政府主导。一方面，任何民间组织的登记注册，都必须挂靠某一个党政机关并以它作为主管部门。主管部门对非政府组织负政治领导责任。例如，中国青

---

① 张继红．中国非政府组织法律规制问题研究［J］．政法论丛，2004（4）：14-18.

② 吴忠泽．社团管理工作［M］．北京：中国社会出版社，1996.

③ 王颖，孙炳耀．中国民间社会组织发展状况［M］//俞可平，等．中国公民社会的兴起与治理的变迁．北京：社会科学文献出版社，2002.

④ 俞可平．中国农村的民间组织与治理的变迁：以福建省漳浦县长桥镇东升村为例［J］．中国社会科学季刊，2000（夏季号）：55.

⑤ 何增科．公民社会与第三部门［M］．北京：社会科学文献出版社，2000.

少年发展基金会是由共青团中央创立并主管的，其主要领导成员必须由共青团机关任命或调配，其重大的活动须经过共青团领导机关的批准。另一方面，中国绝大多数有重要影响的民间组织都是政府自己创立的。尽管其最后从组织上脱离了其创办者，但是两者之间依然有极为紧密的联系。其次，从非政府组织领导人来看，虽然我国文件明确规定党政机关干部不得担任民间组织的主要领导，但是几乎所有重要的社会团体组织的主要领导都是由从现职领导职位退下来或由政府机构改革后分流出来的原政府党政官员担任的。最后，从经费筹集来看，我国民间组织的经费原则上是自己筹集，但事实上仍有一些重要的非政府组织的活动经费由政府财政拨款，其他的也享有部分的政府资助。以上原因决定了我国目前的非政府组织是政府主导型的。

（2）过渡性。我国绝大多数非政府组织是在20世纪80年代后期成长起来的，历史较短。再加上社会的急剧变化，非政府组织无论是结构上还是功能上都还没有定型，处于一个变化发展期。因此，与西方国家相比，我国非政府组织还不成熟，其典型特征如自主性、自愿性、非政府性等还不十分明显。这与中国目前的社会特征是吻合的，是社会转轨过程在民间组织中的具体体现。例如，第一，按照最新的政府规定，所有民间组织都必须与党政机关脱钩；第二，政府通过民间组织的挂靠机关主导着它们的重要活动。又如，一方面，一些民间组织基本上受政府的主导和控制，缺乏应有的独立性、志愿性和非政府性；另一方面，民间组织则完全是公民自发组建的，甚至根本没有向政府部门登记，也不接受政府部门的领导和指导。这些组织享有极高的自主性和自愿性，走向另一个极端。民间组织的这种过渡性，是与包括公民社会在内的整个中国社会目前正处于转轨时期这种宏观背景相一致的，是社会转轨过程在民间组织中的具体体现。

（3）体系上的不规范性。虽然1998年我国民政部修订并颁布了试图规范民间组织的新的管理条例，但是这一规范过程才刚刚开始，远没有结束。从组织体制上看，目前至少有这样几类非政府组织：①高度行政化的社团，如工会、共青团和妇联。它们实际上与行政机关没有什么实质性差别。它们不受《社会团体登记管理条例》的约束，直接接受各级党政机关的领导，享受一定的行政级别，其领导人的任免由同级党委决定。②相当行政化的社团组织，如工商联、消费者协会等各种行业管理协会。它们有一定的编制并享有一定的级别，承担部分行政管理职能，其主要领导人实际上也由各级党政部门任免，享受干部待遇。③基本上民间化的学术社团，如各种学会、研究会等。它们中的绝大多数没有专职的人员编制，其主要领导中也有极少数享有人员编制和行政级别的待遇。④民办非企业单位。它们没有行政级别，除了进行专业研究和交流外，还为社会提供某种专业性的服务，如中国管理研究院、中国开发研究院、中国文化研究院等。从经济来源看，中国非政府组织也分为三种情况：所有经费完全由国家财政拨款；部分经费由政府拨款，部分由其自筹；完全自筹资金，如多数学会、研究会、商会、同业组织和所有民办非企业单位。但政府对这些完全自筹资金的民间组织往往给予政策上的优惠，并且给予其可以享受部分或全部免税的特惠。

（4）发展中的不平衡性。首先，发展数目的量与质不平衡。“草根”的非政府组织的数目远远多于“官办”的非政府组织的数目。社会的需求趋于多样性和多元化，难以依靠政府的力量来满足，公众推动非政府组织不断壮大。其次，发展区域不平衡。乡村地区的非政府组织的发展和城市地区差距过于悬殊。东部地区、沿海地区优于中、西部地区与内陆地区。最后，社会资源占用不平衡。私人非政府组织远远不能享受政府管理的非政府组织享受的资源。这些原因导致了非政府组织的数量不能满足现代社会发展的需要，质量也良莠不齐，不能齐头并进。

（5）缺乏专业和高素质的人才。受非政府组织自身性质影响，非政府组织并不能像政府和企业一样获得较高的福利待遇和物质报酬。加之非政府组织的非营利性和人们的就业观相差甚远，导致了非政府组织不能吸纳大量的高素质和专业人才。而在信息时代，一个组织如果没有大量的高素质人才是注定会被淘汰的。由于吸纳不到年轻、专业的高素质人才，许多非政府组织只能接收和聘用一些企业或政府离职人员以及具有奉献精神的人员，但其总体素质不高，导致很多的非政府组织发展缓慢。

二、对我国非政府组织管理体制改革的建议

非政府组织的管理体制问题关系着非政府组织的发展，其核心是处理好政府与非政府组织的关系。我国目前对非政府组织的管理体制是双重管理。各级民政部门负责登记和年检，主管单位负责业务方面的管理和监督。这种体制是在我国计划经济刚刚向市场经济转变的阶段建立的，且这一时期许多非政府组织是由政府出面建立或是从党政机构转变过来的，对政府有一定的依赖性。改革非政府组织的管理体制，总的原则是政府应放松规制，给非政府组织更大的发展空间。具体措施如下：

（1）正确定位政府与非政府组织的关系。传统体制下非政府组织对政府有一定的依赖性，发挥着拾遗补阙的作用。随着我国行政改革的推进和政府职能的转变，政府权力逐渐从社会的许多领域撤出，由全能型政府朝治理型政府转变。非政府组织将有效地承载政府职能转变所分离出来的部分职能，甚至可以解决那些仅靠政府行为难以解决的问题。非政府组织应真正体现出独立性、自治性、非政府性。政府和非政府组织的关系应是合作的伙伴关系。

（2）改革准入规制。政府由“业务主管”变为服务、协调、指导、监督。我国对非政府组织实行“分级登记，双重管理”的准入规制。这种规制相对来说是较严格的，往往造成政府管得过多过宽。因而我国可以借鉴其他国家的管理经验，政府不直接参与非政府组织的管理，而是对非政府组织进行业务指导、协调非政府组织与其他机构或组织的关系，并通过各种法律法规对非政府组织加以监督。

（3）健全法律法规，实现对非政府组织的法制化管理。目前，我国对非政府组织管理的法律法规仍不够健全。现有的若干关于非政府组织的管理主要是一些行政法规，有的甚至是行政部门的内部工作指导性文件，主要依靠行政主管单位的管理而缺乏完善的立法。这种管理方式已与建立法治国家的目标严重不符，因此我国应加快对非政府组织管理的立法，以法律手段对非政府组织加以管理，减少行政干预，从而构建更加科学合理的非政府组织管理体制。

（4）改革人事制度，改善人员福利待遇。在当今社会，一个组织要想更好地向前

发展和在激烈的竞争中立于不败之地，人才是关键。只有储备大量的高素质人才，才能使组织拥有向前发展的动力，而我国非政府组织在高素质人才和专业人才吸纳以及储备方面明显是不足的，其原因是这些组织的福利待遇相对于政府和企业明显较低，以及组织自身性质的限定，导致组织内部人员难以升迁，缺乏动力。因此这些非政府组织必须改革自身人事制度，通过提高组织人员的福利待遇，吸纳更多的高素质人才；同时，还需对领导干部进行择优选拔和对工作人员进行专门培训。

思考题

1. 何谓非政府组织？其有何特征？
2. 非政府组织的资金来源有哪些？
3. 国际非政府组织有哪些作用？请举例说明。
4. 我国非政府组织的发展经历了哪几个重要阶段？
5. 我国非政府组织的组织形式有哪些？
6. 分析我国非政府组织目前存在的问题及改进的方向。
7. 我国应如何加强对境外非政府组织的管理？

第三章
社会团体

社会团体是当代我国政治生活的重要组成部分。我国目前的社会团体都带有准官方性质。《社会团体登记管理条例》规定，成立社会团体必须提交业务主管部门的批准文件。业务主管部门是指县级以上各级人民政府有关部门及其授权的组织。社会团体实际上附属在业务主管部门之下。

民政部发布的《2016 年社会服务发展统计公报》显示，2010 年我国社会团体数量超过了 24 万个，到 2017 年底，全国社会团体已达到 35.5 万个，比 2010 年增长了 30.99%，年平均增长 4.43%。在所有团体中，中华全国总工会、中国共产主义青年团、中华全国妇女联合会的政治地位特殊，社会影响广泛。此外，还有 17 个社会团体的政治地位虽然不及上述 3 个社会团体，但是也比较特殊，它们分别是：中国文学艺术界联合会、中国科学技术协会、中国科学技术协会、中华全国归国华侨联合会、中国作家协会、中国法学会、中国人民对外友好协会、中国国际贸易促进委员会、中国残疾人联合会、中国宋庆龄基金会、中华全国新闻工作者协会、中华全国台湾同胞联谊会、黄埔军校同学会、中国人民外交学会、中国红十字会、中国思想政治工作研究会、欧美同学会。以上 20 个社会团体的主要任务、机构编制和领导职数由中央机构编制管理部门直接确定。它们虽然是非政府性的组织，但是在很大程度上行使着部分政府职能。

第一节　社会团体概况

根据我国现行法规，社会团体（简称“社团”）是由中国公民自愿组成，为实现会员的共同意愿，按照其章程开展活动的非营利性民间组织。

社会团体主要包括协会、学会、联合会、研究会、基金会、联谊会、促进会、商会等社会组织；民办非企业单位（简称“民非”）是由企业事业单位、社会团体和其他社会力量以及公民个人利用非国有资产举办的从事公益性社会服务活动的非营利民间组织，其目的是提供政府和企业不能提供的服务。在市场经济条件下，社团作为政府、企业之外的“第三种力量”（或称“第三部门”）登上舞台，为社会提供了一种重要的制约力量和平衡机制。

一、社会团体的特点

（1）自愿性：社员入会、退会自由，但对于有些需要缴纳会费的社团，如果在一定时期内不缴会费，会被社团理事会勒令退会。

（2）民间性：社会团体最初都由有成立社团意向的人组织成立，并非政府行为。

（3）由一定数量的自然人或法人组成。

（4）在一定时期内活动，为持续性组合。

（5）有一定的宗旨和目标。

（6）不以营利为目的：社团不能进行营利活动。如果有收入，如捐赠、政府资助等，资金必须用于社团的日常运作，而不能作为员工福利进行发放。

（7）依法登记：一般社团都需要依法登记。但是在我国，也存在一些不需要登记的社团。

二、社会团体的登记管理现状及发展

1998 年由国务院发布的《社会团体登记管理条例》（以下简称《条例》）是我国社会团体登记管理领域重要的法规，在加强社会团体管理、促进社会团体发展、保障公众结社权利实现方面起到了积极作用。

1998 年，民政部社会团体和民办非企业单位管理司更名为民间组织管理局，负责社会团体、基金会、民办非企业单位的登记管理工作，进一步夯实了国家登记管理机关的力量。2006 年，民间组织管理局加挂“民间组织执法监察局”牌子，对外可称国家民间组织管理局。2016 年，民政部民间组织管理局（民间组织执法监察局）更名为社会组织管理局（社会组织执法监察局），对外可称国家社会组织管理局。2017 年，民政部将原人事司承担的社会工作和志愿服务有关职责并入社会组织管理局，社会组织管理局加挂“社会工作司”牌子。2019 年中央部门机构改革中，社会组织管理局更名为民政部社会组织管理局（社会组织执法监督局），社会工作和志愿服务职责转入另外司局。比照民政部有关机构设置情况，地方民政部门也适度进行了调整。

1998 年《条例》实施以来，社会团体发展可分为三个发展阶段：

一是复苏发展阶段（1998—2001 年）。1999 年，经过新一轮的清理整顿，社会团体数量减少。2001 年，全国社会团体数量减少到 12.9 万个（1996 年底社会团体数量峰值为 18.1 万个）。

二是稳步发展阶段（2002—2012 年）。此间，自党的十六大以来，中共中央一共有十一次全会的决定论及社会组织地位、作用和发展；2006 年，党的十六届六中全会将社会组织纳入构建社会主义和谐社会的总体布局，对“支持社会组织参与社会管理和公共服务”做了专门论述；2012 年，党的十八大将“加快形成现代社会组织体制”作为重要改革议题；《国民经济和社会发展第十二个五年规划纲要》专章论述“加强社会组织建设”。从中央到地方，社会组织登记管理机关采取了包括改革双重管理体制、加大公益捐赠财税优惠力度、购买社会组织服务、登记管理权限下放等创新举措。

三是改革创新阶段（党的十八大召开后至今）。党的十八大以来，以习近平同志为核心的党中央高度重视社会组织工作。党中央、国务院出台一系列重大改革举措，颁布一系列基础性法律法规，明确一系列重大顶层制度设计。党的十八大提出“加快形成政社分开、权责明确、依法自治的现代社会组织体制”。党的十九大报告对发挥社会组织积极作用、加强社会组织党的建设提出明确要求。2016 年，中办、国办印发《关于改革社会组织管理制度促进社会组织健康有序发展的意见》，明确提出“走出一条具有中国特色社会组织发展之路”，社会组织各项改革措施出台。社会组织改革发展全面进入新时代①。

三、国外的华人社团

在美国，20 世纪八九十年代以来，大量经济、学业型华人社团先后诞生。其中包括中国留美经济学会、中国旅美科技协会、中国旅美学生商业协会、美国中国留学生企业家协会、美国大中华中美总商会、美国硅谷华人半导体协会、美国华源科学技术协会、美国爱荷华州华人协会、美国美中商社、美国大底特律地区中国人协会。加拿大新型留学生社团也十分活跃，如加拿大中国商会、加拿大专业人士协会、加拿大北京旅加联谊会、加中经济促进会、加拿大温哥华大专校友会、多伦多中国商业俱乐部等就很有代表性。为了更好更多地联合改革开放以来出国和往来东西方的高层次人才，团结广大在美国、加拿大和南美洲的新侨和留学人员，美洲新华侨华人联合总会成立了。这代表了几十家年轻一代在美国、加拿大和南美洲的主流新华侨华人团体，反映了新一代华人迎接全球化的挑战，形成了更广泛的国际联盟。德、英、法是在欧洲中国内地留学人员较为集中的国家。主要新型社团有全英中国学生联谊会所办的商务中心、旅英中国材料协会、旅英工业与发展协会、旅英中国土木工程协会和在法中国科技工作者协会。在日本，1992 年以来先后成立了旅日学人团体 150 余个，其中较为活跃的有日本新华侨华人联合会、在日中国科学技术者联盟、在日中国社会科学研究会、全日本博士协会、日本关西在职中国人交流协会等 50 多个团体。

四、我国的主要社团

我国全国性的社会团体如中华全国工商业联合会（All-China Federation of Industry

① 王博. 我国社会团体登记管理工作现状及展望：基于对《社会团体登记管理条例》实施效果评估的分析[J]. 中国行政管理，2021（2）：40-46.

and Commerce)、中华全国总工会（All-China Federation of Trade Unions)、中国共产主义青年团（Communist Youth League of China)、中华全国妇女联合会（All-China Women's Federation)、中华全国青年联合会（All-China Youth Federation)、中华全国学生联合会（All-China Studies' Federation)、中华全国归国华侨联合会（All-China Federation of Returned Overseas Chinese)、中华全国台湾同胞联谊会（All-China Federation of Taiwan Compatriots)、中国科学技术协会（China Association for Science and Technology)、中国文学艺术界联合会（China Federation of Literary and Art Circles)、中华全国新闻工作者协会（All-China Journalists Association)、中国残疾人联合会（China Disabled Persons' Federation)、中国国际贸易促进委员会（China Council for the Promotion of International Trade)、中华全国供销合作总社理事会（Chinese Supply and Marketing Cooperatives)。

目前，我国专门从事公益事业活动的机构有中华慈善总会、中国扶贫基金会和中国青少年发展基金会等。

中华慈善总会是由热心慈善事业的公民、法人及其他社会组织志愿参加的全国性非营利公益社会团体，成立于 1994 年。其宗旨是：帮助社会上不幸的个人和困难群体。中华慈善总会主要实施救灾救助、扶贫救济、助医助残、助孤（幼）安老、助学助教五大方面的慈善项目。

中国扶贫基金会成立于 1989 年。其使命是通过项目援助、受援人参与及培训等方式，帮助贫困社区的穷人提升自我发展能力，改善基本生产条件，促进受援人脱贫和自立。

中国青少年发展基金会由共青团中央、全国青联、全国学联和全国少工委于 1989 年联合创办。其使命是：帮助青少年提高能力，改善青少年成长环境。中国共青团团中央、中国青少年发展基金会发起的希望工程是一项旨在帮助我国贫困地区家庭困难的学生继续学业、资助贫困地区发展基础教育的社会公益事业。

第二节　社会团体的发展与未来

历史上出现过许多社会团体，有益的比如兴中会、华兴会、光复会、同盟会等；另有一些团体倒行逆施，妄图阻止历史的车轮前进，如 1915 年袁世凯复辟帝制时，由杨度出面联络一批御用文人成立的御用团体“筹安会”。

中国最早在 1950 年由政务院颁布了《社会团体登记暂行办法》。这是新中国第一个有关社团的法规，之后我国如雨后春笋般出现很多社团，但是由于审批混乱、管理不严等原因，社团组织存在一些问题：①有名无实，有少数社团在个别人的操纵把持下，成立时轰轰烈烈，成立后冷冷清清，既不开会讨论，又无学术成果，只达到个人沽名钓誉的目的。②经营商业，从中牟利。③变相摊派经费，有的社团利用人际关系拉拢一些企业领导人挂一些荣誉性职务，从而索取大量赞助费。④向社会行骗。以举办大赛、发奖、办函授学校等为幌子，从中收取大量报名费、学杂费等。⑤缺乏民主管理，制度不健全，账务混乱，大量经费供少数不法分子吃喝玩乐。

一、我国社会团体存在的主要问题

（1）行政色彩较浓。首先，很多社会团体的领导都是由在职的党政机关处以上领导兼任，有的还兼任不止一个社会团体的领导职务，由此产生许多政社不分的现象。在管理方式上存在很多弊端，如应该下放给社团的权力仍留在政府手中。其次，社团和企业之间不是单纯的领导与被领导关系，而是引导—合作—伙伴关系。社团应该作为政府和企业之间的桥梁，代表企业就相关利益跟政府谈判。目前我国社团的这种政社不分的现状，使得社团的这个最主要的功能难以发挥，有的甚至出现社会团体作为政府的附属机构的现象。

（2）相关立法滞后。任何类型的社会团体都需要一定的规章制度对其进行规范、管理和约束。而我国仍缺乏完整的法律来对社会团体的性质、地位、作用、结构、功能以及权益等进行全面定位。另外，现有社团管理法规把经济类社团协会组织与其他社团组织混同管理，忽略了经济类社团组织对建立新的市场秩序的独特作用，从而也延缓了经济类社团组织的专门立法进程。因此需要加快制定有关法律法规，立法时应该兼顾保护、鼓励和管制，三者并重，而不能仅仅着眼于管制。

（3）人员结构单一、老化。社团人员老化、观念老化、知识结构老化，运作方式不能适应市场化的环境和大社会治理方式。

从规模看，大多数社团的工作人员主要以兼职为主。社团大多雇用一些下岗或退休人员，人员的观念跟不上社会的需求，这不利于创新，在一定程度上影响了社团的运作能力和活力。从社团工作人员的文化程度来看，研究生以上学历的仅占很少的一部分。社团本身是为企业的发展服务的。要创新就需要内部有不同知识背景、不同年龄层次和不同观念的成员，才能对社团的发展有帮助。如果按部就班，一味地等着有状况了才来应付，社团的工作就会陷入被动的境地。另外我国社团目前并没有受到重视，对高学历的年轻人还缺乏吸引力。

从外部来讲，政府有必要也有义务承担积极培养非营利性组织的责任，为其发育和发展创造一个良好的环境。从内部来讲，非营利性组织则要提升自身的能力，如增强组织的透明度；遵守一定的伦理价值观和原则；建立并执行一套完善的行为准则，提升公信力；提升组织的管理和运作能力；要善于利用和开发各种资源，特别是社会上的资源；借鉴企业的管理方式；提高运行效率；争取社会公众的理解、支持和参与；等等。

因此，我国对社会团体进行了一系列的分化与整合，包括三方面的整合：①社团与政府的关系。我国社会团体带有准官方的性质。很多社会团体最初创建时是作为政府的附属单位，或者根本就是由政府创建的。社团组织如何从政府行政部门中剥离出来、公民如何参与社会生活并实现民主和自治管理的问题是实际机制运行中的难题。②社会团体与企业间的关系整合，即社会组织如何为企业服务。一方面，社会团体提供信息咨询、科技成果转化和促进民间投资等经济服务；另一方面，社会团体在行业指导、服务、协调、监督、评价方面能够真正具备权威性。③社团组织与社会的关系。社团作为非营利性的社会组织，一方面，须清楚如何筹集资金为社会公共福利和公益事业提供服务，如何培养社会成员的平等互助意识，取得社会的认同，解决政府因财政资金不足出现的困难，促进社会团结等；另一方面，控制非法组织和违法组织的问题也非常重要。目前，我国在法律法规方面已经在进一步健全。相关的配套法规如雨后春笋般涌现，对我国占较大比重的社会团体的发展起到关键的作用。

二、改善社会团体管理的对策

1. 从外部条件改善社会团体管理

（1）实行政社分开。严格执行中央和国家关于党政领导干部不得兼任社会团体领导职务的规定；特殊情况确需兼任的，必须按相关规定进行审批。兼任社会团体领导职务的成员，不得领取社会团体的任何报酬。社会团体应围绕自己的宗旨开展各种活动，不应以营利为目的从事营利性活动。

（2）强化换届和离任审计。社会团体领导权力集中，有的法制观念、民主观念淡化，在财务上常常个人说了算。因此，社会团体换届或更换法人代表，必须接受业务主管单位和登记管理机关的财务审计，确保社会团体资产安全完整，增强社会团体领导管财的责任感和民主理财、按章理财的自觉性。

（3）加强资产管理。社会团体资产管理必须执行国家有关法律、法规和政策，建立健全内部财务管理制度。资产来源必须合法，资产使用必须符合社会团体的宗旨，用于社会团体业务活动的开展，不得在会员中分配，接受会员大会或会员代表大会和财政部门的监督。

（4）加强会计核算和财务管理。社会团体要加强对财务人员的选用、教育，按照事业单位会计制度和财务规则，正确组织核算，保证会计资料真实、完整；建立健全内控制度，强化财务管理。登记管理机关和业务主管单位在实施年度检查中加强监督，促进社会团体提高会计核算和财务管理水平。

2. 从内部条件改善社会团体管理

社会团体要充分发挥作用，其内在素质也极其重要。因此，在为社会团体的发展创造良好的外部环境的同时，社会团体也要努力练好“内功”，为自身的发展赢得机遇。具体做法包括以下四个方面：

（1）树立自立意识，明确自我定位。

（2）加强服务功能。

（3）积极吸纳人才。

（4）扩大对外交流。

三、社会团体与社会福利

社会团体发展的立足点应该是：协助政府培育新型社会经济环境；帮助那些无法依靠自身力量摆脱目前困境的人群；引导那些受社会变迁影响而失意、落伍的人回归健康人群；满足人们的物质、精神生活的需求。为了突出社会团体的社会福利作用，各个国家和地区都对社会团体实行了一些优惠政策。如：香港《税务条例》第112章第24条规定，对于任何会社（也称作社会团体）、行业协会或者相类似机构，其会计收益表中有一半以上的总收入（包括入会费及会费）来自（在会员大会上有投票权的）会员，则该组织不被香港税务局当作经营可课税业务，并批准其收益不必课税。在该财政年度，该组织可以称为非营利组织。相反任何组织的某财政年度的总收入一半以上非来自会员，其所得利润（包括会员及其他交易所得的全部收入）均须依从《税务条例》第112章进行报税及课税。在该财政年度，该组织可以不被称为非营利组织。

四、典型社会团体

1. 宗教团体①

宗教团体是通过形成崇拜体系的宗教仪式来展示人类社会的精神信仰的。除此以外，教会也主办了精心策划的社会福利项目，其范围包括从非正式的支出和辅导到数百万美元的医疗、教育和社会服务项目。例如，后期圣徒教会（摩门教）（the Church of Latter Day Saints）开展了600个以上的穷人食品生产项目，包括20个罐头工厂和由教会福利农场提供的奶肉制品供应。根据估算，20万教徒每年从摩门教会中领取约3 200万磅的日用品。摩门教还开展了德塞莱特产业（Deseret industries）计划，为老人和残障人士提供就业机会和庇护所，通过教会资助的就业办公室安排工作以及组织广泛的儿童福利、抚养和领养服务计划。与此类似，激进东正教的犹太人也在布鲁克林市区公园开创了他们自己的福利安排，集中资源支持教会学校和一系列社会服务，包括提供食品、集体宿舍、家庭辅导和自愿救护车服务等。

2. 慈善团体

慈善事业被经济学家誉为“社会的第三次分配”。慈善团体是最典型的公益型团体。在全世界范围内，已经有一批又一批的慈善团体诞生并在火热运行中。慈善团体主要对弱势群体进行救助，包括贫困群体、残疾人群体。救助的方式有设立基金会，对困难群体进行经济救助，设立慈善总会、慈善杂志、慈善网站等，呼吁人们对需要帮助的人群进行救助，以增加救助力量。

但不可否认的是，我国现在的慈善事业处于初级阶段，慈善事业水平还比较低，缺乏相应的慈善文化。与美国、日本等发达国家的慈善捐赠80%来自民间相比，中国慈善业的捐赠只有10%来自普通百姓。这与我国的国情是分不开的。我国崇尚家的概念，一般情况下，上辈人都是把财产遗传给下代人，而不捐赠给慈善机构。慈善团体在国外办得如此火爆，估计与其严厉的税收制度有关。

我国主要的慈善团体有中华慈善总会、中国扶贫基金会、中国青少年发展基金会、中国儿童少年基金会、中国宋庆龄基金会等。为了发展慈善事业，弘扬慈善文化，2016年9月，《中华人民共和国慈善法》正式实施。

---

① 徐永翔．社会福利政策导论［M］．上海：华东理工大学出版社，2003：7-8.

3. 工会、共青团、妇联

工会、共青团和妇联总称“工青妇”，是比其他非政府组织更特殊的一种团体，是党领导下的群众组织，是国家政府和人民的桥梁和纽带，是国家政权的重要社会支柱。介于政府和人民大众之间，工青妇是为职工、青年、妇女儿童服务的公益性团体。由于在群团组织中代表最广大、最基层的群体，工青妇具有许多的共性。第一，都是群众组织。第二，都要发挥桥梁纽带作用，把党委、部的决策落实到各自组织，把群众组织起来，同时把群众的意见反馈给党委、政府。第三，都是社会支柱。在维护稳定、维护大局、构建和谐社会中，工青妇的作用更加突出。把占人口一半以上的职工、青年、妇女儿童的工作做好了，社会稳定也就有了坚实的基础。第四，都是维权部门。工青妇是各自群体的利益代表，一是维护长远利益，从大的方面与党委、政府保持一致；二是维护眼前利益，维护好职工、青年、妇女儿童的实际利益。因此工青妇这三个组织有旺盛的生命力，不但维护长远利益、根本利益，也要维护现实利益。

在新世纪新阶段，以“四个全面”重要思想为指导，更好地发挥工青妇组织的桥梁和纽带作用，对于改革完善党的领导方式和执政方式，巩固党的执政基础，具有重要的现实意义。

第三节　行业协会

一、行业协会的定义及分类

行业协会是指在市场经济条件下，通过生产专业分工形成的，在某一行业或某一专业内的生产经营者自愿组织起来的非官方组织。在市场经济背景下，行业协会扮演着非常重要的角色。它介于政府和企业之间以及商品生产者与经营者之间。它维护行业的整体利益，对内为协会成员服务，规范行业内部的竞争行为，制定行业的统一标准，提升行业的竞争力；对外作为本行业的代言人，同立法机构、政府以及外部同业等进行博弈，以保护、谋取和增进协会成员合法合理的利益，具有民间性、公益性、中间组织性和特殊利益保护性。显然，行业协会是市场经济体系中不可或缺的主体之一，在保证市场有序竞争、协调市场各主体之间的关系等方面发挥着积极的作用，也是连接政府和企业的桥梁和纽带。

按其不同的性质和作用，行业协会可划分为行业类、综合类、商会类以及专业、职业类协会等。

根据形成途径，行业协会可分为体制外途径形成的行业协会、体制内途径形成的行业协会、体制内外结合型的行业协会和法律授权形成的行业协会。体制外途径形成的行业协会如温州灯具行业协会、鞋革工业协会、服装商会、烟具协会和眼镜商会等具有很强的地域性，都是由行业内企业自发自愿组建并依据《社会团体登记管理条例》取得社团法人资格的民办协会。体制内途径形成的行业协会是在政府机构改革、转变职能的过程中通过分解和剥离政府主管部门，自上而下地培育起来的。体制内外结合型的行业协会受到了政府的直接倡导和大力培育，各类相关主体可以自愿加入。该类行业协会同时具备了行政合法性和社会合法性，在建立公平竞争环境、维护经济个体利益和促进区域经济发展中发挥了极大的作用。较为典型的例子是义乌市个体劳动者协会、义乌市保护名牌产品联合会。这得益于义乌发展“中国小商品城”之初，针对市场培育、成长中的难题，义乌市政府、工商行政管理部门培育和发展的结果。这类协会是目前中国行业协会发展最完美的模式。它同时取得行政、社会和法律的合法性，在运作过程中与政府和会员企业间的摩擦是所有行业协会中最小的。法律授权产生的行业协会如律师协会（《中华人民共和国律师法》）、注册会计师协会（《中华人民共和国注册会计师法》）是通过相关法律授权或确认形成的协会组织。这些协会大多在法律出台前就已存在，和体制内形成的协会一样，也是先取得行政合法性（政府主管部门同意），再通过立法和社团登记取得法律合法性的。协会合法性虽然具备了广泛覆盖的基础，但最终取决于政府干预程度的变化和组织本身的运作水准。

二、行业协会的模式

（1）以美国行业协会为代表的英美型协会组织——完全自由分散的行业自律管理模式。特点：美国社会崇尚个人主义，强调个人自由。政府主张市场调节，保护竞争。因此，政府对经济的干预较少。这类行业协会除了自然垄断行业和国防工业部门以外，主要集中于财政、金融宏观领域，而较少涉及行业管理的中观层次。同时美国又是法制十分严厉的国家，企业必须在法律允许的范围内经营，政府也只能依法对经济和企业实行干预或管理。这就造就了设立自愿、活动独立、经费自理的美国商会组织，以服务会员为目的，旨在促进民间的商业活动。由于商会反对政府的干预，企业之间、政企之间又缺乏协商合作的传统，因此，美国的商会组织很难通过协商解决矛盾。

（2）以法国行业协会为代表的大陆型协会组织——公立公益性法人组织，具有政府公共管理机构性质，采取政府和协会紧密结合的模式。特点：法国的文化传统侧重于强调维护社会利益、发挥政府作用和强调家庭，因此，法国商人最初联合起来建立了现代商会。商会愿意和政府合作沟通，政府也认为自身有监督商业活动的义务。于是，法国行业协会就具有公共管理机构性质，让企业有更多的经营自主权，又通过政府的计划和产业政策实现国民经济和产业发展的战略目标。

管理方式：由政府委托给商会组织部分管理职能，通过商会组织进行灵活的行业自律管理，就经济政策和行业发展的重大问题广泛征求企业意见并形成对话渠道，为政府进行宏观调控提供可靠的依据，实行自律管理和部门管理相结合。

（3）以日本行业协会为代表的介于上述二者之间的日本型协会组织——政府积极推进的行业自律管理模式。受中国传入的儒家思想的影响，加上地域狭窄、自然资源匮乏，日本人培养了团体合作的精神，善于消除内部分歧。因此，日本各产业之间能够互相协调，政企之间能够相互合作。

管理方式：日本政府通过计划指导和产业政策来促进国民经济各行各业的发展。日本的经济团体之间分工有序、职责明确、相互协调、共同发展，对日本战后经济的迅速发展起到了其他机构无法替代的作用。日本商会的最大特点就是协商。

（4）我国行业协会的模式。我国行业协会目前出现了筹集资金困难、自我生存能力较弱的问题。由于深受儒家思想的影响，我国行业协会有如下特点：①协会很可能把自己置于政府下级的位置而非平等地位；②能够与政府协同合作而且会做得很好；③在代表会员企业与政府对话、讨论行业政策方面可能缺乏魄力。因此，中国政府应认识到存在政府以外的经济治理机制是社会进步的表现，应鼓励行业协会的自我管理行为，继而实现行业协会能够在做好行业内部管理的同时，以与政府平等的姿态辅助政府做好行业指导工作。

运作方式：行业协会应利用自身对行业的熟悉情况，向政府提供信息，帮政府合理规划；同时向政府反映会员企业的政策要求；就行业发展问题提出意见和建议。

我国应尽快出台相关法律，对行业协会从法律的角度进行界定和规范，这样既可以表明政府对企业管理改革的决心，又有助于增强企业对加入本行业协会进行自我管理的信心，对行业的发展将大有裨益①。

三、国外行业协会的发展②

一般来说，行业协会是一种集生产指导、市场调研、行业管理、中介服务四位一体的行业性组织，分为“水平式”和“垂直式”两种。

“水平式”行业协会的代表国家是美国。该类行业协会主要由企业自发组织，政府不进行干预也不给予资金扶持。只要是存在相同利益的企业就可以建立一个行业协会。“垂直式”行业协会主要存在于日本和德国。该类行业协会由大型企业发起成立，并发挥主导作用，中小企业广泛参与，政府起到一定的推动作用，与企业协会是一种合作协调的关系。

发达国家的行业协会通常是自发建立的，具有广泛的代表性。政府一般不干预行业协会，在法律允许的范围内，具有相同利益的企业可以自愿成立行业协会。同时企业也可以选择加入一个或多个组织，从不同的协会获取不同的利益。例如，日本各行业的“工业会”（其实就是行业协会）都包含本行业内90%以上的企业。可见其行业协会具有很广泛的代表性，能够反映本行业内大多数企业的利益和诉求，同时也反过来促进了行业的健康和可持续发展。

行业协会的职能比较完善，对内为企业提供生产指导、市场调研、行业管理、中介服务、贸易摩擦预警等，对外则发挥着联系企业与政府以及国内外市场的桥梁作用。

它们还具有政策建议的职能。发达国家行业协会注重对本行业和国外相关行业发展状况的研究，定期发布权威研究报告，给政府提供支持行业发展的意见和建议；组成行

---

① 何静．中外行业协会的比较研究［J］．管理科学文摘，2003（12）：50-52.

② 张汉林．国外行业协会发展的启示［J］．人民论坛，2007（16）：38-39.

业利益集团对国会进行游说，直接影响政策制定。在对外贸易方面，它们代表本行业企业收集、提供有关国内产业损害的翔实证据，向政府提请采取临时限制措施。例如，日本“经济团体联合会”通过与政府沟通，征集会员企业意见，发挥整体交涉力量，影响政府宏观经济政策。在美国，几乎每一个行业都有自己的利益集团，这些集团通过游说影响政策的制定。

四、我国行业协会的发展历程

（1）1979—1983 年是我国我国行业协会的起步时期。当时，我国经济体制改革的重心在农村，城市经济体制改革还未全面展开，企业改革处于试点阶段，行业协会普遍产生的条件尚不成熟，全国性的行业协会在当时仅有十几家。这一时期，即便是已经成立的行业协会，也同企业一样是在政府的体制内运行的，自主性较差。因此，作为构成网络的基本单位，自主的行业协会和企业都还未形成，网络建构的条件仍不完备，因而尚不存在三者（政府、企业和行业协会）之间的网络结构。

（2）1984—1988 年是我国行业协会蓬勃发展的时期。从 1984 年起，经济体制改革的重心由农村转向城市，以增强企业活力为中心的城市经济体制改革全面展开。政府权力下放，企业具有了一定的经营自主性。同时，行业协会拥有了部分行业管理的职能，在政府的委托下对行业内的企业行使少量的管理权。政府、企业和行业协会之间的网络结构初具雏形。在这个网络中，政府是中心位置的绝对占据者。

（3）1989—1991 年，我国行业协会的发展进入了相对停滞的阶段。1989 年，国家在全国范围内开展了社会团体清理整顿工作。同时，由于企业经济效益下降，政府部门为了阻止经济滑坡，相对强化了行政职权，使得行业协会的活动空间相对狭小，作用难以发挥。行业协会与企业间原本并不紧密的联系几乎被割断，行业协会基本处于“虚置”地位，整个网络呈现一种松弛状态。

（4）1992 年至今，我国的行业协会逐渐步入了稳定发展的新时期。政府职能的转变、多元利益主体的出现，尤其是中国加入世界贸易组织以后全球化的影响，使得行业协会的独特作用再次凸显，重新加入与政府、企业间的交流中。与以往不同的是，政府开始逐渐弱化在这个网络里的中心地位，而行业协会的地位则不断优化，整个网络呈现稳定的结构走向。2014 年 11 月，民政部联合中央编办、发展改革委等部门颁布《关于推进行业协会商会诚信自律建设工作的意见》，进一步规范行业协会发展现状，促进行业协会健康发展。

五、我国主要行业协会介绍

1. 中国社会工作协会

中国社会工作协会是经过中国社会团体登记机关核准登记、国家民政部直属主管的全国性专业社会团体，是中国唯一代表从事社会工作的单位和社会工作专业人员的权威组织。

该协会成立于 1991 年 7 月，1992 年 7 月加入国际社会工作者联合会，成为正式会员。目前该协会下设16个工作（行业）委员会、5只专项基金、8个职能部门、2个直属单位。中国社会工作协会在民政部的领导下，坚持科学发展观，促进和谐社会构建，开展了一系列有影响力的社会活动，2004年被民政部授予“全国先进民间组织”。

社会工作是政府主导社会力量广泛参与的、以为民解困和助人自助为宗旨的、以科学的理论和方法为手段的专业性、职业化的社会服务工作。

社会工作的指导思想：以人为本的科学发展观。

社会工作的道德准则：公正、爱心、守信、奉献。

社会工作的服务对象：有困难的（贫的、弱的、病的、残的、心智失常的）个人、家庭、社区、群体。

社会工作的职责：提供专业社会服务，参与社会管理，推进社会政策，维护受助者的合法权益。

社会工作的范围：社会救助、社会福利服务、就业服务、社区管理与服务、家庭婚姻服务、医疗康复服务、社会行为矫正、心理道德辅导、基本权益维护等。

社会工作的方法：通过个案工作、小组工作、社区工作、行政工作等方法，使受助群体和个人摆脱精神上和物质上的障碍和困境，提高社会活动能力，实现自我发展。

社会工作的功能：解决社会问题，维护社会公平，促进社会和谐，推动社会进步。

中国社会工作协会的任务：在政府的指导下，推动社会工作的专业化、职业化建设；整合社会资源，开展以社会福利服务及社会公益活动为主体的专业性社会服务，加速社会工作社会化进程；加强理论研究与实践创新，开展社会工作教育，不断优化社会工作效能；倡导社会工作理念，维护社会公平，促进社会和谐，推动社会进步。

2. 黑龙江省大豆协会

黑龙江省大豆协会是由黑龙江省内从事大豆生产、加工、交流、科研、服务、管理等的企事业单位和个人，依照国家有关法律、法规自愿组成的具备社会团体法人资格的行业性、地方性、非营利性的社会组织。该协会以保护黑龙江非转基因大豆、推动大豆产业发展为宗旨，遵守法律、法规和国家政策，遵守社会道德风尚，认真履行服务、协调、自律、维权的职责，为国家和黑龙江省实施大豆产业政策服务、为企业和农户生产经营服务，协调利益关系，规范经营行为，维护大豆产业经济组织和个人的合法权益，推动该省的大豆产业持续、健康发展。黑龙江省大豆协会接受黑龙江省农业委员会和黑龙江省民政厅的业务指导与监督管理。

黑龙江省大豆协会的业务范围主要有：①宣传贯彻国家和黑龙江省大豆产业发展政策；②分析大豆产业及相关行业动态和发展趋势，接受政府委托，对大豆生产、加工、流通、科研现状和大豆产业发展中存在的问题进行专项调研，提出意见建议，为政府制定大豆产业发展规划和出台政策措施提供决策依据；③制定大豆产业行规行约，规范行业行为，加强行业自律，维护行业内公平竞争，推动大豆产业健康发展；④接受政府委托，参与制定、修订大豆行业标准，并组织实施；⑤建立产业信息平台，设立网站，创办刊物，向会员及时提供市场信息和咨询服务；⑥积极开展与国内外同行业组织的交流与合作，帮助会员开拓国内外市场；⑦积极推动现货与期货相结合的大豆定价机制的建立，引进开发先进的交易模式，降低交易成本，充分发挥期货市场价格发现、规避风险的功能，防范化解市场风险，稳定生产，促进流通；⑧宣传国产非转基因大豆的优势，倡议建立非转基因大豆保护区，实施标识认证制度，保护黑龙江省非转基因大豆资源，提升非转基因大豆品牌价值及其在国内外市场的竞争力；⑨组织业务培训、政策咨询、技术交流、会展招商、产品推介活动，参与组织科技成果推广应用，促进生产、加工、流通和科研之间的良性互动，积极发展与大豆产业相关的公益事业；⑩反映会员诉求，协调会员关系，维护会员合法权益，向政府有关部门提出反倾销、反补贴、反垄断的调查申请，代表会员进行反倾销、反补贴、反垄断的调查应诉工作；⑪接受会员单位或政府有关部门委托的其他事务。

黑龙江省大豆协会会员分单位会员和个人会员。凡在黑龙江省内从事大豆生产、加工、经营、期货、信息咨询、管理、科研、教育、推广等相关业务的具有法人资格的企事业单位、社会团体和合法公民，承认和遵守协会章程，按照规定程序提出申请，经协会批准后均可成为会员。单位会员是具有一定生产、经营规模和良好业绩，具有独立法人资格的企业或者具有一定代表性的区域性大豆协会，豆农合作社，科研、教学、推广单位及其他涉农组织。个人会员是从事大豆生产且不具有法人资格的农民或者大豆行业的专家学者和管理人员。

黑龙江省大豆协会的入会和其他团体一样需要一系列的申请以及审批手续。入会后的会员按照章程依法享有自身的权利和义务，如维护协会的合法权益，完成协会交给的工作，参加代表大会和协会的相关活动，为协会提供相关的信息，反映情况，等等。

黑龙江省大豆协会的经费一般有以下六个来源：①会费；②政府、企业、事业单位资助；③社会捐赠；④在核准的业务范围内开展活动或服务的收益；⑤利息；⑥其他合法收入。

3. 中国农村专业技术协会

中国农村专业技术协会（China Rural Special Technology Association，CRSTA）简称“中国农技协”。该协会是由全国从事农业、农村专业技术研究和科学普及推广的科技工作者、专业技术能手以及全国各地农村专业技术协会（联合会）自愿组成并依法登记成立的社会公益性科普社团，是党和政府联系农业、农村专业技术研究和科学普及工作者的桥梁和纽带，是发展我国农业和农村科普事业，推进农业和农村科技进步、经济发展的重要社会力量。

该协会的宗旨是团结、组织全国农村专业技术协会（研究会）以及热心于发展农村专业技术协会事业的科技工作者和专业技术能手，遵守国家法律、法规和国家政策，遵守社会道德风尚，以经济建设为中心，实施科教兴国和可持续发展战略，努力开展农业和农村科学技术普及活动，促进科技与经济的结合，加速科技成果转化，推进农村社会化科技服务组织的发展，推进农业产业化经营，为促进农民科技文化素质的提高、促进我国农村“两个文明”建设做出贡献。该协会接受业务主管单位——中国科学技术协会和社团登记管理机关——国家民政部的业务指导和监督管理。

该协会和其他协会一样，本着入会自愿、退会自由的原则，由有加入本会意愿的人或者团体提交申请，由协会常务理事讨论通过并发给会员证，即可入会。会员根据章程参加活动，享受协会服务，对协会提出意见以及对协会的工作进行监督。该协会的经费来源一般为会员的会费、政府资助、慈善捐赠等，常务理事可以勒令一年不缴会费的会员退会。

六、我国企业、行业协会和政府之间的矛盾

1. 从企业方面分析

中国的企业曾经被称为“单位”。在国家将几乎所有的稀缺资源集于一身时，单位是个人获得资源的唯一组织，而国家正是通过对单位组织的资源分配和权力授予，拥有了直接控制单位和个人的权力，并使二者紧紧依附于国家。在这种关系下运行的企业，大到生产规模，小到人事调整，全部由政府统一调令。有了政府的全权包办，企业生产什么、生产多少、有无销路等全都不用操心；一旦出现问题，首先想到的就是“找政府”。长此以往，企业之间的横向联系极度贫乏，联合、合作意识严重不足。这种“独立”精神一直延续至今。尽管经济体制改革已经给企业带来了相当的自主权，但是面对瞬息万变的市场，不少企业仍然在单枪匹马地冲杀，而没有意识到与同行们的亲密合作可能更能够为自己带来长远的效益。

2. 从行业协会方面分析

体制内生成的机制限制了行业协会自主性的发挥，不少行业协会把自己看作政府的一部分，逐渐形成适应政府需要的运作方式。同时，一些行业协会把政府视为其服务的主要对象，努力争取更多的政府支持，而不是向社会提供更多更优质的服务。当改革的触角伸及社会领域时，一些行业协会在对政府支持还恋恋不舍的同时，惊然发现自己已经难以应付新的挑战。

3. 从政府方面分析

多年来，政府对行业协会一直保持着十分谨慎的态度。近几年，政府逐渐减少了对行业协会的财政支持，但这并不意味着政府对行业协会控制的减弱。相反，政府部门往往通过从行政权力上加强对行业协会的控制，来弥补其在经济方面失去的控制力。

4. 行业协会和政府之间的关系①

行业协会是同业竞争者的联合组织，其在维护协会成员的利益并实现行业利益最大化时，在理念上就存在某种接近于公共利益而非私人利益的价值理念。因此，行业协会也可以很好地促进并维护自由、公平的竞争。

（1）行业协会是政府和企业之间的桥梁，可以承担部分原应由政府履行的维护竞争的职能。当市场经济中的经营者为了谋求个体利益的最大化而采用传统民商法容许的方法进行交易时，会不可避免地从事限制竞争的行为，如竞争对手之间签订“不竞争”协议或串通定价等。由于这些行为是在平等、自愿的基础上进行的，因此市场交易的一般规则和法律就无法禁止这种行为。这也就意味着限制竞争或消除竞争的“市场失灵”

---

① 孟雁北．反垄断法视野中的行业协会［J］．云南大学学报（法学版），2004（3）：22-25.

问题在市场体制内不可能寻求到解决的办法。而这时政府就需要为了实现社会整体利益的最大化对这些行为进行规范。需要注意的是，政府并不是唯一可以实现这一目的的主体，行业协会实际上也可以承担部分的职能，甚至有可能做得更好。

（2）政府不是万能的。行业协会在维护竞争的同时也会对政府维护竞争并干预微观经济活动的行为进行有效的制约。当市场出现失灵，市场主体有意识地联合起来限制竞争的时候，并不意味着政府对市场行为的干预就是完美无缺的。由于政府腐败、寻租行为和信息不对称等固有的缺陷也会导致“政府失灵”的后果，因此，行业协会能够承担的维护竞争的职能就应该尽量避免授权给政府。这样可以在一定程度上制约政府的权力，抵御政府对经济事务的过度干预和任意行政，也会使政府在维护竞争的过程中自身的行为在无形中受到制约。

（3）行业协会维护竞争、规范市场主体的行为更容易被市场经营者认同。对市场经营者而言，行业协会为分散的市场主体的自由结社提供了自我组织的空间。作为组织化利益的代表，行业协会在通过自律和协调机制规范协会成员的经营行为时，也在利用自我保障机制维护协会成员的合法权益，并通过与政府的沟通、交流和互动来维护行业的利益。因此当行业协会在维护、代表协会成员利益的同时又要求协会成员遵守其制定的维护竞争的规则时，市场经营者在心理上更愿意接受。

（4）行业协会在维护竞争的过程中在行业内部也具有一定的权威性。行业协会作为独立的社团法人，有权也能够在章程规定的范围内，按照章程规定的情形与方式，约束协会成员的行为。例如，行业协会对违反自律规则或不执行协会决议的成员实行市场禁入、撤销行业协会授予的专业资格或取消协会成员资格等举措都体现了行业协会的权威性。实践证明，行业协会的这些约束行为有时对协会成员会更有效，因为所有的协会成员尤其是会员企业都不能脱离市场，脱离其所属的行业。

随着行业协会在我国越来越受到重视，相关法律法规也在逐渐完善。2007 年，国务院办公厅下发了《关于加快推进行业协会商会改革和发展的若干意见》（以下简称“36 号文件”）。文件对如何加快推进行业协会、商会的改革和发展，提出了指导性意见。“36 号文件”内容包括行业协会改革发展的指导思想和总体要求、积极拓展行业协会的职能、大力推进行业协会的体制机制改革、加强行业协会的自身建设和规范管理、完善促进行业协会发展的政策措施等方面。

行业协会改革与发展的总体要求：一是坚持市场化方向。通过健全体制机制和完善政策，创造良好的发展环境，优化结构和布局，提高行业协会素质，提高服务能力。二是坚持政会分开。理顺政府与行业协会之间的关系，明确界定行业协会职能，改进和规范管理方式。三是坚持统筹协调。做到培育发展与规范管理并重，行业协会改革与政府职能转变相协调。四是坚持依法监管。加快行业协会立法步伐，健全规章制度，实现依法设立、民主管理、行为规范、自律发展。

七、我国行业协会的改革前景

近年来，诸如中国棉花协会、义乌市袜业行业协会等行业协会在处理对外贸易摩擦中均发挥了积极的作用，取得了一些成功的经验。行业协会的改革和发展涉及保护企业利益和行业安全、促进行业自律和行业发展、维护市场规则和市场秩序、提高社会自我管理水平等重大问题。行业协会是行业企业利益的代表，是市场经济体制中政府和企业之间的中间环节，是市场经济条件下不可或缺的社会团体。社会各方面都应该促进行业协会的改革和健康发展。

如前所述，行业协会存在一些缺点。这些缺点成为行业协会发展的瓶颈，严重地制约了行业协会的健康发展。当前，我国的行业协会正逐渐步入国际化发展阶段。为了顺利地实现我国行业协会与国际接轨，我们有必要在以下六个方面进行努力：

（1）进行政会分离。只有具备相对独立的地位，才能使行业协会摆脱政府部门的种种羁绊，切实发挥好服务职能。首先，在隶属关系上，行业协会应当逐渐脱离政府系统，不能再挂靠现在的委、办、局系统。一个城市的行业协会可以集中归属或挂靠统一的经济联合会组织。其次，在行业协会的主要领导安排上，必须改变由政府官员任职或兼职的现状。会长要由行业公认的龙头企业领导人担任，增加企业会员在领导层中的比例，淡化行政色彩，体现行业色彩。

（2）转变政府职能。政府应该给予行业协会相应的职能和权力，才能使之提高自身威望，打开工作局面，更好地服务社会。因此，相关政府部门必须切实转变观念，将行业协会视为行业管理的必备助手，把各种职责、权利明确下放到位。该委托的职能要做到彻底转移，让协会充分发挥中介组织作用，参与行业管理和协调工作。在转移职能的同时，相关政府部门还要对行业协会的成立、运作等承担起监督与指导的职责，促使行业协会走上规范发展的道路。

（3）政府对行业协会进行必要的监督和管理。行业协会一方面要避免成为政府的分支机构，另一方面要警惕成为某些大企业的代言人和操纵市场价格、进行垄断的工具。如某地选举行业协会的条件是出资 30 万元、提供活动场所等。这些条件解决了协会经费和场所的问题，但可能使协会成为本行业大企业的垄断工具。上海市、鞍山市等地已着手行业协会管理的改革，如上海成立专门的行业协会发展署。

（4）健全相关法律法规。针对目前行业管理的法制不健全、合法性不足等问题，政府部门要为行业协会立法，呼吁相关部门通力合作尽快制定相关法律法规，为行业协会的界定、性质、宗旨、管理体制、监督机制等提供充足的法律依据，同时也对各委、办、局的相关职能转移起到规范指导和促进作用。

（5）拓宽协会服务范围。行业覆盖面的大小决定了行业协会能否真正成为本行业企业的利益代表，切实发挥本行业内部以及与外部主体之间的利益平衡与协调功能。因此，建议在某一个范围内确定行业的种类，以确定行业协会的个数，提高行业协会的利用率。对于地广人稀的地方协会，可以分片区设置，然后再在一个较大的范围统一管理，这样不仅节约人力、物力，还拓宽了范围。

（6）确定资金来源。很多行业协会的经费来源都是很不稳定的，比如依靠政府的资助或者捐赠，这样很不利于协会的发展，使协会在开展工作时很被动。行业协会是依据自愿原则设立的，交纳会费是每个会员单位应尽的义务。对于拖欠、滞纳会费的会员单位，行业协会有权予以惩罚，这样才能体现出行业协会的权威性。会费标准不能由国家统一规定，应该由会员大会讨论决定，参照国际经验，实行级差制，对理事长（会长）、副理事长（副会长）、常务理事、理事单位分别收取不同标准的会费。行业协会还可以通过培训、咨询、信息等服务收取必要的服务费用，以保持其稳定的收入来源，真正做到自立、自主、自养。

思考题

1. 何谓社会团体？它有哪些特征？
2. 成立社会团体需要如何登记？
3. 举例说明国内外的主要社会团体及其活动。
4. 目前我国社会团体存在哪些主要问题？
5. 改善我国社会团体的管理可采取哪些对策？
6. 举例说明各种类型的社会团体及其活动。
7. 何谓行业协会？它有哪些特征？
8. 行业协会有哪些不同模式？
9. 我国行业协会的发展经历了哪几个阶段？
10. 举例说明我国的主要行业协会及其活动。
11. 分析我国行业协会与企业和政府的关系。
12. 我国的行业协会应如何改革？

第四章
志愿者

志愿者（volunteers）团体属于一种非营利性的社会团体。作为一种社会公益组织，志愿者团体吸引了一批又一批有爱心的社会人士投身于社会公益服务事业中，创造了不可估量的社会效益和经济效益。志愿者团体本身应该是一个正规性团体，但由于过分强调它的自愿性，很多团体应该享受的待遇在志愿者团体里往往被忽略，其本身的价值也往往被人们忽视。

第一节　志愿者概述

一、志愿者的定义

志愿者是指在不为物质报酬的情况下，基于道义、信念、良知、同情心和责任，为改进社会而提供服务，贡献个人的时间及精力的人和人群。志愿服务泛指利用自己的时间、自己的技能、自己的资源、自己的善心为邻居、社区、社会提供非盈利、非职业化援助的行为。在不同的地区对志愿者有不同的称呼：在我国内地一般称为志愿者；在我国香港地区叫义工，即提供义务工作的人；而在我国台湾地区一般称为志工，即提供志愿性工作的人。在我国，志愿服务有着悠久的历史。人民大众参与志愿服务是服务大众、参与社会和回馈社会的一种具体表现，是传达人人平等、友爱互助精神的一种积极行动。志愿服务起源于 19 世纪初西方国家宗教性的慈善服务。志愿活动在世界上已经存在和发展了 100 多年。

二、志愿者的特点、分类

志愿者是一种宝贵的人力资源，有如下特点：

（1）平等性。志愿者是一种暂时性的社会角色，不受年龄、性别、学历、职业、宗教及政治背景所影响。只要参与的公民通过合法的手续加入有关的志愿者机构之中，听从组织的管理，参与一定的志愿活动，在组织中发挥一定的作用，就不存在参与的公民由于个人条件的不同而受到不平等的对待。同一组织中的志愿者应该可以获得平等的机会参加组织内的各种活动。在同一地方开展服务的志愿者组织同样应获得有关部门平等的对待。只有这一个特点得到充分的认识，并得到切实的保证，志愿工作才会获得一个良好的基础。

（2）自由性。一方面，志愿者是本着自愿的原则，参加到相关的志愿活动中的，因而志愿者的自由度是相当高的。在志愿活动中，志愿者的工作态度、工作方法、工作效果主要由其自身的意愿所决定，太多的限制并不能够对此起到一定的促进作用。志愿者应具有一定的自我管理能力。他可能根据实际情况的变化而随之做出相应的改变。例如，这位志愿者在这个组织中工作得不愉快，可能通过正常的途径，离开这个组织，加入另一个更适合他开展工作的组织之中。另一方面，对整个志愿者组织来说，志愿者也可以通过自我的选择去决定在哪些地方开展志愿服务，因而，志愿者作为一种人力资源是动态的、自由流动的。这就向志愿者组织或有关机构提出要求，要求它们重视志愿者的这一个特点，通过多种手段管理好机构内的志愿者，为志愿者及组织建造良好的工作、发展空间，吸引更多、更好的志愿者及组织来开展服务。

（3）角色可变性。随着志愿活动的广泛开展，其活动内容和形式越来越丰富。志愿者必须随着活动的变化而进行有限度的改变，与服务对象角色的演变相适应，这样才能发挥出更好的效果。例如：当服务对象为婴儿角色时，志愿者则判若父母的替代角色；当服务对象是儿童、青少年角色时，志愿者除父母替代角色外，尚有其资源提供者、教师、领导、咨询者等角色。可见志愿者的角色演变是以服务对象的角色演变为中心的。此外由于活动的实际需要，志愿者的角色必须随之而变化，如在义卖捐款的活动中，志愿者可能就要充当售货员，尽可能将物品卖出而获得更多的捐款。

（4）不稳定性。志愿者参加志愿活动的情况与其自身的条件息息相关，容易受其空暇时间、精神状态、心情、专业知识、特长、性格等诸多方面的影响。活动大多出于自愿，而且是无偿的。在志愿活动中，当志愿者遇到各种挫折或者服务对象的负面影响时，当其心理不能承受时，志愿者就会选择结束志愿服务。因此，志愿者的不稳妥性可以造成志愿者自然流失率处于一个相当高的水平，不利于长期志愿服务活动的开展，不利于志愿者总体素质和水平的提高，更不利于志愿者事业的发展。而志愿者组织必须对志愿者的服务心理加以适当的引导，使其对于服务过程中遇到的问题有一定的承受能力，减少不稳定性对志愿者的影响。

（5）有限性。作为一种人力资源，志愿者在参与活动上表现出有限性。由于各志愿者的空暇时间、精力、服务技能、心理承受能力等始终是有限的，而且志愿者除参与活动外，自身还有诸多的事情需要处理，这样就会产生一定程度的冲突。这决定了机构在运用志愿者这一种资源的时候，要注意不能过度使用甚至滥用，否则容易影响志愿者自身正常的生活、工作、学习，使之对志愿活动产生恐惧心理，直接影响志愿服务活动的开展。同时对志愿者的要求不能够太过严格，因为志愿者的承受能力也是有限的。若机构要求志愿者像专职人员一样，则会大大打击志愿者的服务热情，从而影响其志愿服务的开展。

对志愿者分类，则有专家型和非专家型志愿者、全职和兼职志愿者、海内和海外志愿者；对志愿活动分类，则有正式和非正式的志愿活动、个人和集体的志愿活动；对提供志愿服务的组织分类，则有非政府组织志愿服务组织、社区志愿服务组织等。

三、志愿服务的意义

大力提倡和推动志愿服务工作，具有非常重要的意义。

1. 对社会的价值

（1）有助于建立一个关怀互助的社会。志愿服务工作一方面可以帮助志愿者加深对社会的了解，通过将他们的爱心献给被服务者，促进人际间的互助关怀，更促进社会各阶层的融洽相处；另一方面可以唤起市民大众对推动社会进步的责任心，培养其对社会的归属感。

（2）有助于充分利用人力资源。志愿者将他们个人的能力、时间、知识及经验投入义务工作中，令社会上有需要的民众得到帮助，使社会资源更加充沛。

2. 对组织的价值

（1）有助于改善服务质量。志愿者能为组织提供宝贵的人力资源，更能为专业人员提供客观的意见以改善服务，让服务质量得到提升。

（2）有助于建立良好的组织形象。志愿服务工作可以促进工商机构的社区参与，帮助组织建立鲜明的形象，并提供机会让市民认识组织对改善社会生活的理想与抱负。

（3）有助于培养团队精神。组织员工参与志愿活动，更能建立密切的工作关系，增强默契。这些都能帮助组织培养团队精神，增加员工的归属感，提升组织生产力。

3. 对志愿者个人的价值

志愿服务第一可以提供不同的学习机会，帮助志愿者认识自我，丰富生活经验，培养正确的价值观；第二，在志愿活动中，还可以发展良好的人际关系，培养志愿者的领导才能；第三，志愿服务是志愿者善用余闲，发展潜能的好机会①。

四、我国志愿活动存在的问题

我国志愿服务的起源主要有两种观点：一种观点认为我国志愿服务源于20世纪初期上海、广州“青年基督教会”等传播的服务；另一种观点认为我国志愿服务开始于改革开放之后，我国最早的志愿者来自联合国志愿人员组织（UNV）。据统计，截至2020年12月5日，我国实名志愿者人数已达1.92亿，志愿团体总数达78万个。我国志愿者事业发展迅速，志愿者队伍不断壮大，但也存在以下问题：

---

① 吴东民，董西明. 非营利组织管理［M］. 北京：中国人民大学出版社，2003：264.

1. 志愿者机构单一，激励机制缺乏

根据大多数人对志愿者的认识，志愿者就是自愿地、无偿地将自己的人力、物力和财力投入社会公益事业的人，他的一切行为都被认为是自愿的。因此，志愿者往往被视为免费劳动力。我国志愿者多为青年和在校大中学生。其中经常性参加志愿活动的人更少。在美国，志愿者占总人数的比例为30%至40%，其中已经工作的成年人和退休的老年人占相当大比例。许多志愿者终身从事志愿服务，且志愿服务的科技含量高。

我国对志愿者也很少有有效的激励措施，这样就使得志愿者只是暂时劳动力，忽视了志愿者的志愿精神，使得下一批想要投身于志愿者队伍的人产生顾虑，影响了志愿者的长期发展。曾经有个单位，上级决定为其提供3个志愿者，但因为大家都看准志愿者的“无偿性”，于是各个部门就开始疯狂提出要求，最后一统计，一个单位整整需要志愿者一百多名，原单位人员等于不干活了。事实说明人们对志愿者的认识仍停留在肤浅的认识层面上。这在很大程度上阻碍了志愿者精神的发展。

2. 受到的政府干预较多

由于我国的非政府组织有很大程度的“政府化”倾向，很多非政府组织的活动其实是政府行为。志愿活动很多是在政府的领导下开展的，一般都是通过政府向各行业、各系统下达行政指令来开展活动，或者是由各级党组织、共青团组织进行组织动员。多数志愿者是通过组织动员的方式参与其中的。这些本身应该由社会团体独立承担的志愿活动，却由政府出面组织。这样大大损坏了志愿者的服务精神，使得志愿者无法感受到服务的价值。

3. 制度规定不够健全

早在1979年，联合国第一批志愿者就来到中国，为中国的志愿者组织发展事业奠定了基础，但是我国在志愿者方面的法律发展却滞后了很多年。直到1999年8月，广东省通过了《广东省青年志愿服务条例》。这是我国第一部关于青年志愿服务的地方性法规。此后，山东省、宁波市、上海市、杭州市等地先后出台了一些地方性法规。2017年国务院颁布了《志愿服务条例》，填补了我国在志愿服务立法层面的空白，规定了志愿服务组织的法律地位、合法权益和义务。但是《志愿服务条例》实行后，各省市对其细化和落实不够到位，因地制宜颁布地方性法规不足。例如,《志愿服务条例》中规定“国家鼓励企业和其他组织在同等条件下优先招用有良好志愿服务记录的志愿者。公务员考录、事业单位招聘可以将志愿服务情况纳入考察内容”，但在实际工作中，并未将政策真正落地，使得志愿者的合法权益得不到有力保障，志愿者积极性受挫。

4. 资金筹集困难

志愿者进行志愿活动的资金来源一般有以下几种：政府支持、基金会的项目资金以及企业、个人和社会的捐助。在我国，企业对社会公益事业的捐赠很少，政府的资助也很有限，而通过公益活动募捐的效果也不理想。这样就使得志愿活动的资金筹集有很大程度上的不确定性，同时依靠政府的性质，也使得志愿活动缺乏独立性和灵活性。

第二节　国外志愿者组织活动

一、概述

在国际社会，志愿者源于对战争的人道主义援助。志愿者为人类的解放事业做出了重要贡献。在和平年代，志愿者帮助弱者、消除贫困、保护环境、为维护社会秩序和世界和平做出了巨大努力，在建立良好的人际关系、净化社会风气等方面起到了积极作用。像欧美国家的志愿服务已有数十年的历史，建立了比较完善的志愿服务制度和体系，建立了跨地区、跨国界、跨洲界的服务网络，积累了不少经验。它们的志愿服务组织基本上是在市场经济的框架内运转的。志愿服务的突出特点有：一是专业性强。参加志愿服务的人员大多具备一定的专业技能，如教学、救护等。二是注重立项操作。从事的志愿服务大多不是凭空臆造的活动，而往往是经过调查研究，分析是否可行后才展开的，这样也能增强其科学性和可操作性。三是规范化、法制化。法国、德国等国已把志愿服务与“国家服务”联系在一起了。一般地讲，青年或者需服民役或者需服兵役。民役包含参与一定量的公益服务。不少国家的政府已把志愿服务纳入其社会保障体系和法律体系，从而使志愿服务工作成为越来越多公民的自觉行为。四是向国际化发展。一些国家的志愿服务工作是在联合国国际志愿服务协调委员会等机构的协调和指导下开展的。不少项目是跨地区、跨国界的，志愿人员常常被派往世界各地从事一定时间的志愿服务，因而具有较大的国际影响。

二、国外志愿服务的演进

国外的志愿服务源远流长，它的形成和发展大致经历了四个阶段。

（1）萌芽阶段。志愿服务起源于19世纪初西方国家宗教性的慈善服务。英国为了协调政府与民间各种慈善组织的活动，在伦敦成立了慈善组织会社。为了反抗宗教迫害，从欧洲来到北美大陆的移民们互相帮助，逐渐形成了志愿帮助别人的群体精神。这种精神作为美国人民的美德而保存下来，一大批怀有慈善之心的各阶层人士成为最早的志愿服务人员。

（2）扩展阶段。19世纪末至20世纪初，欧美国家先后通过了一系列有关社会福利方面的法律法规。这些社会福利的方案除了要有大批具有职业献身精神的社会工作者去实施之外，也需要动员和征募大量的志愿人员投身于有关的各项服务工作之中。于是，志愿服务也逐渐受到了政府的重视和鼓励。

（3）规范阶段。第二次世界大战以后，西方国家的志愿服务工作不仅进一步规范化，而且扩大成为一种由政府或私人社团所举办的广泛性社会服务工作。志愿服务工作的重心不仅在于调整被救助者的社会关系和改善他们的社会生活，更在于调整整个社会的结构与社会关系。志愿服务工作逐渐制度化、专业化。

（4）国际化阶段。1970 年，联合国成立联合国志愿人员组织（UNV），从事和管理与国际志愿者事业相关的各类事务。UNV 的成立，标志着志愿服务进入国际化阶段。几十年来，来自世界各地成千上万的拥有合格经验或专业的人士，义务地为全球有需要的国家及人士提供多项服务。

目前国外志愿服务活动的主要形式有：专项性的志愿服务工作、专业性的志愿服务工作、公益性的志愿服务工作、社区性的志愿服务工作。国外志愿服务活动呈现出五种趋势：一是志愿服务活动向法制化方向发展；二是志愿服务活动向政府化方向发展；三是志愿服务活动向机制化方向发展；四是志愿服务活动向全民化方向发展；五是志愿服务活动向社区化方向发展。

三、美国的志愿者组织

美国的志愿者组织可谓历史悠久。早在 1896 年，马萨诸塞州就成立了志愿者组织，其宗旨是“到最需要我们的地方去，做任何需要我们做的事”。一百多年来，这种精神一直激励着其成员涉足社会的方方面面，如提供社区服务、捐献钱物、做义工等。美国人普遍认为，这种组织形式能有效地将民众团结起来，致力于加强公民道德修养和提升人的精神境界。志愿者组织通过为邻里提供充满爱心和乐趣的人性化服务项目，为公民参与社会、体验助人乐趣、满足精神领域的深层次需求创造了机会。

美国人乐于捐赠、热衷于做志愿者，并不仅仅因为其经济繁荣、物质富裕，也不能简单地归因于善心、爱心、热情和同情心，而是有其深厚的文化背景和庞大的社会体系做支撑的。首先是政策体系和社会保障体系。美国政府在研究和制定政策时，鼓励商家和个人向公益事业捐赠，如重征遗产税、消费税，捐赠可以抵税等。其次是制度导向。各级政府设有专门机构，每年有专项资金对志愿者绩效进行评估。志愿者经历可以加学分，对升学、就业、晋级都有利。杰出的志愿者将得到政府的表彰和奖励。再次是工业文明和移民文化背景。工业发展和繁荣过程中形成的互助合作意识和团队精神、移民文化背景下生成的民间协会和社团组织为非营利组织及其活动打下了基础。最后是宗教信仰的教化。每个教会会员向教会捐赠收入的 10%，做志愿者满足了教会会员施爱于人的精神需求和参与社会实践的愿望。

四、英国的志愿者组织

英国是世界范围内志愿服务起源最早、影响最为深远的国家之一，英国有关志愿服务的法律最早可追溯到 1601 年由英国女王颁布的《慈善用途法》和《济贫法》。20 世纪 90 年代以来，英国志愿服务管理进一步走向正规化，如任命专人负责管理志愿者；就志愿服务程序和策略制定详细规定；建立对志愿服务的监督和评估体制等。如今，英国的绝大多数志愿服务机构也都为参加志愿服务的人员提供保险。此外，英国志愿服务机构还普遍高度重视对志愿者的培训，87%的机构为志愿者提供在岗培训，66%的机构开办培训课程，近半数的机构为志愿者出具工作资历或培训证书。

活动的多样性、选择的自主性、对双向获益的重视、组织安排的细致周到，使起源于英国的志愿服务在这个国家长期处于稳定的可持续发展状态。根据有关统计，英国约半数国民参与过志愿服务，尤以50岁以上人士和16~24岁青少年为最大志愿服务群体。英国大大小小的志愿服务组织更是多如牛毛，数不胜数。英国志愿组织联合会（NCVO）公布的《英国公民社会年鉴2019》显示，在2017—2018年度，共2 010万英国人通过志愿组织参与志愿服务，约占总人口的30.23%。

英国政府也非常重视和大力扶持志愿服务。许多志愿者组织都得到了政府的资助。在英国，志愿服务不只是简单地弘扬利他主义，也被视为解决社会问题的一种科学方式和积蓄社会经历的一条有效途径。它与政府服务相配合，共同促进社会的良性循环。

联合国把每年的12月5日定为"国际志愿人员日"，其目的是鼓励全球各地政府及团体，于当天共同表彰志愿者对社会所做的贡献，并借此提醒社会人士积极支持及参与义务服务。

第三节　我国志愿者组织活动

我国倡导志愿精神和开展志愿活动可以追溯到改革开放以前。我国政府曾经对亚洲、非洲的许多发展中国家进行大量的国际援助，派遣了大批志愿人员到国外从事相应的项目。1971年，我国恢复了联合国合法席位。我国政府积极参与联合国志愿人员的全球性活动。在改革开放之后，我国最早的志愿者就来自联合国志愿人员组织。1979年，第一批联合国志愿者共15人来到我国偏远地区，从事环境、卫生、计算机和语言等领域的服务。目前，我国志愿活动领域主要限于文化、体育、娱乐、个人社会服务、宗教、国际志愿者、卫生和环境保护、就业和扶贫等，且是在政府的指导下，自上而下开展起来的。

近几年来，青年志愿者行动的服务领域不断扩大，在农村扶贫开发、城市社区建设、环境保护、大型活动、抢险救灾、社会公益等领域形成了一批重点服务项目。

我国青年志愿者主要在环境保护、扶贫、抢险救灾和城市公益服务方面做出了突出的成绩：

（1）推进青年志愿者"一助一"长期服务计划，使青年志愿服务走向最基层，走向人民群众最需要的各个领域。"一助一"长期结对服务是指青年志愿者与服务对象结成服务关系，通过建档立卡、量化服务时间、发放使用"一助一志愿服务卡"等措施开展志愿服务活动，切实做到对象明确、人员稳定、项目具体、任务量化、责任到人。

（2）在大型活动和抢险救灾中，发挥青年志愿者的积极作用。2008年北京奥运会、2022年北京冬季奥运会等大型活动中，我国青年志愿者们向世界人民展现了当代中国青年积极进取、文明礼貌、乐于奉献的精神风貌。在不少地方发生的严重自然灾害中，广大青年志愿者在困难和危险面前奋勇当先，不怕流血流汗，在抢险救灾和帮助群众恢复生产、重建家园的工作中发挥了突击队的作用。青年志愿者已经成为抢险救灾的一支重要力量。

第四节 几大志愿者组织简介

一、联合国志愿人员组织

1970 年，联合国大会通过决议，组建“联合国志愿人员组织”（UNV）。UNV 总部原设在瑞士日内瓦，后于 1996 年 7 月移往德国的波恩。UNV 是联合国系统内一个独特的机构，从事和管理与国际志愿者事业相关的各类事务。它从属于联合国开发计划署（UNDP），是联合国系统内最大的直接向发展中国家输送各种行业高、中级专业技术志愿人员的组织。该组织的宗旨是向发展中国家提供积极有效的援助，以支持全球人类的可持续发展。该组织的中方合作伙伴是中国对外贸易经济合作部下属的中国国际经济技术交流中心。组织的设立由双方批准。北京国际志愿人员协会得到了该组织的认可，负责联合国志愿人员项目在中国的开展和具体实施。

联合国志愿人员组织与受援国政府、联合国专门机构、国际开发银行及国际民间组织和社区组织进行伙伴式合作。联合国志愿人员提供服务的项目通常由受援国政府管理，并经常得到联合国系统相关组织的援助和监督。联合国志愿人员组织也应一些受援国政府的要求作为项目的执行机构。

联合国志愿人员项目的部分资金来源于其母体——联合国开发计划署。其他实质性的资金来源于联合国机构的日常项目预算、驻在国政府的捐助、捐助国政府的特殊用途捐款以及联合国志愿人员的特殊志愿基金。联合国志愿人员每年接受的捐助和志愿基金约为 1 600 万美元。每年，全球有 4 000 名符合条件且经验丰富的人员自愿加入联合国志愿人员项目，到发展中国家从事志愿服务。

联合国志愿人员组织和中国的双向合作始于 1981 年。该组织向我国派遣了国际志愿人员。这些志愿人员主要集中在教育、卫生、科技、环保、扶贫等领域。我国也通过联合国志愿人员组织向发展中国家派遣志愿人员，涉及农业、水利、医疗卫生、计算机、管理和经济体制改革、社会保险等诸多领域。1997 年 6 月，在原有志愿人员引进项目的基础上，中国首先启动了本国联合国志愿人员项目，即中国专业人员受聘于联合国志愿人员组织，在中国境内提供志愿服务。为了配合中国的西部大开发战略，新的联合国志愿人员项目把重点放在支持西部偏远落后地区。

二、英国海外志愿服务社

英国海外志愿服务社（Voluntary Service Overseas，VSO）于 1958 年由英国政府

(海外发展部)拨款和英国公众捐款资助成立,是全球最大的独立派遣志愿者的国际发展慈善机构,是由英国、加拿大、肯尼亚、荷兰 4 个国家共享资源的成员组织组成的非政治性、非宗教性、非营利性的国际性联合组织。迄今,英国海外志愿服务社已派遣 3 万多名志愿者在 70 多个国家开展志愿服务工作,并已逐步过渡为国际性组织。

VSO 认为,通过志愿者传授技术,培训当地人员,是促进当地发展的最好方式。因此,该机构不提供奖学金或救助金,而是派遣志愿服务人员从事当地需要的技术工作,领取当地的薪金。VSO 认为帮助发展中国家的人民充分认识到自己的潜力才能更好地促进这些国家的发展。VSO 有严格的志愿者选拔程序,以确保他们能够符合海外志愿服务的要求。招聘、筛选、培训的整个过程需 4 个月的时间。VSO 根据申请者的职业技能、工作经历、个人家庭情况、健康状况以及加入英国海外志愿服务社的动机,初步筛选,对符合条件的人进行面试。考察申请人与他人合作的能力、自信心、适应不同环境的能力、解决问题的能力、对他人需求的理解能力、学习的愿望以及教授他人学习的愿望等,进行综合评判。

VSO 的工作目标是建立一个没有贫穷、人们通过共同工作来发挥自身潜力的世界。该机构通过派遣各行各业的志愿服务人员,创造机会消除贫穷,让志愿者和当地社区分享技能,相互学习,共同提高,从而实现发展。VSO 在非洲、亚洲和太平洋地区已开展 20 多个抗击艾滋病项目。工作涵盖了预防艾滋病、提升艾滋病治疗能力、关爱艾滋病人等领域。在非洲,VSO 还向艾滋病儿童提供支持治疗和接受教育的机会。此外,VSO 还在帮助残疾人、卫生、社会福利以及保障弱势群体生活等方面起到极其重要的作用。

三、中国青年志愿者协会

中国青年志愿者协会成立于 1994 年 12 月 5 日,是由志愿从事社会公益事业与社会保障事业的各界青年组成的全国性社会团体,是中国共产主义青年团中央指导下的,由依法成立的省(自治区、直辖市)青年志愿者组织,全国性的专业、行业青年志愿者组织和个人自愿结成的全国性非营利性社会组织,是全国青联团体会员、联合国国际志愿服务协调委员会(CCIVS)联席会员组织。该协会通过组织和指导全国青年志愿服务活动,为社会提供志愿服务,推动社会主义精神文明建设,促进社会主义市场经济体制的建立和完善,提高青年的整体素质,为经济社会的协调发展和全面进步做出贡献。协会在宪法和法律的范围内开展工作,奉行"奉献、友爱、互助、进步"的准则。

协会的宗旨是改善社会风气和人际关系,为发展社会主义市场经济创造良好的社会环境;适应社会主义市场经济发展的需要,推动青年志愿服务体系和多层次社会保障体系的建立和完善;培养青年的公民意识、奉献精神和服务能力,促进青年健康成长;为城乡发展、社区建设、扶贫开发、抢险救灾以及大型社会活动等公益事业提供志愿服务;为具有特殊困难以及需要帮助的社会成员提供服务;规划、组织青年志愿服务活动,协调、指导全国各地、各类青年志愿者组织开展工作;培训青年志愿者;开展与海内外志愿者组织和团体的交流。

中国青年志愿者协会由团体会员和个人会员组成,现有团体会员 36 个,个人会员

402 个。团体会员中，全国性专业、行业团体会员有 3 个，即全国铁道青年志愿者协会、全国民航青年志愿者协会、中国青年志愿者协会科技分会。地方性团体会员有 33 个，即各省（自治区、直辖市）青年志愿者协会，中直机关青年志愿者协会，中央国家机关青年志愿者协会。另外，凡承认本协会章程并提出入会申请的中国公民，经理事会审查通过，即可成为本协会的个人会员。

思考题

1. 何谓志愿者？其特点和分类有哪些？
2. 志愿服务有何重大意义？
3. 我国目前志愿活动存在哪些问题？
4. 国外志愿服务有何特点？
5. 国外志愿服务的发展经历了哪几个阶段？
6. 简述美国和英国志愿者组织的概况。
7. 目前我国志愿活动主要集中在哪些领域？
8. 列举国内外著名的志愿者组织及其主要活动。

第五章
基金会

基金会和社会团体、行业协会一样，属于非政府组织、非营利部门，并且属于慈善团体，有公益性。但和其他慈善团体不同的是，其他慈善团体类似于雪中送炭，帮助弱势群体及时摆脱暂时的困境，而基金会注重于开展科学的慈善事业，即以基金为基础，为了提高人类的生活水平，找出贫困的根源，使得人们能从根本上摆脱贫困状态，以解决长期贫困的问题。

第一节　基金会概述

一、基金会的定义及分类

基金会是一个以公益性为目的的社会民间组织，最早起源于中世纪的欧洲基督教传统。为了日后上天堂，一些教徒向基督教堂捐献资金、物品或房屋以帮助穷人，因此产生了基金会。基金会是指利用自然人、法人或者其他组织捐赠的财产，以从事公益事业为目的，按照相关规定成立的非营利性法人。基金会需要那些有意愿为社会的脱贫事业贡献自己时间、金钱以及劳动的人们。在我国，自 1981 年第一个基金会（中国少年儿童基金会）成立以来，越来越多的基金会应运而生。根据民政部门统计，截至 2020 年 10 月 1 日，全国（不含港澳台）注册登记的基金会共有 8 263 家。

基金会分为政府性基金会和民间性基金会，其中民间性基金会又可分为民间团体性基金会和个人基金会，这主要是以创办的主题不同来区分的。政府性基金会是由政府发起并由政府管理的，其资金来源主要是财政，其日常事务必须通过政府的审核才能开展，如中国青少年发展基金会。根据我国的历史原因以及国情，我国很大一部分基金会都是由政府发起和支持的。民间团体性基金会主要由企业内部成立，其资金主要来源于本企业的捐赠，但是是相对独立的，一般以企业的名字命名；个人基金会是由个人以法律规定的原始基金为基础发起的私人基金会，其资金来源于个人和社会捐赠等，一般以发起人的名字命名。

按照能否向公众募捐，基金会可分为公募基金会和非公募基金会。公募基金会按照募捐的地域范围，又分为全国性公募基金会和地方性公募基金会。各种基金会都对原始基金有一定的限制。我国要求全国性的公募基金会原始基金不得低于800万元人民币，地方性公募基金会原始基金不得低于400万元人民币，非公募基金会的原始基金不得低于200万元人民币，且原始基金必须为到账的货币资金。任何一种基金会在申请成立时都必须提交《基金会管理条例》规定的手续证明，由登记管理机关审核通过。

全球的基金会按照功能又可以做如下分类：

（1）由政府捐助成立的财团法人基金会。

（2）政治性、政党或个人累积政治资源的工具。

（3）以慈善救济、社会福利等为宗旨的慈善福利基金会。

（4）因重大社会事件所成立的文教基金会。

（5）因企业财团回馈社会而成立的文教基金会。

（6）针对专门议题的基金会。

二、基金会的成立及运作方式

在我国，要成立一个基金会，首先必须向登记管理机关递交下列资料：①申请书；②章程草案；③验资证明和住所证明；④理事名单、身份证明以及拟任理事长、副理事长、秘书长简历；⑤业务主管单位同意设立的文件。其中基金会章程应当载明下列事项：①名称及住所；②设立宗旨和公益活动的业务范围；③原始基金数额；④理事会的组成、职权和议事规则，理事的资格、产生程序和任期；⑤法定代表人的职责；⑥监事的职责、资格、产生程序和任期；⑦财务会计报告的编制、审定制度；⑧财产的管理、使用制度；⑨基金会的终止条件、程序和终止后财产的处理。登记管理机关应当自收到以上全部有效文件之日起60日内，做出准予或者不予登记的决定。准予登记的，发给基金会法人登记证书；不予登记的，应当书面说明理由。基金会设立登记的事项包括：名称、住所、类型、宗旨、公益活动的业务范围、原始基金数额和法定代表人。

基金会成立后开始投入运营。首先，基金会可以向税务部门申请免税。基金会并不是一成立就拥有税收优惠的政策，而需要向相关部门申请才能正式实施。然后基金会就可以正式运营了。基金会的任务分为两块：一项任务是“聚财”，即利用各种办法以及各种社会关系，使拥有较多财产的人把自己的财产捐献出来；另一项任务就是“散财”，基金会把社会各界捐赠的资金捐献到自己基金会服务的领域。对于聚财和散财，均需要大量有能力的工作人员，特别是社会关系广泛的人，因此，许多基金会特别是“官办”基金会的会长都是某机关政府单位的领导。这样的情况对基金会的发展具有双重性：一方面，基金会有着广泛的关系网，比较容易进行募捐，使得聚财比较容易；另一方面，基金会和政府的这种从属关系，使得基金会被戴上一顶“官办”的帽子，在开展工作时极容易犯官僚主义的错误。

2004年6月1日起施行的《基金会管理条例》规定了基金会公益支出最低比例（MAE）：公募基金会每年用于从事章程规定的公益事业支出，不得低于上一年总收入的70%；非公募基金会每年用于从事章程规定的公益事业支出，不得低于上一年基金余额的8%。利用社会捐赠的财产从事社会公益活动是基金会的义务。对于没有具体约定使用方式的捐赠，许多国家都对基金会每年用于公益支出的资金比例作了明确规定，以防止基金会不履行或不完全履行义务。如韩国将基金会上一年的收入作为基数来确定MAE，比例多在60%~70%，而澳大利亚规定该比例为85%。公益支出比例太低，给人以借基金会名义逃税的嫌疑；公益支出比例太高，又不利于基金积累增值。可见《基金会管理条例》规定的我国的MAE为不低于上年总收入的70%这一数字，既不太低，又不过高，为国外MAE的一般水准。美国的私立基金会（类似于我国的非公募基金）的MAE确定为上年基金余额的5%，这是因为资金一般的投资回报率均可达到这个水平。公益支出包括基金会从事公益事业的所有支出，包括公益资助项目的费用、执行项目的成本和基金会组织募捐的费用，不包括基金会专职工作人员的工资福利、基金会日常办公的行政开支。实际运作中的一些开支，如人力资源费用、差旅费用等，难以确定开支性质，需国家财政部门制定统一的基金会财务会计标准加以具体规定。基金会工作人员的工资福利和行政办公支出不得超过当年总支出的10%。此规定意在促使基金会精简机构和人员，提高办事效率，加强政府的监管。境外民间组织的自律组织和评估机构发达，社会监督机制完善，对基金会的行政开支比例很少做硬性规定。如美国人认为应当允许合理的开支，因而美国对基金会的行政经费并无法律规定，而是由慈善机构与捐款人商量。对于不同的慈善机构乃至同一慈善机构不同的项目，其行政经费的提取均不相同。对于慈善机构的项目拨款，有的行政经费提取比例高，有的提取比例低。如法律援助项目的行政经费的提取比例偏高；帮助穷人、分发救济物品的项目的行政经费提取比例偏低。我国香港特别行政区法律规定香港公益金的项目成本为捐款的10%，行政经费则每年由香港赛马会捐赠2 000万港元开支，保证行政开支不占用捐款人的一分钱。各个国家和地区的情况不同，规定自然亦有差异。《基金会管理条例》中关于工作人员工资福利和行政办公支出的比例限定，是针对内地许多基金会开支混乱的问题制定的。

三、政府对基金会的优惠措施

为了鼓励世界公益事业的发展，各国主要在税收方面对基金会有些优惠政策。基金会成立后，向有关部门申请税收优惠，经审核通过后就有了一定比例的免税额。截至2021年底，我国基金会共计8 877家，其中全国性基金会215家。根据现行税收规定，关于基金会的捐赠，企业纳税人的捐赠额在应纳税所得额3%以内（2008年1月1日起施行的《中华人民共和国企业所得税法》将该比例提高至12%）的部分，个人捐赠在应纳税所得额30%以内的部分允许税前扣除。

第二节　国外基金会的发展

一、美国的基金会

在美国，基金会的定义并没有统一。有的基金会本身并不叫基金会，例如“基金公司”“捐赠公司”“信托基金”“信托慈善基金”等，却行使基金会的事务。有的虽然称为基金会，但不是基金会组织。

美国是最早出现基金会的国家。早在 19 世纪 20 年代，美国就有十几家基金会。随后，在一百多年的时间里，基金会发展成为美国社会的一支重要力量。到目前为止，美国大大小小的基金会数量繁多，在美国的第三次分配中起到极其重要的作用。按照一般分法，可把美国基金会分为四种类型：独立基金会、公司基金会、社区基金会和运作型基金会。几种基金会在成立基金会的主体、目的和运作方式上均不同。

美国最初成立基金会是出于对慈善事业的发展。20 世纪以前，美国政府的力量极其弱小，就使得人们行动起来实行自治，形成了“大社会，小政府”的历史传统。许多基金会最初是由私人发起的。一些富豪们把自己的财产捐赠给教会，由教会统一管理，对教会、医院、学校进行资助和救济。那时候的基金会还只是民间的基金会，严格意义上有组织的基金会开始于卡耐基基金会和洛克菲勒基金会的建立。之后，越来越多的私人以及政府性基金会如雨后春笋般成立起来，为维护美国的资本主义起到了独特的作用，也在社会的平等和发展之间起到杠杆的作用。

经过两百余年的发展，美国现代基金会无论在数量上还是规模上都是其他国家所无法比拟的，并在美国社会发展进程中发挥着重要的作用，其在提供社会服务、缓解社会矛盾、维护资本主义制度的发展、推动社会创新和进步、辅助外交和增进国际的合作与交流等方面有着积极的贡献。

二、日本的基金会①

日本最早的真正意义上的民间基金会是由被世界称为“陶器之王”的森村市左卫门建立的。1914 年森村丰明会成立。直至现在，作为东京都管辖下的公益法人，该会还在开展活动。

森村丰明会诞生后，财阀和资本家不断创立基金会，其中值得大书特书的是精工的创始人服部金太郎为纪念自己的古稀之年，在 1930 年创立了服部报公会。日本大部分基金会在第二次世界大战后的混乱中销声匿迹，而服部报公会于 1945 年 10 月召开了选拔委员会，为当选者提供了报公奖。至今，该基金会的活动从未中断过。

---

① 堀内生太郎．日本基金会的历史与发展［J］．国外社会科学，2007（4）：102-103.

作为纯粹的民间基金会，第二次世界大战后最早开展活动的是以人才培养为目的并提供奖学金的基金会。例如，1950 年成立的山冈育英会、1953 年成立的三菱信托山室纪念奖学财团等。

1955 年以后，为使国土狭窄、人口众多的日本得到发展，赞助科研的基金会明显增多。1959 年日本的造纸大王藤原银次郎创立了藤原科学财团。东丽科学振兴会和武田科学振兴会也于 1960 年和 1963 年宣告成立。

1970 年以后，企业创立的基金会明显增多。为纪念创业 100 周年而成立的三菱财团成为文部科学省和厚生劳动省共同管理的大型综合性基金会。1974 年成立的丰田财团仿效福特基金会，第一个在日本引进项目官员制度，在公众的关注之下制定项目，进行项目审查，改善了赞助效果。

20 世纪 70 年代后半期，资助福利方面的基金会开始出现。1974 年成立的社会福利法人丸红基金会引人注目。该基金会每年提供一亿日元的资金，一直持续至今。资助环保方面的基金会有 1973 年成立的钢铁业环保技术开发基金会和 1974 年成立的东急环境净化财团等。此外，资助文化艺术方面的基金会以 1979 年成立的资助文化艺术活动的三得利文化财团为标志。20 世纪 80 年代后，赞助文化艺术事业的基金会开始增多。

1962 年成立的日本财团是以公益竞技活动中的盈利部分为本金成立的基金会。中央赛马马主福利财团、车辆竞技公益纪念资金财团也分别于 1969 年和 1975 年动用巨资开展赞助活动。日本财团不仅自己使用资金进行赞助活动，还拿出资金成立了笹川和平财团、东京财团等基金会，在海外开展广泛的赞助活动。

日本经济泡沫破灭对基金会的打击很大。在经济泡沫破灭前后，基金会对日趋活跃的市民活动也给予了支持。本来，此时应诞生一些资助市民活动的基金会，但由于长期超低利息的影响，新基金会的创立事实上陷入了停顿。而且，同美国相比，日本的基金会规模较小。自 1988 年以来，助成财团中心每年都进行基金会的调查。2005 年的调查表明，在 2004 年，每年提供 5 000 万日元以上资助的基金会有 645 家，合计资助金额为 495 亿日元。

第三节　我国基金会的发展

一、 我国基金会的发展历程

综合不同的观点，我国基金会的发展大致经历了五个不同的阶段：

第一阶段：新中国成立至 1980 年，空窗阶段

为恢复和发展国民经济，政府实行社会主义计划经济体制，社会的一切方面皆由政府包揽。在这种情况下，新中国成立前并不发达的基金会几乎失去继续生存的必要条件，在这期间，我国基金会发展几乎处于“空白”状态。

第二阶段：1981—1989 年，混乱、无序阶段

伴随着经济体制改革和对外开放政策的实施，基金会的发展也透露出一丝曙光。但是，这一时期的基金会事业由于无“章”可循而呈现出“鱼龙混杂、发展无序”的整体态势。当时成立的基金会名目繁多，五花八门。据 1987 年的不完全统计，当时全国已经建立各种规模的基金会 214 个，其中全国性基金会 33 个，地方性基金会 181 个。各地还利用救灾扶贫款建立了一大批称为基金会的救灾扶贫基金会组织。据 1986 年 9 月民政部的一项统计，仅此类基金会已经达到 6 275 个，其中乡镇政府设立的就有 5 888 个。

第三阶段：1990—2003 年，清理、整顿阶段

因为前一阶段基金会发展实在是太乱，所以 1988 年国务院出台《基金会管理办法》，法规的出台在很大程度上结束了改革开放后基金会无章可循、无序发展的状况，但奉行的主要是控制和限制政策，“三重管理体制”“三步批准登记制度”等政策表明了政府对基金会性质及发展认识的偏差，加之随后对民间组织进行清理整顿和重新登记工作的开展，使得基金会发展基本处于停顿状态。

第四阶段：2004—2015 年，快速发展阶段

2004 年，国务院颁布实施了《基金会管理条例》，该条例是中国基金会发展的转折点，其主要意义在于开放——第一次界定了非公募基金会的概念并鼓励其登记注册。同时，境外基金会也准入中国。

这一时期，明显具有民间性和社会性特征的非公募基金会取得了飞速发展。根据民政部民间组织管理局发布的《基金会蓝皮书：中国基金会发展报告（2012）》，截止到 2011 年底，全国基金会数量达到 2 515 家，非公募基金会数量占比为 53. 75%，首次超过公募基金会。与此同时，基金会的形态也更加多元，境外/境内、公募/非公募、官办/民办等多种形态的基金会共同构建了复杂的中国基金会体系。

第五阶段：2016 年至今，依法治理阶段

2016 年，《中华人民共和国慈善法》正式实施，与之配套的一系列法规政策相继出台，与此前的《基金会管理条例》等相关的基金会发展政策一起，初步构成支持促进基金会发展的法律法规体系雏形。与此同时，在实践过程中，相关部门依据法律法规，采用各种手段加强了对基金会的日常监督管理。

二、中国基金会存在的问题

1. 基金会工作效率低下，人员分工不明确，权责不分明，缺少必要的激励机制

这阻碍了很多基金会的发展，使基金会在发展过程中缺乏活力和动力，工作迟滞不前。基金会是慈善事业组织，需要有激情、有爱心的人参加工作。如果工作人员对自己的工作都丧失了兴趣，那么基金会本来的意愿就会被扭曲，原本的服务机构就会变成官僚的机构。

2. 基金会人才匮乏

我国基金会发展缓慢，没有国外发展那么迅速。很大一部分原因是许多基金会无法维持基金会的正常运作，而主要原因是资金匮乏。基金会资金匮乏最主要的原因是缺乏对资金有效投资的人才，因为基金会一方面要拿出一定数额的基金用于慈善事业，另一

方面又要向社会募捐，同时对资金进行投资，这样就需要一些有金融头脑的人加入基金会。然而，我国不少基金会由于具有“官办”色彩，甚至成为行政机构的“养老所”，人才单一，这样就造成基金会缺乏活力，最终只好停止运作。据统计，截至2018年底，我国基金会平均全职员工数量为3.47人，17.8%的基金会没有全职员工，66.8%的基金会全职员工为1~5人，10.6%的基金会全职员工为6~10人，仅有4.8%的基金会全职员工超过10人，我国大多数基金会的全职员工数量在5人以下，基金会专职人力和专业人才资源十分匮乏。

3. 基金会运作不透明，缺乏监督机制

我国现阶段没有相关的法律规定基金会必须履行公布账目的义务，因此基金会在公布账务时往往不实，且进行监督的人都由基金会自己确定，这样使得基金会的账目更加不透明，很难使公众信服。一些基金会打着做公益事业的旗号，为自己赢取更多的捐款，但是这些款项却并不用于公益事业。这些基金会一边享受着政府的优惠政策，一边却把捐款装进自己的口袋。

4. 募捐效果不好

在基金会募捐的三类对象——个人、企业和其他慈善组织中，我国的基金会把募捐主要集中在企业身上，而忽视了个人和其他慈善组织的捐赠，并且对企业的募捐活动也主要集中在几个有慈善传统的大企业集团。还有一个不能忽视的因素是，政府对捐赠的鼓励性制度安排不够，比如税收优惠很少，难以鼓励企业捐赠。同时，现行税法把基金会并入社会团体中进行规范，忽视了基金会的特殊性，而在税收管理上，对基金会的税前扣除资格约束太强。因而很多企业不愿意对基金会进行捐赠。据中国慈善联合会统计，2019年全国基金会捐款收入总额为677亿元，按照当年年末基金会数量7 585家计算，2019年基金会平均捐款收入为893万元。另据统计，近年来，年度捐款收入不到1 000万元的基金会约占85%，年度捐款收入超过1亿元的基金会约占1.5%，绝大多数基金会捐款收入很低。

5. 相关法律制度不健全

我国目前关于基金会的法律，如《中华人民共和国公益事业捐赠法》（1999）和《基金会管理条例》（2004）等仍存在着一些缺陷和不足，对基金会的治理没有强有力的法律制度进行规范。同时，法律监督机制不完善。虽然有关基金会组织的法律及组织章程已经建立，但是在司法过程中经常出现对各类违规现象惩治不够、失去法律效力的现象。

第四节　世界典型基金会简介

目前，世界范围内有数目众多的基金会，其中有一些在国际上知名度极高，并且已经为社会的公益事业做出卓越贡献。下面简单介绍几个基金会：

一、自然基金会——全球环境保护组织

世界自然基金会（简称 WWF，过去叫作 World Wildlife Fund International 即世界野生生物基金会，现在更名为 World Wide Fund for Nature）于 1961 年 9 月 11 日成立于瑞士一个风景秀丽的小镇——莫尔各斯（Morges）。其创始人是英国著名生物学家、联合国教科文组织第一任总干事朱立安·赫胥黎。其成立的基本目标是保护地球的生物资源。50 多年来，在多方的支持下，WWF 成长为一个极具影响力的独立性非政府国际环境保护组织。

1980 年，WWF 正式来到中国，1996 年在北京设立了办事处，此后陆续建立了 7 个项目办公室和上海分办；发展至今，共拥有 70 多名员工，开展了包括物种、森林、淡水、能源与气候变化、环境教育和野生物贸易等多方面的工作。WWF 的使命是遏制地球自然环境的恶化，创造人类与自然和谐相处的美好未来。为此其一直致力于：①保护世界生物多样性；②确保可再生自然资源的可持续利用；③推动减少污染和减少浪费性消费的行动。

二、世界儿童基金会

世界儿童基金会（World Children Fund）成立于 1996 年，其总部位于美国加利福尼亚州圣荷塞市，主要致力于世界范围内的儿童教育和福利事业，通过国际筹资和捐赠网络，救助更多需要帮助的弱势儿童。会长林晋武博士在国际慈善公益事业中享有盛誉，奔走于各大洲，了解当地国家儿童的需要，争取国家领导人对儿童事业的支持，与各国的慈善机构建立了广泛的合作。目前世界儿童基金会开展活动的国家遍及五大洲。

世界儿童基金会十分关注和支持中国儿童福利事业的发展，于 1998 年开始向中国儿童少年基金会、中国妇女发展基金会、中国残疾人福利基金会、中国红十字会、中国扶贫基金会、援助西藏发展基金会、北京儿童福利院等公益慈善机构提供物资和资金的捐赠。2003 年 9 月，世界儿童基金会根据其国际项目运作经验，向北京儿童福利院捐赠的“快乐屋”项目，旨在提高孤残儿童的生活技能，成为该福利院样板展示项目。该项目由儿童多媒体教室、迷你医院、迷你超市、迷你家庭构成，让生活在福利院的儿童模拟接触生活，更加快乐，使他们的心理和情感健康发展。

三、中华慈善总会

中华慈善总会（China Charity Federation）是经中国政府批准依法注册登记的，由热心慈善事业的公民、法人及其他社会组织志愿参加的全国性非营利性公益社会团体，正式成立于 1994 年。其宗旨是：发扬人道主义精神，弘扬中华民族扶贫济困的传统美德，帮助社会上不幸的个人和困难群体，开展多种形式的社会救助工作。

自成立以来，中华慈善总会特别注意发挥其本身所特有的涵盖面较为宽泛的特点，尝试性地开展了多种筹募活动。截至 2006 年 8 月，中华慈善总会直接募集慈善款物折合人民币 11 多亿元，数以千万计的困难群众得到了不同形式的救助。总会开展了灾害

救助、扶贫救济、助医助残、助孤（幼）安老、助学助教 5 大方面 33 个慈善项目。遍布全国的慈善援助项目逐步形成了规模。2013 年，中华慈善总会和团体会员中的 205 个慈善会全年接受慈善款物总额为 302 亿元。

中华慈善总会实行严格的财务制度和审计制度，聘请了国际知名的毕马威华振会计师事务所进行年度财务审计，其重大募捐活动接受国家审计署的审计，并随时接受社会监督。由于中华慈善总会始终坚持公开、公正、依法、自律的财务工作原则，其公信度不断提高。

中华慈善总会不断加强对外联络工作，与海外许多公益慈善机构建立了良好的合作关系，并共同实施了多项合作项目，得到了国际慈善组织的普遍认同。1998 年，中华慈善总会加入了国际联合劝募协会，成为该组织中唯一的中国会员。可以说，中华慈善总会作为中国慈善组织的代表，已经开始成为联系海内外华人和国际友人、共同促进我国慈善事业稳步发展的一条新的纽带。

四、中国扶贫基金会

中国扶贫基金会成立于 1989 年 3 月，由国务院扶贫开发领导小组办公室主管，是对海内外捐赠基金进行管理的非营利性社会组织，是独立的社会团体法人。该基金会的主要职责是：帮助贫困社区的弱势群体提升自我发展能力；改善基本生产条件和提高基本社会服务水平；促进受援人脱贫与自立；强化基层管理与组织；减轻社会疾苦与不安；传递人类爱心与善心；促进社会和谐与文明，直接援助贫困社区的弱势群体，向贫困社区提供公共设施和社区服务，为贫困社区中的穷人提供技术性服务的专业人士和组织，让受援人在项目参与中学习，并促进其自信、自尊、自强与自我发展；尽最大努力铲除援助过程中的腐败，剔除多余动作与中间截流，直接将爱心传递给贫困人口，最大限度地致力于我国的扶贫事业。

思考题

1. 基金会是什么？它是如何分类的？
2. 基金会的成立需要哪些程序？成立后它是如何运作的？
3. 我国目前对基金会的优惠措施有哪些？
4. 我国现阶段基金会存在哪些问题？
5. 美国和日本的基金会分别有何特点？
6. 分析我国基金会发展的外部瓶颈。
7. 列举国内外知名的基金会及其活动。

第六章 彩票业

现代彩票业源于欧美，后风行全球。瑞士是即开型彩票的发源地，20 世纪 30 年代即有彩票。瑞典是最早发行竞猜型体育彩票的国家。现今国际两大彩票组织 INTERTOTO（国际彩票组织）和 ALLE（政府彩票组织国际协会）各拥有一百多个会员。中国社会福利奖券发行中心（现中国福利彩票发行中心）1993 年和 1995 年先后被该两组织接纳为正式会员。2020 年，中国发行彩票 3 339.51 亿元，其中福利彩票 1 444.88 亿元，体育彩票 1 894.63 亿元。

第一节　彩票业在我国的发展历程及其作用

一、彩票业在中国的历史

有国外学者认为，中国最早发行彩票的时期是唐代。大诗人李白曾描绘过盛唐热烈的博彩场面："大博争雄好彩来，金盘一掷万人开。"当时发行彩票的目的是为修建长城筹集资金。国内的研究倾向认为中国的彩票发行历史始于清代。当时流行在会考期间赌哪个姓的考生中考最多，将每个应试者的姓印在纸上定价出售，由购买者选择中榜者的姓，发榜后，按猜中的多少依次获一、二、三等奖。

1899 年 4 月，上海广济公司发行的江南义赈票在张园开彩，这是中国第一家经中央政府批准成立的正式彩票公司。此前中国彩票市场一直为外国发行的彩票所独占，包括起初的菲律宾吕宋票，后来的暹罗票（泰国）、长崎票（日本）、先令票（英国）等。

中国近代由地方政府发行的彩票是清代末年由湖广总督张之洞批准发行的湖北签捐票。1901 年，在全国彩票销售中心——上海，正式注册的彩票公司就有 11 家，每月销售 17 万张彩票，月销售额达到 85 万元。民国时期也发行过彩票，包括航空公路建设奖券和黄河彩票等。1949 年后的一段时间内，彩票被当作“资本主义的罪恶”而被禁止。

二、彩票业在新中国的发展

1. 客观需求

20 世纪中后期，随着经济体制改革的深化和市场化进程的加速，由市场经济带来的或在计划经济下隐藏的社会问题逐步暴露出来，如失业问题、老人问题、社会福利社会化问题、社会特殊群体的救助，等等。当时，全国已有的社会福利院、光荣院、荣军院等福利设施约有 50%属危旧房急需改造；全国社会福利和优抚事业单位中约 30%没有常规医疗设备和专业医生；逐年增多的弃婴、流浪儿童收容、伤残军人假肢换装、孤残儿童的医疗救助等问题都需要解决，而解决问题的关键是钱。但国家财力有限，尽管每年财政对社会福利的投入有所增加，但是由于欠账太多，仅靠国家财政拨款显得软弱无力。

2. 物质基础

彩票只会在社会经济发展到一定阶段，生产力能够满足绝大部分人的生存需要而又不足以达到对生活质量的更高要求的情况下存在。20 世纪 80 年代后期，中国的现实正是如此。经过近十年的改革开放，我国的国民生产总值平均每年以两位数的速度增长，人民的生活水平和消费水平得到了很大提高，温饱问题基本上解决了而又略有盈余。彩电、冰箱、摩托车等高档消费品开始进入寻常百姓家并成为大多数城镇居民家庭的最新追求，但仅凭普通工薪阶层的收入置办这些“大件”，又略显囊中羞涩。因此彩票这种以小搏大的机会游戏便以不可抗拒的魔力吸引了大家的目光。

3. 伦理道德基础

中华民族乐善好施，一方有难，八方支援；同时不乏争强好胜的意识。古往今来，上至帝王将相，下到平民百姓，各种博取荣誉或从中获得精神、物质刺激与满足的机会游戏如押宝、掷色子、抓阄、斗鸡、麻将、纸牌等，可谓形形色色、世代相传。

4. 借鉴其他国家和地区彩票的经验

美国的彩票业突飞猛进，每年以 10%的速度增长；苏联自 1926 年起开始发行彩票，第二次世界大战时虽然一度停发，以后再未间断；日本自 1945 年开始发行彩票，1997 年发行额为 4 451 亿日元，平均每个日本人购买彩票 3 000 日元；新加坡、泰国等也都如此。2003 年我国内地的彩票销售规模为 400 亿元，而仅有 680 万人口的我国香港特别行政区每年的彩票销售额达到 600 亿元。

5. 发展历程

中国当代彩票业正式诞生于 1987 年，至今已 35 年，1986 年 12 月 20 日，国务院第 128 次常务会议讨论，批复了民政部《关于开展社会福利有奖募捐活动的请示》，同意由民政部组织一个社会福利有奖募捐委员会，在全国范围内开展有奖募捐活动。1987 年 6 月 3 日，中国社会福利有奖募捐委员会在北京成立。1987 年 7 月 27 日，第一批福利彩票在河北省石家庄市销售，标志着中国当代彩票业的诞生[①]。1994 年，中国体育彩

① 冯百鸣. 中国彩票的发展历程：公益彩票成为中流砥柱［J］. 社会与公益，2011（12）：90-93.

票开始正式发行，从此我国彩票业形成体彩、福彩共存的格局。2003 年，第一个统一游戏规则、统一开奖、共享奖池的全国联合销售的电脑彩票游戏“双色球”上市，标志着电脑福利彩票全国联销时代的到来。2009 年 7 月 1 日，《彩票管理条例》正式施行。2015 年，八部委联合发文，要求坚决制止擅自利用互联网销售彩票行为，互联网售彩被叫停。

6. 发展特点

经过三十多年的探索，中国彩票业立足中国国情，参考西方成熟博彩行业发展经验，走出了一条具有中国特色的道路，并形成了自己的特点：

（1）三部门协同管理体制。2001 年 1 月 30 日，国务院发布了《关于进一步规范彩票管理的通知》，确定了财政部门主管彩票法规、政策和制度的制定，监管彩票市场及彩票资金，民政部和国家体育总局负责发行销售彩票，进行市场运作的现行彩票管理体制。三个部门共同协作、相互制约的构架，既有利于市场的正常竞争，又保证了彩票资金的安全，是我国彩票行业健康发展的基石。

（2）双寡头市场竞争模式。世界上大多数国家都采取独家垄断的彩票发行模式，少数国家采取颁发特许经营执照的模式，而我国经过反复论证，最终选择了福利彩票和体育彩票双寡头垄断的彩票发行模式。从产业经济学理论来说，这种模式既解决了完全垄断模式效率低下的问题，保证了市场的适度竞争，使得消费者在两家机构的相互竞争中获益，又避免了自由竞争模式的过度竞争，以使国家更好地监管和筹措公益资金，有利于实现社会福利的最大化。

（3）对彩票资金监管严格。我国目前主要通过财政部门采取专户管理模式对彩票资金的运作进行监督，《彩票管理条例》规定：按照“收支两条线”的原则，对彩票发行收入实行专户管理。彩票公益金和发行费用必须纳入财政专户，支出应符合彩票发行与销售机构财务管理制度和彩票公益金管理制度规定。彩票公益金不得用于平衡预算，发行费用结余不得用于补充民政、体育部门的行政经费。国家审计机关要加强对彩票发行以及彩票公益金筹集、分配和使用情况的审计，年度审计结果向社会公布。这种资金管理模式提高了我国彩票资金的安全性，降低了彩票资金被挪用的风险。

（4）公益性是中国彩票业的最主要特征。福利彩票和体育彩票发行的初衷是为中国公益事业和体育事业的发展筹集资金，以弥补国家财力不足，所以最初国家对彩票资金的构成比例有着统一的规定，返奖率只有 35%，而提取的公益金比例高达 50%。随着时代的发展，人们观念的变化，以及彩票产品玩法的不断创新，2005 年以后，国家逐步放开了对彩票资金构成比例的严格限制，返奖率也有了很大的提高，最高可以达到 70%左右，但是还是明显低于国际大型博彩公司 90%以上的返奖率。因此，中国彩票具有一定的社会公益性质，是一种“微笑税收”，购买彩票也体现了彩民对于社会的奉献精神①。

---

① 刘圣文. 中国彩票业发展困境及对策研究［J］. 山东社会科学，2015（8）：168-172.

三、彩票对社会的积极作用

1. 彩票业对经济发展的促进作用

第一，彩票“软税收”功能切实增加了我国的财政收入。

根据彩票管理条例的规定，彩票销售后取得的资金称为彩票资金，彩票公益金是指从彩票发行收入中按规定比例提取的，专项用于社会福利、体育等社会公益事业的资金。彩票资金由彩票公益金、返奖奖金和发行经费三部分组成，按政府性基金管理办法纳入预算，实行“收支两条线管理”，专款专用，结余结转下年继续使用，不得用于平衡一般预算。随着福利彩票和体育彩票发行总量和规模的扩大，彩票“微笑纳税”的税收形式无疑将为国家财政增加更多的税收收入，为国家的税收做出巨大的贡献。

第二，彩票经济拉动了内需，促进了经济增长。

在刺激消费需求方面，彩票奖金的返还比率不得低于50%，中奖后的彩票奖金部分转化为个人消费基金，成为促进经济发展的积极因素。根据已有的调查，在中奖之后，有75%的获奖者会将部分奖金用于购物消费、子女教育、创业或投资办厂，彩票销售款和部分彩票奖金转化为银行的存款，又间接扩张了信用，间接地促进了经济的发展。我国彩票业正处于一个高速发展阶段，彩票的品种将更加多样化，彩票发行渠道也将进一步拓展，彩票销售总额也将再创新高，彩市特别是大奖得主也将成为各家银行必争的“黄金客户”。有人指出，金融业与彩票业兼容，银行通过代理彩票发行收款既可获得手续费，又能吸收可观的低成本资金而寻觅到新的效益增长点；同时，银行将沉淀下来的一部分彩票资金转化为信贷资金，用于支持企业生产和居民个人消费，从而使彩市对扩大内需更具推动作用。

2. 彩票业对经济发展的保障作用

第一，彩票业的发展为社会增加了就业机会。

彩票以一种产业形式存在于世界范围内，被称为“第六大产业”。在我国，彩票业作为一种产业必然能够创造相应的就业职位。据不完全统计，2020年，我国彩票终端销售人员超过30万人，并随着彩票销量和销售网点的增加，彩票终端销售人员数量将呈增长趋势。他们当中有很多下岗再就业者，还有很多大中专学历的人员。可见，彩票业的自身发展能够有效地缓解社会就业压力。同时，彩票的发行带动了彩票相关产业的发展，增加了就业机会（主要包括管理部门、印刷部门和发行部门）。

第二，彩票业的发展为我国社会保障制度的发展提供了强有力的资金支持。

发行彩票是为了集中社会闲散财力以用于支持国家的社会公益事业。财政部《彩票公益金管理办法》（财综〔2021〕18号）第十三条规定：“上缴中央财政的彩票公益金，用于社会福利事业、体育事业、补充全国社会保障基金和国务院批准的其他社会公益事业。”2009年7月1日起施行的《彩票管理条例》第三十三条规定：“彩票公益金专项用于社会福利、体育等社会公益事业，不用于平衡财政一般预算。彩票公益金按照政府性基金管理办法纳入预算，实行收支两条线管理。”我国现行彩票公益金的使用，特别是中央彩票公益金的60%用于全国社保基金。由福利彩票公益金和体育彩票公益金构成中央集中的彩票公益金成为发展社会公益事业的重要资金来源①。

第二节　彩票业的发展困境及前景

一、彩票业的发展困境

1. 缺乏健全的行业管理机制与法律保障体系

在新形势下，彩票业属于我国新兴产业之一，也是我国全新的经济增长点。但在彩票业发展浪潮中，我国福利彩票行业管理机制具有一定的滞后性，需要进一步优化完善，福利彩票政策制定、资金监管等工作量较大，工作人员职责模糊化。福利彩票发行管理中心、体育彩票管理中心将重心放在具体性事务上，比如，市场竞争、彩票销售，这不利于彩票行业的健康发展。同时，在新形势下，我国彩票业迅猛发展，彩票行业发展规模持续扩大，出现的问题日渐多样化、复杂化，我国制定的彩票法律保障体系需要进一步优化。

2. 彩票销售方式单一化

随着时代不断演变，我国彩票业飞速发展，传统彩票销售方式已无法有效满足时代发展的客观要求，各方面出现的问题不断显现。同时，随着科技迅猛发展，线上销售（互联网）逐渐成为销售彩票的重要途径之一，但在多种因素作用下，利益分配不均衡，互联网中私彩之风日渐盛行，我国相关部门颁布了针对性条例，互联网彩票销售途径受阻，不利于优化完善彩票销售方式。彩票销售方式单一化，在一定程度上影响了彩票业的持续发展。在此过程中，我国彩票销售量明显减少，互联网彩票产业链下中国竞彩网、淘宝彩票网等知名彩票销售企业的彩票估价不断下跌，流失大量优质客户群体——尤其是“高学历、高收入”群体，这是彩票行业未来发展道路上重要的目标顾客群体。

3. 现代化投融资手段缺乏，彩票玩法缺乏创新

从某种意义上说，我国彩票业健康稳定发展离不开充足的资金，是各项彩票业务顺利开展的重要保障。但在日常运营管理中，我国彩票业现代化融资手段缺乏，不利于进一步拓宽投融资渠道，筹集到更多的发展资金，影响彩票业整体经济效益的提高。同时，在制度堡垒、传统观念等影响下，我国彩票玩法单一化，缺乏创新，新型彩票玩法较少，不利于公共彩票规模进一步扩大，彩票缺乏趣味性，无形中私彩有着更大的生存

---

① 张雅桦. 中国彩票业对经济发展的影响分析［J］. 技术经济与管理研究，2012（8）：84-87.

空间，不利于激发彩民对彩票的购买兴趣，彩票销售量受到影响。

4. 彩票专业人才缺乏

彩票业有着较强的专业性，彩票设计、研发等环节涉及多方面高难度知识，需要大批“高素质、高水平”的专业人才。但我国高校大都对彩票业缺乏正确的认识，设置的相关专业少之又少。尽管在多方面因素作用下，大学生就业已成为一大难题，但彩票行业找到专业人才的难度仍然较大，彩票行业缺乏专业人才，彩票自主创新等受到不同程度影响，阻碍了我国彩票业的稳定发展①。

二、彩票业的发展前景

未来彩票业发展将呈现出以下特点：

（1）政府由直接管制转向间接参与控制。长久以来，由于彩票行业的特殊性，彩票的发行一直由政府实行直接管制。在一些国家由于争议较大，彩票的发行曾一度被中止，而在另一些国家，例如法国与瑞典，彩票业实行国有化经营。后来，随着彩票业在世界范围内的发展，一些国家开始出现了国有彩票和私有彩票共存的局面，国家对彩票的直接管制慢慢转向以完善彩票法规的间接参与控制。其表现为：彩票发行以公司组织形式企业化运作，国家在股份公司中占绝对控股地位。

（2）现代技术在彩票业中得到更广泛的应用。随着电视、广播和互联网等技术的发展，乐透型、透透型和数字型彩票也随之发展起来。可以想象，随着互联网技术的发展和现代通信技术的变革，彩票的销售渠道将会拓展得越来越广，新型的与新技术相适应的彩票也将会随之出现。

（3）不同国家和地区的协作趋势将会越来越强。其一，彩票业发展比较健全的国家和地区将会向彩票发展落后的国家和地区输出彩票设备和彩票管理技术，从而带来不同国家和地区的协作；其二，不同的国家和地区为了共同开发彩票市场而进行地区协作。

（4）彩票新品种、新玩法将会不断出现。目前，各国彩票经营者正在对即开型彩票的多样性进行不断的探索和挖掘，新品种和新玩法不断增多。

（5）彩票的公众形象将会不断完善。随着社会的进步和彩票业自身宣传的努力，彩票业的发展与社会公益事业的发展息息相关的观念将会深入人心，彩票的社会公众形象将会不断地得到完善。

（6）彩票与娱乐业、网络游戏业和体育产业将会不断地融合，共同开拓新的彩票市场②。

---

① 刘洋，周振. 论中国彩票业发展困境及对策研究［J］. 当代经济，2017（23）：12-13.

② 王薛红. 我国彩票业发展趋势及对策研究［J］. 中国财政，2014（1）：44-45.

思考题

1. 试述新中国成立前彩票业在中国的历史。
2. 试述彩票业在新中国的恢复和发展。
3. 彩票业对社会的积极作用有哪些?
4. 目前我国彩票发行和管理中存在哪些问题?
5. 我国彩票业的发展前景如何?

第七章
农民专业合作经济组织

从 1982 年起，我国农村普遍推行家庭联产承包责任制，但同时所构想的“以家庭联产承包经营为基础、统分结合的双层经营体制”一直并未得到真正落实。20 世纪 90 年代以后，原有政策的潜力几乎释放殆尽，“三农”问题空前突出。探索新型合作化道路，成为当务之急。其中，农民问题又是“三农”问题的核心。我国目前农民主要以家庭为生产生活单位开展小农经济，兼有部分专业大户。在探索新型农村经济合作组织的道路上，要认清我国农村的现实，要以小农的利益为重，探索适合我国国情的发展之路。

第一节　农民专业合作经济组织概述

一、农民专业合作经济组织的概况

农民专业合作经济组织是在农村家庭承包经营基础上，同类农产品的生产经营者或者同类农业生产经营服务的提供者、利用者，自愿联合、民主管理的互助性经济组织。农民专业合作经济组织是以其成员为主要服务对象，以增加成员收入为目的，提供农业生产资料的购买，农产品的销售、加工、运输、贮藏以及与农业生产经营等有关的技术、信息等服务的互助合作经济组织。

世界上最早的现代合作组织是 1844 年成立于英国的罗虚代尔公平先锋社。在中国最早的合作组织是 1918 年 3 月 30 日成立的北京大学消费合作社，因此，合作组织在我国也有超过百年的历史了。其中，20 世纪 50 年代形成的生产合作社、供销社和信用合作社是我国一个特定时期特有的产物，和现在所说的新型合作组织是有本质区别的。我国新型合作组织是从20世纪90年代以来在农村自发地组织和发展起来的。近些年，我国新型合作组织在部分省市取得了一定的成绩。国家也正在从管理体制、法律、行政法规等方面加大改革、完善的力度。

农民专业合作经济组织在农业产业化经营中发挥了举足轻重的作用，具体表现在以下几个方面：

（1）组织功能。在农业产业化经营中，农民专业合作经济组织的组织功能作用十分明显，一是按照国家产业政策，组织成员进行生产与销售，促使农业生产由行政管理过渡到由合作经济组织协调管理；二是根据国家产业规划以及市场信息，组织和协调农户进行专业生产；三是根据市场需求和农民意愿，把分散的专业户、专业村，通过专业合作，组织起各种类型的专业农协，以参与市场竞争；四是在经济发达的地区，通过各类合作经济组织，直接组织农业劳动力有序地流动到第二、三产业，实现农业规模经营，为农业产业化经营奠定基础。

（2）中介功能。大公司、大市场不可能都直接面对千家万户。同样，分散经营的农户，也不可能直接加入大公司的经营序列或纷纷进入大市场销售农产品。在市场需求与市场竞争中，农户为避免自然与市场风险，需要“合作经济”这一中介组织。同样，公司（企业）也需要一个中介组织，以节约交易成本。无论哪一种农业产业化经营模式，都需要一个中介组织，使公司与农户、市场与农户对接。

（3）载体功能。所谓载体功能，是指农民专业合作经济组织从单纯的组织功能、中介功能中“跳”出来，逐步向产前和产后延伸，兴办各种经济实体，逐步将自身的组织演变成社区性的产业一体化组织或专业性的产业一体化组织。

（4）服务功能。向农户提供产前、产中、产后有效服务，是实施农业产业化经营必不可少的手段。由于农民专业合作经济组织扎根在农民之土壤中，因此它对农户的服务最直接、最具体，从而成为农业社会化服务体系中不可取代的重要组成部分，成为维系农业产业化链条各环节得以稳固相连并延伸的生命线。壮大的农民专业合作经济组织进行统一选种、统一包装、统一销售，可以提高农民的议价能力，提高散户的市场竞争力。而面对市场过剩的农产品，农民专业合作经济组织可以通过和相关部门协商，进行市场调查之后，对市场的需求能力做出一个大致的预算，做出一个限制产量计划，这样种植者就能够调节和控制农作物的产量，避免盲目种植所造成的农作物贱卖等现象的发生。这从另一方面保护了农民的经济利益。

二、新型农民专业合作经济组织的形式

1. 会员合作经济组织

会员合作经济组织主要是专业经济协会。它由从事专项农产品经营的农民或企事业单位和农技推广组织，以产品和技术为纽带，以会员制方式组建，为会员提供科技、信息、供销服务，具有社团性。在这类经济组织中，通常由一家或多家具有影响力的龙头企业或者经营大户发挥引领作用。其特点是专业经济协会本身并不对外销售产品，而是通过收取会员费维持运转和实现盈利。加入协会的所有会员可以共享技术、信息和服

务，各会员可以相互合作，实现互利互惠，是新型农民专业合作经济组织中最常见的一种形式。

2. 专业合作经济组织

专业合作经济组织主要是专业合作社，是由从事同类或相关农产品的生产经营者，依据加入自愿、退出自由、民主管理、盈余返还的原则组建，共同生产经营的互助性经济组织。这类合作经济组织主要由核心成员发起，倡导自主经营、自负盈亏、自我约束、自我发展。这类合作经济组织坚持按劳分配和按股分红，多数合作社为了保障社员的利益和吸引更多的农民加入，双方通常会签订最低保护价合同。

3. 股份合作经济组织

股份合作经济组织主要是股份合作社企业，即农民以土地、劳动、技术等要素投资入股，管理上实行民主决策，分配上实行按股分红的企业性合作经济组织。这类合作经济组织的优势在于产权清晰、风险共担。有的成员为了不让自己的既得利益受损，会进一步加强内部合作，加快了信息要素和资源要素的流动与联合。在分配方式上，坚持按股分配为主，同时为了提高社员的积极性，引进了按惠顾额分配盈余的制度，保证这类合作经济组织运行的稳定性。作为新型农民专业合作经济组织的一种高级形式，股份合作成为今后主要的发展方向①。

三、农民专业合作经济组织的发展历程

从历史变迁的视角分析，我国农民专业合作经济组织的发展大体经历了三个阶段：第一阶段是从新中国完成土地改革至 1953 年的互助合作，即生产合作社时期；第二阶段是集体化和实行高度集中统一的“人民公社”集体经济时期；第三阶段是从农村家庭承包经营制的实施到目前各类农民自助组织竞相发展时期②。

需要明确的是：现在讲究的是“新型”农民专业合作经济组织，与 20 世纪 50 年代计划经济体制下建立的纯集体性质的农业合作社有着本质的区别，是对当前农村专业合作社、社区合作社、专业协会或专业技术协会以及经济联合体的总称。两者有着本质的不同。首先，新型农村合作经济组织的成员是自愿加入的，退社也是自由的。而合作化运动完全是政府行为，农民没有自主选择权，农民的生产积极性极大受挫。其次，新型农村合作经济组织强调的是交易的联合，它承认个人产权。而人民公社是完全公有制的集体经济，强调的是“公”与“社”，它否认私人产权。再次，新型农村合作经济组织实行民主管理，坚持平等、民主、互利的原则，而人民公社实行政社合一的管理体制，农民缺乏自主权。最后，分配方式不同，新型农村合作经济组织主要按照成员的交易量进行分配；而人民公社搞的是平均主义、吃“大锅饭”③。

2007 年 7 月 1 日，《中华人民共和国农民专业合作社法》正式实施。这是 1949 年

① 董丽艳. 新型农民专业合作经济组织发展问题及解决对策［J］. 山西农经，2020（2）：53-59.

② 夏英，牛若峰. 我国农村合作经济组织改革和发展的思路［J］. 中国农村经济，1999（12）：40-43.

③ 张亲培，孙波. 农村新型经济合作组织登记注册问题研究［C］//杨团，张秀兰. 当代社会政策研究. 2 版. 北京：中国劳动社会保障出版社，2007：455-456.

后，我国首部专门规范和发展农民专业合作经济组织的法律，也是1978年实行家庭承包经营后，首次以立法形式推进农民的经济互助与合作，具有重大历史意义，我国农民合作社从此进入依法发展的新阶段。2018年7月1日，新修订的《中华人民共和国农民专业合作社法》正式施行。

第二节　国外农民专业合作经济组织的发展

在国外的一些国家，农民为了更多地参与社会、经济生活的管理，加强与政府的关系，保护自身利益，建立了一些自己的组织，这些组织在不同程度地发挥着作用。

一、美国的农业合作社

美国的农业合作社是由分散的、不同地区的农民以各自共同的利益为纽带自发组织起来的利益集团。主要有四个：①格兰其组织。它由以养殖奶牛和种植粮食为主的农民组成。②农场局联盟。它主要由农民和商人组成，隶属于商会，代表高度商业化了的农民。③全国农场组织。它于1969年成立，代表土地较多的农场主利益。④农民联合会。它于20世纪30年代由大麦主产区的农民组成，其目的是保护农产品价格。这些组织都不是自上而下靠行政力量推动而发展起来的，而是农民根据自身需要成立，并经历很长一段时间发展演变而来的，经历了社会运动转化为一个组织的制度化过程。制度化过程把相对简单的非正式集团变成正式集团，其标志是：集团越来越关心长远的利益，其组织人员趋于专业化，方针政策变得不那么激进，领导方式也发生了基本变化。

美国的农产品生产以专业农场为主，生产区域化程度较高，农产品流通渠道短，流通效率高。经过近200年左右的发展，农业合作社依然是美国农业生产经营服务的一个重要组织力量。具体来说，这一发展模式有以下几个特点①：

（1）农业合作社通过减少数量、扩大规模，实现规范化、规模化发展，市场竞争力不断增强。美国农场与合作社整合趋势愈加明显，行业集中度较高。合作社营业收入不断增加，盈余返还呈现逐年上升趋势。据美国农业部的统计数据，2015年，共有27个合作社销售额超过10亿美元，占合作社总数的1.3%，但却占所有合作社全部业务量的52%，占所有合作社总资产的47%。通过合作社之间的兼并、收购，美国合作社数量逐渐减少，2015年共有农业合作社2 047个，较2014年减少了59个，成员数量比2014年减少7.5万人。

（2）政府对农业合作社主要提供非政府机构不能提供的服务功能，一般不干涉合作社的内部事务。政府在农产品营销渠道成员间关系的优化与整合过程中发挥着不可替

① 鑫颖，侯淑霞. 农民专业合作经济组织发展模式国际比较及对中国西部地区的启示［J］. 物流科技，2017（4）：110-113.

代的作用。例如，美国农业部制定教育报告和合作方案，帮助人们决定他们是否应该组建合作社，以及如何合作的问题。政府扶持逐渐从帮助建立合作社管理部门、政府投资、建立农产品物流基础设施等逐渐退出，转为为农产品流通发展创造良好的外部环境、低息或无息贷款，对合作社成员提供价格补贴，参与市场调控，对发展农业实施各种形式的税收优惠政策服务内容，以促进合作社的快速发展。此外，美国农业网站、信息咨询公司等信息服务机构的信息化程度高，为构建通畅、高效的复合型营销渠道体系提供帮助。

（3）美国农业合作社采用“增值农业”的发展模式，包括改进相关技术、工艺与设备，提高农产品科学技术含量，重视发展农业机械化和自动化等。2014 年，美国农业部提供 4 500 万美元用于支持增值农业，鼓励农户、合作社通过开发新的产品线等方式增加收入，同时创造就业机会并促进地区经济发展。目前，该项计划还在持续进行中，并不断增加投入资金。

（4）新一代合作社持续发展，合作社的治理规则发生改变，会员交易权可以转让和买卖，合作社股份制增加。2015 年以来，农民合作社流动性和偿付能力开始显现，股权占资产的百分比由 2014 年的 43%增加至 46%。一些州为了增强合作社的灵活性，修改合作社条例，放宽会员、股金分配、民主投票等传统合作社原则，有利于新型合作社更加灵活的发展。

二、韩国的农业协会

韩国农业协会正式名称为韩国农业协同组合，简称“农协”。韩国农协是以农民为主的自主性合作组织，1961 年发展为综合农协。2000 年，建立经营的农业协同组合中央会、畜产业协同组合中央会及人参协同组合中央会等中央组织合并为农业协同组合中央会，采用一元化“综合农协体制”经营。韩国农协法的修改有利于农产品流通事业和金融事业进行相互分离的结构性调整，加大提高会员组合和农民实际权益的力度，为新的 50 年农协的发展奠定了基础。韩国农协的发展大致可分为 3 个阶段①。

1. 农协初始发展阶段（1961—1974 年）

韩国的农业是小农经济，基于此，根据韩国农协法，以从事供应与销售业务为主的全国农协中央会于 1958 年成立。1961 年，为了促进农业生产和改善农户的社会经济地位，全国农协中央会与农业银行合并成立韩国农协，实行三级体系的管理，即全国单位的中央会—市郡单位的组合—里洞单位的组合。在农协发展之初，受资金、规模等的限制，农协对基层组合进行重组，并赋予其更多的责任，同时，引进合作金融制度，消除农村地区的高利贷；开展以低廉价格向农民供应优质生活用品的生活物资事业。至此，农协基层组合的营业额开始稳定增长。

2. 农协业务扩展与强化管理阶段（1975—1999 年）

随着“新村运动”的开展，1977 年，农协开展综合收入增长计划和农机联合利用

① 周静，牛亚丽，闫磊. 借鉴韩国农协经验 促进中国农民专业合作社健康发展［J］. 世界农业，2014（3）：34-37.

计划，并联合营销团体，在扩大产品集散设施的同时加强零售业务，以增强其市场竞争力。1995 年，韩国农协独立运营其经济业务与信用业务，设立农协流通股份公司，建立拥有集散地、仓储间、冷库、包装厂和销售点的流通中心，使农协成为既有零售又有批发的、一体化的“农业流通联合体”。1998 年，韩国首家大型农产品专卖超市——良才洞 HANARO 俱乐部开业，并开展农产品网上营销。在此期间，为适应国家政治、经济和社会的发展，根据 1980 年修订后的农协法，1981 年农协对其组织机构进行调整：将畜协业务进行分离；将三级体系组织结构改为两级体系组织结构，即农协中央会—基层农协。1988 年，农协引进组合长及中央会会长，将农协要员的任命制改为直选制。自此，农协的自主权扩大，销售能力及设施扩展，管理民主化。

3. 农协多功能发展阶段（2000 年至今）

为适应农协的发展，1999 年农协法再次修改。根据此次修改的法律，原来的韩国农协与韩国家畜协会、韩国人参协会合并为农协中央会，其业务部增加到 3 个：流通与供应业务部、牲畜业务部以及银行业与金融业务部。同时，农协还于 2004 年开展“新农村、新农协运动”，成立爱农村全民运动本部；建立专业经营者责任经营体制；2007 年，韩国农协公布农协远景和新形象，并被国际合作社联盟（ICA）选为全球 4 大合作社机构之一。除此之外，2009 年，农协开展“产地流通创新 112 运动”；2010 年，农协与法务部之间签订业务协约，设立“组合公平选举推进委员会”，推出全国共同品牌。至此，韩国农协发展多元化、多项化，更好地为社会做贡献。

三、日本的农协

日本最重要的农民组织是日本农协，即日本农业协同组合（Japan Agricultural Cooperatives，JA）。它是农民在互助精神指导下，以提高大家的农业经营和生活水平为目的，为从事合作的事业和活动而兴办的经营型组织。农协的成员一般都是自己占有生产手段，依靠自己家庭成员劳动的劳动者。

日本农协为三级体制，分市町村、都道府县、全国三级。市町村一级农协包括综合农协和专门农协。综合农协的经营范围是本社区，经营对象包括产品销售、生产资料、信贷、保险等方面。每个町村都有综合农协。专门农协经营特定农业项目，如种植果树、养牛、养鸡等。专门农协不是每个社区都有。基层农协的基础是组合员，分为正组合员和准组合员。正组合员的资格是：①经营农地规模在 1 000 平方米以上或一年当中从事农作业在 90 天以上的农民；②从事农业经营的农事组合法人。准组合员是指居住在农协所在地区内并利用农协公用设施的非农居民以及类似农事组合法人那样的以农民为主体但不从事农业经营的其他合作团体。

2012 年底，日本政府提出要在国内推行结构化改革以振兴经济，农业和农协被列为重要改革对象；2014 年 5 月，日本政府公布《关于农业改革的意见》，提出加快推进农协、农业生产法人和农业委员会改革，其中针对农协的改革方案引发多方关注；2015 年 2 月，全国农业协同组合中央会（以下简称“JA 全中”）宣布就农协改革方案同政府达成共识，基本同意政府提出的改革框架；2015 年 8 月，日本参议院全体会议表决通过了新《农业协同组合法》，此举标志着农协全面改革拉开大幕①。

1. 地域农协层面的改革

地域农协层面的改革主要围绕着“松绑JA全中和日本农协都道府县中央会对地域农协的指导约束、赋予地域农协自主决策和自由发展权力、优化地域农协农产品统销和农业生产物资统购业务、健全和完善地域农协基层服务功能”等内容展开，目的在于将地域农协逐步转型为真正独立自主运行的合作经济主体，以便其更好地发挥职能，为地方农业生产经营和农民提供服务。地域农协层面的改革如表7-1所示。

表7-1 地域农协层面的改革

改革背景	改革方向	改革目的
负责农产品的统销、农业生产资料的统购和调配理应是地域农协最重要的使命，但当前地域农协这一使命意识有待强化	运营目的明确化。明确地域农协运营目的；要求地域农协应致力于全面提高地区农业生产经营效益	明确地域农协服务农业生产这一目标
对于地域农协“非营利性”的规定，当前社会各界存在诸多误解	盈利分配合理化。明确地域农协可以通过恰当的事业活动获得经济收益；同时要求地域农协注意通过恰当合理的方式向会员返还经营红利	优化地域农协利益分配机制
地域农协主张会员必须使用农协各项事业，从而导致各类不公正交易广泛存在于地域农协和会员之间	会员参与民主化。明确会员是基于享受地域农协资源的考量而参与其中；要求地域农协不得违背会员意愿，强制会员使用农协内部各项事业	保障地域农协践行民主理念
农产品销售负责人一般由地域农协管理成员组成	理事选拔专业化。明确地域农协必须遵循“理事过半”的原则，即理事会成员中的半数必须由经过审核认定的农业者或辖区内富有经验的相关行业从业者组成	保证地域农协决策
地域农协在提高农业经济收入、开展农业经济活动上面临困难	成员参与新生化。要求地域农协利用不同方式，多渠道动员、鼓励青年和女性等群体积极参与农业事业	鼓励农业共同参与
地域农协全面负责农产品统购统销，但自身却不承担任何市场风险；同时农产品价格虚高、农业从业者未获实惠等问题长期难解，导致基层农民逐步脱离地域农协	统购统销目标化。地域农协应设定统购统销阶段性目标，同时结合实际将其逐步扩大；鼓励农协在承担一定风险的前提下开辟农产品新销路，惠及农民（在这方面，全国农业协同组合联合会等农协联合会应给予地域农协支持，帮助其拓宽销售渠道，建立稳定的农产品销售关系网络）	优化农产品销售渠道，提高农业经济效益
地域农协以自身名义运营信用事业，在导致其受到与商业银行等专业金融机构同样的金融监管限制的同时，也加大了自身的风险和负担	业务运营专业化。要求地域农协将信用事业让渡出去，地域农协自身则转型为相关机构在农村基层的代理机构，为地方居民提供基础金融服务	强化地域农协服务农业生产经营这一核心职能

① 刘松涛，王林萍．新《农协法》颁布后日本农协全面改革探析［J］．现代日本经济，2018（1）：25-36.

表7-1(续)

改革背景	改革方向	改革目的
地域农协属合作社性质，部分组织功能发挥受《农业协同组合法》的限制	组织功能分类化。明确地域农协可以根据自身需要，剥离出部分组织功能，将其转型为股份制公司	健全地域农协功能
地域农协的准会员没有投票表决权，也不能参与农协管理	会员权利均等化。明确地域农协对会员的服务应坚持均等化原则，准会员同会员一样，也可以拥有投票表决权	保障农协会员权益

2. 农协联合会层面的改革

农协联合会层面的改革主要围绕着全国农业协同组合联合会（以下简称“JA 全农”）、农林中央金库（以下简称“农林中金”）、厚生农业协同组合联合会（以下简称“JA 厚生连”）等展开，明确拥有商社服务功能的 JA 全农将实行股份制改革，最终目标是转型成股份制公司，以提高经营效率；要求地域农协剥离金融业务，交予农林中金、信用农业协同组合联合会（以下简称“JA 信联”）和共济农业协同组合联合会（以下简称“JA 共济连”），以推动地域农协业务运营专一化；赋予 JA 厚生连组织性质转型权力，以解决其业务运营受《农业协同组合法》限制的问题，推动 JA 厚生连提供专业化健康服务。农协联合会层面的改革如表 7-2 所示。

表 7-2 农协联合会层面的改革

改革背景	改革方向	改革目的
JA 全农、经济农业协同组合联合会（以下简称“JA 经济连”）等负责进行的农产品统销未必一定能够让农民获得实惠，当时已经出现了部分农产品低于市价或农产品价格虚高的问题，均损害了农民和农产品消费者的利益；同时，JA 全农、JA 经济连等负责进行的农业生产资料统一采购同样未必一定能够让农民得到实惠，当前也已经出现了部分采购农资价格高于市价的问题，导致农民利益受损	（1）产品销售渠道化。强调通过与大客户建立稳定的合作关系和开辟新销售渠道，为地域农协提供具有竞争力的农产品销售价格 （2）农资采购竞争化。强调通过引入竞争机制来优化农资采购，以提供具有竞争力的采购价 （3）地域农协自由化。明确地域农协有权力根据自身发展规划，自主决定是否同 JA 全农和 JA 经济连等农协联合会建立合作关系 （4）产业合作跨界化。强调同经济界进行合作，推动农业发展，弥补农业发展资金不足的难题；同时制定针对提高全体农户收入的事业战略	优化农协农产品和农业物资统销统购渠道，切实惠及农民；支持地域农协自主运营；推动农业与金融跨界合作，解决农业融资难题
JA 全农、JA 经济连同属《农业协同组合法》制约的协会，严格遵守该法关于外部活动和业务范围等规定，部分经营活动受限	JA 全农组织性质转型。要求 JA 全农向股份制公司转型，以脱离《农业协同组合法》的约束限制；同时拓宽经营范围	提升 JA 全农经营效率

表7-2(续)

改革背景	改革方向	改革目的
地域农协在金融事业上负担过重，承受风险较大；地域农协从事金融事业职员占比过大，偏离主业，违背运营初衷	业务让渡明确化。明确农林中金、JA 信联、JA 共济连共同承接地域农协的金融业务，以此来减轻地域农协负担，推动地域农协业务运营专一化	明确地域农协业务运营核心
地域农协向农林中金、JA 信连让渡信用事业，但并无相关材料规定和具体要求	费用确定合理化。明确农林中金和 JA 信连接受地域农协信用事业让渡；地域农协则转型为农林中金和 JA 信连在农村基层的代理机构，其代理费用的确定应该结合各地方实际，适度倾斜、灵活确定	政策适度倾斜，支持保护地域农协利益
当时农协系统整体资产超过 90 万亿日元，但农业贷款仅占 1 万亿日元左右	贷款投向倾斜化。明确农协贷款投向应侧重于农业生产和农产品加工；强化对 JA 全农等资源的利用	贷款投向倾斜农业
JA 厚生连受《农业协同组合法》关于外部活动和业务范围等规定限制，在为地方居民提供健康服务上面临阻碍	服务提供专业化。明确 JA 厚生连可以将组织性质转型为医疗法人，成为公立医疗机构，以脱离《农业协同组合法》约束；继续推行税收减免等政策，保障 JA 厚生连继续为地区提供必要的健康医疗服务	推动 JA 厚生连健康服务提供专业化

3. 农协中央会层面的改革

农协中央会层面的改革主要围绕 JA 全中和都道府县农业协同组合中央会（以下简称“JA 都道府县中央会”）展开，改革的核心目标是松绑 JA 全中和 JA 都道府县中央会对地域农协的管制，明确提出负责日本全国农协组织管理的 JA 全中所拥有的指导权、监察权和监察费收取权将在未来 3 年内被废除；JA 全中的组织性质也将由特殊民间法人转变为一般社团法人。同时，负责协调农协中央同地域农协之间关系的机构 JA 都道府县中央会，则被要求在 5~10 年内转型为地方自愿性团体，同时组织角色被定位为农业生产经营洽谈、监察审计和意见反馈的代表，以强化服务功能。农协中央会层面的改革如表 7-3 所示。

表 7-3　农协中央会层面的改革

改革背景	改革方向	改革目的
农协中央会制度于 1954 年引入，目的在于借助 JA 全中和 JA 都道府县中央会的行政指导协助农协渡过经营困难时期，同时 JA 全中被赋予了行政监察等职权；但伴随时代变迁，地域农协数量已由成立之初的超过 1 万个锐减至不足 700 个，同时农林中金也已被赋予了信用事业指导权；JA 全中和 JA 都道府县中央会的行政指导模式亟待变革	（1）JA 全中组织性质转型。明确 JA 全中在 3 年之内转型为一般社团法人；废止 JA 全中对地域农协的指导权和监察权等法律职权；废除 JA 全中监察费收取权；出于保证地域农协正常运作的需要，依法保留 JA 全中对地域农协的会计业务监察职能 （2）JA 都道府县中央会组织性质转型。明确 JA 都道府县中央会在 5~10 年内转型为自愿性团体；将 JA 都道府县中央会的角色定位为经营洽谈、监察审计和意见反馈的代表；向农协联合会下放综合调整权	松绑 JA 全中和 JA 都道府县中央会对地域农协的管制，支持地域农协自主运营、自由决策

第三节　我国农民合作组织的发展特点与改革方向

一、我国农民合作组织的发展特点

近几年来，从总体发展态势上来看，我国的农民合作组织发展主要呈现以下特点：

1. 合作形式多样化

在组织形式上，既有基层专业合作社、专业协会，也有区域性的联合社、联合会以及农产品行业协会等。其中基层农民专业合作经济组织占很大比重。在合作机制上，不仅有劳动、技术、产品的联合，而且有资本的联合，目前出资入股的合作社在很多省份发展得也很快，反映了农民专业合作经济组织的发展趋势。在利益分配上，从促进农民增收、维护农民利益出发，我国农民合作组织采取了服务让利、最低保护价保利以及按交易量返利、按股分红等多种分配形式。在一些比较规范的专业合作社中，还积极探索实行了按交易量返还和按股分红相结合的分配机制。

2. 合作领域不断扩大

合作领域从个别产品的生产，发展到种植、养殖、运销、加工、贮藏、资源开发、水利建设、农机服务、手工艺品生产等多个方面。目前合作领域主要集中在种植业和畜牧业的生产经营上，在种植业中以蔬菜、果品居多。合作内容已从单纯的生产环节扩大到产前、产中、产后所有环节，从过去提供生产、加工、仓储、运销、技术信息某一项或几项服务，发展到提供产加销综合服务。

3. 兴办主体多元化

农民是兴办专业合作经济组织的主体。大多数的合作经济组织是由农村种养大户、技术能人、经纪人等牵头兴办的，特别是一些有威信、有专长的农村党员干部发挥了重要作用。基层农技服务站、供销社以及农业企业也是兴办合作经济组织的重要力量，为数不少的合作经济组织是由他们牵头兴办的。此外，还有一定数量的由其他社会成员和组织牵头兴办的合作经济组织。随着农村综合改革的不断深入和乡镇政府职能的转变，基层农技服务组织和专业人员牵头兴办的合作经济组织，将成为重要的组成部分。

4. 规范化水平进一步提高

在尚无专门法律规范和法人登记规定的情况下，各地从加快发展出发，积极出台鼓励和引导发展的指导性意见，为促进农民专业合作经济组织的规范发展创造了条件。目前，全国各地绝大多数的合作经济组织都通过了工商或民政部门的法人登记，一部分省市通过农业行政主管部门的确认备案。

多年来，我国各地积极探索农民专业合作经济组织发展的不同模式，总结了许多各具特色的典型经验，通过摸索取得了辉煌的成就。

（1）吉林省梨树县太平合作社。该社于 2001 年 8 月由农民自发成立，在各级党委、政府的正确领导及相关部门的大力支持下，经过几年的发展，拥有基本社员132户，形成固定资产320万元。其中，生态牧业园区有一个，饲料加工厂有一座。2007年春，该合作社又协助其他村组建了农机生产合作社。目前，该合作社以饲料加工厂为核心，向社员提供产品，引导农户向规模化、标准化发展，并不断拓展服务领域，为农户提供更多的合作社产品，尽最大努力发挥合作社的服务体系功能，努力增加合作社社员收入，让合作社社员得到更多的实惠和收益。目前，该合作社的合作方式得到周边广大群众的认可和赞誉，很多有志之士纷纷效仿。

（2）湖北省房县三岔新乡村合作社。该合作社以茶场为依托，以发展茶叶生产为主导。合作社机构由理事会、监事会组成。理事会下设各个分支协会。各协会都具备专业化的经营模式，并以集体带动个体作为社员的合作方式。分支协会有板栗协会、魔芋协会、天麻协会等。该合作社各协会的产品销售采取消费者上门购买和自己联系推销相结合的方式。合作社利用本地独特的自然条件和地理位置，学习并掌握科学的管理方法和前沿的种植技术，将各个地方产业做大、做强。

（3）新疆大丰镇众合鸵鸟养殖协会。该协会位于呼图壁县以西28千米处，312国道穿境而过，全镇面积453平方千米，可耕地面积11.9万亩[①]，总人口1.3万人，农业人口1.08万人，人均耕地面积11亩。该地村民依托本地特有的地理、自然环境以及鸵鸟的生存环境，引进大批鸵鸟进行养殖。鸵鸟繁殖生产性能优异、体形大，寿命长，产肉率高，经济价值高，耐粗饲，适应性强，饲养成本低，适宜在35~45℃的环境中生存，非常适合该地的天然气候。从2007年引进鸵鸟至今，该地村民在繁育小鸵鸟的技术方面很成功，实行协会加农户的养殖计划，把小鸵鸟分散给养殖户带养，并提供指导养殖技术和疾病防治。协会计划在鸵鸟工艺品深加工上做大文章，加大力度，因为鸵鸟蛋工艺品市场潜力巨大，协会准备在3~5年内把鸵鸟产业推广到全镇，让全镇农牧民分享技术成果，使该产业成为农牧民新的经济增长点。

（4）云南省丽江市玉龙县拉市乡东灌渠农民用水户协会。在协会成立之前，该乡灌溉基础设施因年久失修等原因，呈现多处破损、倒塌，水的渗漏非常严重。此外，上下游分水不均，造成上游漫渠、下游缺水等水浪费和不公平现象，出现抢水、争水等问题。灌溉矛盾突出，严重影响了灌溉效率，远远不能满足当地农业灌溉的需求。

为了解决用水户放水难的问题，当地通过用水户自主管水，自投自办自管工程，上游照顾下游，节约用水，达到老百姓稳产、增收的目的。2006年9月11日正式成立农民用水户协会。该协会理事会成员共计11人，管理小组成员22人，由理事会理事长、副理事长、秘书长负责协会日常工作。协会设计区域主要在玉龙县拉市乡海东村委会，含12个自然村，共690户，即2 400多名会员，主灌渠为东灌渠，有效灌溉面积达5 000多亩。

其他地区如山东省、安徽省、河南省、内蒙古自治区等，在农村合作组织建设方面也取得了不可小觑的成就。随着2007年7月1日《中华人民共和国农民专业合作社法》

---

① 1亩≈666.67平方米。

的实施，我国的农村合作组织朝着越来越规范的方向发展，在更高程度上惠泽广大农牧民。

二、我国农民合作组织存在的问题与对策

早在20世纪80年代末，建立农民专业合作经济组织的设想就被提出来了。随后，各个地方政府在建立各种类型的农民合作组织方面进行了一些自发的探索，有关部门也借鉴国际经验在某些地区进行了小规模的试点，在很多地区的试点还是很成功的。但迄今为止，农民专业合作经济组织在我国并没有形成完整的体制让不同地区共用。

目前，我国农民合作组织在部分地区取得了可喜的成绩，但是不可否认，从整体来说，我国农民合作组织还存在很多问题，具体分析如下：

1. 法律地位缺失，资格审查混乱

根据相关资料，西欧国家以及日本等国的农民专业合作经济组织的覆盖率达80%，而我国整体各类农民专业合作经济组织不足30%。虽然这些组织已经达到了相当的数量，但是在实际市场活动中还是很难发挥应有的作用，其中最根本的原因就在于法律缺位。农民专业合作经济组织存在两个亟待解决的问题：一是登记难，目前虽然出台了《中华人民共和国农民专业合作社法》，但该法对于很多问题的规定都很模糊，还待进一步完善。有关农民专业合作经济组织的政策法规的颁布明显落后于实践。二是没有明确的优惠扶持政策，相关政策强调力度不够，落实也很困难。因为法律法规滞后，所以也就无法以法律形式对农民组织的属性、功能、组织形式、活动方式等加以规定，也无法确定其法人资格、法律地位，对农民组织的各项优惠政策也无法以立法形式加以保护。从调查情况看，我国多数农民合作组织没有进行登记，没有获得法人身份。在进行登记的合作经济组织中，有的是在民政部门登记，获得了“社团法人”的身份；有的是在工商部门进行登记，获得了“企业法人”身份；有的必须先在民政部门登记，再在工商部门登记。法人资格不明确，致使农民专业合作经济组织在竞争中难以拥有独立平等的市场地位。由于没有取得社会公认的法人资格，合作经济组织在经营资格、银行贷款、税收抵扣、商标注册、业务交往、谈判签约等方面都不同程度地遇到了困难。

2. 政府帮助力度不强

我国目前合作经济组织的运作基本上是靠农村精英的奉献精神来支撑着。合作社的成本应该由谁来买单确实是一个值得探讨的问题。我国的农户属于小农经营，本身自己没有合作的要求，这就需要推动力。第一推动力就是政府。没有政府实质性的帮助，这种小而全的合作社很难生存，更不用说发展。从企业效率角度来看，现代企业是实行经理制、多厂制的企业。要建立这样有效率的农民专业合作经济组织，在东亚小农的背景下，没有政府资金和政策方面的扶持是不可能的。不管是发展规模化生产，进行同一经营活动上的横向联合还是发展同一产品链上前后分工，从事不同环节经营活动的纵向一体化的联合，这都需要大笔的资金支持和相关部门的协调工作以及既得利益集团的让利于民。由于农民专业合作经济组织的发展，投入大、见效慢，难以对地方官员产生吸引力，因此往往得不到地方政府的支持，地方政府经常把用于支农的资金转用于企业发

展。支农资金不能落实到户或者资金打折的现象比比皆是，有些农民带头人有口难言。中央的很多惠农措施也被地方部门利用，比如对农民购买大型农用机械的惠农措施，相关部门也出台了应对措施。农民去买，只能得到不适合自己在这个地方作业的机械，因此农民就不会买，这样政策就根本无法落到实处，农民也得不到实惠。至于农民想涉足加工业，想取得农产品的附加值，更是涉及很多地方利益集团的利益问题，地方政府可能会以各种借口限制农民在这个领域的发展。地方政府没有真正对发展农民专业合作经济组织予以重视以及地方利益集团对尚有农业利润领域的把持，造成政府支持发展农民专业合作经济组织的举措往往是“雷声大，雨点小”。

3. 农村优秀带头人才的缺乏

农民专业合作经济组织要想发展，必须有多方力量的支持，主要是农村精英、企业家、知识分子。但现实的困境是这三类人才的缺乏，更不用说三类人才的联合。几十年贫困状况的延续，致使农村的优秀人才严重流失。就是留在农村的优秀人才，也大多以农村为基地，搞起农业之外的行业，对组织农民没有兴趣。在农村有组织能力的人不愿意去组织，而愿意组织的人却没有能力去组织。这就是农民组织化条件的基本现状。因此农民的组织化必须以农民为主体、政府为主导、知识分子和企业家为促进力量。没有知识分子参与新农村建设，精神上就难以超越封建传统；没有企业家参与新农村建设，经济上就难以摆脱小农经济。发展农民专业合作经济组织需要这样的农村精英——他们年轻有闯劲儿，想着干一番事业，有过不寻常的经历，见过世面，甘于奉献。发展农民专业合作经济组织需要这样的企业家——他们组织农民，能够正视农民的小农意识，让利于农民，由合作经济组织的龙头企业或者带头人承担市场风险。发展农民专业合作经济组织需要这样的一批知识分子——他们是农民利益的代言人，对农民合作进行引导和规范，发现农村精英、教育和培养农村精英，为农民争取应得的利益与支持。

4. 农村合作金融裹足不前

美国合作经济的发展离不开联邦土地银行制度。农地金融制度的设立有效解决了农村长期资金的来源问题。日本农协金融的主要业务除了向农协成员发放支持农业生产的低息贷款外，还包括吸收农民和居民存款并向系统外其他部门提供资金，帮助农民解决富余资金的出路难题。农村合作金融的建立是发展合作经济的前提，更是制约我国农民合作经济的瓶颈。我国现在对于农村合作金融主要有两种尝试，即资金互助和小额贷款。但这基本上是农民自己在做，我国政府没有像美国政府一样做到为农民投资买单或者垫付。农民的土地现在也没有抵押权，因此农民贷款基本上很难，只能靠私人借贷。资金互助操作办法是吉林省四平市原银监局的工作人员姜柏林从梨树县榆树台百信农民合作社的社员们的实践中归纳总结出来的。目前，这套操作办法也指导着兰考县已经成立的贺村、南马庄、胡寨三个农民专业合作经济组织。但资金互助仅仅是把来自入股社员的闲余资金用于满足内部社员的信贷需求。由于资金有限，在实际操作中往往难以满足社员的资金需求。没有资金就难以把规模做大，没有规模就难以形成市场，而农民自己闯市场又面临着诸多困难。在制度设计上，资金互助有更高一层的考虑，那就是要在金融领域探索以城市支持农村，以工业支持农业的新路子。这表现在对非农民股的设计上，即非农民加入资格股元股、投资股元股，非农民在互助组织贷款的限额是其股金总额的 80%。但现在加入的非农股并不多，资金互助还处于探索的初期。可是在当前农村金融体制改革裹足不前、僵局难开的情形下，政府应该鼓励农民进行尝试，积极给予必要的支持。政府要推动农民专业合作经济组织走向正轨，靠农民自己组织的资金互助还远不能解决问题。政府必须依靠农村信用社和政策性银行通过一种制度创新的方式进行资金注入。

5. 政策建议

（1）建立健全相关法律，并依据法律规范农民合作组织的运营。对于农民合作组织，应依据《中华人民共和国农民专业合作社法》予以规范。应加大宣传力度，营造加快农民专业合作经济组织发展的良好的外部环境，充分利用报纸、电台、电视台等各种新闻媒体，加大对其重要性的宣传力度，使全社会都能正确认识和看待农民群众在发展商品经济中自愿联合、互助合作的创新精神，认清其在农村经济发展的地位。对于法律出台以前成立的农民合作组织，应根据法律规定规范其各项内容，如未在工商部门登记注册的，要依法向工商行政管理部门申请设立登记；对组织的成员构成也要依据法律对成员资格予以规范等。同时也要不断补充完善现行法律的内容，使之能够适应经济发展的需求。除此之外，要建立健全农产品批发市场交易的相关法律法规，推动农民合作组织通过批发市场进行交易，完善我国的农产品流通体制，促进农民合作组织销售服务水平的提高。

（2）农民合作组织对入会资格要严格依据法律进行管理，并使农民会员享受相应的权利和义务。对于申请入会的农民或企事业单位或其他社会团体要严格审核，把好入社关。法律对各种成员的数量比例做了具体规定，即在接收成员时，要保证农民至少应当占成员总数的 80%；成员总数 20 人以下的，可以有一个企业、事业单位或者社会团体成员；成员总数超过 20 人的，企业、事业单位和社会团体成员不得超过成员总数的 5%。且具有管理公共事务职能的单位不得加入农民专业合作社。除此之外，农民合作组织也要根据具体情况在章程中对成员的资格做出明确规定，确保组织内部产权清晰。农民合作组织要切实执行法律和章程中规定的社员代表大会、理事会和监事会制度，将其落到实处。同时，要形成权责明确的分工部门。各部门具体负责某一项服务内容，通过部门间的分工协作提高组织的经营效率。

对于组织内部已经存在的成员，主要是政府部门和企业，如果它们对组织的支配权超过了农民，就要采取必要措施，削减其权力，使其退出直接经济干预。

对此，可以借鉴日本农协的方法，将成员划分为正组合员和准组合员，即正会员和准会员，并限制准会员的权力，如规定准会员不能有选举权和决议权等。

（3）利润分配坚持按交易额比例返还为主，并限定会员出资额度和按出资额返还的比率。农民合作组织要在章程中明确规定利润分配方式，即在实行股份合作的组织内部，要坚持按股分红和按交易额返还相结合，且以后者为主。法律规定按成员与本社的交易额比例返还，返还总额不得低于可分配盈余的 60%，按此规定返还后的剩余部分可按出资额等比例予以分配，但法律并未对会员的出资额度作明确规定，这种情况对农民仍然存在威胁。因为虽然法律规定“农民专业合作社成员大会选举和表决，实行一人一票制，成员各享有一票的基本表决权”，但同时又规定“出资额或者与本社交易额较大的成员按照章程规定，可以享有附加表决权”，这就使得政府或企业等具有很大资金优势的会员极易获得比较多的附加表决权，对农民的主体地位形成一种威胁。因此，农民合作组织有必要在章程中明确规定会员的最高出资额度和按出资额比例返还盈余的比率，将其控制在比较低的范围内，限制政府或企业在组织内部的支配权。

（4）完善农产品批发市场交易机制，树立农民合作组织在农产品市场交易中的主导地位。借鉴日本经验，引入批发市场交易机制，逐步改变我国农民合作组织直接与买方交易的情况。农民合作组织将农产品委托批发商销售，采购人则委托经纪批发商等购买农产品，双方代理人在固定的场所、批发市场进行交易，确定农产品价格。同时，农民合作组织要随时适应需求市场的变动，及时制订生产和销售计划。

在我国，超市的科学管理方式，赢得了越来越多消费者的青睐，超市对农产品的需求也越来越多。在其影响越来越大的情况下，超市需求对农民的生产和销售计划就起着至关重要的作用。因此，密切关注超市的动态，及时掌握超市的需求，对农户的生产和销售将十分有利。

（5）大力培育农村致富带头人。将培育农村致富带头人当作农村工作的重点来抓，通过开办培训班、外出考察学习等形式，选拔一批能力强，同时又愿为群众服务的人加以培养，使他们带头发展农村专业合作经济组织，带头帮助农民致富，走出一条新型的农村经济发展路子来。

（6）政府应加快配套政策的制定和实施，指导和扶持农民合作组织健康发展，完善农民合作组织的服务功能，如农村融资服务、互助保险等。

借鉴国内外或者部分地区农民合作组织成功的经验，再结合我国的基本国情，建立农区的政策性农业保险机制，帮助农民通过抵御风险获取外部利润。除此之外，政府还应加快政策性金融机制的建立，为农民合作组织提供信贷支持。政府还要配合财政补贴政策、税收优惠、用电和用地优惠政策等，支持农民合作组织的发展。

思考题

1. 何谓农民专业合作社？其作用体现在哪几个方面？
2. 农民专业合作经济组织是如何分类的？
3. 简述我国农民专业合作经济组织的发展历程。
4. 应如何正确处理合作社与社区、金融机构、政府之间的关系？
5. 简述美国、韩国和日本的农民专业合作经济组织的发展历程。
6. 目前我国农民合作组织的发展有何特点？
7. 现阶段我国农民合作组织存在哪些问题？

第八章
老年人社会福利

中国社会已经进入了人口老龄化阶段。老年人社会福利在社会福利体系中的重要地位更是日渐提高。针对老年社会福利事业的现状和存在的问题，我们应当从基本国情出发，吸收发达国家的经验和教训，发展具有中国特色的老年社会福利事业。

第一节　老年人社会福利概述

一、老年人社会福利的含义

1. 老年的含义

对于老年，一般是从生理、心理和社会等角度来理解的。处于这个阶段的人群，身体的某些功能老化，抵抗力下降，容易患病。同时由于人到老年后不再有工作角色及职业认同，心理上会陷入挫折、沮丧、焦躁不安。从工作领域退出的老年人的社会责任被部分解除。老年人已经不是完全意义上的社会生产者，其地位被青年和中年人取代，不论是在家庭还是在社会都已不是主体。

对于老年人的界定，在年龄的划分上有60岁和65岁两种标准，比如世界卫生组织认为老年人的定义是年龄达到或超过一个统一的界限的个体：65岁以下为中年人，65~74岁为年轻老年人，75~90岁为正式老年人，90~120岁为高龄老年人。国际人口组织把65岁作为老年人的起始年龄。

而社会福利所说的老年，一般是按国家或政府以法律制度规定的年龄标准确定的。现在社会大多以享受退休金的年龄作为老年的标准。这种标准在各国有一定的差异，发达国家标准略高一些，发展中国家标准则略低一些，通常有65岁和60岁两种标准。

2. 老年人社会福利的基本内涵

老年人社会福利是老年人福利的主要形式。它有两层含义：

第一层含义从政府功能的角度出发，认为老年人社会福利是政府为了发扬敬老、爱老，安定老年人生活，维护老年人健康，充实老年人精神文化生活而采取的政策措施和提供的设施和服务。老年人社会福利是养老保险的延续和提高。在保障老年人基本物质生活需要，解决好“养”的基础之上，进一步满足老年人物质和精神文化生活的需要。老年人社会福利是社会保障职能的重要组成部分。

第二层含义从老年人的特殊需求出发，认为老年人社会福利是根据老年人的特殊需求，由社会提供给老年人的物质和社会服务。具体来说，老年人由于身体原因在经济、生活、心理方面都存在一些单靠自身和家庭无法解决的特殊需求，需要社会和政府在这方面有所作为。

老年人社会福利的责任主体应该是国家和社会，享受对象是达到一定年限的所有老人。福利的性质体现出经济福利性。老年人社会福利既属于第三产业，又不同于一般的第三产业，是难以采取市场调节的社会公共领域。政府政策扶持是其生存、发展的必要条件。

因此，可以认为作为社会福利的一个重要组成部分的老年人社会福利是指根据老年人的特殊需求和老年人的自身特点，由社会提供给老年人的特殊的、照顾性的物质帮助和社会服务的总称。

二、老年人社会福利的产生

老年人社会福利的产生从根本上说是社会发展和社会变迁的结果，其中最主要的社会变迁包括人口老龄化、工业化、家庭架构和功能的变化。而最根本的变迁乃是传统社会到现代社会的转型。

从人类社会形成以来就存在老年人社会福利，这是因为人类社会的存在和繁衍与生、老、病、死息息相关，但是由社会筹集资金向老年人提供供养和帮助的活动在传统社会并不普遍。制度化的老年人社会福利，则是工业社会的产物，是在现代工业社会的发展过程中逐渐形成的，并在发达国家首先得到实施。在过去几十年里，老年人社会福利逐渐扩展到许多发展中国家。社会福利不再是局部的、有限的慈善行为，而是一项面向全体社会成员的社会政策；社会福利不单纯是民间的互助活动，而是由政府直接干预并承担相应责任，帮助老年人提高生活质量的活动。

1. 人口老龄化与老年问题

国际通用的最简单的“老龄化”的两条评判标准是：①60 岁以上的人口数占总人口数的比例超过了 10%；②65 岁以上的人口数占总人口数的比例超过了 7%。

截至 2020 年，全世界 60 岁及以上人口据估计约为 9.62 亿，占全球总人口的比重约为 12.8%。而预估到 2050 年全球人口数量将达到 98 亿，其中 60 岁及以上老年人约为 31 亿。全球范围内，60 岁以上的人口数如今已超过 5 岁以下儿童的人口数，到 2050 年，60 岁以上的人口数将超过 15 岁以下的人口数。人口老龄化迅速发展，老龄化现象在发达国家比较严重，在发展中国家也日益突出。

以我国为例，2000 年第五次全国人口普查数据显示，60 岁以上人口占总人口的 10. 33%，65 岁以上人口占比为 6. 96%，达到国际通用的老龄化评判标准，标志着我国进入老龄化社会。从 2010 年第六次全国人口普查到 2020 年第七次全国人口普查这十年间，我国 65 岁以上老年人口从 119 84 万人增长到 19 064 万人，平均每年增加 708 万人，年平均增长速度达 4. 75%，高于 0. 53%的总人口增长速度。山东、四川、重庆、上海、辽宁、江苏和安徽 7 个省份的老年抚养比超过 20%。所谓老年抚养比，是指人口中非劳动年龄人口数中老年部分对劳动年龄人口数之比，用以表明每 100 名劳动年龄人口要负担多少名老年人。

中国一直是世界上老年人口最多的国家，占世界老年人口总量的 1/5。到 2050 年，中国超过三分之一的人口都是 60 岁以上的老年人。即使到 21 世纪下半叶，中国也还是仅次于印度的第二老年人口大国。

20 世纪 70 年代改革开放后，人民安居乐业，生活质量和健康水准得以提高，这是我国老龄化迅速到来的一个条件。同时，新中国把计划生育作为基本国策，也从某种意义上加速了老龄化的到来。根据了解，老龄化的到来，发达国家大多用了 45 年以上的时间，其中，法国 130 年，瑞典 85 年，澳大利亚和美国 79 年左右。而中国只用 27 年就完成了这个历程，并且在今后一个很长的时期内老龄化都保持着很高的递增速度，属于老龄化增长速度最快的国家之一。

老年人口的比重越来越大，同时也有越来越多的老年人活到高龄阶段。由于身体方面的变化，老年人在整体上不如年轻人和中年人健康，常见的慢性疾病常会影响其身体功能，使其有更加迫切的健康保健要求。

老年人医疗卫生消费支出的压力越来越大。据测算，老年人消费的医疗卫生资源一般是其他人群的 3~5 倍。2004 年，中国基本医疗保险基金支出达 862 亿元，占基金收入的 75. 5%，比上年增长 31. 6%，增长速度比基金收入高 3. 5 个百分点。基本医疗保险基金和养老保险基金支出之所以高速增长，人口迅速老龄化是重要原因之一。即使他们中的许多人没有患上任何疾病，但是身体功能性能力的下降，导致日常生活起居需要别人的照顾。庞大的老龄人群体无疑会给家庭和社会带来沉重的负担。

2. 家庭结构和家庭养老功能的变化

家庭作为社会结构的核心，发挥着全方位的社会功能，也是重要的照顾单位，诸如“养儿防老”“孝”这些观念都证明了子女在很大程度上起到了养老的重要作用。家庭中老年人和青年人的关系除了亲情还有重要的责任关系。在这种家庭里老年人社会关系也相对稳定，以家庭和亲属为基础的社会关系网有助于维持老年人在家庭中的角色和地位，在很大程度上保证了老年人的社会安全感。

工业社会的家庭结构和功能都发生了巨大的变化。在家庭结构上，传统社会的主干家庭、联合家庭逐渐被核心家庭取代。核心家庭的基本特征是家庭规模小、居住人口少，年轻的夫妇不再像主干家庭或联合家庭那样与父母住在一起。传统的大家庭逐步解体，家庭养老的功能逐步弱化，老年夫妻家庭越来越多。现代社会家庭依然是重要的养老主体，但它与传统意义上的家庭养老相比已发生了很大的变化。这迫使对老年人的照顾和抚养责任从家庭向社会转移。

3. 社会转型——工业化

一方面，老年人社会福利是工业化的结果。工业化使人们的各种生活风险增加，例如通货膨胀风险，有可能使老年人的生活质量下降。这就要求我们必须实现社会的安全与稳定，社会化、制度化的老年人社会福利制度便应运而生。另一方面，工业化是实施老年人社会福利的物质基础。工业化导致了经济的高速增长和人类物质财富的急剧增加，也为老年人提供了各种福利设施。老年人虽然已经不再是生产者和创造者，但作为曾经的劳动者也应该有权利享受到人类社会进步和经济发展的成果。这是对老年人过去劳动价值的补偿。老年人是过去的劳动者。老年人在其有劳动能力的时候甚至年老以后仍为社会的发展创造巨大的物质和精神财富。因此，不仅已有的社会财富主要是前代的劳动者创造的，新增加的社会财富也离不开老年人的贡献。因此，老年人与其他在职人员一样享受社会发展的成果是对老年人过去所创造财富的返还和回报，是理所当然的。

以上的几个方面导致现代老年人的许多需求。概括起来就是老年人要有足够的收入、医疗保险，需要有个人生活的稳定感以及个人地位和角色的确定感。当这些问题的解决超出了传统家庭养老能力时，寻找更强大组织和机构的帮助便成为社会的发展趋势。老年人社会福利就是针对现代社会老年人特殊需求，由政府有组织、有计划地运用合理原则与现代的理性精神与方法，用各种办法来保证老年人的生活，积极发掘老年人的经验、才智和潜能，更好地促进社会的进步和发展。

三、老年人社会福利的内容

老年人社会福利所包含的内容通常和现代工业社会的诸多特点相联系，但从根本上说，老年人社会福利的内容是与老年人的特殊需求相对应的，其基本理念就是要形成尊老、敬老、助老、爱老的社会风气，为老年人安度晚年创造良好的条件。概括起来，老年人社会福利应包括以下一些基本内容：

1. 老年人的物质生活福利

物质生活福利是老年人生活的基础，其主要内容有：

（1）老年人晚年生活收入主要渠道有：有酬工作、养老金等。然而这些渠道有的时候并不总是通畅。同时物价上涨，使得相当一部分老年人购买所需物品和服务的经济能力不足，再加上老年人对医疗保健服务的特殊需求而导致的开支增长，因而老年人生活质量并不高。在这方面政府承担的责任就是向老年人提供必要的、以现金形式支付的、用于保障老年人基本生活外的福利供给。

（2）为解决老年人生活照料、医疗服务以及精神上的孤独问题，提高老年人生活质量，开展院舍服务和社区照顾。院舍服务是一种以入住方式提供给老年人的综合服务，起始于 20 世纪 50 年代的英国，并迅速为很多国家所采用。其方式是动员社区资源，运用社会人际关系资源开展服务，使老年人不脱离他所生活和熟悉的社区，以求在社区环境中改善居民生活的综合服务体系。

2. 老年人的医疗保健福利

老年人医疗保健是老年福利的一项重要内容。全面良好的医疗保健是老年人生活保障的必然要求。老年阶段，人的生理功能衰退，抵抗疾病的能力下降。相对于青壮年而言，老年人患上各种慢性疾病的概率增加，如脑血管病、心脏病、肿瘤及呼吸系统疾病比较常见。因此他们应该得到特殊的关照。针对这些问题的老年人医疗保健不但要强调治疗，还要强调通过护理使患者能够调整自己以适应在某些症状长期存在的情况下生活。因此，一般老年人医疗保健的通常做法有：

（1）由国家主导拨款并资助教育和研究机构开展老年医学的基础和实用研究与教育。

（2）通过全面医疗保健计划和老年医疗保险计划帮助老年人支付所需医疗保健的费用。

（3）合理配置和调整医疗保健服务设施，特别是基本保健和长期保健服务设施。如由国家组织和出资或者由社区建立康复疗养机构使老年人的健康问题得到解决。

3. 老年人的文化设施福利

在物质和保健的基础上，发展老年文化教育、提高老年人精神文化生活水平也是一个不可忽视的重要方面。现代社会老年人的生活观已从最基本的生存需求发展到不仅需要富足的物质生活，还需要健康、长寿、知识、幸福，需要得到精神慰藉，希望自己融合于家庭和社会，得到来自家庭和社会的尊重和关心，即多方位地享受生活的美好。

随着人口老龄化的发展和社会的进步，世界上一些国家相继开办了老年大学。很多老年人学习得认真刻苦，并不比普通大学的青年学生逊色。进老年大学，在人生的第二阶段实现过去未竟的夙愿或再拼搏一次，都是对老年人生的挑战和更新。不少老年人学习有成，做出建树，使生命重新焕发异彩。

此外，随着社会的进一步发展，老年人对体育活动的需求愈发增强，很多国家都加大对老年人体育设施的投入以保障老年人的需求。2005 年底，我国县以上各级行政区划中，70%的城市社区和 50%的农村乡镇建立了老年人体育协会，加强了对老年群众体育活动的组织和指导，使全国参加经常性体育健身活动的老年人达 5 800 万人。

老年人离不开文化生活。老年文化生活会给老年人带来健康。政府应该投入并且引导老年人积极参加丰富多彩的文化活动。

四、老年人社会福利的形式

老年人社会福利主要有三种形式：

1. 收养性福利

收养性福利的主要职能是收养无家可归、无依无靠、无生活来源的孤寡老人。在经济条件比较好的地区，也开始出现了自费收养，主要收养一些由其单位或亲属承担费用的老人。收养性的福利设施包括养老院、托老院、老年公寓和福利院等。

2. 娱乐学习性福利

娱乐学习性福利的主要职能是为老年人提供各种文化娱乐性服务。娱乐学习性福利场所主要包括老年大学、老年人活动中心等。同时，根据不同地区的不同情况，可以组织老年人郊游等休闲娱乐活动。

3. 保健服务性福利

保健服务性福利主要是为老年人提供一些生活和健康方面的服务，面向全社会的老年人，这类设施主要包括老年人康复中心、老年医院、老年人咨询中心、老年人交友中心等。

第二节　外国的老年人社会福利

发达国家的老年人社会福利是其社会福利体系的一项主要内容，是在全民福利的发展模式中逐步建立起来的，但由于各国的经济、文化、环境和政治状况不同，各自的社会福利思路又有所区别，因而在老年人社会福利制度的建设上体现出不同特色。

一、瑞典的老年人社会福利

瑞典是世界上公认的福利国家的典型，其较高的税收为发达的社会福利筹措了资金。高度的收入转移、广泛的公共服务主要由基层部门承担。它也是经济调节的一种特殊形式，借助于公共消费实施对经济需求方的调节。它同时是一种特定的发展模式，有能力促进制度结构的变化。多年来，瑞典的社会福利引起了人们的广泛关注。原因在于：瑞典的社会福利把相对高效率的生产部门与比较平等的收入分配和公平的机会结合起来。

自 1936 年社会民主党上台执政以来，瑞典实行广泛的社会福利政策，建立了比较完善的社会福利制度，其社会福利支出占国民收入的 30%左右；社会福利项目广泛，教育几乎普及所有国民。瑞典在发达国家中素有“福利国家的橱窗”之称，其社会福利项目繁多且水平较高。瑞典的老年人社会福利项目主要有：

1. 物质保障

对老年人的收入保障是通过发放国民普遍养老金、国民补充养老金来实现的。法律规定，国家对于所有 65 岁及以上的瑞典公民以及享受互惠协定待遇的外侨，一律发放养老金，按政府每年公布的关于养老金和其他津贴的计算基础所确定的基本数额来发放。为了防止老年人的收入受通货膨胀的影响，政府规定养老金随物价指数的升降相应调整。

享受养老金的老年人去世后，政府将依据不同情况向其配偶、未成年子女发放不同的补助金、抚恤金、退休金等。

瑞典政府对老年人的经济资助还体现在住宅津贴上。凡是领取普遍养老金的老年人，都可以领到住宅津贴。政府还为老年人改建住宅提供贷款或补助，或者直接由政府负责建设适合老年人居住的老年人公寓。

社区还为老年人饮食和日常生活提供家庭服务，帮助老年人购物、备餐、整理卧室和处理家务。

瑞典的公共交通部门对享受养老金者给予折扣优待。老年人乘坐火车、轮船、飞机、地铁和公共汽车可享受车费减免优惠，行动不便的老年人还可以减价乘坐出租汽车等。

2. 医疗保健

瑞典于 1953 年通过《国民健康保险法》。1983 年实行新制定的《卫生与医疗服务法案》，其目的在于保障全国人民具有良好的健康状况。老年人在公立医院或牙科医院治疗享受免费待遇。领养老金的老年人免交健康保险费，但仍然享有健康保险的权利。患慢性病需要长期护理的老年人，享受家庭护理，由本地区医护人员负责，由一名家属或一名保健助手协助，享受国家发放的家庭护理补助费。医院设老年病科，需要长期住院医治的老年人，可以住疗养院医治。

此外还为老年病人和残疾人设有康复中心。康复中心有医生、康复技师、心理学家向患者提供治疗和咨询。康复中心并设有康乐室、手工作业室以及供午间用餐的餐厅和午休的临时床位。中心为日托性质，备有特制汽车（车厢的后墙板可以放低到地面，便于轮椅乘降），以便接送。

除了可以在康复中心和托老所就餐外，散居在社区的老年人还可以到附近的中小学吃饭。中小学在学生开饭后开始供应老年人膳食。食堂提前向老年人公布菜单，所收费用仅为市价的一半。为了在生活上帮助散居的老年人，社区还雇用了上门的家庭服务员，定时为散居的老年人购物、备餐、整理卧室和处理家务。

3. 老年教育事业

瑞典的大学都是国立的。政府为了满足老年人的学习愿望，决定普通大学取消入学的年龄限制，一律向老年人开放。

瑞典的广播和电视教育除为老年人制作播放特别节目外，还在一般内容的播放时间内按照老年人的生活规律另外补播。

瑞典向老年人开放图书馆、博物馆。对一些行动不便的老年人，图书馆派人送书上门，定期调查他们希望阅读的书，对调查的结果进行整编，制定老年人爱读的图书目录，并将其送到各家庭、老人之家等机构参考；在偏远的地方，开办“流动图书馆”做巡回服务。

二、英国的老年人社会福利

英国是庇古和凯恩斯的故乡。英国以老年保险为主要内容的社会保障制度，体现了两位经济学家的部分观点与主张。发表于 1942 年的《贝弗里奇报告》更加确定了英国社会福利的精神。在 1948 年，英国政府就宣布已建成福利国家，向全民提供“从摇篮到坟墓”的全部社会福利。英国的老年人社会福利比较完整，主要包括以下内容：

1. 收入补助

在英国，男年满 65 岁、女年满 60 岁就达到法定的退休年龄，可以领退休年金。年金不足以维持其最低生活水平的，可申请公共救助，经查实即可发放救助金。政府对超过 65 岁的老年人给予适当的纳税补助；66 岁以上的老年人可享受国内车船票减免的权利，电视费、电话费和冬季取暖费也有相应的优惠待遇；对于 80 岁以上的高龄老年人，退休年金略有增加。

老年人住房实施的措施有：公有住宅、出租住宅、老年人住房优待、给予老年人免费住房等。英国通过这些举措来解决老年人住房的问题。

2. 医疗保健

英国政府于 1948 年建立国家卫生服务制度（NHS），对包括老年人在内的全体居民实行免费医疗保健服务。NHS 经费主要有以下几个来源：中央政府从税收中提供卫生总费用的 80%，社会保险提供 9.0%，地方公共卫生部门提供 6.5%，个人只支付极少的部分。

英国政府对老年人医疗保健服务，主要采取以社区为单位提供医疗保健的办法，即在每一社区内设立若干老年人保健中心或老年病医疗机构，在医生的指导下，开展日常医疗护理等工作。

社区老年人医疗保健组织体系大体可分为以下两类：

（1）社区保健中心以人口 2 万~3 万为一个社区单位，每个社区中有 2 000~3 000 名 65 岁以上的老年人，即每个社区需解决和管理 2 000~3 000 名老年人的医疗保健问题。

（2）地区老年病设施。即在各社区的综合医院或大学医疗中心等医疗机构中开设老年病房，每 20 万~30 万人口指定一所医院。患急性病的老人及一些患慢性病的老人，经由社区介绍，可随时去该医院治疗。具体做法是：社区保健中心为老人医疗保健及健康护理的基层单位；每个社区配备有大学附属医院老年科医生 1 名、精神科医生 1 名、由其他专科医生（耳鼻喉科、眼科、整形外科）若干名组成的综合性医疗小组；他们定期在社区医疗点碰头，以研究和讨论老人的健康保健问题。

另外，经过地区注册的护士及社会工作者、家庭助手等人员定期进行保健访问及随访，记录各种调查项目，开展保健指导，进行疾病预防、医疗护理及营养指导等并随时向病人的主治医生汇报病情及对治疗方案提出建议。

家庭助手还帮助一些体弱多病的孤独老人做饭、洗澡、洗涤衣物及整理房间和床铺等。

英国老年人医疗保健的经验是，老年人医疗不仅只是治疗疾病，而应由社区医生、护士、社会工作者等人员组成一体，共同开展老年人医疗保健工作，以维护老年人健康，预防老年疾病。

3. 老年教育服务

老年教育的形式主要有专门为老年人举办的推广教育项目、利用大众传媒或函授学习的项目等。

4. 其他福利服务

（1）院舍服务。院舍服务有老年人公寓、老年人院和寄托所三种形式。服务对象分别是有生活自理能力但无人照顾的老年夫妇或者单身老年人、生活不能自理又无人照顾的老年人、家庭临时外出无人照顾的老年人。

（2）社区照顾。在社区内对老年人提供服务和供养，以便他们尽可能过上独立生活。如为老年人服务的家庭服务员多由本社区已婚无工作的妇女担任，每周两次或三次到老年人家中协助打扫卫生、购物、洗衣或做其他家务劳动。有正常收入的老年人自付服务费，依靠养老金生活的由社区福利部门支付。

（3）老年人俱乐部，又称老人之家或老年人活动中心。老年人俱乐部由社区开办，备有娱乐器材和制作手工艺品的工具，供老年人使用。俱乐部有专人管理和照顾，为老年人提供聚会、康乐活动和旅游服务。

三、日本的老年人社会福利①

1970 年，日本 65 岁以上老年人占总人口的比例为 7%，日本刚刚进入人口老龄化国家的行列。然而，日本人口老龄化的速度却十分惊人，在发达国家中名列首位。日本老龄人口在 2002 年 9 月已达到 2 362 万人，占总人口的 18.5%，超过老年人口比例达 18.2%的意大利，成为世界上老年人口占总人口比例最大的国家。根据日本厚生劳动省统计，2015 年日本 65 岁以上老年人口达 3 188 万人，占总人口的比例已超过 25%，即日本已成为名副其实的高龄社会。

早在 1963 年日本就制定了《老年人福利法》。该法也被称为“老人宪章”。它确立了日本现行老年人社会福利制度的基本框架。该法规定，老年人社会福利的基本理念是尊敬老年人、促进老年人的自觉和确保老年人参与社会的机会。它同时规定，国家和地方公共团体负有增进老年人社会福利的责任，要努力谋求老年人社会福利事业的发展。

1. 经济福利

除日本的一般国民都纳入日本厚生劳动省所主办的厚生年金险外，由于自雇者、农民和其他从事工作的人员这类投保人不少是低收入者，因此需要国家给予一定的补助。那些无缴费能力或不符合缴费标准的老年人可申请领取福利年金。

2. 实施机构

（1）福利事务所。主要工作是把握老年人社会福利要求的实际情况，进行有关老年人问题的咨询、调查和指导，开展让老年人入住福利设施等业务。

（2）保健所。主要工作是进行有关老年人保健方面的咨询和指导，普及保健卫生知识，对老年人福利设施进行有关营养及卫生方面的指导与合作。

（3）民生委员。主要工作是进行本地区老年人社会福利的咨询和指导，在实施《老年人福利法》时配合市、町、村长，福利事务所长及“社会福利主事”工作。

3. 主要内容

（1）社会福利主任的指导。对 65 岁以上的老年人及其护理者进行福利指导。

（2）入住养老院。根据需要让老年人入住养老院。

---

① 王伟．日本家庭养老模式的转变［J］．日本学刊，2004（3）：98-109.

(3) 将老年人委托给护理受托人。护理受托人是指能收养老年人，并且市、町、村长认为合适的人。将难以在家进行护理的老年人委托给护理受托人养护。

(4) 短期入住。在老年人临时不能在家得到护理时，让老年人短期入住老年人福利设施并对其进行看护。

(5) 设施日托服务。让老年人及其护理者到老年人福利设施接受沐浴、进食及功能的训练，并对护理方法进行指导。

(6) 派遣家庭服务员。向由于身体上或精神上障碍难以进行日常生活的家庭派遣家庭服务员，帮助其做家务和护送老年人去医院等。根据家庭的收入情况收取相应的费用。

第三节　我国的老年人社会福利

一、传统社会中我国的老年人社会福利

在我国几千年的传统社会中，老年人社会福利主要是与家庭相联系的。传统社会的家庭作为社会结构的核心，发挥着全方位的社会功能。一个人的生老病死完全依赖家庭。家庭是个人生活的主要依托及发展的基础，也是个人精神寄托的根本。家庭的养老功能是以孝文化为基础的。这种观念培养了子女对父母和家庭中其他长辈的尊敬态度，保证了家庭成员中晚辈对长辈的物质供养和感情慰藉。除此之外，传统社会的经济结构构成了家庭供养的物质基础。工业化前我国是自给自足的自然经济，人们的生活范围被局限在家庭和土地上。由于老年人控制了家庭物质和信息资源，并且具有丰富的实践经验，老年人在家庭中的位置受到了所有家庭成员的尊重。即使他们由于身体状况不得不放弃对家庭财产的直接控制，他们也会通过继承权作为交换条件来确保未来生活资源和所需要的照料。

过去，统治者也从法律上对老年人的养老进行了一些具体的规定。政府和社会组织举办一些诸如敬老礼仪或慈善性活动，直接为某些德高望重或孤苦无依的老年人提供了物质上的补助。如在汉代，政府尊养高龄老人，赏赐他们粟帛钱酒等，体现了老年人社会福利的性质，兼有教化示范的性质。明代的《明律·户律·户役》规定：凡鳏寡孤独及笃废之人，贫穷无亲属依倚，不能自存，所在官司应收养而不收养者，杖六十。当然，当时的社会养老仅仅只是家庭养老的补充。

虽然在传统社会就已经有了一定的老年人社会福利，但是由于其远没有形成一个有机的体系，传统社会老年人的福利措施充其量是一个家庭养老的补充，与现代社会福利差距较大。在传统社会中，人们的寿命普遍比较短，老年人口所占比重不是很大，因而对社会化的老年人福利需求也没有那么强烈。

二、现代社会中我国老年人社会福利发展的四个阶段

尽管我国有悠久的福利思想、制度和传统，但现代意义上的老年人社会福利始于中

华人民共和国成立以后。根据我国社会的变迁和转型来划分，我国的老年人社会福利大致经历了四个阶段：

1. 新中国成立之初的老年人社会福利

这一时期是旧制度向新制度的过渡时期，也是社会主义福利制度的奠基时期。福利理论与政策模式的多元化和新旧交替是其基本特征。

新中国成立之初，我国处在一种百废待兴的局面下。为了稳定新生的人民民主政权，体现社会主义优越性，我国必须将社会福利纳入社会主义建设中去。但是，在当时的局面下，中国既不能照搬苏联的模式，又不能全盘仿效美国的福利政策，还必须紧密结合中国的国情，因此我国就面临着一个较大的挑战。为此，政府采取了一系列的措施，将一些外资以及私人兴办的福利机构收归国有，统一管理，并以取缔、团结、教育和改造方式逐渐将之演变为由国家独自兴办社会福利事业与机构，并逐渐形成了城乡二元的老年人社会福利结构的局面。

2. “文化大革命”时期的老年人社会福利

这一时期，反对福利主义成为政治斗争的重要组成部分，使新生的福利事业遭受了重大挫折。1968 年底撤销了主管救灾救济、社会福利等事务的内务部，并把社会福利和资本主义紧密联系在一起，认为福利是一种腐蚀人心的东西。这种批判福利主义的影响对以后的福利发展产生了不可低估的负面影响，其直接结果是我国福利事业长期停滞不前。由于极“左”思潮把举办福利事业和福利生产说成是福利主义和唯生产力论，因此许多福利事业和福利生产被合并，老年人和普通市民生活状况普遍恶化，许多基本生活需要无法得到满足。

3. 改革开放后一段时间内的老年人社会福利

这一时期是福利的重建和发展时期。从 20 世纪 80 年代中后期开始，我国老年人社会福利事业随着社会的转型及经济体制的转变而发生了重要的变化，初步形成以《中华人民共和国宪法》为基础，以《中华人民共和国老年人权益保障法》为主体，包括有关法律、行政法规、地方性法规、国务院部门规章、地方政府规章和有关政策在内的老龄法律法规政策体系框架。由相关法律法规组成的保护老年人合法权益的保护制度体系也形成了。

国家还通过政策和舆论引导等多种形式，积极营造发展老年人社会福利事业的社会环境，引导全社会关心、支持和参与老年人社会福利的发展，充分利用市场机制，引导和扶持企事业单位为老年人提供多样化的产品和服务。

20 世纪 90 年代中期以来，在党和政府的关心下，各级民政部门围绕自己所承担的指导老年人权益保障工作的职能，开展了大量的工作，逐步形成了以国家、集体兴办老年人社会福利机构为骨干，以社会力量兴办老年人社会福利机构为新的增长点，以社区老年人社会福利服务为依托，以家庭养老服务和保障为基础的具有中国特色的老年人社会福利服务体系。

4. 新时期的老年人社会福利

这一时期，老年人社会福利涵盖老年生活照料、老年产品用品、老年健康服务、老年体育健身、老年文化娱乐、老年金融服务、老年旅游等多领域，进入综合性、广义的养老服务发展阶段。党的十八大以来，以习近平同志为核心的党中央高度重视养老服务工作，养老服务的产业属性更加突出，成为涵盖范围广泛的新业态，养老服务业发展速度明显加快，发展模式不断创新[①]。

2018年政府工作报告提出，要“积极应对人口老龄化，发展居家、社区和互助式养老，推进医养结合，提高养老院服务质量”。我国正逐步构建起与新时代中国特色社会主义相适应、面向经济困难老年人、城乡统筹、可持续的老年人基本福利补贴体系，加快构建以居家为基础、社区为依托、机构为补充，医养相结合的多层次养老服务体系。

三、新时期我国老年人社会福利发展取得的成就

我国老年人社会福利事业坚持“政府主导、社会参与、全民关怀”的方针。我国政府从本国国情出发，积极制定政策和措施，切实加强老年人社会福利工作，不断推进福利事业的发展。从政策科学的角度来看，我国养老服务政策呈现出政策客体逐渐扩大，养老服务项目逐渐增多，更加凸显社区居家养老方式的作用，更多运用市场型、动员型政策工具，更加关注政策效果，注重养老服务质量的提高等特点。

1. 物质生活福利

我国制定了较为完善的社会福利政策，对无劳动能力、无生活来源、无依无靠的老年人实行保吃、保穿、保住、保医和保葬的“五保制度”。“五保”老人在农村由集体供养，在城市由政府或街道社区集体供养。其生活方式为居家养老或到敬老院、福利院集体养老。为此，近年来国家加大资金投入，在城镇建立面向“三无”老人（无劳动能力，无生活来源，无法定赡养人、扶养人或者其法定赡养人、扶养人确无赡养、扶养能力的城市老年人）的社会福利院，大力发展老年公寓、养老院和老年护理院，为不同经济状况和生活能力的老年人，特别是高龄病残人群提供机构养老服务；在农村加强敬老院建设，为“五保”老人提供集中供养场所和生活服务。《关于加快实现社会福利社会化的实施意见》《关于加快发展养老服务业的若干意见》等政策文件先后发布，鼓励和调动社会力量，采取公建民营、民办公助、政府补贴、购买服务等多种形式，推动养老机构较快发展。截至2020年，全国城乡有养老服务机构3.68万个，养老机构床位数为438.8万张，其中河南省、江苏省和四川省养老机构数量居全国前三。国家为加强对养老服务机构的规范化管理，先后颁布了《国家级福利院评定标准》《老年人社会福利机构基本规范》等规范性文件，努力提高养老服务机构的服务质量和水平。

对农村中的独生子女家庭，2004年在重庆市、河北省承德市等15个城市，进行奖励扶助制度试点。2005年，国家进一步扩大试点规模，奖励扶助制度覆盖到绝大多数省份。根据人口计生委、财政部通知的《关于开展对农村部分计划生育家庭实行奖励扶助制度试点工作的意见》，针对农村只有一个子女和两个女孩或子女死亡现无子女的计

---

① 佚名. 为了夕阳红满天：老年人福利与养老服务40年发展历程与成就［J］. 中国民政，2018（24）：30-33.

划生育家庭，夫妻年满 60 周岁后，由中央和地方财政安排专项资金进行奖励扶助。奖励扶助标准：按人年均不低于 600 元的标准发放奖励扶助金，直到亡故为止。已超过 60 周岁的，以该制度在当地开始执行时的实际年龄为起点发放。2006 年，全国奖扶对象人群总数为 186. 6 万人，中央和地方财政共安排发放奖励扶助制度专项资金 11. 1 亿元。其中，中央财政 4. 76 亿元，地方财政 6. 34 亿元。地方财政安排发放的 6. 34 亿元中，中央财政支持地区的地方财政安排发放 3. 22 亿元，东部自行开展地区的地方财政安排发放 3. 12 亿元。

党中央在先后实施单独两孩、全面两孩、实施一对夫妻可以生育三个子女政策以来，一直强调维护好计划生育家庭合法权益。《中共中央 国务院关于优化生育政策促进人口长期均衡发展的决定》，指出对全面两孩政策调整前的独生子女家庭和农村计划生育双女家庭，继续实行现行各项奖励扶助制度和优惠政策。2018 年，计划生育奖励扶助数为 1 204. 7 万人，中央财政计划生育服务补助资金共下达 89. 05 亿元，农村部分计划生育家庭奖励扶助制度补助资金为 58. 66 亿元。

我国政府把缓解和消除老年贫困纳入国家反贫困战略规划。对贫困老年人，实行政府救济和社会救助相结合，将贫困老年人优先纳入最低生活保障制度。国家建立城市居民最低生活保障制度，对人均收入低于当地最低生活保障标准的家庭按标准给予补助。2005 年，包括贫困老年人在内的 2 233 万城市贫困人口领取了最低生活保障金，基本实现应保尽保。在农村，国家实施特困户定期定量救助和临时性生活救助制度，在有条件的地区积极探索建立农村最低生活保障制度。截至 2019 年，农村低保对象有 1 892. 3 万户、3 455. 4 万人。全国农村低保平均保障标准为 5 335. 5 元/人・年，比 2018 年增长 10. 4%，全年支出农村低保资金 1 127. 2 亿元。国家鼓励有条件的地方建立养老基地，发放养老补贴和高龄津贴，积极改善老年人的生活。截至 2019 年底，全国共有 3 579. 1 万老年人享受老年人补贴，其中享受高龄补贴的老年人 2 963 万人，享受护理补贴的老年人 66. 3 万人，享受养老服务补贴的老年人 516. 3 万人，享受综合老龄补贴的老年人 33. 5 万人，全国共支出老年人社会福利经费 453 亿元。地方政府积极组织实施开发式扶贫，扶持低龄、健康、有劳动能力的贫困老年人从事种植、养殖和加工等项目，增强贫困老年人的生产自助能力。积极发挥社会力量在老年贫困救助中的作用，推动各地老年基金会等社会团体、企事业单位和个人开展慈善救助和社会互助，创造结对帮扶、认养助养、志愿服务、走访慰问等多种救助形式，普遍为贫困老年人提供多样化扶助。

为了加快城市社区老年服务设施的发展，解决老年服务设施不足的问题，从 2001 年起，中国政府连续三年实施建设社区老年福利服务设施的“星光计划”。该计划总投资 134 亿元人民币，建成“星光老年之家” 3. 2 万个，涵盖老年人入户服务、紧急援助、日间照料、保健康复和文体娱乐等多种功能，受益老年人超过 3 000 万。2019 年，全国共有各类养老机构和设施 20. 4 万个，养老床位合计 775 万张，比上年增长 6. 6%，每千名老年人拥有养老床位 30. 5 张。社区养老照料机构和设施 6. 4 万个（其中社区养老照料机构 8 207 个），社区互助型养老设施 10. 1 万个，共有床位 336. 2 万张。全国大中城市基本建立起覆盖街道居委会、功能配套、设施齐全的社区养老福利服务体系。

2. 医疗保健福利

加强老年医疗保障和卫生服务，增进老年期健康，是提高老龄社会全民健康水平和生命质量的重要内容。我国政府重视加强城乡老年人的医疗保障，加大老年卫生工作力度，发展老年医疗卫生服务，努力保障老年人的基本医疗需求，增进老年人的身心健康。

（1）加强城乡老年人医疗保障。国家建立社会统筹与个人账户相结合的城镇职工基本医疗保险制度，规定退休人员个人不缴纳基本医疗保险费，对个人账户计入金额和个人负担医疗费的比例给予适当照顾。各地普遍将老年常见病、慢性病等大额医疗费用纳入社会统筹基金支付范围，减少退休人员个人的支付比例。2014 年底，全国参加基本医疗保险的退休人员达 7 255 万人。

国家积极采取多种补充性医疗保障措施，努力减轻老年人的医疗费负担。实行公务员医疗补助办法，由财政为包括退休人员在内的国家公务员提供医疗费用补助。政府推动各地建立大额医疗费用补助办法，由个人或企业缴费筹资，为患大病、重病以及长期慢性病的职工及退休人员解决超过统筹基金最高支付限额以上的医疗费用。有条件的企业建立了补充医疗保险，解决基本医疗保险待遇以外的医疗费用。政府积极探索建立城市社会医疗救助制度，通过财政拨款、彩票公益金和社会捐助等多种渠道筹集医疗救助基金，对困难群众就医给予补助。到 2020 年底，全年城乡医疗救助累计救助 9 026. 3 万人次。

从 2003 年起，国家开始进行个人缴费、集体扶持和政府资助相结合的新型农村合作医疗制度试点工作。到 2006 年 6 月底，全国新型农村合作医疗试点县（市、区、旗）扩大到 1 399 个，覆盖农业人口 4. 95 亿。此时，3. 96 亿农民参加新型农村合作医疗，试点地区老年人参加新型农村合作医疗的比例超过 73%；全国共补偿参加新型合作医疗的农民 2. 82 亿人次，补偿资金支出 144. 12 亿元人民币。国家要求各地为 70 岁以上农村老年人参加新型合作医疗给予适当政策优惠，照顾老年人的特殊需求。积极建立农村医疗救助制度，采取政府拨款和社会捐助相结合的方式筹集救助资金，资助农村“五保”老年人和困难群众参加新型农村合作医疗，对因患大病个人医疗费负担过高、影响家庭基本生活的贫困农民给予适当补助，在一定程度上缓解了老年人基本医疗困难。我国政府根据 2016 年印发的《国务院关于整合城乡居民基本医疗保险制度的意见》，部署和指导地方整合城镇居民基本医疗保险和新型农村合作医疗两项制度。到 2019 年底，全国 32 个省均按照国家要求指导统筹地区全面建立了统一的城乡居民基本医保制度，实现覆盖范围、筹资政策、保障范围、医保目录、定点管理、基金管理“六统一”。整合城镇居民医保和新农合两项制度，解决了制度城乡分割产生的待遇不均衡、基金共济能力弱等问题，农村居民医疗服务利用水平和保障水平普遍提高，实现了促进农村居民更加公平享有医疗保障权益、促进社会公平正义。目前国家通过实施基本医疗保障、大病保险等补充医疗保障措施和医疗救助制度，统筹发挥三重保障制度合力，减轻参保群众医疗费用负担。2020 年，贫困人口经基本医保、大病保险与医疗救助三重保障梯次减负后住院费用实际报销比例稳定在 80%，个人负担明显减轻。

积极开展针对老年人的专项医疗救助和康复救助活动。通过实施国家残疾人事业发展纲要，开展以西部地区为重点的“让老年人重见光明行动”项目等，为约600万名老年白内障患者实施复明手术，并为边远贫困地区的老年缺肢者、听力障碍者免费装配假肢、验配助听器，帮助贫困、残疾老年人恢复或补偿功能。

（2）发展老年医疗卫生服务。国家加强对老年医疗卫生工作的规划和领导。国家制定实施《老年医疗保健“八五”规划（1991—1995年）》，两次颁发加强老年卫生工作的政策性文件，把老年医疗保健工作纳入《全国健康教育与健康促进工作规划纲要（2005—2010年）》《中国护理事业发展规划纲要（2005—2010年）》《中国精神卫生工作规划（2002—2010年）》《关于建立完善老年人健康服务体系的指导意见》《全国医疗卫生服务体系服务纲要（2015—2020）》《关于推进医疗卫生与养老服务相结合的指导意见》《“健康中国2030”规划纲要》等一系列卫生工作发展规划。国家成立全国老年卫生工作领导小组和老年卫生工作专家咨询委员会，加强对全国老年卫生工作的指导协调和科学决策。

国家鼓励有条件的大中型医疗机构开设老年病专科或老年病门诊，积极为老年人提供专项服务。根据区域卫生规划，建立能够提供老年病防治、老年康复和临终关怀等服务的医疗卫生服务机构。各地医疗机构普遍为70岁以上老年人提供了挂号、就诊、取药、住院等方面的优先优惠服务。2006年，国家颁布实施《中华人民共和国国民经济和社会发展第十一个五年规划纲要》，把实施爱心护理工程与加快发展面向高龄、病残老年人的护理服务设施纳入规划重点。

加快建设城市社区卫生服务体系，推动各地把老年医疗保健纳入社区卫生工作重点，努力为老年人提供安全、有效、便捷、经济的卫生服务。各地积极引导基层医疗卫生机构向社区卫生服务机构转型，开展老年保健、医疗护理和康复等服务。截至2019年底，全国城市已设立社区卫生服务机构和设施21.2万个，服务设施覆盖率92.9%，病床使用率49.7%，使用情况有待提高。基层医疗机构根据老年人的特殊需求，提供家庭出诊、家庭护理、日间观察、临终关怀等服务。老年人的部分基本健康问题在社区得到解决。

国家针对老年人健康特点，积极开展卫生保健宣传，利用广播、电视、报刊、社区宣传栏等多种形式宣传普及老年期养生和保健常识。各级医院常年面向所在社区开办健康讲座，为慢性病患者开健康处方。国家制定健康老年人标准，开展全国健康老年人评选活动，积极推广科学、健康的生活方式；加强心脑血管病、糖尿病等慢性疾病的三级预防工作，制定高血压、糖尿病的防治指南和管理方案并逐步推广，促进老年慢性疾病的早期发现、早期诊断和早期治疗。从1991年起，政府开始把老年病防治研究工作纳入国家科技计划。

（3）推动老年群众性体育健身活动。政府大力推动老年群众性体育健身活动，努力增强老年人体质，提高健康水平。2005年底，全国县以上各级行政区划、70%的城市社区和50%的农村乡镇建立了老年人体育协会，加强老年群众体育活动的组织和指导。近年，国家实施全民健身工程，加强公益性体育健身场地和设施建设，为老年人开展体育健身活动提供场所。

3. 社会服务

加快老年人服务体系的建设，是保障老年人不断增长的社会服务需求获得满足的重要举措。近年，政府大力发展社区为老服务，不断改善老年人居家养老的服务环境。同时，积极推进机构养老服务，努力满足老年人多样化的为老社会服务需求，初步形成以居家养老为基础、社区服务为依托、机构养老为补充的为老社会服务体系。

国家颁布《民政部关于在全国推进城市社区建设的意见》《国务院关于加强和改进社区服务工作的意见》等一系列政策文件，采取积极措施，加大投入力度，加强社区建设与服务工作，为包括广大老年人在内的社区居民提供多种便民利民服务，使老年人居家养老的服务环境不断改善。20 世纪 80 年代，中国几乎没有社区服务设施，但是，改革开放以来，城市社区服务迅速发展起来。截至 2020 年底，全国共有社区综合服务机构和设施 51. 1 万个，社区养老服务机构和设施 29. 1 万个。城市社区综合服务设施覆盖率 100%，农村社区综合服务设施覆盖率 65. 7%。各地采取上门服务、定点服务和巡回服务等方式，为老年人提供生活照料、家政服务、紧急救援以及其他便利老年人的无偿、低偿服务项目。

国家通过学校教育、在职教育和岗位培训等形式，培养为老服务需要的管理和服务人才。国家颁布《社会工作者职业水平评价制度暂行规定》和《助理社会工作师、社会工作师职业水平考试实施办法》，鼓励和吸引专业社会工作者和高等院校社工专业毕业生到福利服务机构工作。政府发布养老护理员职业目录，颁布实施国家职业标准，加强养老服务队伍的专业化和规范化建设。《中国民政统计年鉴—2018》显示，我国合格的护理员只有 44 102 人。发展志愿者组织，在全国范围开展志愿者为老服务“金晖行动”，组织动员广大青少年和其他社会公众加入为老服务志愿者行列，通过与养老机构和居家老年人结对帮扶等形式，为老年人提供生活照料、医疗保健、法律援助等多方面服务。

4. 文化娱乐

老年文化活动日益丰富多彩。老年人是社会一个特殊群体。开展积极向上的老年文化活动，不仅能够增进老年人的身心健康，而且有利于为老年人营造良好的社会文化环境，促进精神文明建设的发展。各地根据老年人的爱好和各种特点与需求，开展了形式多样的老年文化活动，内涵越来越丰富。

在大中城市逐步建立设施完备、功能齐全的综合性老年活动中心，在县（市、区、旗）建立老年文化活动中心，在乡（镇）、街道设立老年活动站（点），在基层村（社区）开设老年活动室。各级政府在原有或新建的公益性文化设施中开辟老年人活动场所，有关部门管辖的文化活动场所也积极向老年人开放。国家财政支持的图书馆、文化馆、美术馆、博物馆、科技馆等公共文化服务设施以及公园、园林、旅游景点等公共文化场所向老年人免费或优惠开放。老年人社会文化生活的条件不断改善。

国家积极提供符合老年人特点的精神文化产品。全国大部分广播电台、电视台相继创办了相对固定的老年专题节目，如中央电视台的《夕阳红》、中央人民广播电台的

《桑榆情》、北京电视台的《金色时光》等。各级文化部门积极组织文艺团体深入基层，创作和表演深受老年人欢迎的文艺节目。为大力提倡和扶持各种有益于老年人身心健康的文化娱乐活动，国家财政每年拨专款支持举办全国老年文艺演出、中国老年合唱节等大型活动，开展国际老年文化艺术交流。各地经常组织开展形式多样、健康向上的社区老年文化活动。群艺馆、文化馆、文化站等公共文化机构加强对老年文化活动的指导，培养了大批老年业余文艺骨干，在丰富广大老年人精神文化生活中发挥了重要作用。城乡老年群众文艺活动组织迅速发展，成为老年群众性文化活动的中坚力量。

国家重视保障老年人受教育的权利，加大投入，积极扶持，推动老年教育事业迅速发展。各级政府、有关部门和企事业单位创办了一批示范性老年大学，同时依托省、市、县各级现有群众文化设施多渠道、多层次发展老年教育，努力实现“县县有老年大学”的目标，并逐步向社区、乡镇延伸。一些地方充分运用现代传媒手段，开办面向老年人的电视和网络学校，扩大老年教育覆盖面。目前已初步形成多层次、多形式、多学制、多学科的老年教育体系。老年人通过学习达到了增长知识、丰富生活、陶冶情操、增进健康、服务社会的目的。2018 年底，全国的老年大学（学校）已发展到 7 万多所，在校学员近 800 万人，并有数百万名学员参加远程教育。

四、我国老年人社会福利发展中存在的问题

1. 老年人社会福利缺少法律上的根本保证

从我国目前的情况来看，社会福利方面的立法现状不容乐观，主要表现为：有关社会福利的基本立法不足。尽管已经有了一部无所不包、已经滞后于市场经济发展要求的《中华人民共和国老年人权益保障法》（以下简称《老年人权益保障法》），但是至今未能明确其执法主体，我国老年福利政策还更多更久地停留在政策性文件规定的层面。相关法律缺乏系统性，未能形成一个完整的法律体系。现有的福利保障法规调整范围较窄。社会福利体制运行不符合法律要求，主要借助行政手段，如颁发通知、规定等来进行调控和管理。

当前，我国的养老服务政策大多局限于部委规章和规范性文件层面，绝大多数以“通知”“意见”“决定”等形式存在，上升到国家法律的只有《老年人权益保障法》。《老年人权益保障法》以法律形式规定了老年人具有享受养老服务的权利，但并没有对养老服务的具体内容和实施方式做出细致的安排。此外，某些老龄基本政策和具体政策之间存在内容不一致的情况，例如《老年人权益保障法》与 2006 年修订的《农村五保供养工作条例》有关“五保户”究竟是集体供养还是社会财政供养规定不一致：《老年人权益保障法》规定“五保户”由集体供养，而《农村五保供养工作条例》规定由社会财政供养。

2. 城乡二元体制仍然存在，并且差距较大

由于我国的经济发展特点、城乡的不平衡以及城乡有别的管理体制，我国逐渐形成了我国老年人社会福利的二元体制，即城镇退休人员的福利由原单位负责，农村的老年人社会福利由集体提供。

我国养老服务政策具有重城市轻农村的特征。近年来的养老服务政策文本表示，在城市地区要逐渐构建以居家养老为基础、社区养老为依托、机构养老为补充或支撑的养老服务体系，农村地区的养老服务仍然以家庭成员供给为基础。此政策没有顾及农村青壮年人口普遍外出务工使农村家庭养老根基已经动摇的事实，也没有秉承公平的政策理念对城乡老年人一视同仁。政策的偏颇导致农村养老服务的发展滞后，突出表现在养老服务机构和设施短缺、社区居家养老服务基本不存在①。

3. 覆盖面小，产品、设施、服务短缺与形式化并存

我国现有的大多数老年人社会福利机构以保障“三无”对象基本生活权益为主要任务，无法满足老年人较高层次的服务需求。现有老年人社会福利机构硬件设施较差，服务水平较低，基本停留在只能提供吃、穿、住等简单服务的原始阶段。即便在经济条件好的地区建立了一些各方面不错的老年人设施，并在社区空出一个地方作为老年人的活动中心，挂上了一块“老年人社区娱乐中心”的牌子，可是由于管理的不完善、服务内容的过于单一，许多社区老年人服务中心没能起到应有的作用，流于形式。更离谱的是有些社区“老年人活动中心”成为年轻人的活动场所，有的成了“歌舞厅”“游戏室”。因此，建立一个真正意义上的、有针对性的老年人服务体系是非常迫切和重要的。

4. 国家、集体包办老年人社会福利事业，社会化程度较低

我国现有老年人社会福利机构大部分是政府办的，属当地民政部门主管的事业单位。真正社会力量举办的老年人社会福利服务机构的比例少、规模小，社会化程度低。其结果是：一方面，老年人社会福利资金不足，发展缓慢，供给严重不足，远远不能满足老年人的需求；另一方面，由于缺乏市场竞争，占主导地位的国家和集体办的福利单位与政府依然保持领导与被领导的关系。福利机构中普遍存在着较为严重的“大锅饭”思想，管理体制和运行机制僵化，不能适应市场经济体制的发展要求。

5. 有效资金投入不足，制约了老年人社会福利的发展

虽然国家每年都对老年人物质、医疗保健等工作进行大量投入，但是同实际需要仍有较大差距。近几年来，许多福利机构为了增强自己的发展能力，开展多种经营活动，但是缺乏经营基础，政策的不明确和执法的走样，尤其是税收政策在许多地方未能落实，制约了福利机构的自我发展能力。

社会上的资金投入老年人社会福利事业缺乏激励机制。老年人社会福利事业的发展没有与社会各方面建立“唇齿相依”的关系。没有法律规范资金来源，其“多元化”的资金来源是由道德和道义决定的，具有极大的随意性和不确定性。

6. 工作人员专业化水平较低，从业人员较少

老年护理、社区护理、居家护理、安宁疗护等一直是我国护理领域的短板弱项。2019 年我国有约 2.54 亿老年人（含 4 000 万左右的失能半失能老年人），对养老护理员的需求多达 600 多万，但是我国仅有 50 多万名从事养老护理的服务人员，远不能满足

① 韩艳. 中国养老服务政策的演进路径和发展方向：基于 1949—2014 年国家层面政策文本的研究［J］. 东南学术，2015（4）：7.

需求。另外，养老护理员目前并未作为一个专业的职业设置，从业人员整体文化水平偏低，缺乏职业认证和专门的职业培训，无法满足群众多层次的护理服务需求。

五、我国老年人社会福利进一步改革方向

从世界各国社会福利的实践来看，社会福利服务具有以下四个特点：一是发展社会福利的目标是满足社会上特殊群体的需要，帮助他们解决生活中的实际困难，提高生活质量。二是社会福利服务通过非政府的社会福利团体兴办。政府处于指导和监督地位，同时在财政上予以支持。三是社会福利服务强调职业化和专业化。有专门的社会工作团体及下属从事各类福利服务，有公认的职业守则和职业审核与证照制度，有社会工作教育体系和系列训练课程，有保证工作顺利进行的工作程序和必要的职业权利保障。四是社会福利服务强调非营利性，也强调引入市场机制。近年，西方主要资本主义国家普遍出现了“福利危机”。西方各国对社会福利的发展进行了反思与重构，都致力于社会福利制度改革，强调社会福利政策与经济发展之间的协调性，使老年人社会福利有了新发展，但这些特点有其存在的合理性和必要性，是其社会福利体系中的精髓部分。

众所周知，中国的改革和发展已经进入了一个崭新的阶段。建设和谐社会成为新的主轴。在借鉴国外发展老年人社会福利的经验和做法和总结我国老年人社会福利改革实践经验的基础上，考虑到我国的实际情况，我国老年人社会福利改革应从基本国情出发，制定有中国特色的老年人社会福利制度：以老年社区福利服务为依托、以国家兴办的社会福利机构为示范、以其他多种所有制形式的社会福利机构为骨干的老年人社会福利服务体系，走一条符合中国经济、社会、文化特点的，动员社会力量广泛参与的社会化之路。近几年的实践表明，推进老年人社会福利社会化进程就必须实现投资主体多元化、服务对象公众化、运行机制市场化、服务方式多样化和服务队伍的专业化与志愿者相结合。为此须在以下几个方面努力：

1. 加强老年人社会福利方面的法律建设

我国也应该像近年来西方国家福利一样，努力将社会福利制度的运行建立在比较完善的立法基础上，使社会福利制度的运行有法可依，有章可循，使社会福利真正成为呵护社会的“安全网络”。国家应该对一些经过实践检验和时间证明是切实可行而又行之有效的法规、规章进行总结概括，并提升为法律，制定老年人社会福利的专项法规，如老年福利法、老年保健法等。

2. 大力发展民间组织（如非政府组织、非营利组织等）

老年人社会福利社会化的一个最重要的特征或表现形式即有大量的民间组织来营办各类社会福利服务。这也是被国内外实践证明了的事实。

我国民间组织包括社会团体、基金会和民办非企业单位三种类型，其业务范围遍及教育、卫生、科技、文化、环保和社会福利等各个领域。然而，改革开放以来，虽然这些组织在数量上发展很快，但到目前为止尚未形成一个适应我国经济和社会发展需求的民间组织体系。现在我们已经认识到，社会组织发育缓慢是制约社会福利社会化进程的重要原因之一。

民间组织是社会的细胞。当前，培育和发展社会组织并使其发挥积极作用的首要任务是建立和完善相关的法律和规范，并通过调整财税等政策从经济上给予支持和鼓励。

3. 强化政府在老年人社会福利中的主体地位

我们必须认识到，社会福利社会化的出发点和最终目标是形成政府和社会共同办福利的机制和环境，而不仅仅是政府帮助社会力量兴办福利机构。换言之，社会福利社会化不是简单地将社会福利服务推向社会或市场，而是形成政府与市场和民间社会组织合作办福利的一种机制。政府发挥投资主体的作用是形成这一机制的关键因素。

首先，政府在社会福利服务中的投资主体角色可以通过多种途径实现。其中，财政专项资金是最常用的做法。政府可以通过专项基金的方式向社会服务的提供者提供补贴。这些服务提供者既可以是市场经济组织又可以是非营利组织。补贴的目的是使服务提供者降低其服务收费，从而使服务使用者能够用得起这些服务。这是政府利用市场和公民社会组织提供服务和保障公民获得一些最基本的社会服务的办法。例如，在美国，医疗机构长期接受政府的巨额财政补助，以便低收入者也能享受较低价格的医疗服务。

其次，除了直接财政拨款以外，政府扮演其投资主体角色的另一个有效方法是制定和实施积极的税收激励政策，鼓励企业和民间资金进入社会福利服务。

最后，政府也可以通过服务收费的方式来增加资金渠道。但政府允许服务提供者对服务使用者收取部分或全部费用，不只是为了减少政府支出，而是为了提高服务的效率。

4. 积极发展老龄产业，满足老年人群体的物质精神需求

不断满足人民对美好生活的向往是党的十八大以来确立的既定发展目标，老年人能拥有美好的生活取决于其物质与精神条件。因此，“十四五”期间有必要将老龄产业作为重要的战略性支柱产业加快发展，其中，生产性产业与公共服务构成了两个重要方面，这是全面应对老龄化的必要且重要的手段。具体包括：一是重视老龄产业的科研，积极推进智能化养老；二是积极开发适老产品，如各种辅助器物和适合老年人的生活用品等；三是让养老服务逐步走上产业化发展之路；四是为老年人提供更加丰富的精神产品等。政府应当根据老龄化带来的人口结构变化而加大对老龄产业的制度供给和公共投入，同时利用财税、金融等政策支持老龄产业得到全面发展，唯有如此，才能不断满足老年人的需求，并释放老年群体的消费潜力，进而促使整个经济社会得以持续协调发展①。

5. 重视老年人的精神需求

在促进养老服务业健康发展过程中，必须顺应老年人的意愿，高度重视老年人的精神需求及人文关怀，并将人文关怀的精神融入养老服务制度体系，营造有利于满足老年人精神慰藉的社会环境与社会氛围。随着老龄化程度的日益加剧，老年人很难再依赖家庭保障和家庭成员的亲情陪伴，更难享受传统的天伦之乐了，但老年人追求精神慰藉与情感保障的愿望不仅不会衰减，还会伴随着物质生活的日益富足而更显迫切。因此在家

---

① 郑功成. 实施积极应对人口老龄化的国家战略［J］. 人民论坛·学术前沿，2020（22）：19-27.

庭内部难以满足老年人需求的条件下，养老必然转向充满人文关怀的社会化服务，这是一种传统情结，更是社会文明发展进步的表现①。

思考题

1. 老年人和老年人社会福利的含义分别是什么？
2. 老年人社会福利是如何产生的？
3. 老年人社会福利的内容包括哪些？
4. 瑞典的老年人社会福利有哪些？
5. 英国的老年人社会福利有哪些？
6. 日本的老年人社会福利有哪些？
7. 简述我国老年人社会福利发展的历史。
8. 论述新时期我国老年人社会福利发展的成就与存在的问题。
9. 我国老年人社会福利进一步改革的方向是什么？

① 郑功成. 尽快补上养老服务中人文关怀的短板［J］. 中国社会工作，2018（29）：34.

第九章
妇女儿童社会福利

当今世界，各国综合国力竞争日趋激烈，其焦点是人才的竞争，是全民素质的竞争。放眼国内，要实现经济和社会可持续发展，必须把提高国民素质、开发人力资源作为战略任务。妇女是人力资源的组成部分，儿童是国家未来的人才和人力资源。因此，妇女儿童社会福利是一个国家福利制度的重要组成部分，对经济的发展发挥着重要作用。由于妇女与儿童天然的联系，二者的社会福利相辅相成，许多国家将妇女、儿童作为一个整体，制定相应的社会福利制度。

第一节　妇女儿童社会福利概述

一、妇女儿童社会福利的含义

1. 妇女社会福利的基本内涵

妇女在人类社会的发展过程中所扮演的角色极其重要，而且这种重要性在现代社会越发显现出来，因此妇女应该在政治、经济、文化等方面享有和男子同等的权利。这不仅是马克思主义妇女观的重要内容和要求，也是衡量一个社会文明程度的重要标志。但是，妇女在生理、心理上的特点以及两性不平等的传统社会价值观和性别歧视给妇女造成了很多的困难。正是基于以上原因，妇女应该享受更多的权益和得到更多的特殊照顾，由此产生了妇女社会福利事业，涉及生活福利津贴、集体福利设施以及休假等福利待遇。

根据国际上的通行做法，结合我国的实际，妇女社会福利是指经国家立法维护和保障，并通过社会化的福利设施和有关津贴，满足妇女生活服务需求并促使其生活质量不断得到改善的一种社会政策。它与老年人社会福利、残疾人社会福利等并列，是社会福利的重要内容之一。

2. 儿童社会福利的基本内涵

儿童是家庭的瑰宝、民族的希望、国家的栋梁、社会的未来、祖国的明天、人类最宝贵的财富，但是他们年龄小、自我保护能力弱以及辨别是非和区分良莠的能力差，易受到各种违法犯罪行为的侵害。尤其是在现代社会，家庭功能、结构、角色变化和婚姻稳定性下降，婚姻自由度和两性关系开放度提高，城乡各类“困境儿童”涌现，例如弃婴、孤儿、残疾儿童、流浪儿童、贫困地区的儿童、寄养儿童、艾滋病孤儿、犯罪家庭的儿童等。形形色色和异常严峻的儿童问题已经成为各地公共政策和社会政策议程中重要的议题。正是基于以上的客观现实，儿童已经成为社会中明显的一个特别需要保护的弱势群体。

（1）儿童概念的界定。1989 年第四十四届联合国大会通过的联合国《儿童权利公约》规定：“儿童系指 18 岁以下的任何人，除非对其适用之法律规定成年年龄低于 18 岁。”

《中华人民共和国未成年人保护法》等法律规定未成年人为 0~18 岁，但把年满 14~18 岁划为相对特殊的一个年龄阶段。结合我国儿童工作的具体情况，一般认定儿童的年龄为 0~14 岁。这种界定的主要依据在于：第一，儿童是人生中的起始阶段，对于 70 岁左右的生理年龄而言，选择 0~14 岁作为儿童期的界定较为适宜；第二，儿童是人生中处于不成熟状态的年龄阶段。虽然近年来儿童的青春期有所提前，但是就普遍情况来说，中国儿童的青春期在 13~14 岁，将儿童年龄阶段界定为 0~14 岁，比较符合中国儿童的实际情况。将儿童年龄界定为 0~14 岁有利于和实际工作接轨①。“儿童”是一个生理性概念，同时也是一个心理阶段的概念，是一个社会性的概念，是一个包含深刻社会含义的概念。

（2）儿童社会福利的概念。儿童社会福利的概念有广义和狭义之分。狭义儿童社会福利是指政府和社会为有特殊需要的儿童群体提供的一种特定的服务，其服务的对象主要是：儿童的生理、心理和发展需要不能在家庭中得到恰当地或充分满足的儿童；自身的发展、情感或行为需要超过了在家庭环境中能够满足的程度或不适宜继续在家庭中生活的儿童；由于各种原因失去家庭依托的儿童。服务的功能相应地倾向于救助、矫治、扶助等恢复功能。

广义儿童社会福利并不是单纯局限于处于不利境地、需要帮助的儿童群体，而是面向国家或社会为立法范围内的所有儿童，普遍提供的旨在保证其正常生活和使其尽可能全面健康发展的资金与服务的社会政策和社会事业。这种认识基于这样一种假设：在现代社会中，单凭一个家庭无法面对所有的问题，每一个家庭都需要外力的帮助，社会对每一个儿童都负有责任。从特点来讲，它具有普遍性、发展性、社会性。这种面向所有的家庭和儿童的儿童社会福利具有发展取向，是一种制度性的儿童社会福利。

狭义儿童社会福利具有很强的针对性，特别是在我国社会资源有限的情况下，便于

① 陆士桢．中国儿童社会福利需求探析［J］．中国青年政治学院学报，2001（6）：73-77.

社会和政府有针对性地对急需帮助的儿童提供支持，但它是一种消极性儿童社会福利。在现今社会条件下，随着社会经济的发展，社会已有能力去关注和负担更广泛的儿童群体的需要。加之社会人道主义观念的发展，对于儿童，人们的感情不再局限于同情，而是向尊重其本性靠拢。人们已开始更多地认同广义的儿童社会福利。这也是“以儿童为本”的儿童观的重要体现。本书所论述的儿童社会福利遵循的就是广义上的儿童社会福利概念。

二、妇女社会福利的主要内容

1. 妇女就业福利

妇女是一支重要的劳动力资源，为社会创造了巨大的财富。但是，由于自身生理、身体及心理素质方面的原因，在经济体制或者经济形态转变过程中，妇女总是承受着比男性更大的压力。这些都增加了妇女劳动者就业的难度。因此必须对妇女就业给予保障。这也是保护生产力、保护妇女及下一代身体健康所采取的必要措施。为此，世界各国都制定了相关的法律法规保障妇女同男子一样享有相同就业机会的权利，享有相同自主选择职业的权利，以使妇女能平等地参与社会经济生活。具体包括：

（1）立法保障妇女享有与男子同等就业的权利和机会，并通过就业政策指导并鼓励企业雇用女工，如给予雇用女工达到规定数量的企业税收优惠等。禁止企业以性别为由拒绝录用妇女或者提高对妇女的录用标准。

（2）立法保障女职工就业期间享有与男职工同等的待遇，包括实行同工同酬、同等的培训机会和晋升的机会。

（3）立法对女职工实行特殊劳动保护，保障女职工在生产工作中的安全和健康。合理安排女职工的工作和工种。为保护妇女的身体健康，根据妇女生理、心理特点禁忌让女职工从事矿山、井下、高温、低温和冷水等高难度的工作。在女职工经期，工厂不得安排女职工在高空、低温、冷水等地方工作。

（4）为了保障妇女就业权益，立法禁止以结婚、生育、哺乳和扶养子女为由辞退女职工或者单方面解除合同。

（5）制定政策促进女性提高受教育程度。女性在受教育程度上的不足，也会影响她们的发展，因此为女性举办各种培训班，确保他们在与男子竞争中处于平等地位。

女性就业体现了社会的进步性。只有让女性在经济上获得独立，才能提高其社会地位。从整个社会角度看，就业状况往往反映一个国家的经济发展状况，而女性就业率则反映了一个国家女性的社会地位与社会的文明程度。对于女性个体来说，在现代社会中就业是参与社会生活的主要途径，是决定个人生存与发展的重要手段。妇女就业作为开发、利用劳动力资源的重要方面，对社会、经济的发展起着巨大的推动作用。

2. 妇女生育福利

人类的繁衍生息、世代相传是客观存在的自然规律。而妇女担负着孕育下一代的特殊义务，因此维护妇女合法权益、保障他们的生育功能、保护母婴健康，关系到一个国家与民族的兴旺发达。

国际劳工组织为此在1919年通过了《保护生育公约》（第3号公约）。1952年，国际劳工组织在3号公约的基础上又通过第103号公约《保护生育公约》（修订）以及第95号建议书《保护生育建议书》等一系列文件。这为世界各国照顾妇女生育提供了基本的框架。它的宗旨就是确保妇女在产前产后能够得到物质帮助和照顾，保证母亲和孩子的基本生活及孕产期医疗保健的需要。但由于受经济发展水平、社会制度、民族文化等因素的影响，各个国家的生育福利覆盖范围、福利内容和待遇水平差别很大。在发达国家和一些福利水平比较高的国家，生育保障比较完善。妇女生育福利作为社会保障和社会救济的有力补充，为妇女生育构建了一道安全的保护网，且妇女在生育期间都能享受到不同程度的物质帮助。而一些国家至今都没有建立妇女生育保障制度。

在生育福利中，生育保险因其覆盖范围广和稳定程度高而在整个体系中占有重要地位。生育保险是国家通过立法，对生育子女、暂时丧失劳动能力的女职工提供物质帮助的一项社会制度。其宗旨是通过向生育女职工提供产假，产假期间生育津贴，产前、产后的医疗卫生服务，保障女职工生育期间的基本生活，并帮助她们恢复劳动能力，重返工作岗位。

产假是职业妇女在分娩或者流产期间依法享有的假期。国际劳工组织要求产假期至少为12个星期，且产前、产后必须有休假。第3号公约要求分娩前后休假各为6星期。第103号公约规定得较灵活，只规定：12个星期内应包括产后强制休假的时间不得少于6个星期；预产期以前的休假应按照预产期和实际分娩日期两者相隔的实耗时间予以延长；产后的强制休假时间不得因此而减少，如因怀孕而产生疾病时，假期应予延长。第95号建议书，提出了更确切的措施，规定一些较高的标准。例如在某些情况下产假可延长到14个星期。具体执行情况各国有差别。一般来说，发达国家长点，如丹麦、瑞典等国产假为52周；发展中国家的产假相对短些，如埃塞俄比亚产假仅有45天。

生育津贴是对职业妇女因生育子女而暂时中断劳动期间的损失，由国家和社会及时给予的现金补偿，目的是为生育妇女提供基本生活保障。生育津贴的标准一般比较高，根据《全球社会保障》的资料，对全球136个国家的生育津贴进行统计的结果显示：生育津贴占妇女生育前原工资收入100%的有61个国家，占统计总数的44.9%；津贴占原工资收入80%~99%的有6个国家，占4.4%；津贴占原工资收入60%~79%的有37个国家，占27.2%；津贴占原工资收入50%~69%的有15个国家，占11%；津贴占原工资收入50%以下的仅1个国家，占0.7%。

生育医疗卫生服务是医疗保健的子项目，提供孕期、分娩和产后所需要的各种检查、咨询、住院、护理等一系列保健服务，确保母子平安健康。在实行全面医疗的国家，该服务已经覆盖到全体妇女。

除生育保险制度外，其他生育保障计划为生育保险没有覆盖到的孕妇提供了健康和基本生活帮助，如未婚母亲特别津贴、免费的婴儿用品、免费的食品。对生活在贫困线以下的孕妇，很多国家给予救济，保障其生活的需要和医疗的需要等。

3. 福利设施和福利服务

妇女就业福利是针对受雇妇女设置的，生育福利也只适用于特定的阶段。那些未参加社会劳动和未受雇佣的妇女或者超过生育期间的妇女均不能享受以上的福利，因此更广泛意义上的妇女福利是国家和社会为全体女性提供的福利设施和服务。

很多国家和地区都有诸如妇女活动中心、咨询服务中心、妇女用品专卖店等福利场所，甚至一些国家还专门设有妇女庇护所，为受虐或者遭受特殊困难的妇女提供特殊的救助服务。

三、儿童社会福利的主要内容

儿童作为未来社会的主人和建设者，再加之年幼，易处于不利境地。因此各国都有一系列的福利项目保证儿童健康成长。这里主要介绍儿童普遍社会福利和特殊儿童社会福利两部分。

1. 儿童普遍社会福利

（1）对儿童的养育。儿童是幼苗，需要特别的养育。儿童福利的重要内容之一就是要通过多方面的努力，促进对儿童良好的养育。首先，国家通过立法对儿童所应受到的家庭保护做了规定，保护儿童的生命健康；父母或者其他监护人应当依法履行对未成年人的监护职责和抚养义务，不得虐待、遗弃未成年人；父母或者其他监护人不得允许或者迫使未成年人结婚。其次，保证对儿童的营养。这不仅关系到儿童的正常发育，而且会影响未来民族的素质、国家的素质。在这方面的工作很多，如推动优质儿童食品的研制、开发和生产；推广母乳喂养；辅导、宣传、普及儿童营养知识；帮助父母掌握科学喂养知识；推广营养加餐等。最后，保证儿童良好的居住环境。但这主要是在政府改善居民条件的同时加强对儿童居住环境的说学辅导。如提高托儿所、幼儿园建设的质量和速度，推动托儿所、幼儿园的建设；普及儿童生活环境的有关知识等。

（2）儿童的教育事业。教育是儿童权利的重要组成部分，是促进儿童成长发展的一项重要措施，是儿童福利最重要的内容之一。对儿童的教育应是全面的，即通过教育儿童能学会认知，掌握必要的知识和思维方法，学会做事，具备生活中必需的多种能力；学会相处，懂得如何在社会生活中自如地适应；学会生存，适应未来生活。教育还要帮助学习有困难的儿童掌握正确的学习方法；协调儿童与父母之间的关系，帮助儿童养成健康心理；指导儿童与其他儿童友好相处，学会在集体中生活；为儿童提供学习生存的环境，教会他们面对生活中的各种问题。要达到这样的教育目标，儿童教育需要从多方面努力。

各国纷纷通过各种途径发展幼儿教育。许多国家已经采用了立法的形式确立学前教育的地位。在一些发达国家甚至出现了把学前教育纳入义务教育体系的倾向。法国政府规定学前教育与初等教育处于同一体系，属于初等教育的准备性教育。

当前世界上几乎所有的发达国家和大约半数的发展中国家普遍都建立了免费的义务教育（国立学校）制度，只有一些特别贫困的或者有某些特殊国情的国家才收费。义务教育的时间各国不一，但都在9年以上，如韩国、挪威、瑞典、日本等国是9年；美国、法国、芬兰等国延长至10年；超过10年的国家则有德国、比利时（12年）、荷兰（13年）。有些国家的儿童还免费享有课本、文具和在校午餐，甚至有些离学校远的儿童还享受上学时的免费接送。

（3）儿童卫生保健。儿童的健康是民族健康的基础，是国家强盛的先决条件。因此，儿童卫生保健不可忽视。各国儿童卫生保健的内容主要有：实施妇婴保健，即通过多种努力，降低婴儿死亡率；卫生部门对儿童实行预防接种制度，积极防治儿童常见病，并兴办专门的为儿童医疗保健服务的儿童医院或者在全科医院中设置儿科；开展学校卫生工作，通过健康检查、身体缺点的锻炼矫治、传染病的预防、健康教育等方法促进儿童健康发育成长，减少疾病的发生，全面提高其身体素质。

（4）儿童的娱乐游戏。游戏和娱乐是儿童生活的一部分，是儿童身心发展的必要。游戏不仅可以锻炼儿童的身体，促使其身心健康发展，而且能培养儿童良好的生活习惯，使其学会与他人合理相处，还可以提高儿童的想象力和创造力。因此儿童社会福利的一个主要内容就是为儿童开展游戏和娱乐活动提供条件。很多国家通过政府投资或社会资助修建了很多的儿童场所，推广有益有趣的儿童游乐形式，普及儿童娱乐知识；举行竞赛性的活动以吸引儿童及其家长参与；直接指导和带领儿童的娱乐活动，帮助孩子们在娱乐中学习；等等。如专门为儿童设计的电视节目、玩具以及游乐园等。

（5）儿童权益的保护。儿童有不同于其他社会群体的特殊利益需要保护，因为他们自我保护的能力很差，更需要社会予以特殊的保护。这主要体现在两方面：一是要保护他们的合法权益，如生命权、被抚养权、优先救济权等；二是要保护他们健康成长，即对危害他们健康的行为予以打击等。

2. 特殊儿童社会福利

“特殊儿童”是相对于“正常儿童”来讲的，是指那些患有残疾或者被遗弃的儿童。他们除了享受与正常儿童同等的待遇外，还应该在国家，包括每个人为他们创造的团结、友爱、互助的社会环境中得到特别的照顾和保护。

（1）对孤儿、被遗弃儿童的救助。对于孤儿、被遗弃儿童的相关工作，各国都十分重视，有些国家还专门为此立法。从世界各国的实践来看，救助的方式主要有：

①儿童福利院，或称院内救助、机关教养。这种福利院可以为孤儿提供合乎卫生的饮食以及正常生活的充分照顾，还可以提供医疗保健和教育。

②家庭辅助。主要方式是为贫困或单亲家庭提供经济救助，以使儿童能够获得家庭温暖。提供救助的方法有最低生活贫困线制度等。

③家庭寄养。家庭寄养的对象是孤儿或因故父母无法照顾的儿童。选择能够为儿童提供健康全面发展条件的家庭，即在经济状况、居住环境、生活水平、教育程度诸多方面都适宜的家庭，经社会工作人员联系协助并予以督导，逐渐使双方能和谐相处。

④收养。收养是依据法律通过正常手续确立抚养关系的一种方式。在收养之前，社会工作人员需做认真调查；在收养关系确立后，还需做跟踪辅导，协助解决困难，确保儿童权益。

（2）对残疾儿童的康复和教育。对残疾儿童的工作，首先体现在身体的康复方面。通过必要的身体训练和医疗手段，最大限度地矫正儿童的残疾。其次是教育。通过举办特殊学校、随校设立特殊班、随班就读等方式，有助于残疾儿童接受正常的教育，教会他们一技之长。此外，还要通过多种形式使之去适应其他人群，适应主流社会，扩大他们的接触面，引导他们接触社会，使他们建立信心，培养他们成为对社会有用的人。

四、妇女儿童社会福利的作用

1. 有利于实现男女平等

在很长的历史时期，妇女与男性共同创造社会的物质和精神财富，推动社会发展。但在现实生活中由于自然的生理局限以及传统观念的影响，女性在参与社会经济活动时常常受到各种阻碍和不公正待遇，在与男性平等地分享社会进步成果方面还存在着差距。这影响了妇女权利的履行和利益的实现。妇女社会福利的宗旨就是强调维护和保障妇女权益，通过国家立法保障妇女的权益，使社会资源配置充分考虑到性别差异，使劳动妇女能够获得相应的生产生活资料和平等发展的机会，并能够享受平等的社会保障和福利，最终实现男女在社会发展各个领域的平等、和谐与共同进步。

2. 有利于提高人口质量

劳动力是一国社会经济发展的一个重要因素。国家的发展依靠高素质的劳动者。妇女儿童社会福利可以为妇女儿童提供物质帮助、医疗卫生服务等，来保证人口质量，提高人口素质。这是许多国家人口战略的重要组成部分。如国家通过妇女就业福利禁止妇女从事危险、有毒等有碍下一代健康的危险工作。生育福利又为妇女提供健康、营养支持，保证优生优育。儿童社会福利保证了儿童得到发展中的基本关照，促进了儿童的全面进步，启发了儿童的潜能，矫治了儿童发展中出现的偏差，促使儿童全面发展，为儿童成为未来合格的建设者打下了良好的基础。

3. 有利于维护家庭和睦和社会安定

妇女儿童是家庭中的重要成员，而家庭又是整个社会的基本细胞，也是孕育后代、儿童成长的基础环境。保护家庭、为妇女儿童提供服务能增强家庭的稳定性。如现代社会的妇女充当着母亲、妻子、劳动者的角色，压力比较大，容易产生心理失衡，从而影响健康和家庭生活。妇女社会福利服务能缓解这种压力，客观上有利于家庭幸福和睦，又有助于安定社会。儿童也是社会的一分子，也有各种需求。当需求得不到满足的时候，他们无力运用剧烈的方式进行主动反击，但是会通过各种层面对社会安全产生消极影响。因此关爱儿童，为儿童提供各种积极的福利服务，能有效避免这些问题的产生，增强未来社会的安全。

4. 有利于发展和利用女性劳动力资源

妇女是经济发展中不可缺少的人力资源。有一些工作甚至非女性不能承担。根据调查，如果妇女要在家庭以外进行经济活动，那么社会就必须承担部分家务和责任。而妇女社会福利为妇女提供的帮助和照顾解除了职业妇女的后顾之忧，为妇女投身社会经济活动创造了条件，令她们能充分发挥其特长，以利于社会经济的快速发展。

5. 有利于社会力量的参与

在妇女儿童社会福利制度的建设过程中，运用福利多元主义理论，我们可以将妇女儿童社会福利的提供主体分为“三元”或“四元”。“三元”包括国家、市场和家庭。

也有学者认为“三元”是指公共权威、市场和社会组织。“四元”包括国家、市场、社会组织和志愿者。虽然学者对“三元”和“四元”的划分有区别，但他们共同的主张是推动妇女儿童社会福利值得的建设需要借助多方力量，更加有利于社会力量的整合。特别是在我国，建设妇女儿童社会福利制度可以由国家主导，国家对其他社会力量进行指导，充分发挥其他社会力量的作用，共同提高妇女儿童社会福利水平①。

第二节　妇女儿童社会福利的产生与发展

一、妇女儿童社会福利制度的产生

工业革命之前，西方国家的教会、民间组织、慈善机构就有救济、救助贫民和孤儿的行动，但由于募集到的经费有限，很难惠及所有贫困的妇女儿童。真正意义上的妇女儿童社会福利是在 19 世纪末 20 世纪初随着大工业社会的形成和资本主义制度的进一步发展才开始出现的。

资本主义在发展市场经济的过程中所强调的自由民主和个人自立的观念，为妇女解放奠定了伦理基础。资本主义的发展还打破了封建的社会结构、父权主义的社会权力和宗法制度，为妇女解放创建了制度条件。加上起源于 19 世纪英国、法国的女性主义和之前兴起的妇女运动，妇女的政治地位和参与社会经济生活的地位显著提高。妇女大量涌入工业生产劳动，女工的劳动保护、孕产期的生活保障，儿童的养育等问题不可避免地涌现在政府和雇主的面前。

在工人争取权益的斗争下，1911 年意大利政府率先把社会保险扩大到产妇，规定生育也属于疾病保险。之后西方国家陆续建立了生育保险、生育补助的福利项目。1918 年英国通过了《妇女及儿童福利法案》。该法第一次以专项法规的形式规范了妇女儿童保障，并拓宽了妇女儿童社会福利的内容。根据这一法令以及以后的一些法令，英国建立了全国性的母婴保健制度。

女工和儿童的社会福利开展得相对早一些。早期的英国存在工厂使用童工混乱无序、童工劳动时间长、童工工作强度大、工作条件恶劣、工伤事故频发等问题。为了改变这种状况，1802 年英国政府颁布《学徒健康与道德法案》，1883 年又通过工厂法。该法以女工和未成年人为保护对象，规定了女工和未成年人工作上限。普鲁士在 1839 年颁布《普鲁士儿童保护法》，禁止工矿企业雇用 10 岁以下儿童，规定 16 岁以下未成年人的工作时间每天不得超过 10 个小时。1912 年瑞典颁布《劳工福利法》，禁止雇用 13 岁以下儿童。

国际组织的积极推动也是妇女儿童社会福利建立的一个重要因素。国际劳工组织在

---

① 戴建兵. 我国适度普惠型儿童社会福利制度建设研究［D］. 上海：华东师范大学，2015.

1919年通过了《生育保护公约》（3号公约），并在以后几十年间发布了一系列的保护条例，其内容包括保护母亲、禁止妇女从事夜班、男女就业机会均等等内容，推动了各国妇女儿童事业的发展。

二、妇女儿童社会福利制度的发展

从妇女儿童社会福利制度的发展历程看，它大致经历了如下三个阶段：

1. 20世纪初至20世纪40年代的初步发展阶段

在这一阶段，世界各主要资本主义国家先后都建立了妇女儿童社会福利制度，并取得了一定的效果。1924年，瑞典政府颁布《儿童福利法》，对儿童社会福利相关事宜做出了规定。日本在1933年通过了《防止虐待儿童法》，1937年颁布了《母子保护法》。澳大利亚在1912年设立了产妇津贴，20世纪40年代又制定了更多的福利项目，如家庭津贴、青年津贴、寡妇抚恤金等。

2. 第二次世界大战结束至20世纪70年代的快速发展阶段

第二次世界大战结束后妇女儿童社会福利进入了第二个阶段。在这个阶段西方主要国家在恢复经济的同时，都把创建社会福利保障体系作为缓和阶级矛盾、消除危机的措施。妇女儿童社会福利作为福利国家制度的一项重要内容，受到重视和发展。在这个时期各主要资本主义国家也进入了发展史上难得的黄金时期，物质财富大大增加，有能力为妇女儿童提供更多的社会福利。1964年美国政府发动了“向贫困宣战”的行动，推动了社会福利的立法进程。此外，苏联、东欧一些新兴社会主义国家也在积极建立健全妇女儿童社会福利。这一时期妇女儿童社会福利规模由小到大，项目由少到多，形成了比较完善的体系。

（1）妇女儿童社会福利法规得到完善。第二次世界大战后，很多国家都建立了妇女儿童社会福利的相关法规，提高了妇女地位，禁止了歧视女工，保证了妇女拥有参与经济生活和劳动的权利，修订了生育保险法规，整理了妇女儿童保障项目，使妇女儿童获得稳定的保障。

（2）福利项目增加，规模扩大，标准提高。各国根据自己的实际情况，实施了名目繁多的妇女儿童社会福利措施。如瑞典在1955年实行针对所有妇女公民的与收入相联系的产妇补贴，1946年起所有的中小学生可获得免费的午餐，并且在1948年决定实行普遍儿童社会福利制度，取代以前实行的通过减少家庭收入税为儿童提供社会福利的传统做法。英国地方当局建立了健康中心，以提供母婴关怀、接生、健康访问、家庭护理、接种牛痘等服务。1945年颁布的《家庭补贴法》规定，除第一个孩子外，其他孩子每周补贴25便士，后来逐步提高到1.5英镑。

3. 20世纪70年代后期至现在的完善阶段

20世纪70年代世界石油危机以后，西方国家经济增长的黄金时期结束，随之而来的是经济停滞与通货膨胀并存的“滞胀”阶段。西方福利国家为维持高福利水平需要不断地追加资金，因此各国的福利开支大幅攀升，而且其增长速度大大超过同期国民生产总值的增长速度。西方国家普遍出现了“福利危机”。这种以社会公平为核心价值，旨在实现全民福利，让所有国民得以分享社会进步成果的福利国家体制，到此时已难以再按原有模式发展下去。最终在20世纪80年代“福利国家”对福利制度进行改革，对妇女儿童社会福利也进行了调整。调整的主要方法就是削减福利项目，降低福利水平。如英国从1980年起就不再要求地方政府提供免费学生午餐，16~18岁年轻人的收入补贴也取消了。法国在1995年社会福利改革中涉及妇女儿童社会福利的有，控制家庭补助支出，削减子女教育补贴、单亲家庭供养子女补贴、抚养孤儿补贴等。1996年，美国也降低了用于家庭、妇女及儿童救济的各种补贴。

这场改革的宗旨就是减轻政府的责任，加重个人、家庭和社会的责任，同时在社会福利中加入效率的砝码，希望能借福利改革为经济发展松绑。事实上，经济和社会政策改革的相互配合，在很大程度上促进了西方各国20世纪80年代至20世纪90年代初的经济发展。社会福利开支迅速增长的势头有所缓解，政府提供社会保障的负担得以减轻。

尽管福利危机出现了，影响妇女儿童社会福利，但是从总体上来看，这个阶段世界上大多数国家都根据自己的国情开展了妇女儿童社会福利工作。国际社会为促进妇女儿童社会福利事业的发展做了一系列努力，达成了许多协议，使世界范围内的妇女儿童社会福利事业得到了新的发展。如1995年在北京召开的第四次世界妇女大会通过了《北京宣言》，确定了妇女地位的12个重大关切领域。2000年，联合国召开关于妇女问题的特别联大，评审了以前妇女大会所通过文件的执行情况，敦促各国政府和社会履行对妇女地位所做的承诺。

第三节 我国的妇女儿童社会福利

一、我国妇女儿童社会福利制度的形成

我国解放和保护妇女儿童的思想诞生于19世纪末20世纪初。面对着古老帝国的日益腐败和列强的加紧蚕食，有识之士终于认识到解放妇女对富国强种的意义。在“戊戌变法”的高潮中，由中国人自己创办的第一所女子学校“经正女学”在上海开学。中国近代第一家女子报刊《女学报》创刊，宣传妇女在民族危亡中应承担的社会责任、妇女自身解放和民族国家的命运联系在一起，宣传男女平等、婚姻自主，成为中国妇女觉醒的起点。1903年，金天翮发表的《女界钟》，历数中国女子深受缠足、迷信和拘束之害，呼吁女权革命，倡导恢复妇女应该得到的入学、交友、营业、掌握财产、出入自由、婚姻自主和参政等7种权利，成为“女界革命军之前驱”。1911年武昌起义爆发，许多知识妇女投笔从戎。女性用热情和鲜血促使旧中国开始在妇女社会福利方面做了一些规定。1925年北平成立第一家卫生事务所，提供妇幼保健、社区卫生、食品营养和公共卫生服务等。1929年，政府创立国立第一助产学校。但旧中国战争不断，消耗了

大量的物质财富，官僚地主的独裁统治又十分黑暗，造成福利水平很低。20世纪二三十年代50多万女产业工人处境仍然十分悲惨。民国政府还兴办各类儿童福利组织、学校、育婴堂、孤儿院来保证儿童的福利。

中国共产党的成立，极大地改变了中国妇女运动方向和广大妇女儿童的生活。中国共产党第二次全国代表大会到第四次全国代表大会，连续提出对妇女问题的议案，确立了妇女运动的基本纲领和政策："只有无产阶级获得了政权，妇女们才能得到真正的解放""努力保护女劳动者的利益"。在中央苏区和根据地，男女平等、婚姻自主不仅写进了法律，部分也得到了实践，但是迫于当时形势，很多法规仅仅停留在文字上或者实施的范围相当有限，并没有形成制度。

新中国成立后，妇女就业保障、生育保险、儿童社会福利等制度相继建立。20世纪60年代我国妇女儿童社会福利制度初步建成。国家一方面制定福利的方针政策，另一方面通过各种措施为福利事业提供资金。这具体包括：

1. 保障妇女的权益

新中国从建立之始就注重保护妇女的政治、经济、文化权益，坚持男女平等。毛泽东十分重视女性的受教育问题，要求大力推进教育事业发展，建立健全相关教育法律法规，先后颁布了教师法、教育法等。这一举措不仅保障了妇女受教育的权利，更为妇女干部的培养发展提供了保障①。1949年第一届中国人民政治协商会议颁布的《中华人民政治协商会议共同纲领》第六条规定："中华人民共和国废除束缚妇女的封建制度。妇女在政治的、经济的、文化教育的、家庭的、社会的、生活的各方面，均有与男子平等的权利。实行男女婚姻自由。"男女平等的原则也被写入了宪法。政府采取一系列具体措施来保障妇女有与男子平等的就业机会，实行同工同酬。到了1953年，全国已有50%~60%的妇女参加到农业生产中；1957年随着高级合作社的建立，妇女参加集体农业劳动的已达60%~70%。城市女职工的年增长率超过了职工增长的平均速度，达23.7%（新中国成立前仅占7.5%）。2020年，习近平主席在联合国大会纪念北京世界妇女大会25周年高级别会议上发表重要讲话，提出四点主张，即"帮助妇女摆脱疫情影响""让性别平等落到实处""推动妇女走在时代前列""加强全球妇女事业合作"。四点主张在提出的过程中，参考了实际的国际国内形势情况，重点关注妇女权益的保障。

2. 建立女工劳动保护制度

我国对劳动妇女的保护制度是在20世纪50年代开始建立的。1956年《中华人民共和国女工保护条例（草案）》起草完成，新中国女工劳动保护制度形成。1956年3月，国家建设委员会和卫生部颁发《工业企业设计卫生标准》。1956年国务院公布《工厂安全卫生规程》，规定：工厂应根据需要设置更衣室、女工卫生室等生产辅助设施。1960年7月，中共中央批转劳动部、全国总工会、妇联党组《关于女工劳动保护工作的报告》，女工劳动保护制度开始系统实行。《关于女工劳动保护工作的报告》指出：对从事井下采掘、支柱等笨重的体力劳动和接触特别有害妇女生理机能的有毒物质

① 刘文莉. 习近平关于新时代妇女发展重要论述研究［D］. 武汉：武汉科技大学，2021.

的女工，应当坚持调整她们的工作，并做好解释工作，做到既保证她们的安全健康，又不损伤她们的积极性。为了保护孕妇和胎儿健康，防止因工流产等问题的发生，应该把从事笨重劳动和经常攀高、弯腰等工作的孕妇，暂时调去做适当的工作，并对女工怀孕期、小产生育、哺乳等方面的待遇做了进一步的规定。到20世纪60年代我国妇女劳动保护工作有了很大的发展。2012年，我国颁布《女职工劳动保护特别规定》，减少和解决女职工在劳动中因生理特点造成的特殊困难，保护女职工健康。

3. 妇女生育保险制度

我国生育保险制度建于1951年，即政务院颁布了《中华人民共和国劳动保险条例》。机关、事业单位女工作人员生育保险制度建于1955年，即政务院发布了《国务院关于女工作人员生产假期的通知》。虽然企业和机关、事业单位的生育保险制度是分别建立的，但是其保险项目和保险待遇大体相同，即女职工生育享受产假98天，产假期间工资照发，生育期间医疗费用由用人单位负担。对于广大的农村妇女，1956年全国人大通过《高级农业合作社示范章程》，其中规定：特别注意使女社员在产前和产后得到适当的休息，女社员生育时给予物质上的帮助。同时，为了保障母亲和婴儿健康，提高出生人口素质，2017年修订了《中华人民共和国母婴保健法》。

4. 儿童福利

1949年新中国成立后，党和国家高度重视儿童福利、妇幼保健和公共卫生问题，以公共卫生、学校卫生和妇幼保健工作为主体的儿童健康照顾体系框架初步确立，儿童健康照顾首次成为相对独立的工作领域。从胎儿期至14周岁的少年，重点是7岁以下的儿童成为儿童健康照顾的主要对象，全国城乡的孕产妇死亡率、婴儿死亡率大幅度下降。具体来说，政府主要控制儿童急性传染病，普遍开展预防接种、计划免疫，广泛开展新法接生，开展以喂养、防病和卫生习惯培养为主的新法育儿运动；大力建立儿童医疗机构，改善儿童就医条件；开展全国性儿童健康照顾理论与政策研究。

对于幼儿教育事业，1949年11月，中央人民政府教育部成立，在初等教育司内设置幼儿教育处。1951年10月，《政务院关于改革学制的决定》明确规定："实施幼儿教育的组织为幼儿园。幼儿园收三足岁至七足岁的幼儿，使他们的身心在入小学前获得健全的发育。幼儿园应在有条件的城市中首先设立，然后逐步推广。"1956年2月，教育部、卫生部、内务部颁发《关于托儿所幼儿园几个问题的联合通知》，要求根据需要和可能积极发展托儿所，并对托儿所、幼儿园的领导问题、经费来源、保教人员培训做了具体的规定。

教育部对玩具、教具制作和设计生产也给予了重视。1951年8月第一次全国初等教育会议期间，便展出了幼儿园工作人员自制的玩具和教具。1952年，根据北京市吴晗副市长的批示，北京市召开了玩具座谈会，全国妇联、教育部、儿童玩具厂均有代表参加。1956年，我国出版了《幼儿园自制玩具、教具介绍》一书，对在有限经济条件下的幼教机构充实玩具以促进幼儿发展起了实践性的指导作用。

对于孤儿、弃婴、残疾儿童这些特殊儿童，国家承担了他们的照顾工作，努力保障他们的生活权益。从1949年起，人民政府取缔了宗教组织、非政府组织、社会团体和个人开办的一些儿童福利机构，关闭了一些孤儿院，接管了旧社团办的育婴堂、孤儿院、救济院等机构。在接管旧的社会福利机构的同时，人民政府还积极创办新的儿童福利院和社会福利院。从1958年起，我国进行社会福利机构的调整。儿童福利服务机构统称为儿童福利院，收容“无依无靠、无家可归、无生活来源”的“三无”孤儿、弃婴和残疾儿童。国家为此专门拨出经费，配备工作人员和生活、教育、卫生设备，使残疾儿童得到照顾和治疗，使孤儿、弃婴受到保育教育。党和国家始终高度重视儿童事业发展，先后制定实施三个周期的中国儿童发展纲要，为儿童生存、发展、受保护和参与权利的实现提供了重要保障。2021年9月，国家出台了《中国儿童发展纲要（2021—2030年）》，总体目标为：“保障儿童权利的法律法规政策体系更加健全，促进儿童发展的工作机制更加完善，儿童优先的社会风尚普遍形成，城乡、区域、群体之间的儿童发展差距明显缩小。儿童享有更加均等和可及的基本公共服务，享有更加普惠和优越的福利保障，享有更加和谐友好的家庭和社会环境。儿童在健康、安全、教育、福利、家庭、环境、法律保护等领域的权利进一步实现，思想道德素养和全面发展水平显著提升，获得感、幸福感、安全感明显增强。展望2035年，与国家基本实现社会主义现代化相适应，儿童优先原则全面贯彻，儿童全面发展取得更为明显的实质性进展，广大儿童成长为建设社会主义现代化强国、担当民族复兴大任的时代新人。”

二、我国妇女儿童社会福利制度的发展及成就

“文化大革命”导致我国妇女儿童社会福利制度名存实亡。改革开放以来，国家对妇女儿童社会福利进行了改革，使这项福利制度在原有的基础上不断发展和完善。

1. 注重立法，推进妇女儿童社会福利制度法制化建设

妇女儿童社会福利走向制度化，是社会文明发展进步的一个重要标志，而通过相应的法律来规范福利的供给与需求，则是妇女儿童社会福利事业制度化的基本要求。尽管我国的妇女儿童社会福利立法还没能形成一个完整的体系，已有的法律也存在着笼统而缺乏相应的细化单行法规的问题，但不可否认随着与福利制度相关的一些社会制度的不断深入和深化，在党和国家的努力下，我国在妇女儿童社会福利立法上已经取得了可喜的成绩，制定了一系列法律法规和政策。我国的妇女儿童社会福利逐步走上了制度化的道路。

妇女社会福利方面的立法有《国营企业招用工人暂行规定》（1986年）、《女职工劳动保护规定》（1988年）、《中华人民共和国妇女权益保障法》（1992年）等。对于儿童社会福利，颁布的法律、法规也有不少。如《民政部关于在办理收养登记中严格区分孤儿与查找不到生父母的弃婴的通知》（1992年）、《公安部关于办理弃婴和出卖亲生子女案件内部管辖分工问题的通知》（1992年）、《外国人在中华人民共和国收养子女登记办法》（1999年）、《中国公民收养子女登记办法》（1999年）、《民政部关于社会福利机构涉外送养工作的若干规定》（2003年）和《家庭寄养管理暂行办法》（2004年）等。2005年，作为主管社会福利机构中未成年人抚育工作的中国收养中心抚育部开始着手起草《社会福利机构中未成年人抚育手册》。该手册成为培训社会福利机构院长们的教

材。2021 年，民政部批准发布了《儿童福利机构社会工作服务规范》。到目前为止，我国已经初步建立了一个比较完整、合理的儿童法律和制度保护框架。

2. 妇女儿童社会福利社会化出现

伴随着市场经济体制的导入，原有福利体制的问题暴露出来，如单位福利限制了单位和企业作为独立的经济实体在经济运行中应有的作用，影响了经济效率；更重要的是，国家财政负担过重。与此同时，刚刚对外开放的中国对福利体制的改革，恰逢西方国家因为经济危机引发对福利国家的质疑并大幅削减国家福利开支和项目。于是，内外综合因素决定了中国国家福利体制改革的方向。1978 年的市场经济改革是福利制度发展的分水岭，即从国家包揽福利到政府主导、部门配合和社会参与的福利多元化、社会化。社会福利社会化萌芽于 20 世纪 80 年代初期。1999 年 2 月 27 日国务院办公厅转发的民政部、卫生部等部门《关于加快实现社会福利社会化的意见的通知》，推动了我国福利事业社会化的进程。

正是在这种背景下我国妇女儿童福利也走向了社会化的道路。妇女儿童福利机构在今后一段时间仍以政府管理为主，同时吸纳社会资金合办，通过多种形式走社会化发展的路子。妇女儿童福利社会化并不意味着政府的责任弱化，而是要政府作为主要渠道增加投入，同时引导社会团体、慈善机构、宗教组织及个人提供经费。在政府的规划下，推进妇女儿童福利机构在竞争中自主经营、自负盈亏、自我约束、自我发展，鼓励多种体制的妇女儿童福利机构共同发展。

民办福利机构获得了一定程度的发展，提高了妇女儿童的福利水平。福利的经费来源多元化。除了政府财政拨款、集体投入外，社会捐款和各种收费服务也占有一部分比重。

3. 妇女社会福利的进一步发展

（1）女工劳动保护制度更加具体，实施范围更大。1988 年国务院颁布的《女职工劳动保护规定》，旨在保护我国女职工权益，对劳动权、生育保障等方面作了详细的规定。具体内容包括凡适合妇女从事劳动的单位，不得拒绝招收女职工；不得在女职工怀孕期、产期、哺乳期降低其基本工资或者解除劳动合同；禁止安排女职工从事矿山井下、国家规定的第四级体力劳动强度的劳动和其他女职工禁忌从事的劳动；女职工在月经期间，所在单位不得安排从事高空、低温、冷水和国家规定的第三级体力劳动强度的劳动。1993 年卫生部、劳动部等部委联合颁发《女职工保健工作规定》等。2005 年修订的《中华人民共和国妇女权益保障法》对女职工在工作时的安全和健康应受到的特殊保护均做出了相应的规定。

（2）妇女生育社会福利逐步健全。目前我国女职工生育保险主要按照 1988 年的《女职工劳动保护规定》和 1994 年的《企业职工生育保险试行办法》执行。覆盖范围包括城镇企业及其职工，即国有企业、股份制企业、城镇集体企业、私营企业、外商投资企业及其职工。《女职工劳动保护规定》规定，正常产假为 90 天，其中产前假 15 天；难产的，增加 15 天；多胞胎的，每多生一胎，增加 15 天。《企业职工生育保险试行办法》规定，生育津贴按照本企业上年度职工月平均工资计发，生育津贴支付期限按 3 个月产假期限享受生育津贴。对于晚婚、晚育职工，早产、流产、难产以及多胞胎生育的，普遍增加了半个月至两个月的生育津贴。《企业职工生育保险试行办法》规定，女职工生育期间的检查费、接生费、手术费、住院费和药费由生育保险基金支付；女职工流产按照规定享受有关生育保险待遇。出院后，因生育引起疾病的医疗费也由生育保险基金支付。

1994 年通过的《中华人民共和国母婴保护法》是我国第一部保护妇女儿童健康权益的专门法律，对保护育龄妇女、提高出生人口质量、促进经济发展有着重要的意义。我国政府还大力普及妇幼保健知识。卫生部、国务院妇女儿童工作委员会制作了有关降低孕产妇死亡率、消除新生儿破伤风、预防艾滋病等录像节目，发放给妇女群众。全国大中城市还设有妇幼保健医院、妇产医院以及全科医院中的妇科，在农村有县、乡、村三级妇幼保健医院，即妇女可以在妇幼保健网络中得到基本的医疗服务。

4. 儿童社会福利取得了长足的进步

在儿童社会福利法治建设方面，我国民法、未成年人保护法、刑法等法律从不同角度搭建了儿童权益保障的基本框架，初步形成了儿童福利法治体系。在儿童福利制度建设方面，国务院先后就孤儿保障工作、困境儿童保障工作、农村留守儿童关爱保护工作印发了一系列文件，建立了孤儿基本生活保障制度、困境儿童保障制度、农村留守儿童关爱保护制度等一系列制度。政府财政对儿童特别是困难儿童等在基本医疗保险缴费方面给予政策倾斜，减轻包括儿童在内的参保人员医疗费用负担。民政部还持续推进实施了“残疾孤儿手术康复明天计划”“孤儿助学工程”，对全国具有手术适应症的孤儿免费开展手术矫治和康复，资助孤儿完成学业。在儿童权益保障体制机制方面，国务院设有妇女儿童工作委员会，协调和推动政府有关部门执行妇女儿童的各项法律法规和政策措施。民政部社会事务司设有专门处室承担儿童福利、保护的相关工作，教育部、公安部、卫生健康委、全国妇联、共青团中央等单位按照各自职责承担相关未成年人权益保障工作。儿童社会福利各项工作取得显著成效，并正在不断取得新的进展[①]。

（1）儿童权益的保护。1992 年，中国成为《联合国儿童权利公约》的第 110 个批准国。我国还通过颁布《中华人民共和国未成年人保护法》《中华人民共和国预防未成年人犯罪法》《中华人民共和国收养法》等一系列法律法规来保障儿童的权利。国务院 1991 年通过《九十年代中国儿童发展规划纲要》，并圆满完成了。国务院在此基础上制定了《中国儿童发展纲要（2001—2010 年）》，强调坚持“儿童优先”原则，保障儿童生存、发展、受保护和参与的权利，提高儿童整体素质，促进儿童身心健康发展。在 2021 年 9 月，国务院再次出台了《中国儿童发展纲要（2021—2030 年）》，党的十八大以来，以习近平同志为核心的党中央把培养好少年儿童作为一项战略性、基础性工作，坚持儿童优先原则，大力发展儿童事业，保障儿童权利的法律法规政策体系进一步完善，党委领导、政府主责、妇女儿童工作委员会（以下简称“妇儿工委”）协调、多部

① 中华人民共和国民政部. 民政部对“关于出台儿童福利法的建议”的答复［EB/OL］.（2018-09-21）［2021-09-28］. http://www.mca.gov.cn/article/gk/jytabljggk/rddbjy/201811/20181100013036.shtml.

门合作、全社会参与的儿童工作机制进一步巩固，儿童发展环境进一步优化。2021年，国家铁路局把以往的从身高划分改为从年龄划分，年满6周岁且未满14周岁的儿童可以购买儿童优惠票，年满14周岁的儿童，应购买全价票，这更好地保护了儿童旅客的合法权益。

（2）儿童教育发展的新阶段。

①学前教育。1979年五届人大二次会议《政府工作报告》中指出“要十分重视发展托儿所、幼儿园，加强幼儿教育”。教育部于1979年颁发的《城市幼儿园工作条例（试行草案）》对幼儿教育的方针、目标、内容和制度作了详尽规定，有助于幼儿园工作人员把握方向，较为迅速地恢复了幼儿园的正常工作秩序。1983年教育部发布了《关于发展农村幼儿教育的几点意见》，对发展农村幼儿教育起到了积极的指导作用。1986年又发布了《关于进一步办好幼儿学前班意见》，要求各省（自治区、直辖市）教育部门组织编写学前班的教师教学用书，以提高学前教育质量。1997年国家教委印发了《全国幼儿教育事业“九五”发展目标实施意见》，为实现《全国教育事业“九五”计划和2010年发展规划》对幼儿教育事业提出的目标奠定了坚实的基础。2003年国务院转发教育部《关于幼儿教育改革与发展的指导意见》，提出今后5年幼儿教育发展目标，并建立以社区为基础、形式灵活多样的社区早期教育网络。

②义务教育。2006年我国人大通过的《中华人民共和国义务教育法》（修订）规定：年满6岁的儿童都要接受义务教育，义务教育的期限是9年。实施义务教育所需事业费和基本建设投资，由国务院和地方各级人民政府负责筹措，予以保证。2020年，学前教育毛入园率从2010年的56.6%上升到85.2%，九年义务教育巩固率从2010年的91.1%上升到95.2%，高中阶段毛入学率从2010年的82.5%上升到91.2%；农村留守儿童、困境儿童等弱势群体得到更多关爱和保护。为保证义务教育均衡发展，党和政府不断加大对中西部贫困地区农村义务教育的投入，先后实施了国家贫困地区义务教育工程、国家西部地区两基攻坚计划、农村中小学危房改造工程等一系列重大举措，极大地改善了贫困地区义务教育办学条件。中央和地方为农村中小学现代远程教育工程共投入资金110亿元。到2007年底，该工程覆盖了中西部地区所有农村中小学，有效促进了优质教育资源共享，提高了农村的师资水平和教学质量。

（3）儿童健康保健。我国政府注重改善儿童卫生保健服务，提高儿童健康水平。如1986年卫生部发布的《城乡儿童保健工作要求》、1986年《婴幼儿佝偻病防治方案》、1986年《小儿营养性缺铁性贫血防治方案》、1986年《小儿肺炎防治方案》、1986年《婴幼儿腹泻防治方案》、1989年《卫生部关于加强儿童保健工作的通知》、1990年《卫生部关于进一步加强儿童保健工作的通知》、1994年《中华人民共和国母婴保健法》等。

截至2020年底，婴儿、5岁以下儿童死亡率分别从2010年的13.1‰、16.4‰下降到5.4‰、7.5‰。目前，中国儿童健康照顾范围显著扩大，健康照顾服务日趋多样。国家免费对城市0~7岁、农村0~12岁的儿童接种疫苗，由当地儿童保健所或医疗单位负责接种。对儿童的保健服务还有健康观察、定期体检、新生儿专案管理、儿童保健指导、营养不良等儿童常见病门诊。在学儿童还接受包括中小学生的行为指导、心理咨询和学校心理教育等服务。近几年来在我国逐步推广的少儿住院互助金不仅减轻了家庭的负担，还能使患病的儿童得到及时的治疗。

（4）特殊儿童的社会福利。1984 年 11 月，民政部在福建漳州召开的全国城市社会福利事业单位改革整顿工作会议，使儿童社会福利事业从封闭型转向了开放型，从救济型转向了福利型，从单一的“以养为主”转向“养、治、教”与康复并重。对特殊儿童的抚育方式开始由单一的大型机构抚养逐渐转变成机构抚养和家庭寄养相结合、SOS 儿童村、收养和小家庭单元照顾模式等并存的养育方式。截至 2020 年底，我国共有儿童福利机构 1 217 家，其中，市级以上儿童福利机构 336 家，县级儿童福利机构 881 家。我国孤儿总数从 2012 年的 57 万人下降至 19 万人，下降了约 67%。其中，全国儿童福利机构养育儿童只有 5. 9 万人，与 2017 年的 8. 6 万人相比，下降了约 31%。孤儿数量持续大幅下降使儿童福利机构出现资源闲置，为此，2021 年民政部、中央编办、国家发展改革委等 14 部门印发了《关于进一步推进儿童福利机构优化提质和创新转型高质量发展的意见》，提出县级民政部门已设立的儿童福利机构，原则上应当转型为未成年人救助保护机构。儿童福利机构转型为未成年人救助保护机构后，能更好地做好儿童的收留抚养、精神关怀等帮扶救助，利于牵头开展区域内农村留守儿童、社会散居孤儿和困境儿童关爱服务①。

在国家的支持下，开展残疾儿童康复科研活动，积极探索残疾儿童康复事业的新方法，取得了显著成效。各地残疾儿童康复中心不仅为儿童福利机构内的残疾儿童实施各种康复训练，而且还为有家的残疾儿童提供各种服务。

三、我国妇女社会福利制度存在的问题

1. 在机构设置方面，国家机构的权威性与协调性有待增强

国务院妇儿工委和全国妇联作为国家提高妇女地位的日常机构权威性仍显不足。国务院妇儿工委作为政府协调机构，其“协调和推动”的基本职能与松散的组织形式和兼职的工作性质存在体制性局限，相关政府工作和政策制定中的性别问题边缘化难以避免；其对成员单位的监督、约束和问责有待加强，参与立法决策的制度性渠道有待增加；各级妇儿工委办公室设在妇联，虽然加强了政府性别平等机构与党的人民团体、非政府妇女组织的合作，但也在一定程度上弱化了政府妇女工作机构的权威性和影响力。

中国提高妇女地位的国家机构虽然有政府、人大、政协和全国妇联四大力量，但一方面全国人大和全国政协的妇女工作机构设置非常薄弱，很难发挥其应有的作用；另一方面，四个机构的工作在制度上缺乏统一的领导和协调，分工合作仍显不足。此外，政府妇女工作机构以及全国妇联与其他非政府妇女组织的平等合作与制度保障，以及妇儿

---

① 中国政府网. 关于进一步推进儿童福利机构优化提质和创新转型高质量发展的意见［EB/OL］.（2021-05-21）［2021-10-11］. http://www.gov.cn/zhengce/zhengceku/2021-05/25/content_5611710.htm.

工委和全国妇联内部部门间的工作协调力度也需要进一步加强①。

2. 在就业方面，妇女面临着权利和机会不平等的问题

首先是妇女在求职的过程中，一些企事业单位更倾向于选择男性，部分用人单位在招聘公告上明确标注“同等条件下男性优先”，有的用人单位甚至直接表明“只录用男性劳动者”。尤其随着三孩政策的实施，一些女性陷入工作和生育的两难境地，很难很好地平衡两者。其次是待遇方面男女同工不同酬，男女在同一行业中，即使从事相同的工作，女性的收入也会比男性偏低，这显然违背了男女同工同酬的原则。最后是职业性别隔离。随着男女平等国策的贯彻落实，男女在劳动力市场中应有平等的地位，然而现实中还是存在职业性别隔离现象，职场女性的“玻璃天花板”现象就是对女性无形的壁垒。职业性别隔离不仅会造成拉大两性的收入差距，还会使得女性处于较低层次就业水平，给女性职业生涯发展带来不利的影响。

3. 在社会关系方面，妇女存在着母职角色和工作角色的双重角色冲突

由于妇女自身的生理特点，除了繁衍后代以外，还要参加社会经济活动。在竞争激烈的当代社会，妇女既要在工作角色中展现出爱岗敬业、独立自主的新时代女性风采，又需要在母职角色中扮演好哺育后代、教育子女的家庭维系者，还需要在家庭角色中表现出体贴丈夫，照顾家庭的贤妻良母形象。这一系列角色的完美演绎和转换可以说是每一位妇女最想要拥有的理想与现实角色的统一。然而，妇女的个体精力和时间是有限的，即使能够在某个较短的时间内演绎好人们期待中的每一个角色，但是要想长时间同时扮演好多重角色，只是凭借妇女个人自身的努力是很难实现的，而妇女在家务劳动上的过度付出也对她们的事业和个人的全面发展会产生负面影响。2018 年国家统计局发布的调查公报显示，女性平均每天料理家务的时间比男性多约 1 个小时；女性平均每天陪伴照料孩子的时间比男性多约半个小时。

4. 在参政议政方面，妇女参政议政水平处于低水平徘徊状态，存在权利尖端缺失的现象

主要表现在两个方面：其一，妇女在高层权力结构中占比低。以中国共产党第十八次代表大会、第十九次代表大会中的女性参与状况为例，女性干部所占的比例极低，核心领导层多以男性为主。其二，妇女参与社会决策管理的结构不合理，呈现出“副职多、正职少”的现象。各级党政领导机关担任正职领导的女性、各行业领域中担任高层和中层管理者的女性比例较低。在农村，女性还存在基层民主政治的广度不够、环境不好、影响力小等问题。同时，我国妇女政治参与还呈现出明显的不平衡性。从地域分布来看，城市妇女的政治参与水平要明显高于农村妇女，经济发展水平高的地区妇女政治参与状况要明显优于经济发展水平低的地区。从工作领域来看，职务安排具有明显的性别分工。在职位安排中，女性多聚集在教科文卫、群团等部门，分布在商贸、发展改革、金融等核心和重点部门的女性人数较少。这一系列问题在很大程度上制约着我国妇女参政议政的进一步发展。

---

① 蒋永萍. 近五年中国提高妇女地位国家机制的进展[J]. 山东女子学院学报，2020（5）：27-36.

四、我国儿童社会福利制度存在的问题

1. 儿童法律的立法形式分散、立法层次普遍不高

当下我国制定了以《中华人民共和国宪法》为基础，包括《中华人民共和国未成年人保护法》《中华人民共和国义务教育法》《禁止使用童工规定》在内的一系列法律法规，形成了较完整的儿童法律体系。但是，儿童法律体系中专门性儿童立法较少，目前仅有《中华人民共和国未成年人保护法》《中华人民共和国预防未成年人犯罪法》《中华人民共和国义务教育法》等三部法律以及《幼儿园管理条例》《禁止使用童工规定》《未成年工特殊保护规定》《未成年犯管教所管理规定》等四部行政法规或部门规章。许多涉及儿童权利的规范非常零散地分布在刑法、刑事诉讼法、民法通则、婚姻法、继承法等等法律法规中。同时，现有的专门性儿童立法，如《禁止使用童工规定》《幼儿园管理条例》等属于国务院制定的行政法规，立法层次低，不利于儿童权利的保护。但就儿童社会福利立法本身来说，还缺乏一部与儿童社会福利有关的母法——儿童福利法①。

2. 儿童社会福利财政支出规模总量偏低

儿童社会福利作为社会保障的一个重要组成部分，其水平高低体现在儿童社会福利财政支出占 GDP 的比重或占财政总支出的比重上。2012 年，我国用于儿童社会福利的财政支出不足 1 000 亿元，儿童社会福利支出占 GDP 的比重不到 0. 2%，占财政总支出的比重不到 1%。

比较我国与经济合作与发展组织（OECD）国家儿童社会福利的财政支出数据可知，除土耳其外，OECD 中的 33 个国家 2009 年用于儿童社会福利方面的支出占 GDP 的比重平均值为 2. 61%，其中最高的是爱尔兰（4. 24%），最低的韩国也达到 1. 01%，而我国儿童社会福利支出占 GDP 的比例不足 0. 2%，还不到 OECD 国家平均值 1/13，甚至还不到韩国的 1/5。我国儿童社会福利支出与国际的差距还非常大。可见，我国儿童社会福利支出项目不完整，总体水平不高。随着我国社会主要矛盾的转变，政策倾斜必将更偏向于提升儿童美好生活，财政支出在发展积极的同时也会充分平衡儿童的社会福利津贴和补贴。

3. 儿童社会管理职能亟需整合

儿童社会福利的行政职能涉及诸多方面，既有儿童生活福利方面的管理，又有儿童医疗和服务福利方面的管理，还有儿童教育福利方面的管理。这些管理职能应有机地统一于儿童社会福利管理之中，而不应有所割裂。

我国儿童社会福利管理职能并不统一，而是分散在各个职能部门中。虽然 2018 年民政部设立了儿童福利司，主要工作还是负责拟订儿童福利、孤弃儿童保障、儿童收养、儿童救助保护的政策、标准，健全农村留守儿童关爱服务体系和困境儿童保障制度，指导儿童福利、收养登记、救助保护机构管理工作。其他比如负责儿童医疗卫生保

---

① 吴鹏飞. 我国儿童法律体系的现状、问题及其完善建议：以域外相关法律体系为借鉴［J］. 政治与法律，2012（7）：135-144.

健服务的部门是国家卫生和计划生育委员会；儿童教育福利的管理机构是教育部；有关儿童保护的部门是妇联和公安部。从表面上看，儿童社会福利事业应该归口在各个职能部口，以便职能部门行使统一的职权。但这也造成另外一个负面效应，那就是可能出现条块分割、多头管理甚至无人管理的局面，这将对儿童权益的保障不利。因此，必须统一儿童社会福利管理的职能，以便使“儿童利益最大化”①。

4. 儿童社会福利评估组织和绩效评价有待完善

我国儿童社会福利事业发展中，绩效评价是最薄弱的一块。已有的工作主要是：中央以及其他上级部门的审计制度和社会组织第三方评估机制。2015 年，民政部颁布关于探索建立社会组织第三方评估机制的指导意见，然而，指标设置科学性有待加强，评估过程合理性须进一步探讨。因此，我国儿童社会组织第三方评估机制还有待进一步发展。绩效评价方面，儿童社会福利事业评价指标体系的建立和完善非常重要，评价方法的确定非常关键。然而，我国尚无完善的评价指标体系。因此，我国儿童社会福利绩效评估工作仍处于萌芽状态，亟待发展壮大。

思考题

1. 妇女儿童社会福利的含义是什么？
2. 妇女社会福利的主要内容包括哪些？
3. 儿童社会福利的主要内容包括哪些？
4. 妇女儿童社会福利的作用有哪些？
5. 妇女儿童社会福利制度是如何产生的？
6. 妇女儿童社会福利制度的发展大致经历了哪几个阶段？
7. 我国妇女儿童社会福利制度是如何形成的？
8. 我国妇女儿童社会福利制度取得了哪些成就？
9. 现阶段我国妇女儿童社会福利制度存在哪些问题？

① 戴建兵. 我国适度普惠型儿童社会福利制度建设研究［D］. 上海：华东师范大学，2015.

第十章
残疾人社会福利

根据联合国估计，全世界现有10亿残疾人（其中6亿在亚洲），而且每年仍以70万~80万人的速度增长。由于其身心残疾和外部环境障碍等各种原因，与健全人相比，残疾人面临着较多困难，也受到了歧视和不公正待遇，残疾人合法权益受侵犯的现象屡见不鲜。因而，残疾人被普遍认为是最困难的社会弱势群体之一，应该受到社会的特殊关怀与照顾。残疾人社会福利是社会福利体系中不可缺少的一个部分。它的建立与完善不仅直接关系到广大的残疾人本身，而且对一国经济、政治、文化的发展都将产生深远的影响。

第一节　残疾人社会福利概述

一、基本内涵

1. 残疾人的定义

国际上关于残疾人的定义比较多。世界卫生组织认为，残疾是指由于缺陷而缺乏作为正常人以正常方式从事某种正常活动的能力。我国参加的第159号国际劳工公约《残疾人职业康复和就业公约》将残疾人定义为“因经正式承认的身体或精神损伤在适当职业的获得、保持和提升方面的前景大受影响的个人”。2006年第六十一届联合国大会通过了世界上第一部关于残疾人的国际公约——《残疾人权利公约》。该公约规定残疾是一个演变中的概念。残疾人包括肢体、精神、智力或感官有长期损伤的人，这些损伤与各种障碍相互作用，可能阻碍残疾人在与他人平等的基础上充分和切实地参与社会。1990年颁布的《美国残疾人法案》中，判断某人是残疾人的标准是“这个人在生理上或精神上受过损伤而在生活上有一种或多种重大活动受到限制，或者这个人有残疾病历记录，或者这个人被认为有这种残疾”。

根据全国人大常委会于 1990 年通过的《中华人民共和国残疾人保障法》第二条的规定：残疾人是指在心理、生理、人体结构上，某种组织、功能丧失或者不正常，全部或者部分丧失以正常方式从事某种活动能力的人。可以看出，这一定义与联合国、世界卫生组织和其他国家是一致的。

根据以上有关残疾人的规定，残疾人是指身体、智力或者精神状态违反常规和偏离正常状态（相对于当时相同年龄的正常健康状况而言），并非暂时的功能衰退，而使其参与社会的能力受到影响的人。

为了更加准确地判定什么样的人是残疾人和残疾的程度，各国都制定了残疾人评定标准。因各国经济和社会发展水平不同，掌握的尺度也不一样。1986 年国务院批准的全国残疾人抽样调查的残疾标准，是目前我国评定残疾人的基本依据。中国残联制定的《中国残疾人实用评定标准》是抽样调查标准的具体化、实用化。国务院相关部门制定的伤残军人标准、福利企业招收残疾人的标准、工伤致残标准等，在一定范围内有效。《中华人民共和国残疾人保障法》规定：残疾标准由国务院规定。《中国残疾人实用评定标准》将残疾人分为视力残疾、听力残疾、言语残疾、肢体残疾、智力残疾、精神残疾、多重残疾和其他残疾，并对其中的每一类残疾人的分级和标准做出了具体的规定。

在残疾人分类和残疾等级确认的具体标准上，许多国家往往比较宽泛，而我国则相对狭窄。例如，美国等国家所称的“残疾人”包括内科残疾者在内，而我国则并不包括此类残疾者。由于统计口径不同，各国公布的残疾人统计数字会有较大出入。不管是从宽泛还是从狭窄的口径来看，残疾人都是一个相当庞大的群体。

2. 残疾人社会福利的含义

残疾人社会福利与老年人社会福利、妇女儿童社会福利并列，是整个社会福利体系中的一个子体系。综合国内外社会福利的理论，从社会发展的历史角度来说，残疾人社会福利的概念是指国家和社会根据社会经济、社会文化发展状况，通过制定相关的法律和政策不仅使残疾公民在年老、疾病、退休、失业等情况下能够获得国家和社会基本的物质帮助，还包括国家和社会举办的残疾人康复、教育、劳动就业、文化生活和社会环境等权益的保护。目的是改善残疾人的生活状态，提高残疾人的生活质量，帮助他们参与社会生活的各个领域，与健全人一道前进，从而实现残疾人“平等、参与、共享”的目标。一个国家的残疾人社会福利水平，基本上是由国民经济发展水平决定的。

二、基本原则

残疾人与健全人一样，生活在同一片蓝天下。残疾人有尊严和权利，有参加社会生活的愿望和能力。然而在现实生活中，由于自身条件的限制与部分人的偏见，残疾人往往容易受到冷落和歧视，受到不公正的对待，处于社会的最低阶层，成为名副其实的弱势群体。这就需要国家和社会为他们创造良好的物质条件和精神条件，对这个特殊而困难的群体给予特别的扶助，使残疾人在事实上成为社会的一员，享有社会经济发展所带来的物质文化成果。因此，残疾人社会福利应遵循以下原则：

1. 机会均等

"机会均等"一词指使社会各系统和环境诸如服务、活动、信息和文件得以为所有人特别是残疾人享受与利用的过程和权利。残疾人是社会的成员，他们应在一般的教育、保健、就业和社会服务的结构内获得所需要的支助。由于残疾人享有同等的权利，也负有同等的义务，社会也应对他们提出较高的期望。作为同等机会进程的一部分，国家和社会更应该创造条件，便于残疾人承担其作为社会成员的充分责任。为此，联合国在1993年通过了《残疾人机会均等标准规则》。这为残疾人及其组织提供了决策和行动的手段，为各国、联合国及其他国际组织之间开展技术和经济合作提供了基础。

机会均等原则主要体现在：立法上，即国家在制定法律、法规时，要注意避免对残疾人行使公民权产生不利的影响，消除对残疾人的一切歧视；在就业机会上，保证残疾人能平等地参与就业，增强残疾人的自主能力；此外，残疾人还应该在教育培训机会和社会环境等方面享有平等的权利。在享受同等权利的同时，残疾人应该履行同等的义务。

2. 特别扶助

残疾人因为身有残疾而成为一个特殊的群体，在参与社会生活时，除具有公民的共性外，还存在特殊性。通常的方式对他们往往难以适用，必须辅之以一些特殊的方式、方法和手段。

残疾人是一个困难的群体。残疾的影响，特别是外界的障碍，使残疾人在社会生活中处于不利的地位，使其权利的实现和能力的发挥受到限制。对残疾人采取扶助和保护措施，是为了调节由于社会补偿条件不足而给残疾人造成的事实上的不平等，消除残疾人平等参与社会生活的障碍，保障他们权利的实现。应当特别指出的是，对残疾人的特别扶助措施，并不妨碍和影响其他社会成员实现自己的权利，因而不应视为对其他人的歧视或不公平。恰恰相反，它体现了社会公正，促进了社会和谐，是社会文明进步的表现。

3. 立法先行

世界上社会保障制度比较完善的国家，其制度建设都是在国家立法的基础上发展起来的。如1990年《美国残疾人法案》明确禁止在就业、政府服务和公共权力获取方面基于残疾的歧视，标志着美国残疾人保障事业进入了全面融合的社会发展模式；英国1944年的《残疾人（就业）法》和1995年的《英国残疾歧视法》建立了一整套保障残疾人权利的制度；日本制定了《残疾人基本法》《残疾人雇用促进法》《残疾人职业训练法》《残疾人福利法》《残疾人教育法》《特殊儿童抚养补贴法》《残疾人福利协会法》《精神保健福利法》等，形成了较完备的残疾人社会保障法律体系。目前已有130多个国家和地区制定了有关残疾人的法律。联合国《残疾人权利公约》也明确要求会员国采取一切适当的立法、行政和其他措施实施该公约确认的权利；采取一切适当措施，包括立法，以修订或废止构成歧视残疾人的现行法律、法规、习惯和做法。

只有构筑了内容完善的法律体系，制度建设才会有保证。法律是制度化最为规范化的体现，立法是任何制度实现规范化的根本保证。因此，残疾人社会保障的制度化与规范化必须从立法层面开始，逐步建立残疾人社会保障制度的基本法律框架。完善的立法强化了国家意识与社会责任，并为制度建设提供了明确的方向和方案设计。

三、残疾人社会福利的理论

在不同的时期，人们对残疾人社会福利的看法和工作指导的思想也有不同的认识，这源于人们有着不同的价值理念。概括说来，有个人责任论、社会责任论、标签理论、正常化理论、供养理论、回归社会理论、增能理论等，尤其后三种理论影响最为深远。

1. 供养理论

在各种社会中，对于残疾人，特别是失去劳动能力的残疾人，最初的，甚至认为是最好的办法就是把他们养起来。他们的家人或社会通过对残疾人的供养而表示对残疾人的责任和爱。在经济不发达的社会，这种供养几乎只限于完全丧失劳动能力的残疾人，但在发达社会，对残疾人供养的范围在扩大。尽管不同社会对残疾人供养的内容和水平有不同，但是一般说来，这种供养大多限于经济方面或者物质方面，而对他们的精神需求、他们的能力估计不足。尽管对于残疾人，特别是严重丧失劳动能力的残疾人来说，经济上的供养是完全必要的，但是这并不能代表对残疾人进行关照的全部。人的需要是多样化的，人是有潜能的，简单的供养理论却忽视了这些，因而存在明显的缺陷。早期残疾人社会福利工作就是在这种理念指导下开展的，以提供经济和物质帮助为主。

2. 回归社会理论

回归社会理论的提出和一些社会学家在20世纪中期对西方普遍实行的将精神病人长期封闭在院舍里的研究具有密切的关系。20世纪50年代美国社会学家戈夫曼在深入研究庇护所里的精神病人的情况后指出，由于在庇护所里精神病患者始终处于不良的同伴关系（指精神病患者长期生活在一起而形成的具有强烈刺激性的互动关系）和“关护”关系（指庇护所里的管理人员、医护人员对精神病患者消极的、冷漠的态度和严格管制精神病患者的行为，导致医患人员隔阂、紧张甚至敌视的关系），精神病患者的病情并没有好转，相反可能会加重患者的病情。在戈夫曼看来对精神病患者的服务应该检讨上述庇护所式的做法，而应使精神病患者处于积极的社会关系之中，其基本方法就是走出封闭状态，进入社会。

受回归理念的影响，残疾人社会福利进入一个新的发展阶段，其中影响最深远的就是英国的社区照顾、社区康复。这一模式后来被推广到很多国家。回归社会理论对残疾人社会福利的发展影响深远①。

3. 增能理论

“增能”一词原意是指让人有更大、更多的责任感，有能力去做自己应该做的事。许多关于残疾人供养及照顾的理论在把残疾人看作脆弱的群体时，却忽视了“人是有潜能的、是可以改变的”这一基本价值观念。增能理论则站在人的发展的立场上，认为通

① 陈银娥．社会福利［M］．北京：中国人民大学出版社，2004：175.

过一定的方法，残疾人可以在一定程度上恢复他失去的机体的、社会的功能，并有助于他们进入一般的、正常的社会生活。增能不但在于增强其原本丧失的机体的功能，而且可以增强他们的生活信心，甚至可以减轻他们对社会的“拖累”。增能理论是以人的发展理论为基础的。它关注人的基本价值的实现。按照增能理论的理解，增能的方式也是多种多样的。比如康复可以使残疾人已丧失的功能得以恢复，教育和培训可以发掘他们的潜能，外界生活、活动条件的改善可以减少他们表现自己能力的障碍等[①]。

以上三种理论最大的区别在于，供养理论中社会提供的是一种消极意义上的帮助，忽视了引起残疾的社会环境以及人的潜能。后两种理论即回归社会理论和增能理论注重社会的责任，认为残疾是由社会原因导致的，社会在结构、制度上存在的问题使某些人受损，因此社会应当承担起自己的责任。

四、残疾人社会福利的主要内容

虽然各国在残疾人社会福利的内容上存在一定的差异，但总体上来说，残疾人社会福利基本是一致的，大体上涵盖了以下内容：

1. 医疗卫生与康复

医疗卫生与全面康复是体现残疾人社会福利的一个方面，是指综合地、协调地应用医疗的、工程的、教育的、职业的、心理的、社会的和其他措施，对残疾人进行治疗、辅助、训练、辅导，来补偿、提高或者恢复残疾人的功能，增强其能力，以消除或减轻残疾造成的伤害，从而改善残疾人参与社会生活的自身条件，使残疾人回归社会。基本内容包括对残疾的及早发现、诊断和处理；对残疾人进行必要的医疗护理；提供社会、心理和其他方面的咨询和协助；对残疾人进行自理训练，为残疾人提供辅助器械、行动工具和其他设备；对残疾人的专门教育服务；职业技能训练等。

随着我国残疾人事业的发展，康复领域中的医疗康复、教育康复、职业康复和社会康复越来越受到人们的重视。各地康复机构纷纷建立，社区康复的试点工作逐步推广。在康复治疗、特殊教育和就业问题得到一定程度的解决之后，残疾人最终回归社会的问题就显得日益突出。社会康复已成为残疾人回归社会的一个有根本意义的最终环节。根据统计，我国 6 万残疾人中，绝大多数残疾人可以通过康复恢复、改善或者补偿躯体功能、精神功能和社会功能。国家和社会有责任采取措施，帮助残疾人康复。国外的有关统计资料显示，康复工作可以改善残疾人自身状况，并且其经济效益是其投入的 10 倍以上。

为残疾人提供康复的服务必须强调残疾人所具备的能力，尊重他们的人格和尊严，因此康复工作最好在自然的环境中进行，辅之以专门的康复机构。从本质上看，残疾人康复工作就是要消除残疾人的痛苦，帮助残疾人融入社会，培养他们自强自立的精神，减轻社会和家庭的负担。这一点已经得到众多国家的共识。康复国际通过的《残疾预防与康复的八十年代宪章》提出，以发展中国家为重点，向各类残疾人普及康复服务。世

① 钟仁耀．社会救助与社会福利［M］．上海：上海财经大学出版社，2005：304.

界卫生组织推行全球防盲治盲计划，每年有 15 万人做白内障手术。印度由政府出资，组织“医疗帐篷”做白内障手术，两年内有 16 万人复明。

2. 劳动就业

残疾人就业是残疾人社会福利的重要内容之一，即国家和社会采取必要措施保证残疾人在劳动力市场就业优先权。国际劳工组织估计，全球有 3.86 亿适龄工作的残疾人。在有些国家，残疾人失业率高达 80%。残疾人常常由于众人的偏见和无知而遭到歧视。这被联合国称为一种“默无声息的危机”。这一危机，已引起世界各国的普遍关注。

残疾人权利，特别是其就业优先权，源自世界人权观念中所普遍承认的平等权。但是这种地位和机会的平等，要能真正实现，必须对少数人尤其是处于不利地位的人群进行特殊保护，实行补偿原则，才能提供真正意义上的同等机会。残疾人正是那种处于不利的社会地位的人群。对他们来讲，完全的自由竞争不仅是残酷的，而且是不人道的，因而必须予以保护，但这种保护应建立在公平、合理的基础上，与其自身境况相当。具体到残疾人就业，上述补偿原则意味着，即使是对残疾人和健全人都适合的工作，让残疾人与健全人同等竞争，也是不公平的，因此应对其进行特殊保护。

世界各国就如何保障残疾人就业进行了有益的探索，一般来看有两个方面：第一，制定法律、法规和政策来保障残疾人就业，许多国家规定所有单位必须按比例雇佣残疾人或者实行税收上的优惠来扩大残疾人就业。德国的《高度残疾人法》就明确规定行政机关、企业必须按在册职工 6%的比例吸收残疾人，不按照比例雇佣残疾人的要收取残疾人就业弥补经费。在波兰，残疾人如果从事生产经营活动，可以享受低息贷款；残疾人占 50%以上的企业免税。第二，开展职业康复，提供残疾人职业咨询、职业培训等福利服务。韩国保健福祉部在 2003 年制定的《残疾人发展五年计划（2000—2005 年）》提出，给残疾人增加职业培训的教育机构，并向雇主提供补助使之增加必要的设施，增加残疾人的就业机会。

3. 教育

教育是改善残疾人状况、提高残疾人素质的关键手段，也是残疾人平等参与社会的根本保证。残疾人教育福利是指国家和社会应保障残疾的儿童、青年、成年人享受平等的学前教育、义务教育、职业教育、高级中等以上教育和成人教育机会。残疾人教育不仅是残疾人社会福利的组成部分，也是一个国家教育系统的重要组成部分。

《关于残疾人的世界行动纲领》指出：会员国应保障残疾人有平等接受教育的机会，包括使最严重残疾的儿童享受义务教育；并容许在入学年龄、教学内容、考试程序方面增加灵活性。许多国家在义务教育阶段给予残疾少年儿童比健全人更多的待遇，即除免收学杂费外，还给予生活费。有些国家还给予在大学和职业学校学习的残疾人特别扶助。

为了节省经费并促进残疾人与健全人的融合，在教育方式上，国际社会强调：凡可以接受普通教育的残疾人，尽量进入普通学校；同时举办盲、聋、弱智学校（班）和其他专门机构，对不具有接受普通教育能力的残疾人进行特殊教育和培训。例如：美国的《残疾人教育法》曾规定，家长和校方要为每个残疾孩子制定因人而异的教育计划。随着残疾人教育的发展，美国法律做了相应修改，强调将残疾学生“完全纳入”正常课堂，使他们和其他学生采用同样的标准学习同样的课程。目前在美国，从学前班到高中毕业的残疾学生约3/4在普通课堂学习。普通班的老师要接受培训以便为残疾学生提供特殊帮助。另有近1/4的残疾学生在普通学校内单独上课，还有一小部分残疾学生上特殊学校或寄宿学校。德国在残疾人职业教育上根据市场的需求和残疾学生的心理特点，进行专业设置。

4. 文化生活

随着社会经济和残疾人社会福利事业的不断发展，残疾人的精神生活需要得到国家和社会更多的重视。积极组织残疾人参加文体活动，展示残疾人的才华，有利于促进残疾人的身心健康，有利于残疾人充分发挥潜能，也是激励残疾人自强不息的重要形式。

《关于残疾人的世界行动纲领》中指出，会员国确保残疾人有机会充分发挥他们的创造性，挖掘他们艺术和智慧方面的潜力。这既是为了他们自身利益的需要，也是为了造福社会。为此，应确保他们参与文化活动。必要时，应提供特别的帮助，如聋人助听器、盲人点子印刷书籍以及适应个人智力的阅读材料。文化生活领域包括舞蹈、音乐、文学、戏剧等。

为了活跃残疾人的文化生活，各个国家开展了许多活动来满足残疾人的需要，如特殊奥运会、国际特殊艺术节等。许多国家还开办了残疾人手语电视节目，建立了残疾人图书馆、俱乐部。公共文化、体育和娱乐场所往往免费或优惠向残疾人开放①。

5. 无障碍社会环境

残疾人由于自身的障碍而增加了家庭生活和社会生活的难度，其中环境的不利因素对他们的影响极大，因此改善社会环境就成为残疾人工作的一项重要内容，也体现出社会福利的性质。残疾人环境保障就是国家和社会保证残疾人能够进出和享用公共建筑、设施、公共交通和公共住房，并通过向公众宣传对残疾人的理解，消除种种妨碍残疾人参与社会生活的障碍。

改善社会无障碍环境主要有两个方面的工作，其一是创造无障碍环境，具体体现在物质无障碍、信息交流无障碍和社会文明无障碍等方面。物质无障碍主要体现在城市道路、公共建筑、居住区和住房建筑的规划与设计；信息交流无障碍主要体现在广播电视节目中的字幕、手语解说、盲文出版物等；社会文明无障碍则体现在提高公民无障碍意识，保障残疾人权利，维护残疾人尊严。其二是努力消除社会对残疾人的歧视与偏见，提升公众无障碍意识。通过各种媒体和公益活动等形式，加大对无障碍环境建设的宣传力度，进一步提高政府、专业技术人员和公众对建设无障碍环境的认识，让大家都认识到选择使用无障碍公共环境是残疾人、老年人应有的一项重要权利，是其平等参与社会生活的基本条件，也是尊重人权的一个具体表现②。

---

① 孙光德，董克用．社会保障概论［M］．2版．北京：中国人民大学出版社，2001：304-305.

② 李炜冰．无障碍环境建设中的政府责任［J］．苏州大学学报（哲学社会科学版），2010，31（2）：25-30.

第二节　国外的残疾人社会福利

欧洲残疾人的社会福利最早可以追溯到公元1010年英国的《济贫令》，发展到后来1601年伊丽莎白一世的《济贫法》。由于残疾人是贫民的主要群体，因此19世纪前欧洲以英国为代表的社会福利萌芽了对贫民的救助。其中，残疾人是救助的主要对象之一。

国外残疾人社会福利的具体政策是20世纪开始逐步制定和推行的。各国将19世纪之前对贫穷者的救济政策中关于残疾人的条款进一步明确和具体化，逐步形成了针对残疾人的社会福利政策。20世纪70年代以后欧美各国残疾人的社会福利呈现出大变革的局面，政府在社会福利方面的经费迅速增加，越来越多的国家感到不堪重负，纷纷提出改革措施，对未来残疾人社会福利影响深远。

由于各国在经济发展水平、社会文化传统等方面有着差异，各国在残疾人社会福利政策的具体实施上显示出各自的特色。本节主要介绍这些国家的一些制度和做法。

一、英国

英国是西方工业革命的先行国。工业革命的发展造成了农村的破产，并造就大量的失业人群和贫困人口。严重的社会问题迫使英国统治者采取对社会贫困群体实行有条件的救济办法，并由此产生了最早的从事救济的社会工作。1601年《济贫法》的颁布，对以后世界各国的社会救济法规的建立产生了重要的影响。《济贫法》几经修改，其中有关残疾人社会福利的规定越来越受到重视。1942年发表的《贝弗里奇报告》设计了一整套“从摇篮到坟墓”的社会福利制度，其中包括残疾人补助。英国还通过了很多法律法规来保护残疾人的权益。其中相对比较完整的残疾人社会福利包括以下内容：

1. 残疾人卫生医疗与康复

英国残疾人的医疗与康复是由国民保健服务提供的，其费用来源主要是税收。残疾人不用缴费或者只需缴纳很少的费用就能享受到全面的医疗服务。受英国政府资助的康复中心配备了包括轮椅和各种辅助器具以及生活用品在内的各种训练器材，指导身体残疾者进行适应日常生活训练，并用专车接送参加训练的残疾人。康复中心还为残疾人举办各种文娱活动，丰富残疾人的生活。

地方政府负责保护身体残疾人。他们需要了解残疾人的数量及其需求。与老年人社会福利一样，人们也利用地方政府经营的设施、委托民间办的设施以及在地方政府登记的民间设施来收容残疾人，并在社区中为残疾人提供适当的帮助和护理照顾工作。精神病患者，根据其病情的轻重缓急，在医院的门诊部、短期住院部、中期疗养部和长期疗养部接受治疗。一般来说，精神病人到医院看病或者住院治疗均须经过家庭和本人的同意，并且有精神病收容所和日间照顾机构为残疾人服务。对于精神病患者也强调早期治疗和社区护理。

2. 残疾人劳动就业

英国的《残疾人就业法》（以下简称《就业法》）于1944年颁布，规定了残疾人的登记、雇用比例、工作的保留以及庇护工厂等事项。该法还规定必须成立一个全国残疾人就业顾问会议及各地方委员会，以协助解决有关残疾人的就业问题。该《就业法》在以后进行了修改，增加了接受就业重建与职业训练的年龄限制等内容。1948年，英国政府进一步在《就业及职业训练法》中明确规定，国家及地方政府对残疾人有职业训练的责任。这标志着英国残疾人社会福利开始从以前的救济观念转向尊重残疾人人格并确保其有就业机会和就业能力。英国政府还于1973年颁布了《就业训练法》，促成了人力服务委员会的设置。该委员会下分就业服务处、训练服务处以及专案服务处，以推行就业、训练以及职业重建服务。同时，英国政府又设立了残疾人再安置服务局，并以法令规定，凡有员工20人以上的雇主，必须雇用其总数3%以上的残疾人。

3. 残疾人教育

1893年，英国颁布了第一部有关残疾人特殊教育需求的法律——《初等教育法》，这是对盲、聋儿童提供特殊教育的法律。1899年，该法律又设置了向精神不正常儿童提供教育的条款。1918年的《教育法》则要求地方教育当局向所有残疾儿童提供特殊教育。1921年颁布的《教育法》规定：残疾儿童只在特殊学校或特殊班上接受教育，地方教育当局必须为这些儿童提供独立的特殊教育机构。1944年的《教育法》对特殊教育做出了新规定，地方教育委员会（LEA）要为特殊儿童提供充分的、恰当的初等和中等教育，并把残疾儿童划分为10类，其中盲、聋等儿童必须在特殊学校里学习，有些并不严重的残疾儿童则尽可能在普通学校里就读。1953年，《学校保健服务及身心残疾儿童规程》中明确规定特殊教育的实施必须有适当的设备、教材和专门受过训练的教师。

4. 其他福利

1970年，英国颁布了《慢性病患者与残疾人法》，规定地方当局应向残疾人提供各种福利，包括向居家残疾人提供实际帮助；帮助残疾人获得收音机、电视机、图书等；为残疾人提供旅游和教育设施；提供肉食品和电话等特殊设备；帮助残疾人在家中完成适宜的工作；等等。

1988年改革政策的规定，单身残疾人年金的金额为每周41.15英镑，夫妻为每周65.9英镑，残疾人家庭抚养的儿童为每周8.4英镑。如果是重度残疾人家庭，1个人增加24.75英镑，2个人增加49.5英镑，残疾儿童增加6.15英镑。此外，需要特殊护理的重度残疾人每周可获得护理津贴32.95英镑。残疾人还可以获得一些其他津贴补助。如果是因业务上的伤害或职业病造成的残疾，每周给付金额是67.2英镑，但残疾程度较轻的则只给13.44英镑。

二、瑞典

瑞典以“福利国家”著称于世。其经济体制的特点可以概括为国家干预下的社会福利型市场经济，集中表现在国家通过国民收入的重新分配为居民提供广泛而稳定的社会福利与社会保障。其残疾人社会福利非常成熟和全面。瑞典法律规定，全国各地每一个市政府都有义务帮助每一个残疾人过与正常人一样的生活。

1. 残疾人的医疗与康复护理

瑞典实现了医疗和残疾人康复的有机结合，并且全部由国家予以保障。法律规定，地方政府和社区有义务为公民提供医疗和康复服务。瑞典的卫生保健系统由 9 个地区医院、70 个县级医院和 1 000 多个初级医护中心承担。20 岁以下患者免费接受治疗，成年患者按入院级别负担约 4%的费用，但一年内最多自负医药费 1 800 克朗。

瑞典政府重视对各类护理中心、康复医院的投入。1968 年在护理中心集中居住的残疾人达 14 000 多人，但这种封闭式、与世隔绝的居住和护理，对残疾人的心理和生理负面影响很大。许多社团要求政府关闭护理中心。1961 年通过的特殊服务法制定了将在护理中心居住的智力残疾人转移到家庭的政策。1986 年政府禁止设立儿童护理中心。1994 年政府通过了废止智力残疾人护理中心的法律。到 2001 年在护理中心的残疾人数已减至 170 人。取而代之的是法律规定的政府支持的社区护理居住形式。瑞典社会工作比较发达，一般每个残疾人都有相应的社会工作者为其服务。

2. 残疾人的就业

瑞典认为所有的人都有平等获得一份工作的权利，其社会政策的一个基本目标是促进包括残疾人在内的劳动力充分就业。2005 年瑞典残疾人的就业率约为 66%，工作能力受限的人的就业率为 55%。瑞典有 30 万功能受损或工作能力受限的人在就业。在促进就业的措施中，政府优先考虑并高度重视残疾人就业，通过实施《残疾人就业促进法》，帮助残疾人获得并拥有稳定工作。瑞典政府为了鼓励企业雇用就业难度大的残疾人，向他们发放残疾人工资补贴、工作场所无障碍改造补贴。2005 年，6.2 万名在企业工作的残疾人享受政府发放的工资补贴。为鼓励残疾人创办企业或从事经营活动，国家提供资金、贷款等方面的支持。而对失业的人员，政府采取提供再培训等促进就业的措施，以提高残疾人的工作技能，适应新的就业需要。瑞典失业的残疾人占所有失业人员的 8%，而用于失业残疾人再就业的资源占国家用于所有失业人员的资源的 20%。

3. 残疾人教育

瑞典对残疾人教育十分重视，通过普及基础教育、发展特殊教育和政府的特别扶助等有效手段，保障残疾人人人都享有受教育的权利和机会。

（1）普及基础教育。瑞典法律规定，实行全民免费教育。残疾人教育的重要原则是残疾儿童、青年和成人有权也应当获得同社会中其他人平等的教育培训机会。这就意味着绝大多数残疾人都能参加普通教育项目或普通学校的特别班，对听力和语言障碍的学生也同样如此。

（2）发展特殊教育。瑞典根据残疾类别和残疾程度，重视发展特殊教育，专设瑞典特殊教育学院负责监督和发展残疾人特殊教育事业，为地方政府、学校领导和教师提供支持，提供特别培训的教师、辅助设备和助手，帮助其针对残疾学生的需要调整学校的教学环境。该学院还负责编写教材。在瑞典有不少的特殊学校，还开办了聋哑高中。聋哑人有权将手语作为第一语言，有权以其自己的语言接受教育，允许他们用手语和其他人进行接触和交流。瑞典也有智力残疾儿童学校。它们通常为普通中学的附属学校。是否入学普通学校或智力残疾儿童学校取决于家长。全国约有 1% 的儿童入学智力残疾儿童学校。

（3）给予特别扶助。在瑞典，教育主要由当地政府负责，但对残疾人教育国家提供特别资助。国家成立的援助服务委员会专门为残疾人教育提供支持。在瑞典有四所普通高中专为有严重行动障碍的学生开设特别班。这些特别班提供特殊教育，并根据学生的具体需要提供护理。该委员会也为残疾人在成人高中和大学阶段的学习或在高中毕业后进行其他形式的教育提供个人化切实帮助。

在瑞典还建立了不少的特殊教育援助中心，瑞典特殊教育学院也负责援助中心的工作。这些援助中心针对不同种类的残疾提供相关的帮助，全国的特教老师和残疾学生都可以在这些中心咨询有关专家。许多残疾人在学习上存在差距，但他们都有机会参加由各级政府、学习协会或成人高中组织提供的各类学习、补习和其他教育活动。

4. 残疾人文化生活

1974 年，瑞典议会在决议案中制定了一条原则：残疾人应当同其他人一样参加社会上的所有文化活动。为了给残疾人参加文化活动创造条件，瑞典各地普遍建立了以帮助残疾人为宗旨的学习协会，帮助残疾人组织学习小组，组织残疾人参观文化场所、考察和旅游。政府还专门为学习协会组织这样的活动提供拨款支持。瑞典的残疾人在学习协会的组织下，每周都能够走出家庭参加文化休闲活动，享受丰富的娱乐设施和自然风景。

瑞典的体育组织也为残疾人设计了适合其身体状况的各类体育活动，包括娱乐性和对抗性运动。在瑞典，残疾人的乒乓球、游泳等体育活动开展得比较普遍。

瑞典政府重视对有声读物和盲文的出版和发行。在政府的支持下，有声读物和盲文图书馆同其他图书馆进行合作，为盲人和其他有阅读障碍的残疾人提供文学作品。瑞典有声书籍和盲文图书馆也为有阅读障碍的高校学生制作文学读物。瑞典政府支持盲文报纸及有声报纸的出版和发行，使视力有障碍的残疾人只要有需求，都能读到盲文报纸或订阅有声报纸。现在瑞典已有 60 多份有声日报。

瑞典政府还拨款支持聋哑人的戏剧、舞蹈表演活动以满足各类残疾人丰富多彩的文化休闲需求。

5. 无障碍环境

瑞典的无障碍建设不但起步较早，而且受到政府重视。政府制定了全国无障碍目标，并且有专门的机构负责推进和协调。瑞典政府于 2000 年制订了一个“瑞典更加无障碍”行动计划，提出了 2010 年全国现有的公共建筑和其他公共场所全部实现无障碍的目标，为此建立了国家无障碍中心，以指导和推动全国的无障碍建设。瑞典的无障碍建设不仅包括室内室外环境的无障碍，如走道和车道除去阶梯，公共建筑物附设坡道便于轮椅的通行，还包括信息、交通、文化等方面的无障碍，要通过适用于所有人的一体化设计，建设一个无障碍的瑞典。

三、日本

日本在第二次世界大战之前的社会福利制度，是以社会保险为主的制度。战后，日本的经济陷入极度的混乱，生产停滞、失业大增、物价恶性膨胀，国民生活难以为继，社会福利制度几乎瘫痪。1946 年，一些学者组成了社会保障研究会并提出了《社会保障方案》。经过几年的努力，日本政府于 1950 年 10 月提出了《社会保障制度建议书》，阐述了社会保险、社会救助、社会福利和公共卫生四个体系，通称为“1950 年体制”。这个体制是适应战后日本的国情而提出的，对于残疾人来说，它确立了实行最低生活保障是政府的责任；强调平等获得保障的权利；重视医疗保障制度①。此后日本制定和修订了一系列的法律法规，对残疾人社会福利做了细致的规定。相关法律有：1949 年颁布的《身体残疾人福利法》；1988 年修订的《精神残疾人员康复法》。此外，还有《残疾人雇用促进法》《职业残疾人法》《特殊儿童抚养补贴法》等十几个领域的法律，从而形成了比较完备的法律体系。为了解残疾人的状况和需求，日本从 1951 年起，大约每隔 5 年举行一次全国性的身体障碍者调查并以此作为制定残疾人社会福利政策的依据。日本的残疾人社会福利包括以下内容：

1. 残疾人医疗与康复护理

日本残疾人医疗康复的相关法律有《身体障碍者福祉法》《精神薄弱者福祉法》《精神康复和精神障碍人士保护法》等。目的是帮助身体障碍者康复，对残疾人进行必要的保护，使其生活安定而增进其福利。法律规定，身体障碍者应自强、自立，克服障碍，努力参与社会交往和经济活动，同时，国民应该努力帮助他们。日本设置了身体障碍者审议委员会，在县级设身体障碍者福祉司，在市、町、村设立福祉事务所等机构来管理残疾人的医疗与康复工作。

残疾人可以享受的福利项目有：咨询、指导、残疾人辅助设备、援护设施（肢体残疾者、盲人、聋哑人、内部平衡功能障碍者等的康复设施及身体障碍者的医疗护理设施等）、医疗保健设施等。对残疾特别严重的人，服务项目还包括政府为其请医务人员登门体检等。

1979 年 7 月，日本建立了国立残疾人康复中心（国立身体障碍者复健中心）。这个中心是通过合并 3 个康复中心来扩大设立的，其任务涉及从医疗到职业训练的康复的实施；康复技术的整体研究和形势发展；提高康复效率，并提供国内外的有关资料；从事专业人员的培养等。

2. 残疾人的就业

1960 年日本制定了《残疾人雇佣促进法》（1976 年修正），保障了残疾人的利益。该法律规定，企业团体的雇主对身体障碍者，有提供适当工作场所的共同责任和义务，并详细制定了身体障碍者职业介绍、适应训练、政府与雇主的责任、雇用调整金、雇用缴纳费以及设置了身体障碍者雇用促进协会等。

---

① 马洪路．中国残疾人社会福利［M］．北京：中国社会出版社，2002：55.

在就业措施方面，不同机构的残疾人的法定雇用比率分别是：公营的企业机构为1.8%；一般民间的企业机构为1.5%；政府及国（公）营的非营利机构为1.9%。若雇主未能达到此雇用比率，便要缴雇用纳付金的罚款（每人每月缴付3万日元）；反之，超过了比率，则可向政府申领雇用调整金以予奖励。这便是著名的征收与赠与制度。日本政府还对于雇用一定数量残疾人的工厂、企业给予许多优惠条件，如当企业为改善残疾人的工作条件而对企业的设施、设备进行改造时，国家负担所需费用的1/3。日本政府1988年规定，对于在连续3年以上雇用弱智残疾人的企业工作的每个残疾人，从第4年起，每月可以获得15 000日元的特别补助。对于雇用残疾人的企业所生产的产品，政府予以优先采购。

1991年，残疾人职业综合中心开业。日本已经形成了残疾人的职业综合中心—地方残疾人职业中心—社区残疾人职业中心这一残疾人就业网络。

3. 残疾人教育

1947年，日本在《学校教育法》中将盲校、聋校及养护学校纳入义务教育范围。日本文部科学省也采取特别措施，在各地兴办了盲人学校、聋哑学校、保育学校，接纳残疾青少年入学接受教育，帮助他们获取文化知识和自立生活能力。1979年日本实施《全国特殊儿童全员就学》的义务教育制度。日本中央政府还编制预算，补助地方政府普设启智、启能、病弱等特殊学校及职业学校。为培养师资，在师范大学普遍开设特殊教育课程。广播大学也自1998年初开设了方便残疾人视听的卫星广播。公民馆、图书馆等社会教育设施也配置了适当的设备，为残疾人提供校外学习的环境条件等，使残疾人得到了同正常人一样的受教育的机会。

4. 无障碍环境

日本为残疾人增设的无障碍设施比较普及，服务也较为完善。国家所制定的统一建设法规中就包括残疾人的无障碍设计。每一幢建筑物竣工时，有专门部门验收其是否符合残疾人的无障碍设计。日本还对铁道、公路、航空等交通工具的设计、制造都提出了严格的要求。在日本的公共设施方面，凡是建筑面积大于1 500平方米的大中型商业建筑都要为残疾人、老年人提供专用停车场、厕所、电梯等设施。有盲人经常出入的地方，肯定有盲道，尤其是在地铁站、公交车站、过街马路等公共场所，不仅有多条盲道，而且有盲文提示和语音提示。升降电梯内有带盲文的按钮。

日本政府制定奖励措施，采用补助金、减免税、低利融资等奖励办法，来促进无障碍建设。1996年建立住宅金融公库，由国家建设省掌握，促使房地产商考虑无障碍设施建设，其中符合条件的就能获得国家的低息贷款。

5. 其他福利

日本政府对残疾人还采取货币补偿的办法。残疾人可以得到补贴的基础年金，相当于日本平均工资的十分之一。此外日本对于残疾人以及与残疾人有关的所得税、物品税、法人税、海关税、继承税、赠与税等税种一律给予减免税的优惠待遇。残疾人还可以领取生活必需品，乘坐交通工具时还可享受减免运费的优惠。

四、美国

美国在个人主义和新教伦理思潮影响下，建立了以提高残疾人独立生活能力为目标的社会保障制度。美国的社会保障制度基于“机会平等，正常对待”的发展理念，由美国财政建立了一系列关于社会保险、就业保障、医疗康复、教育服务等方面的支持政策和项目。美国社会保障体系以1935年颁布的《社会保障法》为起点，经过八十多年的不断完善，目前主要由社会保险和社会福利两大部分构成。美国联邦政府在社会保障职能上由原来的直接参与者，逐步转变为决策者和监督者，将更多的权利留给地方政府和社会，促进各方资源整合①。

1. 社会保险

美国残疾人社会保险按照管理主体可以分为联邦、州和地方。联邦残疾人保险包括老年、遗嘱与残障保险中的联邦残疾人社会保险，联邦雇员退休项目中的残疾雇员社会保险，以及公务员退休项目中的残疾雇员社会保险。其资金来源都为个人和雇主共同缴纳的工资税。州和地方政府除了要严格执行《美国残疾人法案》和联邦各个残疾保障项目外，在不与联邦法律相抵触的原则下，允许设有本辖区的残疾保险项目和残疾人生活保障金，其筹资和支付标准自行设定。这些社会保险项目能为因残疾丧失全部或部分劳动能力的参保者提供直接且稳定的现金补助和其他规定的医疗保障。美国的政府部门主要扮演残疾人社会保险项目监管者的角色。联邦政府对州和地方的残疾人保险项目基金的投资运营同样给予权限，可以投资的范围包括买卖股票和公司债券、对外投资等。各州政府也设有专门机构负责管理本辖区的社会保障基金，但监督工作由联邦政府派出的“州社会保障署”负责。

2. 就业保障

美国为残疾人提供就业培训、就业指导等一整套完整的服务体系，为雇佣残疾雇员的雇主提供税收优惠，努力创造无障碍、无差别的就业环境，确保有能力有意愿的残疾人顺利就业。如美国各州都设有一站式就业服务中心，为持有工作许可证的残疾求职者提供免费的就业、医疗康复和职业培训服务；美国社会保障部为经其批准的提供职业培训和其他就业服务的组织（就业网络）提供经费支持。同时，为鼓励残疾人积极就业，DI（disability insurance，残疾保险）和SSI（supplement security income，补充安全收入）项目对因重返工作岗位而收入增加的残疾人，分别继续提供医疗保险服务和医疗救助服务。在就业税收优惠政策上，《工作机会税收减免法案》和《福利到工作税收减免法案》对雇用残疾人提供了税收优惠条款，如“每新聘用一个残疾人可以减税2 400美元，每新聘用一个残疾军人可以减税4 800美元；当雇主向工作满一年的残疾人提供合格工资时，可减免残疾人雇员部分工资收入的税收，其中，雇员总工作时间在120个小时至400个小时之间的可减免25%，总工作时间多于400个小时的可减免40%，但最

---

① 伍琳. 美国残疾人社会保障财政支持：启示与借鉴［J］. 福建农林大学学报（哲学社会科学版），2016，19（1）：78-82.

高免税金额不超过每人 2 400 美元”。值得注意的是，联邦政府对残疾人就业的税收优惠政策不要求雇主雇佣残疾人一定要达到某一个比例，而是每雇佣一位残疾雇员就能享受一定优惠政策，实施起来较为灵活，也能够最大限度地激发雇主的积极性。

3. 医疗康复

美国政府在残疾人医疗康复的服务上体现了中央政府与地方政府分权、国家与社会机构互动互补的特点。如美国医疗保险项目由联邦政府负责管理，完全由联邦基金出资，主要针对老年人、低收入人群、残疾人等提供医疗计划；联邦残疾人社会保险（DI）受益人在参加残疾保险的 24 个月之后自动被覆盖到医疗保险项目里，并享受项目部分住院保险免费待遇。而医疗救助作为一种社会福利，所需资金来源于联邦政府和州政府建立的社会安全基金，由联邦政府和州政府在收取的税费中提取一定比例建立；同时，联邦政府还根据各州经济发展水平，为各州政府的社会安全基金提供配套资金，州平均收入越低，得到联邦政府的配套补助就越高。此外，为了最大限度地满足残疾人的康复需要，美国政府还十分注重对康复工程领域的科研投资，促进现代康复技术的发展。美国有许多资助残疾人康复科研的基金组织，如国家残疾人康复研究院、国家健康研究、退伍军人管理部和国家科学基金等。

4. 教育服务

与许多国家提倡的残疾人“全纳教育”理念一样，美国提倡为残疾人学生创造平等的、无差别的教育环境，在普通学校为残疾学生提供与正常学生相同的学习机会。如美国《障碍者教育法》要求，政府要为所有 3 岁以上、21 岁以下的残疾人提供免费公立教育，联邦政府对各州开展特殊教育所需额外费用的 40%开支进行补助。又如美国《不让一个孩子掉队法案》规定，如果一所学校连续 3 年没有达到缩小残疾学生和正常学生之间差距的发展目标，政府将为残疾学生额外的学业辅导或转校提供财政资助，同时，为学校聘用、培训教职员工提供财政资助，以确保每个残疾学生在接受教育后达到预期的学习效果。

第三节　我国的残疾人社会福利

一、我国残疾人社会福利事业的发展历程

我国古代便有了福利思想，但在封建统治下不可能产生福利制度，基本上属于民间的慈善行为或暂时的政府行为。旧中国国民党政府虽然制定了一些残疾人社会福利政策，但是并没有真正落实和实施下去。民间成立的中国盲民福利会、中国聋哑协会等组织也因得不到政府的支持，很快夭折。新中国成立后，在党和政府的关心和重视下，我国残疾人社会福利才得以建立，并得到大的发展。根据残疾人社会福利制度的演变，我国残疾人社会福利事业发展大致经历了三个阶段。

1. 新中国成立初的残疾人社会福利

这个阶段是我国残疾人社会福利事业的初创阶段。随着新中国的建立和国民经济的逐步好转，政府开始关注残疾人的工作、学习、生活。残疾人普遍得到了收养和救济，并且获得了基本的生存权和政治权利。旧社会残疾人自生自灭的状况彻底被改变了。

1951年政务院颁发的《关于改革学制的决定》就有“各级人民政府应设立聋哑、盲目等特种学校，对生理上有缺陷的儿童、青年和成人施以教育”的规定。1957年教育部发出《关于办好盲童学校、聋哑学校的几点指示》，规定盲校小学学制为6年，聋校学制为10年；盲童、聋童入学年龄为7~11岁，并对办校方针、编制、教学改革等提出了要求。此后的十多年里，各地大中城市不断建立聋哑学校和盲人学校。到1965年，聋哑学校由新中国成立前的44所发展到266所，在校学生达23 300人。

各种福利机构和企业也在这个时期得到了长足的发展。一些无依无靠的残疾人、残疾孤儿、残疾老人，分别被安置在陆续建立的社会福利院、儿童福利院和敬老院。到1958年，各级养老院、福利院共接纳荣誉军人、老人、残疾人36万人。福利企业在1958年增加到463个，安置残疾人3 800人，同时加强了对福利工厂中的盲人、聋哑人的业余教育和技术培训。

这一时期残疾人组织也相继成立。1953年中国盲人福利会成立，1956年中国聋人福利会成立，1960年，中国盲人福利会与中国聋哑人福利会合并成为中国盲人聋哑人协会。截至1965年，该组织在全国22个省（自治区、直辖市）和373个地（市、县）逐步建起地方协会和基层组织，活跃了各地盲聋哑协会的工作，密切了政府与广大残疾人群众的联系。

汉语盲文和聋人手语工作开始建立。中国盲文工作者黄乃参照路易·布莱尔盲文体系，设计了汉语盲文方案。该方案经教育部批准后在全国推行。盲人按摩医疗、盲人聋哑人康复工作、残疾人文艺体育工作也陆续起步。

2. “文化大革命”时期的残疾人社会福利制度

这一时期，残疾人社会福利遭到严重破坏。中国盲人聋哑人协会被迫停止活动，协会工作完全中断，残疾人生产自救组织被强行合并、撤迁或撤销，盲聋哑学校被迫收缩或停办。我国残疾人社会福利事业陷于停顿。

3. 改革开放以来的残疾人社会福利制度

这个阶段是我国残疾人社会福利事业的再创阶段。党的十一届三中全会召开，是我国社会、经济发展的转折点，也是残疾人社会福利事业的转折点。国家为发展残疾人事业、改善残疾人状况采取了一系列重大措施，使残疾人事业取得了历史性的进展和举世瞩目的成就。因此，残疾人状况显著改善。残疾人社会福利进入了历史上最好的时期。

1978年，中国盲人聋哑人协会恢复活动。各省（自治区、直辖市）的盲人聋哑人协会及其下属组织也相继恢复工作。1982年全国人大修改后的《中华人民共和国宪法》首次规定：“国家和社会帮助安排盲、聋、哑和其他有残疾的公民的劳动、生活和教育。”1984年中国残疾人福利基金会成立。1987年进行了全国残疾人抽样调查。1988年在中国残疾人福利基金会和中国盲人聋哑人协会的基础上，本着改革的精神，成立了融代表、服务、管理功能为一体的中国残疾人联合会。中国残疾人联合会依靠政府，动员社会，协助政府、全国人大等实现了一系列重大举措。

1990 年 12 月，《中华人民共和国残疾人保障法》正式颁布，各地、各级政府保护残疾人权益的地方法规相继出台。目前，我国在民法、刑事诉讼法、义务教育法、公益事业捐赠法等 40 部法律中有关于残疾人权益保障的内容。这些法律法规既保护了残疾人的权益，又指导着残疾人事业的不断发展。

与国家经济和社会发展阶段性计划相同步，国家先后制订了发展残疾人事业的四个五年计划（1988—2005 年）及其残疾人康复、教育、就业等十几个配套实施方案，并对业已实施的方案进行检查验收，促进了残疾人事业与经济社会协调发展。

我国积极参与有关残疾人事业的国际交流和合作，开展各种活动。1986 年，联合国“残疾人十年”（1983—1992 年）中国组织委员会成立。2007 年，我国签署联合国《残疾人权利公约》，以保障我国 8 296 万残疾人权利。我国还与 50 多个国家和地区进行了残疾人事业领域的交流与合作，介绍中国的经验，也吸收国外的先进做法，促进全世界残疾人状况的普遍改善。

二、我国残疾人社会福利取得的成就

新中国成立以来，我国残疾人的社会福利从无到有，从小到大，从窄到宽，有了长足的发展。其成就主要体现在以下五个方面：

1. 残疾人康复

我国残疾人康复工作主要是在政府的领导下通过康复机构和社区各个途径开展的。指导方针是：从实际出发，将现代康复技术与我国传统康复技术相结合；以康复机构为骨干，社区康复为基础，残疾人家庭为依托；以实用、易行、受益广的康复内容为重点，并开展康复新技术的研究、开发和应用，为残疾人提供有效的服务。

残疾人康复工作开始于 20 世纪 50 年代。当时为了改善革命战争中伤残军人的健康状况，国家设立了伤残军人疗养院、康复医院等。后来为了满足企业中伤残职工康复的需要，又设置了职工疗养院、精神病院等。这些都为后来我国康复事业的进一步发展打下了一定的基础。

我国有组织、有计划、大规模的残疾人康复工作，开始于 20 世纪 80 年代。1987 年国务院进行了全国残疾人状况抽样调查。调查结果显示：残疾人状况亟待改善，康复是他们最迫切的需求之一。1988 年，国家发展规划将残疾人康复工作纳入。同年 8 月，首次全国康复工作会议召开，确定开展白内障复明、儿麻后遗症矫治和聋儿听力语言训练三项抢救性康复工程。1990 年，第二次全国康复工作会议制定了三项康复工作技术标准，完善工作规程。此后连续实施四个残疾人事业五年计划纲要，残疾人康复业务领域不断拓展，服务项目逐步增加，康复机构从无到有，专业队伍由小到大，工作体系、业务格局、运行机制日臻完善，服务能力有所提高，康复工作取得显著成绩。

1988 年，我国建成了第一个综合性的残疾人康复研究机构——中国康复研究中心。此后，各省、地、市及部分县相继建立起康复中心（站）。1996 年，卫生部制定了《综合医院康复医学科管理规范》，标志着现代康复医学研究和实践开始进入我国。14 所医科院校相继开设了康复治疗专业，大部分综合性医院开设了康复科室。康复和康复医学研究取得了长足的发展，康复的观念得到了社会的广泛认同。社会公众尤其是残疾人的康复意识普遍提高，更多的人懂得并愿意接受康复治疗和训练，以恢复、改善功能，提高社会参与能力。康复事业得到了政府和社会的普遍重视。各级政府将残疾人康复工作纳入国民经济和社会发展规划，加大投入，充分发挥主导作用。社会各界广泛参与，以多种形式支持、帮助残疾人康复。残疾人康复成为一项各界广泛参与的社会工程。初步形成了适应我国国情的康复事业发展模式。

“十五”期间，通过实施一批重点工程，642 万残疾人得到不同程度的恢复。2002 年，完成白内障复明手术 57 万例，为 3.1 万名低视力者配用了助视器，对 1.8 万名聋儿进行听力语言训练，对 7.7 万名肢体残疾人、脑瘫儿童和智残儿童进行了康复训练，对 243 万名重症精神病患者进行了综合防治康复，提供用品用具 122 万件，其中有一部分贫困和特困残疾人接受了减免费用的治疗。截至 2006 年底，我国已有各类各级残疾人康复机构 1.9 万多家；卫生系统至少有 800 多家三级医院按要求开设了康复医学科，已建设 1.8 万多家社区卫生服务中心。

2018 年，国务院发布《国务院关于建立残疾儿童康复救助制度的意见》，全国开始普遍建立残疾儿童康复救助工作体系和服务网络。2020 年，中国残疾人联合会以贫困残疾人为重点，持续组织实施残疾人精准康复服务行动，使 1 077.7 万持证残疾人及残疾儿童得到基本康复服务，其中 0~6 岁残疾儿童 23.7 万人。得到康复服务的持证残疾人中，有视力残疾人 114.6 万、听力残疾人 81.6 万、言语残疾人 5.1 万、肢体残疾人 542.8 万、智力残疾人 86.4 万、精神残疾人 178.4 万、多重残疾人 54.7 万。中国残疾人联合会 2020 年全年共为 242.6 万残疾人提供各类辅助器具。2020 年，中国残疾人联合会协调国家卫健委共同印发《关于进一步做好建档立卡贫困残疾人家庭医生签约服务工作的通知》，推进贫困残疾人家庭医生签约服务；同时，加强残疾人康复机构规范化建设，持续深化社区康复工作，与民政部、国家卫健委共同开展残疾儿童康复救助定点服务机构管理试点工作，制定《精神障碍社区康复服务工作规范》。开展全国残联系统康复人才实名制培训。截至 2020 年底，全国有残疾人康复机构 10 440 个，其中残联系统康复机构 2 550 个。康复机构在岗人员达 29.5 万人，其中，管理人员 3.1 万人，业务人员 21.3 万人，其他人员 5.1 万人。此外，中国残疾人联合会积极贯彻落实《国家残疾预防行动计划（2016—2020 年）》，组织开展以“残疾预防，从儿童早期干预做起”为主题的第四次残疾预防日宣传教育活动。2021 年起实施《国家残疾预防行动计划（2021—2025 年）》。

2. 残疾人教育

党和政府非常重视残疾人教育事业，先后制定了《残疾人教育条例》《关于发展特殊教育的若干意见》《残疾人参加普通高等学校招生全国统一考试管理规定》，为残疾人教育事业的发展提供了可靠的保障。另外，国家还设立了专项补助款，由中国残疾人联合会与政府的有关部门共同筹集经费，用以扶持地方特殊教育的发展。国家对学前教育、义务教育、职业教育、高级中等以上教育、成人教育都有明确的规定和要求。国家还组织和扶植手语、盲文的研究与运用并参与特殊教材的编写和出版以及特殊教具及辅助用品的研制。

在政府和社会的支持下，我国残疾人教育获得了前所未有的迅猛发展，教育的规模、人数均超过了我国自有特殊教育历史以来的总和。截止到 2005 年底，视力、听力、智力三类残疾儿童少年义务教育入学率达到 80%，特教学校发展到 1 662 所，在校生达到 56.2 万人。其中，盲生有 6.3 万人，聋生有 18 万人，弱智生有 31.9 万人。高中阶段特殊教育快速发展。其中，特殊教育普通高中学校（班）达到 66 所，残疾人中等职业教育学校达到 158 所。残疾人高等教育取得新进展，5 年累计达到普通高等院校录取分数线的人数为 1.8 万人，录取人数为 1.6 万人；高等特殊教育院校录取人数为 4 067 人。259.2 万残疾人接受职业教育与培训，这使残疾人提高了就业能力。残疾儿童少年享受“两免一补”的范围逐步扩大。“彩票公益金助学”等项目资助近 5 万人次，资助对象扩展到贫困残疾高中和大学生及贫困残疾人子女。

2020 年，中国残疾人联合会以普及适龄残疾儿童少年义务教育、推广国家通用手语和国家通用盲文为重点，进一步改善残疾人教育支持保障条件，配合教育部实现 2020 年底适龄残疾儿童少年义务教育入学率达到 95%的目标；会同教育部修订《残疾人中等职业学校设置标准》，推动修订《普通高等学校招生体检工作指导意见》；推动《〈中华人民共和国国歌〉国家通用手语方案》作为语言文字规范发布实施，组织研制国家通用手语和国家通用盲文水平等级标准、手语翻译资格（水平）标准，研建国家通用盲文测试大纲和题库；实施残疾人事业专项彩票公益金助学项目，为 1.5 万名家庭经济困难残疾儿童享受普惠性学前教育提供资助，带动各地对 5 409 名残疾儿童给予学前教育资助。

截至 2020 年，全国共有特殊教育普通高中（部、班）104 个，在校生 10 173 人，其中聋生 6 034 人、盲生 1 491 人、其他 2 648 人。残疾人中等职业学校（班）147 个，在校生 17 877 人，毕业生 4 281 人，毕业生中 1 461 人获得职业资格证书。全国有 13 551 名残疾人被普通高等院校录取，2 253 名残疾人进入高等特殊教育学院学习。

3. 残疾人就业

我国政府历来十分重视残疾人就业问题，将残疾人就业纳入全国就业工作的总体安排。《中华人民共和国宪法》《中华人民共和国劳动法》《中华人民共和国职业教育法》《中华人民共和国民法典》等，对残疾人享有平等就业权利和职业教育培训等都做出了明确的规定。我国实施了 1991 年的《中华人民共和国残疾人保障法》和 2007 年的《残疾人就业条例》等专项残疾人就业的法律和条例。1987 年，全国人大批准了国际劳工组织第 159 号公约《残疾人职业康复和就业公约》，坚持履行公约的原则和标准。中国残疾人联合会及其地方组织所属的残疾人就业服务机构还免费为残疾人提供残疾人就业信息，开展残疾人职业培训，为残疾人提供职业心理咨询、职业适应评估、职业康复训练、求职定向指导、职业介绍等服务。中央及地方各级政府还采取各种有效措施，实行积极的就业政策，扩大残疾人就业规模，创造残疾人就业环境，改善残疾人就业状况。

我国解决残疾人就业问题的途径主要有三种形式：第一种是通过政府和社会举办残疾人福利企业，集中安排残疾人就业。政府对福利企业给予税收优惠政策，如减免所得税、免征营业税。第二种是要求所有的单位必须按一定比例安排残疾人就业。《残疾人就业条例》明确规定用人单位安排残疾人就业比例不得低于本单位在职职工总数的1.5%，未达到比例的，应按财政部发布的有关规定交纳残疾人就业保障金（根据当地上年社会平均工资乘以应当安置的残疾人人数计算）。对于安排残疾人就业超过规定比例或成绩突出的单位，要给予精神和物质奖励；对于拒不执行按比例安排残疾人就业规定的，要予以批评、教育，责令改正。第三种是鼓励残疾人自主就业或残疾人自愿组织起来从事个体经营。工商行政管理、税务等有关部门要根据残疾人保障法和有关税收法律法规的规定，制定、完善扶持残疾人个体就业和自愿组织起来就业的优惠政策，在核发营业执照、办理有关手续、减免税费和落实营业场地等方面给予优先和照顾。

2020年，通过建立完善政策法规、强化培训与服务、积极开发新的就业岗位等多种措施，残疾人就业取得可喜的成绩。城乡持证残疾人新增就业38.1万人，其中，城镇新增就业13.2万人，农村新增就业24.9万人；城乡新增残疾人实名培训38.2万人。全国城乡持证残疾人就业人数为861.7万人，其中按比例就业78.4万人，集中就业27.8万人，个体就业63.4万人，公益性岗位就业14.7万人，辅助性就业14.3万人，灵活就业（含社区、居家就业）238.8万人，从事农业种养加424.3万人。全国共培训盲人保健按摩人员12 761名、盲人医疗按摩人员7 820名。现有保健按摩机构17 313个，医疗按摩机构873个。621人获得盲人医疗按摩人员初级职务任职资格，138人获得中级职务任职资格。

4. 残疾人文化生活

我国鼓励、帮助残疾人在文学、科技、艺术、体育和其他方面通过有益于人民的创造性劳动来丰富残疾人的精神文化生活。采取的具体措施包括：

①通过广播、电视、报刊、图书等形式，丰富残疾人生活，为残疾人服务。全国省、地、县三级公共图书馆共设立盲文及盲文有声读物阅览室1 258个，共开展残疾人文化周活动8 000多场次；全国省地两级残联艺术团249个。

②组织和扶持盲文读物、盲人有声读物、聋人读物、弱智人读物的编写和出版，开办电视手语节目，在部分影视作品中增加字幕、解说。中央电视台和各省级电视台在播出的新闻、相关重要栏目、影视剧中配加字幕。截至2020年底，全国共有省级残疾人专题广播节目25个、电视手语栏目34个；地级残疾人专题广播节目209个、电视手语栏目262个。

③组织和扶持残疾人开展群众性文化、体育、娱乐活动，举办特殊艺术演出和特殊体育运动会，组织其参加重大国际性比赛和交流。如成立了中国残疾人作家联谊会、美术家联谊会和书法家联谊会，全国共计有近700名残疾人加入了有关协会。举办了中国残疾人作家联谊会的第一次笔会，出版了《为了生命的美丽》《放飞希望》两本散文集和《中国残疾人美术家优秀作品集》《中国残疾人作家书法家优秀作品集》。我国在残疾人体育领域的国际地位不断提升，在2020年东京残奥会上，中国体育代表团获得

96 金 60 银 51 铜，共计 207 枚奖牌，金牌榜、奖牌榜双双第一。

5. 无障碍设施建设

我国无障碍环境建设是随着改革开放、经济社会的快速发展以及我国残疾人事业不断发展而引入公共设施建设中的一个全新概念，其重要性已经被越来越多的人认识。

国家有关部门发布实施了《城市道路和建筑物无障碍设计规范》《民用机场旅客航站区无障碍设施设备配置标准》《特殊教育学校无障碍设计规范》《铁路旅客车站无障碍设计规范》等规范。许多城市还出台了无障碍建设的法规。如：北京市人大常委会通过了《北京市无障碍设施建设和管理条例》。广东省、天津市、上海市、大连省、青岛市、南京市、杭州市、厦门市、广州市、西安市、苏州市、秦皇岛市等也出台了无障碍设施建设管理规定。根据统计，2005 年底共有 11 个省份出台了无障碍设施建设管理规定。截至 2007 年，全国大中城市的主要道路和政府办公建筑、商场、医院、宾馆、影剧院、博物馆、机场、车站、图书馆、体育馆、银行、邮局、公园、学校、老年公寓、旅游景点及公共厕所等公共建筑物及居民住宅设置改建了一大批无障碍设施。

截至 2020 年底，全国已竣工的各级残疾人综合服务设施 2 318 个，总建设规模 612. 3 万平方米，总投资 196. 2 亿元；已竣工各级残疾人康复设施 1 063 个，总建设规模 462. 7 万平方米，总投资 146. 4 亿元；已竣工的各级残疾人托养服务设施 1 024 个，总建设规模 285. 4 万平方米，总投资 77. 3 亿元①。

三、我国残疾人社会福利存在的问题

1. 我国残疾人社会福利完全走上规范化、法制化的轨道

目前主要针对残疾人保障的法律为《中华人民共和国残疾人保障法》，但具体关于残疾人的社会福利补贴的法律法规体系有待进一步健全和完善。残疾人的各项基本权利仍得不到满足，特别是专门保护残疾人权益的法律法规需要不断制定和完善；残疾人参与社会生活的困难和障碍并未从根本上予以消除，执法检查、视察的功能需要进一步强化；社会上歧视和侵害残疾人的现象仍时有发生，法制宣传需要进一步普及和深化，法制教育和培训的质量需要继续提高；残疾人面临的法律服务难、请律师难、打官司难和无力支付诉讼费的状况并未从根本上得到改观，需要进一步健全残疾人法律救助体系。

2. 筹资渠道单一，保障基金的管理和运用较为混乱

要搞好残疾人社会福利，必须投入大量资金，我国目前残疾人社会福利的资金主要来源于财政拨款、社会自筹、个人自筹、发行福利彩票等方面，但财政拨款上国家投入有限，中央和地方财政责任分担随意性较大。和发达国家相比，政府的有效投入明显不足，而且部分资金由于浪费或者挪用并没有落实到残疾人福利事业中去。靠福彩、福利基金会和社会捐赠又极其有限，并且存在这样那样的困难。总之，目前残疾人福利资金筹集渠道不甚畅通，融资困难，资金运行机制不完善，未能建立起有效的监督体系，适

① 中国残疾人联合会. 2020 年残疾人事业发展统计公报［EB/OL］.（2021-04-09）［2021-10-22］. https://www.cdpf.org.cn/zwgk/zccx/tjgb/d4baf2be2102461e96259fdf13852841.htm.

应不了残疾人社会福利事业对资金日益增长的需求。

3. 我国残疾人保障起步晚，水平低，滞后于社会、经济发展水平

与我国社会经济、文化所取得的成绩相比，残疾人社会福利事业发展得还不够，残疾人的社会福利水平相对滞后。

政府和社会做了大量工作，残疾人生存状况也得到明显改善，但与残疾人存在的困难和问题比较起来，残疾人社会福利的政策、措施仍显得不足。残疾人，尤其是部分基层残疾人还经常处于贫困无助的状态，时常遭受疾病的折磨。根据测算，随着我国贫困人口逐年减少，残疾人口贫困比例却大幅度上升。资金的缺乏、使用效率的低下等原因导致残疾人扶贫解困工作仍然面临许多困难。解决特困残疾人温饱，仍是一大难题。残疾人劳动就业、残疾人保障金征收、残疾人教育、残疾人医疗康复等问题都缺乏强有力的措施来保证，致使残疾人的基本状况改善不快，残疾人基本生活与健全人的差距有的地方不是在缩小，而是在扩大。

4. 人才短缺逐步缓解，服务短缺仍十分严重

以康复服务为例，截至 2020 年底，我国目前已办理残疾人证的人数约为 3 566 万，这当中有 1 077. 7 万持证残疾人及残疾儿童得到基本康复服务。全国有残疾人康复机构 10 440 个，其中残联系统康复机构 2 550 个。康复机构在岗人员达 29. 5 万人，要达到我国政府提出的实现全国残疾人“人人享有康复服务”的目标，我国至少需要 35 万名康复技术人才。目前康复专业人员虽然在逐年增加，但仍然与设定目标存在差距，并且康复人员的工作大多都是针对老年的康复需求，对特殊残疾人的康复工作仍存在短板。这是由于我国康复服务起步较晚，发展不全面不充分造成的。

思考题

1. 残疾人及残疾人社会福利的含义是什么？
2. 残疾人社会福利应遵循的基本原则是什么？
3. 简述残疾人社会福利中的供养理论、回归社会论和增能理论。
4. 残疾人社会福利的内容包括哪些？
5. 英国残疾人的社会福利包括哪些？
6. 瑞典残疾人的社会福利包括哪些？
7. 日本残疾人的社会福利包括哪些？
8. 叙述新中国成立以来我国残疾人社会福利的发展历史。
9. 新中国成立以来我国残疾人社会福利取得了哪些成就？
10. 目前我国残疾人社会福利仍存在哪些问题？

第十一章
住房福利

1998 年《国务院关于进一步深化城镇住房制度改革加快住房建设的通知》提出了我国城镇住房改革的方向，对住房供应体系的提法是：要建立以经济适用住房为主体的多层次的、新的住房供应体系，满足不同收入群众对住房的要求。向收入高的家庭提供商品住房，实行市场价；向最低收入家庭提供廉租住房，租金实行政府定价。

第一节　住房公积金

住房公积金是一种具有全民义务性和社会保障性的长期互助互益储金，是由职工个人按其工资总额的一定比例缴存、单位相应补贴，专项用于自住住房购买、建造、大修、翻修的个人住房基金。从建立方式看，住房公积金不是职工个人凭自己的意愿自愿参加的储蓄方式，而是按政府的要求，带有强制特点，每个在职职工均必须参加；从所有权关系看，住房公积金中职工个人缴存部分和职工单位补贴的部分全部归职工个人所有；从资金性质看，住房公积金既不同于商业银行的储蓄资金，也不同于财政预算资金，亦不纳入财政预算外资金管理①。

一、国外的住房金融政策

住房金融政策是各国政府介入住房领域的重要手段之一，其影响并决定绝大多数居民解决住房问题的方式。各国的国情不同，其住房金融政策亦因此产生差异。有学者将

① 王婷．中国财政社会保障资金管理运营全书［M］．北京：中国物价出版社，2001：821-831.

世界各国的住房金融政策大致划分为以下四类[①]：

（1）在国家有效控制下的以私营机构为主体的综合型模式。该模式以美国为代表。其基本特征是：

第一，经办房地产金融业务的机构中，私营金融机构占主体地位。大多数美国人都能通过私人金融机构的住房抵押贷款来解决住房问题。

第二，美国联邦政府的住房金融管理机构对住房金融市场进行了有效的调控，包括成立初级市场的政府担保机构、建立联邦住房贷款银行系统、开发全国性的二级抵押市场、组建经营证券的政府机构等方式。首先，早在1932年美国就制定《联邦家庭贷款银行法》，以财政部发行债券集资，然后再以低息贷款的方式借给银行，供其发放住房贷款。既然成员银行得到了低息的资金，那么再发出去的住房贷款的利息也就会跟着降下来。接着，美国在1934年又制定了《联邦住宅法》，其首要职能是为低收入者住房贷款提供按揭保险。这项名为“203b按揭保险”的政策一直持续到现在：凡购买中低价位的、自住用房的人，都可申请这项保险，从而大大降低购房首付，最低可达房款的3%。该项政策大大提高了中低收入居民的购房能力。此外，为让商业银行迅速从冗长的还款周期中解脱出来，美国1938年又成立了联邦国民抵押贷款协会（Fannie Mae，房利美）。该协会从银行手中购买尚未收回的按揭贷款，打包后变成债券出售，从而迅速收回资金。这个手法（金融上所谓的“资产证券化”）使得住房贷款的供给更加充沛[②]。

第三，在政府实施有效调控的同时也重视发挥私人资本的作用。私人资本活动与政府调节高度融合。

（2）公私机构互为补充的混合型模式。该模式以日本为代表。住房金融公司是日本政府成立的面向国民提供建房贷款的公营住房金融机构，其行使政府住房金融职能，融通长期低息资金，依照日本政府的住房福利向购建住房者提供长期低息贷款。日本优惠的住房政策包括：

第一，以低息贷款促进企业从事民间住宅建设。早在1980年，日本累计约有220多万家大企业，兴建面积在16万平方米以上的住宅区达40多处。日本银行为促进企业建住宅，于1985年10月以后，将利率从8.88%降为7.38%。全国银行同期放款7 789亿日元的住宅信用贷款。

第二，政府以低税和免税优惠促进私人住宅的兴建与购置。政府曾举办了一种50日元以内的免税利息的“住宅零存整取邮政储蓄”。在不动产取得税、固定资产税等方面对住宅用地实行优惠。对于不动产取得税，一般用地按4%征收，住宅用地只按3%征收，优惠了1/4。固定资产税率对住宅用地面积在200平方米以上的减半，200平方米以下的只缴纳1/4。税收优惠对住房开发起到了积极作用。

第三，发挥地方群众团体的作用，吸收社会资金发展住宅建设。到了20世纪80年

---

① 关信平. 社会政策概论［M］. 北京：高等教育出版社，2004：284-285. 转引自：郑功成. 社会保障学［M］. 北京：中国劳动社会保障出版社，2005：374.

② 苏晶. 从美国经验反思中国的房地产政策［J］. 西部论坛，2006（9）：92.

代，通过各种形式建房，面积50万平方米以上的就有143处，其优势在于住宅开发不由国家包下来，主要由民间团体吸收社会资金进行，虽规模不大，但有利于市政管理和因地制宜地组织施工。

第四，组织公团进行住宅开发。与一般国家不同，日本政府在积极进行普通居民住宅建设与经营的同时，不是直接介入，而是组织公团进行住宅开发管理。公团利用政府财政投融资金建设住宅，也可按照法定程序依法提出住宅征地申请，由有关机构审批。由中央和地方政府组织的住宅建设公团，提供了占全国居民户数10%的住宅①。

（3）政府全面直接控制的基金型模式。该模式以新加坡最为典型。自1965年独立以来，新加坡推行中央公积金制度，雇员可以用公积金购房。购房的资金，包括首付和从银行得到的贷款，均可以公积金储蓄偿还，但不能用公积金支付房租。中国政府学习新加坡模式，用公积金的方式解决绝大多数工薪阶层的住房问题。

（4）民间专营机构控制的互助型模式。该模式以英国最为典型。英国政府通过抵押贷款优惠措施促进居民购房，其特点是：第一，抵押贷款的偿还期较长，一般是15~25年，最长期限可达30年。第二，贷款比率（贷款占房价的比率）高，一般为80%；在有保险公司担保的条件下，最高可达90%，甚至100%。这为居民购买住房提供了十分有利的条件。以伦敦为例，其居民平均每7年就更换一次住房。第三，贷款方式灵活多样。各金融机构根据借款人的不同需要和收入状况，在贷款偿还期限、偿还方式、贷款利率的调整方式和贷款率等方面灵活安排，以最大限度地满足购房人的需要。借款人还可以将住房抵押贷款与借款人的定期人寿保险相结合，在贷款偿还期内每月偿付利息，同时又缴纳人身保险费，而到人寿保险到期时，用到期的人寿保险收入归还抵押贷款。与此同时，英国大力扶持互助性质的建房社团。通过限制其他银行进入个人住房抵押市场，英国政府帮助建房社团逐步占领住房金融市场。建房社团的赢利又通过某种方式返给存款人和借款人，大大缓解了城市居民的购房贷款压力②。建房社团是英国住房金融业务的主要经办机构，受到英国政府特别保护，在执行前须向政府申请。建房社团是英国专营住房金融业务的民间互助组织，其所办理的住房金融业务占全国的80%以上。它办理存款、向会员和非会员发放住房金融贷款，并受特殊法律手段管理。

二、住房公积金的本质特征

住房公积金具有以下本质特征：

（1）强制性。我国住房公积金制度是由政府推动建立的。它符合广大城镇居民的愿望，又是职工个人和单位必须履行的义务。1991年5月，上海市政府学习新加坡住房公积金的成功模式，在广泛征求全市人民意见之后，建立起公积金制度。继而许多省、市政府纷纷效仿。1994年7月，国务院发布《关于深化城镇住房制度改革的决定》，在全国范围推行住房公积金制度。1997年9月，党的十五大进一步明确提出“建

---

① 张静．国外住房保障制度对我国的启示［J］．城市开发，2002（2）：60.

② 郑翔．英国城市居民的住房供应和保障政策及其对我国的借鉴［J］．中国房地产，2007（4）：30-32.

立城镇住房公积金，加快改革住房制度”。它要求无论是国家机关职工，还是企业、事业单位、社会团体的职工，自进单位之日起至退休为止，都要按年按月缴存住房公积金，为解决自己的住房问题积累资金，提高购买住房的支付能力。单位为职工按月缴存住房公积金。这种义务实质上是住房实物分配向货币分配的一种转化，也是体现国家、集体、个人三结合筹资解决职工住房问题这种新机制的良好形式。住房公积金的建立和推行，为实现住房商品化、建立住房新机制与形成行为规范奠定了可靠的物质基础。1999 年 4 月 3 日国务院发布了《住房公积金管理条例》。

（2）互助性。职工个人无论是否需用住房公积金解决其住房问题，都必须缴存住房公积金，形成对需要使用住房公积金的职工的支持。参加住房公积金制度的职工，在公积金使用上，互相帮助，互相支持。尚未解决住房问题的职工在买房时，既可以使用自己缴存的住房公积金，也可通过抵押贷款的形式，利用其他职工缴存的住房公积金，享有互助的利益。已经解决住房问题的职工将来必须继续履行义务，按月缴存住房公积金。这些资金可以用来帮助其他职工解决住房问题，承担了互助的义务。随着住房公积金制度的广泛推行，参加的人愈来愈多，积累的资金愈来愈大，这种互助效应也愈来愈好。该制度已成为解决社会住房问题不可替代的物质力量。

（3）专用性。这主要表现在以下两个方面：其一，住房公积金的属性是个人专项住房资金，归个人所有，不是一般银行储蓄资金，也不是财政预算内或预算外资金；其二，住房公积金是定向用于职工购买、建造、大修、翻修自住住房的抵押贷款，用于城市廉租房建设的补充资金。在满足以上需要后，它可用于购买国家债券。除此之外，任何单位和个人都不能挪作他用。住房公积金若长期积累，是一笔庞大资金。确立专用性，对缴存住房公积金的职工来说，就是建立约束机制，保障这笔资金真正用于解决职工住房问题。

（4）地域性。职工及其所在单位按规定缴存的住房公积金，是由城市住房公积金管理中心经住房公积金管理委员会批准进行管理的，满足本市职工的住房需求。其归集和使用是在一个城市范围内自行平衡，不存在城市间的流动与调剂。住房公积金使用的属地化管理原则，赋予市政府运用住房公积金解决城市职工住房问题的权力与责任。

（5）长期性。住房公积金制度是住房制度改革的重要内容，是中国住房新制度最重要的组成部分，将长期存在并不断用于解决职工的住房问题。职工缴存住房公积金是一项长期义务，贯穿于整个劳动就业过程。尽管职工工作发生调动、单位发生变更，但是缴存住房公积金的义务必须履行，并长期坚持下去。这是积累住房资金的需要，因为只有职工个人和单位长期缴存住房公积金，才能不断扩大住房资金，从而真正提高购房的支付能力，实现居者有其屋；否则资金不足，住房商品化就难以实现。同时，这也是深化住房制度改革的需要。房改是一项长期任务。就整个社会来说，它要经历一个较长发展过程，才能最终完成。

三、住房公积金的作用

住房公积金的作用主要体现在以下三方面：

（1）促进住房分配体制转变。我国住房制度改革的基本方向之一就是把住房实物福利分配的方式改变为以按劳分配为主的货币工资分配方式。在过去计划经济体制下，中国的分配制度采取货币工资和住房等实物福利分配相结合的方式，这种制度造成分配到住房的人和没分到住房的人在收入分配方面的巨大不公平。同时，由于仅仅依靠国家和企业出资建房并用福利方式分给职工，因而缺乏稳定、长期、大量的建房资金来源。长期以来，职工住房困难的状况无法得到改善。实行住房公积金制度是转变住房分配制度的最佳途径。住房公积金是指由在职职工个人及其所在单位，按职工个人工资和职工工资总额的一定比例逐月交纳，归个人所有，存入职工个人公积金账户，用于购买、建造、大修、翻修住房。职工离退休时，本息余额一次结清，退还给职工本人。《住房公积金管理条例》规定职工和单位住房公积金的缴存比例均不得低于职工上一年度月平均工资的5%；有条件的城市，可以适当提高缴存比例。通过建立住房公积金制度，单位向每个职工提供专门用于住房消费的资助，从而提高了职工用于住房消费的支付能力，实际上增加了职工的货币收入。因此实行住房公积金制度有利于转变住房分配体制，有利于住房资金的积累、周转和政策性抵押贷款制度的建立，有利于提高职工购买力，促进住房建设。

（2）加快城镇住房建设。目前和今后相当长一段时间内，制约城镇住房建设的最大因素是资金短缺。国家财政难以增加对住房的投入，国有企业的住房负担已是十分沉重。解决城镇建设资金短缺问题，主要是面向职工个人，在职工合理支出范围内，逐步增加个人负担比例，形成国家、单位、个人三方负担机制。采用个人负担一半、国家和单位资助一半的办法，可筹集巨额住房资金。截至 2021 年末，全国住房公积金累计缴存总额 224 991. 31 亿元，缴存余额 81 882. 14 亿元，分别比上年末增长 14. 89%、12. 10%，结余资金 12 942. 48 亿元。其中，北京缴存余额 6 181. 49 亿元。

（3）提高职工购买住房的支付能力。住房制度改革的目标是实现住房的商品化和社会化。在住房公积金制度中，通过个人的长期储蓄积累以及国家和单位的资助，个人可逐步积累一笔数额较大的住房资金。届时个人可用住房公积金支付购房款，不需一次支付一大笔款项就可购房。在住房公积金制度下，个人为其住房支付 5%的工资，单位补助的 5%实际等于将职工工资提高 5%，其综合效果是将职工住房消费支出占工资收入的比重提到 10%。职工个人的住房支付能力逐步增强，为全社会范围的住房商品化创造了条件。

四、住房公积金的贷款利率和贷款额度

从 2006 年 5 月 8 日起，受人民银行加息的影响，国家住房和城乡建设部要求上调各档次个人住房公积金贷款利率 0. 18 个百分点，即 5 年（含）以下贷款由现行年利率 3. 96%调整为 4. 14%；5 年以上贷款由现行年利率 4. 41%调整为 4. 59%。住房公积金存款利率保持不变。调整后，5 年期以上住房公积金贷款利率 4. 59%与 5 年期以上个人商业性住房贷款的基准利率 6. 39%相差 1. 8 个百分点。而调整前两者相差 1. 71 个百分点。1 万元 20 年的公积金贷款升息后月还款额由 62. 78 元增至 63. 75 元，多支出 0. 97 元，

累计利息 20 年共多交 233 元。若以 40 万元最高公积金贷款额度计算，每月多还 38.88 元，20 年一共多还利息 9 327 元。同样是 40 万元的商业贷款，调息后 20 年多还的利息为 13 249 元。现行的公积金贷款利率是 2015 年 10 月 24 日调整并实施的，5 年以上公积金贷款年利率为 3.25%，5 年及以下公积金贷款年利率为 2.75%，相对于商业贷款年利率较低，如表 11-1 所示。从 2005 年到现行的贷款利率是央行对贷款基准利率进行下调的结果，公积金贷款利率仍然比商业贷款利率更低，住房公积金作为一项社会保障性的长期互益储金，无疑减轻了购房职工的负担。

表 11-1 公积金、商业贷款年利率

单位:%

公积金贷款		商业贷款	
贷款期限	年利率	贷款期限	年利率
1~5 年（含 5 年）	2.75	1 年以内（含 1 年）	4.35
		1~5 年（含 5 年）	4.75
5~25 年（含 25 年）	3.25	5 年以上	4.90

公积金贷款额度的确定，根据还贷能力、房价成数、住房公积金账户余额、参加公积金的时间、贷款最高限额、可贷资金量、单（双）职工等多个因素，不同的城市选择不同组合，最终确定计算公式，因此不同城市间公积金的贷款额度往往差异较大。

五、住房公积金的发展简历

住房公积金于 1991 年 5 月首先源于上海，1992 年从上海市扩展到北京市、天津市、江苏省、浙江省等地，1993 年继续扩展至辽宁省、吉林省、黑龙江省、河北省、湖北省等地。1994 年《关于深化城镇住房制度改革的决定》颁布后，迅速发展到全国。1995 年底以前，国务院房改领导小组批准独立运行的解放军、煤炭、铁路、石油系统也建立起住房公积金制度。1996 年 10 月中央国家机关也建立了此项制度。以北京市为例，到 2004 年 3 月北京市公积金的覆盖率达到 90%以上。1999 年 4 月，国务院发布《住房公积金管理条例》，随后各省份都陆续制定了当地住房公积金管理条例或住房公积金管理条例的实施办法；为进一步完善住房公积金管理办法、健全住房公积金监督管理体系，从根本上解决目前住房公积金使用和管理中存在的问题，2002 年 3 月 24 日国务院颁发了《关于修改〈住房公积金管理条例〉的决定》，对《住房公积金管理条例》进行了修订。为贯彻落实修改后的《住房公积金管理条例》，2002 年 5 月 13 日，国务院又发布了《国务院关于进一步加强住房公积金管理的通知》。2005 年初国家住房和城乡建设部、财政部与中国人民银行联合颁布《关于住房公积金管理若干具体问题的指导意见》，对住房公积金缴存和支取明定细则。单位和职工缴存比例不应低于 5%，原则上不高于 12%。

2006 年 6 月 27 日，《财政部 国家税务总局关于基本养老保险费、基本医疗保险费、失业保险费、住房公积金有关个人所得税政策的通知》对住房公积金缴费中涉及的个人所得税免交比例做出了具体规定：单位和个人所交金额分别在不超过职工本人上一年度月平均工资12%的幅度内，其实际缴存的住房公积金，允许在个人应纳税所得额中扣除。单位和职工个人缴存住房公积金的月平均工资不得超过职工工作地所在设区城市上一年度职工月平均工资的3倍，具体标准按照各地有关规定执行。

2007年底起中央政府开始提出加速建立完善城镇住房保障制度，为保障性住房建设拓展资金来源。2008年，为进一步扩大内需、促进经济平稳较快增长的决策部署，加大保障性住房建设力度，进一步改善人民群众的居住条件，促进房地产市场健康发展，国务院提出要加大保障性住房建设力度，开展住房公积金用于住房建设的试点，拓宽保障性住房建设资金来源，充分发挥住房公积金的使用效益，选择部分有条件的地区进行试点，在确保资金安全的前提下，将本地区部分住房公积金闲置资金补充用于经济适用住房等住房建设。要求住房城乡建设部要会同有关部门抓紧制定试点方案。2013年11月，中国共产党第十八届中央委员会第三次全体会议审议并通过了《中共中央关于全面深化改革若干重大问题的决定》（以下简称《决定》），这也是住房公积金第一次出现在中共政治决议中。《决定》就住房公积金制度改革的方向性要求做出了规定，指出要求不断完善符合我国发展国情的住房供给与保障体系，提高住房公积金制度的公开性、规范性，完善住房公积金提取、使用以及监督机制。最近几年，政府就住房公积金缴纳基数和比例、提取条件和缴纳主体、住房公积金用于向保障性安居工程提供长期建设贷款等细节问题，对《住房公积金管理条例》进行了进一步规范设计。

2014年10月起，住建部提出要推进异地贷款业务，实现住房公积金缴存异地互认和转移接续，提高住房公积金个人住房贷款发放率，支持缴存职工购买首套和改善型自住住房；取消住房公积金个人住房贷款保险、公证、新房评估和强制性机构担保等收费项目被取消，减轻职工贷款负担。按照住建部要求，2017年7月1日起全国所有住房公积金管理中心将通过统一的平台办理住房公积金异地转移接续业务，住房公积金在全国范围内实现了“账随人走，钱随账走”，达到了让信息多跑路、群众少跑腿的目标，提升了住房公积金服务效率。

六、住房公积金的管理体制

住房公积金制度是国家实施的一项重要的经济制度，关系国计民生，国家应对其进行严格的管理。目前公积金的管理原则是：房委会决策、中心运作、银行专户、监督。

（1）房委会决策。省（自治区、直辖市）人民政府所在地的市以及其他设区的市（地、州、盟），应当设立住房公积金管理委员会，作为住房公积金管理的决策机构。在住房公积金管理委员会的成员中，人民政府负责人和建设、财政、中国人民银行等有关部门负责人以及有关专家占1/3，工会代表和职工代表占1/3，单位代表占1/3。住房公积金管理委员会主任应当由具有社会公信力的人士担任。住房公积金管理委员会在住房公积金管理方面履行下列职责：①依据有关法律、法规和政策，制定和调整住房公积金的具体管理措施，并监督实施；②拟订住房公积金的具体缴存比例；③确定住房公积金的最高贷款额度；④审批住房公积金归集、使用计划；⑤审议住房公积金增值收益分配方案；⑥审批住房公积金归集、使用计划执行情况的报告。

2020 年度部分城市公积金最高贷款额度见表 11-2。

表 11-2　2020 年度部分城市公积金最高贷款额度　　单位：万元

城市	北京	上海	广州	深圳	杭州	成都	贷款人数
最高额度	120	50	60	50	50	40	单职工
		100	100	90	100	70	双职工及以上
城市	南京	大连	合肥	重庆	苏州	西安	
最高额度	30	45	45	40	45	50	单职工
	60	70	55	60	70	75	双职工及以上
城市	天津	武汉	长沙	郑州	石家庄	宁波	
最高额度	60	50	60	60	60	80	未做贷款人数区分

注：此贷款额度表为购买首套房额度。

住房公积金管理委员会由政府主要领导人和有关部门、单位的代表组成，是住房公积金管理的领导决策机构。住房公积金管理委员会负责制定住房公积金归集、管理、使用的有关制度和政策；审批住房公积金的年度归集、使用计划和发展规划；审议确定住房公积金的预算、决算。总之，住房委员会对住房公积金的归集、使用、管理等重大问题进行决策研究，提出决策意见，报请当地政府批准后贯彻实施，使住房公积金制度的建立和推行在集中统一的领导下进行，又经过反复研究、民主讨论，保证决策的民主化、科学化，促使其健康发展，不断完善。

（2）中心运作。中心运作是指在房委会的领导下，设立住房公积金管理机关以专门承担住房公积金的运营和管理，包括编制住房公积金归集、使用计划，负责归集、归还住房公积金，督促实施住房公积金的保值、增值，审批住房公积金贷款的申请，等等。省（自治区、直辖市）人民政府所在地的市以及其他设区的市（地、州、盟）应当按照精简、效能的原则，设立一个住房公积金管理中心，负责住房公积金的管理运作。县（市）不设立住房公积金管理中心。住房公积金管理中心可以在有条件的县（市）设立分支机构。住房公积金管理中心与其分支机构应当实行统一的规章制度，进行统一核算。住房公积金管理中心是直属城市人民政府的不以营利为目的的独立的事业单位。住房公积金管理中心的管理费用，由住房公积金管理中心按照规定的标准编制全年预算支出总额，报本级人民政府财政部门批准后，从住房公积金增值收益中上交本级财政，由本级财政拨付。管理费用标准，由省（自治区、直辖市）人民政府建设行政主管部门会同同级财政部门按照略高于国家规定的事业单位费用标准制定。如 2004 年全国住房公积金共提取管理费 12.2 亿元。

住房公积金管理中心履行下列职责：①编制、执行住房公积金的归集、使用计划；②负责记载职工住房公积金的缴存、提取、使用等情况；③负责住房公积金的核算；④审批住房公积金的提取、使用；⑤负责住房公积金的保值和归还；⑥编制住房公积金归集、使用计划执行情况的报告；⑦承办住房公积金管理委员会决定的其他事项。

我国部分城市调整住房公积金机构。以北京市为例，目前北京市已将原北京市住房资金管理中心、中央直属机关住房资金管理中心、中央直属机关住房公积金管理中心和北京铁路局（分局）住房资金管理中心组建为北京住房公积金管理中心，由其负责北京地区住房公积金的管理运作。

住房公积金必须设立公积金管理中心来统一运作。这是由住房公积金的性质决定的。住房公积金是一种长期义务性的住房储金。职工缴存住房公积金用的是一小部分工资收入；单位缴存的住房公积金是单位对职工住房实物分配向货币分配的一种转化，实质上也是一种工资收入。因此，这是职工个人利用工资收入进行长期储蓄的住房资金，有其特殊的管理要求，也有特殊的资金运营规律。它既不是财政预算外资金，不能用财政预算外资金管理方式来管理，也不是一般的居民储蓄，不能由银行用储蓄存款的管理方式管理，而只能专门设立一个机构，即公积金管理中心来承担管理责任，才能管好住房公积金，发挥其应有的作用。

（3）银行专户。这是指公积金管理中心委托银行承办金融业务，并在银行开立住房公积金专户，保障住房公积金的封闭运作。公积金管理中心不是金融机构。住房公积金的金融业务，不能由公积金管理中心办理，而只能委托银行承办。住房公积金管理委员会应在中国人民银行规定的中国工商银行、中国农业银行、中国银行、中国建设银行和交通银行五家商业银行范围内，确定受委托银行，办理住房公积金贷款、结算等金融业务和住房公积金账户的设立、缴存、归还等手续。其中，受委托办理住房公积金账户设立、缴存、归还等手续的银行，在一个城市不得超过两家，以便于资金统一管理，降低资金运作成本，充分发挥资金的规模效应。住房公积金管理中心应当与受委托银行签订委托合同。住房公积金管理中心应当在受委托银行设立住房公积金专户。单位应当到住房公积金管理中心办理住房公积金缴存登记，经住房公积金管理中心审核后，到受委托银行为本单位职工办理住房公积金账户设立手续。每个职工只能有一个住房公积金账户。新设立的单位应当自设立之日起 30 日内到住房公积金管理中心办理住房公积金缴存登记，并自登记之日起 20 日内持住房公积金管理中心的审核文件，到受委托银行为本单位职工办理住房公积金账户设立手续。当单位合并、分立、撤销、解散或者破产的，应当自发生上述情况之日起 30 日内由原单位或者清算组织到住房公积金管理中心办理变更登记或者注销登记，并自办妥变更登记或者注销登记之日起 20 日内持住房公积金管理中心的审核文件，到受委托银行为本单位职工办理住房公积金账户转移或者封存手续。单位录用职工时，应当自录用之日起 30 日内到住房公积金管理中心办理缴存登记，并持住房公积金管理中心的审核文件，到受委托银行办理职工住房公积金账户的设立或者转移手续。单位与职工终止劳动关系时，单位应当自劳动关系终止之日起 30 日内到住房公积金管理中心办理变更登记，并持住房公积金管理中心的审核文件，到受委托银行办理职工住房公积金账户转移或者封存手续。

凡委托银行归集住房公积金，归集手续费率一般按当年住房公积金归集额的 0.5% 确定。贷款手续费率按不高于贷款利息收入的 5%确定。受托银行负责为管理中心开立住房公积金存款户、委托贷款户和结算户；协助管理中心督促单位按时足额缴存住房公积金；承办单位和职工个人住房贷款业务。受委托银行根据住房公积金管理委员会审定的使用计划按期拨付资金，不符合使用方向的，受托银行有权不予办理。

银行承办住房公积金的金融业务，必须设立住房公积金专户。该专户至少包括住房公积金存款户、委托贷款基金户和结算户三个专户，不能和银行的其他经营性资金混同起来。这样做，既保证了住房公积金的封闭运行，资源不外溢，又保证了住房公积金专项用于职工的住房建设和住房消费，推进房改的不断深入。银行设立住房公积金专户，还表明了银行与公积金管理中心之间确立了两种法律关系：其一是资金的存储关系，其二是金融业务的委托办理关系。因此，公积金管理中心并不因住房公积金的存贷业务在银行而丧失管理主体的法律地位，银行也并不因管理主体不在银行而削弱了办理金融业务的职责，两者的职权界限分明。

（4）监督。第一是财政监督。它包括以下三个方面：一是财政部门的代表是住房委员会的当然委员，财政部门的委员必须参与有关住房公积金制度的重大决策；二是监督住房公积金的归集、支取和使用，及时制止挪用住房公积金；三是审查、批准公积金管理中心的开支计划，防止以权牟利。第二是审计监督。审计部门按年对公积金管理中心进行审计，通过对其资金账册、资金往来的审核，检查资金使用是否专款专用，是否存在资金挪用和其他违纪现象，资金管理是否科学有序。然后以审计报告形式，对公积金管理中心的管理状况做出评价，提出存在的问题，明确今后改进措施，从而帮助公积金管理中心进一步搞好住房公积金的运营和管理。第三是住房委员会监督。主要是审查、批准住房公积金的年度归集和使用计划；听取公积金管理中心定期或不定期有关资金使用情况的汇报，检查有无违背政策现象的发生；支持公积金管理中心制止资金的挪用；房改领导小组或住房委员会的监督，可下设住房公积金监督委员会，专司监督职能。第四是群众监督。一是体现在公积金管理中心每年必须将上一年度住房公积金归集、使用情况登报公告，让全市职工了解住房公积金运营和管理情况，并回答职工提出的问题，接受群众监督。二是体现在对每个住房公积金缴存者每年对账一次，让职工了解本人住房公积金的结算情况，接受群众查询和监督。以上四种监督构成了严密的监督体系，形成了全社会监督，有力地保障了住房公积金制度依法实施，维护好职工的合法权益。

七、住房公积金增值收益的来源和分配

住房公积金增值收益主要来源于公积金余额购买国债的收益，公积金存款的利息收入和无法支取的公积金账户储蓄款收入。

住房公积金的增值收益要存入住房公积金管理中心在受托银行开立的住房公积金增值收益专户，用于建立住房公积金贷款风险准备金、住房公积金管理中心的管理费用和建设城市廉租住房的补充资金。2007 年 8 月国务院出台的《国务院关于解决城市低收入家庭住房困难的若干意见》规定，各地应至少将住房公积金收入的 15%用于本地廉租房建设。

八、住房公积金制度的改革与创新

上海市在住房公积金制度方面一直走在国内前列。针对住房公积金制度中的弊端，上海市公积金管理中心提出了改革的新设想：学习新加坡灵活的缴存比例调控机制，确定在不低于两个5%的基础上，每年的缴存比例整体浮动。浮动包括单位和个人缴存比例整体浮动、单位和个人缴存比例各自浮动以及个人缴存比例随年龄阶段不同浮动三种。

严肃法纪，严格征缴，对不为职工登记和缴存住房公积金的企业加强处罚和执法力度，确保职工的合法权益不受侵害，确保低收入职工的住房分配。

提高供给能力，向低收入者倾斜。例如，在公积金增值收益中提取部分资金购入或建造一些低价位住房，以每户60~80平方米的面积定向供应低收入的困难户，资金可滚动使用。对低于平均账户资金余额且又从未提取使用过公积金的缴存人，可考虑在其退休时给予不低于同期存款利息的现金奖励。

拓展使用途径，链接社保功能，进而用公积金个人积累制模式逐渐覆盖原社保账户的统筹管理模式，扩大公积金的社保功能。如在目前可探索以下创新操作：一是设立倒按揭业务，向老年职工预购其产权住房，用于老人养老补充。等老人去世后收回其住房，再出售回笼资金。根据媒体报道，我国第一家专门从事这方面业务的保险公司——幸福人寿已经组建。二是允许职工退休时不领取公积金余额，而将其转入社保局个人养老金账户，随养老金一起发放，由政府和社保部门给予相应的政策鼓励。三是借鉴新加坡公积金中的家属保障计划和健保双全计划等做法，要求每个公积金缴存人每年在其账户中划出几元钱作为投保金。一旦出现缴存人意外死亡或遭受重大疾病、丧失劳动能力时，可以得到一笔“保险金”。四是对失业后重新就业有一定困难但又未达到退休年龄的职工，允许其提取个人公积金账户中全部或部分余额，作为失业救济金的补充。

在城乡一体化发展的新形势下，一些地区积极研究进城务工人员的住房问题，针对其流动性较大的特点，探索将其纳入住房公积金制度，以提高其住房支付能力。如江苏省昆山市等地已经试行运用公积金支持农民工租赁住房，上海市、浙江省湖州市已经出现一些企业为农民工建立住房公积金账户。

还有不少城市开始实行公积金贷款的贴息业务。如北京市规定，只要符合相关条件，在进行组合贷款时，用公积金贷款利率和商业银行贷款利率计算出的利息差额可由北京市住房公积金管理中心支付，以此鼓励使用公积金贷款。

第二节　经济适用住房

经济适用住房（economically affordable housing）是指根据国家经济适用住房建设计划安排建设的住宅。经济适用住房的建设由国家统一下达计划，用地一般实行行政划拨的方式，免收土地出让金，对各种经批准的收费实行减半征收，出售价格实行政府指导价，按保本微利的原则确定。

与发达国家相比，发展中国家住房需求中有效需求所占的比重要小得多，中低收入居民的年收入与住房成本价相差悬殊。换言之，发展中国家中低收入居民所占比重较大。他们有着迫切的住房需求而无力自行解决住房问题。因此，公共住房占全社会住房的比重也较大。公共住房发展计划和政策有利于解决全社会住房需求问题。

美国政府只负责占其人口10%~15%的人的住房，其中占总人口2%的低收入者住在美国公共住房政策下建造的约130万套公共住房中。

英国政府一直奉行发展公共住房的政策。从1919年至20世纪70年代末撒切尔夫人执政时，英国政府的公共住房占住房总数的1/3。撒切尔夫人推行的“住房私有行动”的目标之一就是使出租公共住房占住房总数的20%左右。

瑞典是一个具有代表性的福利国家。与其他发达资本主义国家相比，其公有住房和住房协作团体所有的合作社会住房的比重较高。20世纪80年代的370万套住房中，租用政府公房占21%，合作住房占15%。

在大力推行公共住房政策并取得成功的新加坡和中国香港地区，公共住房的比例要高得多。到1995年，新加坡86%的公民住进了政府组屋，其中约85%的组屋为出售，其他为出租。在同一时间，香港特区政府为1/2的香港人口（约300万人）提供了永久安居之所，并为6万多人提供临时栖身之地。

为占社会总人口相当比例的中低收入人口提供住房，是多数发展中国家面临的重大挑战，是发展中国家政府最终实现其全社会居住目标的先决条件和责无旁贷的义务，也是发展中国家政府的住房发展计划和政策具有特殊重要性的主要原因①。经济适用房和廉租房属于目前我国公共房屋政策的范畴。

一、新加坡的组屋政策

新加坡是一个人口密度较高的城市型国家。新加坡政府坚持以政府分配为主、市场出售为辅的原则，牢牢掌握了房地产市场的主动权，既解决了大部分国民的住房，也有效平抑了房价。

在新加坡，民用住宅主要由政府组屋和商品房两部分组成。政府组屋由政府投资修建，价格也由政府统一规定，以低价出售或出租给中低收入阶层使用。包括共管公寓等高级公寓和私人住宅在内的商品房则由私人投资修建，并按市场价格发售。根据统计，过去四十多年中，新加坡共修建组屋近100万套，目前约84%的人安居在组屋中。而商品房的购买者主要是收入较高的二次置业者、投资者或者外国公民。

在组屋分配方面，新加坡建屋发展局会在组屋建成后，按照公平原则进行合理分配。符合配房条件的住户一律排队等候政府分配住房，低收入者可以享受廉价租房待遇，中等收入者可以享受廉价购房待遇。组屋按地段与面积不同，每套价格从15万新加坡元（1美元约合1.35新加坡元）到25万新加坡元不等。符合条件者，可以向建屋

① 田东海.住房政策：国际经验借鉴和中国现实选择［M］.北京：清华大学出版社，1998：98.

发展局申请优惠并按揭贷款。

为防止房价剧烈波动，新加坡对房地产市场进行严格监控。例如，建屋发展局的政策定位是“以自住为主”，对居民购买组屋的次数有严格的限制。购买组屋后，屋主在一定年限期内不得整房出租；在购买组屋后5年之内，不得将其转让，也不能用于商业性经营。新加坡政府还规定，一个家庭同时只能拥有一套组屋，如果要购买新房子，旧组屋必须退出来，以防有人投机多占。对于商品房，新加坡政府规定，业主出售购买时间不足1年的商品房，需要缴纳高额房产税，从而有效抑制了“炒房”行为和商品房价格暴涨。

二、日本立法保障保低放高的住房政策

日本的公营住宅（东京的都营住宅）类似我国的经济适用住房。日本土地大多为私人所有，住房价格基本上由市场决定。但为使大多数人能够“居者有其屋”，日本历届政府遵循保低放高的原则，采取了不少政策性调节措施，使不同社会层次的百姓都能住上与自己经济条件相适应的住房。

所谓保低放高，是指政府为中低收入者提供廉价住房或优惠住房贷款，保证中低收入者能买得起房或者能租得起房，而高收入者的住房问题则由公开市场解决。

日本政府主要通过立法对地方政府兴建廉价住房等提供实物、金融和税收等方面的支持，以实现改善国民居住条件的目的。日本政府在支持兴建廉价住房方面的主要做法是：中央政府出资鼓励地方政府兴建住房和收购住房，然后再以较低价格出售或出租给中低收入者。依照《公营住宅法》，日本中央政府要为地方政府兴建用于出租的住房提供财政补贴。其中，新建住房费用由国家补贴一半，翻修住房费用由国家补贴1/3。

1955年，日本政府在《公营住宅法》的基础上又出台了《住宅公团法》，为以政府为主体直接出资兴建住房提供了法律依据。按照该法律，日本中央政府出资组建了住宅公团。住宅公团是一个非营利单位，负责在大城市及其周边地区进行城区改造和建设住宅，并出售或出租给一般收入者。

为进一步改善国民居住条件、促进城市建设，1960年日本又制定了《居民区改造法》。根据该法律，各地方政府在进行城区改造时，可得到中央财政的补贴。拆除危房、搭建临时住宅所产生的费用由国家资助一半，新房建设、收购平整土地所产生的费用可得到国家2/3的补助。

此外，日本政府还通过为购房和建房的单位和个人提供低息贷款来解决国民住房问题。1950年，日本制定了《住宅金融公库法》，由国家出资成立住宅金融公库，实行固定利率制。贷款利率相当于普通银行的1/3左右，还贷期限也比较长，一般为35年，而且一些到期无法还款的特殊困难人群还能在原贷款期限基础上再延长10年。放贷对象主要是购建住房的个人和单位。1955年，日本还颁布了《住宅融资保险法》，对金融机构发放住房贷款提供保险服务。另外，日本政府还通过减免所得税、赠与税和房屋登记许可税等政策措施，鼓励国民购房。

日本政府实施的这些法律和政策措施取得了较为显著的成效。根据统计，截止到

2000 年底，日本住宅公团累计建房 150 万套，用于出租和销售的各占 50%，各地方政府累计翻修和新建住房 210 余万套。同时，住宅金融公库累计为 1 890 万套住房提供了 177.4 万亿日元的融资。大量低价房和廉租房在日本政府的努力下成功填充了市场，满足了日本相当一部分中低收入者的住房需求。

三、我国经济适用住房的性质

经济适用住房是政府提供政策优惠、限定建设标准、供应对象和销售价格具有保障性质的政策性商品住房。1994 年，国务院发布了《国务院关于深化城镇住房制度改革的决定》，把经济适用房建设列为城镇住房制度改革的基本内容之一。1998 年国务院出台的《关于深化城镇住房制度改革加快住房建设的通知》要求采取扶持政策，重点发展经济适用住房为主的多层次城镇住房供应体系。2003 年国务院发布的《国务院关于促进房地产市场持续健康发展的通知》（以下简称“18 号文件”）明确提出，经济适用住房是具有保障性质的政策性商品住房，并要求加强经济适用住房建设和管理。为落实 18 号文件，2004 年 5 月 13 日建设部、国家发展改革委、国土资源部、中国人民银行联合发布《经济适用住房管理办法》。为了给予经济适用房建设更大的政策支持并减少管理中的问题，2007 年建设部等 7 部门联合出台新的《经济适用住房管理办法》。

经济适用住房的购房人拥有有限产权。经济适用房产权的“有限”体现在以下四个方面：

（1）经济适用房产权的主体，也就是物权的主体是有限制的。低收入家庭才能有法律上的资格购买经济适用房，如果是高收入者就不可以，这是一个限制。

（2）经济适用房的处分权受限制。如果是完整所有权的话，可以自由交易，但是经济适用房需要 5 年后才可上市交易，政府可优先回购。

（3）取得经济适用房的对价也是有一定限制的。在政府将经济适用房出售给需要的家庭时，有些应当在商业住房项目中收取的土地费，实际上是减免了。在购买产权的时候，支付的对价里面就没有包括国有土地使用权的完整的市场价格。因此对应来讲，所取得的权利也应该受到一定限制。

（4）对于大多数低收入者来说，给予有限产权并不会影响到低收入家庭的正常生活。低收入者取得了可以负担得起的房屋的使用价值。为了使这个使用价值得到法律上的确认，政府用了“有限产权”这样的概念。经济适用房可以有条件地转让，这和使用权并不一样，这种所有权受到了法律上的限制。

四、我国经济适用住房的主要管理办法

1. 建设、购买经济适用房的优惠

经济适用住房建设用地实行划拨方式供应；经济适用住房建设项目免收城市基础设施配套费等各种行政事业性收费和政府性基金，项目外基础设施建设费用由政府承担；建设单位可以住建项目作抵押向商业银行申请住房开发贷款；个人贷款利率执行中国人民银行公布的贷款利率，不得上浮；优先向购买经济适用住房的个人发放住房公积金贷款。

2. 经济适用房的面积和价格

经济适用住房的面积严格控制在60平方米左右。市、县人民政府应当根据当地经济发展水平、群众生活水平、住房状况、家庭结构和人口等因素，合理确定经济适用住房建设规模和各种套型的比例，并进行严格管理。

确定经济适用住房的价格应当以保本微利为原则。其销售基准价格及浮动幅度，由有定价权的价格主管部门会同经济适用住房主管部门，依据经济适用住房价格管理的有关规定，在综合考虑建设、管理成本和利润的基础上确定并向社会公布。房地产开发企业实施的经济适用住房项目利润率按不高于3%核定；市、县人民政府直接组织建设的经济适用住房只能按成本价销售，不得有利润。经济适用住房销售应当实行明码标价，销售价格不得高于基准价格及上浮幅度，不得在标价之外收取任何未予标明的费用。经济适用住房价格确定后应当向社会公布。价格主管部门应依法进行监督管理。经济适用住房实行收费卡制度，各有关部门收取费用时，必须填写价格主管部门核发的交费登记卡。任何单位不得以押金、保证金等名义，变相向经济适用住房建设单位收取费用。价格主管部门要加强成本监审，全面掌握经济适用住房成本及利润的变动情况，确保经济适用住房做到质价相符。

3. 申请购买或承租的条件

购买经济适用房须具备以下条件：

（1）具有当地城镇户口；

（2）家庭收入符合市、县人民政府划定的低收入家庭收入标准；

（3）无房或现住房面积低于市、县人民政府规定的住房困难标准。

经济适用住房供应对象的家庭收入标准和住房困难标准，由市、县人民政府根据当地商品住房价格、居民家庭可支配收入、居住水平和家庭人口结构等因素确定，实行动态管理，每年向社会公布一次。

若家庭已经购买经济适用住房又想购买其他住房，其原经济适用住房由政府按规定及合同约定回购。政府回购的经济适用住房，仍用于解决低收入家庭的住房困难。

已参加福利分房的家庭在退回所分房屋前不得购买经济适用住房，已购买经济适用住房的家庭不得再购买经济适用住房。

4. 申请及审批程序

购买经济适用住房实行申请、审批和公示制度。购买经济适用住房的申请人应当持家庭户口本、所在单位或街道办事处出具的收入证明和住房证明以及市、县人民政府规定的其他材料，向市、县人民政府经济适用住房主管部门提出申请。市、县人民政府经济适用住房主管部门应当在规定时间内完成核查。符合条件的，应当公示。公示后有投诉的，由经济适用住房主管部门会同有关部门调查、核实；对无投诉或经调查、核实投诉不实的，在经济适用住房申请上签署核查意见，并注明可以购买的优惠面积或房价总额标准。符合条件的家庭，可以持核准文件选购一套与核准面积相对应的经济适用住房。这三项制度增加了申请、审批程序的透明度，有利于社会监督。

5. 转让和出租

严格管理经济适用住房上市交易。经济适用住房属于政策性住房，购房人拥有有限产权。购买经济适用住房不满 5 年，不得直接上市交易；购房人因各种原因确需转让经济适用住房的，由政府按照原价格并考虑折旧和物价水平等因素进行回购。购买经济适用住房满 5 年，购房人可转让经济适用住房，但应按照届时同地段普通商品住房与经济适用住房差价的一定比例向政府交纳土地收益等价款，具体交纳比例由市、县人民政府确定，政府可优先回购；购房人向政府交纳土地收益等价款后，也可以取得完全产权。上述规定应在经济适用住房购房合同中予以明确。政府回购的经济适用住房，继续向符合条件的低收入住房困难家庭出售。

个人购买的经济适用住房在取得完全产权以前不得用于出租经营。

6. 集资合作建房

集资合作建房是经济适用住房的组成部分，其建设标准、优惠政策、上市条件、供应对象的审核等均按照经济适用住房的有关规定，严格执行。集资合作建房应当纳入当地经济适用住房建设计划和用地计划管理。

距离城区较远的独立工矿企业和住房困难户较多的企业，在符合土地利用总体规划、城市规划、住房建设规划的前提下，经市、县人民政府批准，可以利用单位自用土地进行集资合作建房。参加单位集资合作建房的对象，必须限定在本单位符合市、县人民政府规定的低收入住房困难家庭。

单位集资合作建房是经济适用住房的组成部分，其建设标准、优惠政策、供应对象、产权关系等均按照经济适用住房的有关规定严格执行。单位集资合作建房应当纳入当地经济适用住房建设计划和用地计划管理。

任何单位不得利用新征用或新购买土地组织集资合作建房；各级国家机关一律不得搞单位集资合作建房。单位集资合作建房不得向不符合经济适用住房供应条件的家庭出售。

单位集资合作建房在满足本单位低收入住房困难家庭后，房源仍有少量剩余的，由市、县人民政府统一组织向符合经济适用住房购房条件的家庭出售，或由市、县人民政府以成本价收购后用作廉租住房。

向职工收取的单位集资合作建房款项实行专款管理、专项使用，并接受当地财政和经济适用住房主管部门的监督。

已参加福利分房、购买经济适用住房或参加单位集资合作建房的人员，不得再次参加单位集资合作建房。严禁任何单位借集资合作建房名义，变相实施住房实物分配或商品房开发。

单位集资合作建房原则上不收取管理费用，不得有利润。

7. 组织管理

国务院建设行政主管部门负责全国经济适用住房指导工作。省（自治区、直辖市）建设行政主管部门负责本行政区域范围内经济适用住房指导、监督工作。市、县人民政府建设或房地产行政主管部门（以下简称“经济适用住房主管部门”）负责本行政区域内经济适用住房的实施和管理工作。县级以上人民政府计划（发展和改革）、国土资源、规划、价格行政主管部门和金融机构根据职责分工，负责经济适用住房有关工作。市、县人民政府应当在做好市场需求分析和预测的基础上，编制本地区经济适用住房发展规划。市、县人民政府经济适用住房主管部门应当会同计划、规划、国土资源行政主管部门根据土地利用总体规划、城市总体规划和经济适用住房发展规划，做好项目储备，为逐年滚动开发创造条件。市、县人民政府计划主管部门应当会同建设、规划、国土资源行政主管部门依据经济适用住房发展规划和项目储备情况，编制经济适用住房年度建设投资计划和用地计划。经济适用住房建设用地应当纳入当地年度土地供应计划。中央和国家机关、直属企事业单位及军队的经济适用住房建设，实行属地化管理。其利用自用土地建设经济适用住房，经所属主管部门批准后，纳入当地经济适用住房建设投资计划，统一管理。

五、我国经济适用住房建设中的问题

1. 一些地方经济适用住房并不“经济”，中低收入家庭难以负担

经济适用住房有一个“适度保障”的含义。如果在建筑标准、配套设施上先把档次提高了，必然提高成本，导致“不经济”。但片面硬性要求开发商不计成本，也不合理。同时，给经济适用住房的开发提出了问题：开发中可考虑选择价位更便宜的地段，但不能太偏远。虽然地段太偏的小区一时便宜，但是百姓入住后的生活成本（交通、购物、小孩上学等）会增加，政府的后期投入（道路、管网等）也不得不考虑。此外，如何对经济适用房提供个人房贷，也需要有关方面积极协调。如果能有一个长效的涵盖公积金管理中心、银行、保险等在内的机制，无疑会为购房者真正买得起房提供更大保障。

2. 一些地方经济适用住房并不“适用”，其位置和设计不合理，导致经济适用住房无人喝彩

根据新华社报道，杭州市 2005 年初曾发生一起怪事：明明有 5 万多住房困难户急等着购买经济适用房，但 2004 年底，当预登记销售最后一批 2 400 多套只要 3 000 元/平方米的经济适用住房时，近千套无人登记。其原因就在于位置和设计不合理。

一是这批房子距离市区很远。虽居住者买房的成本较低，但入住后的综合生活成本要大幅增加。杭州市这 2 400 多套经济适用房源主要是新增的九堡新江花园小区的房子。这些房子每平方米建筑面积售价一般为多层 2 470 元、高层 2 930 元。但这批房子距杭州市区较远，一般都有 15～20 千米的路程。有资格购买经济适用房的都是偏低收入市民，不可能购置家用汽车。多数人又都在市区就业，公共交通设施不足，上下班要跑这么远的路，要多花钱，不方便。同时，各种配套设施也缺乏，更大幅增加了综合生活成本。如一位原住延安路现住“北景园”经济房的退休人员纪先生反映，他经常要看病，还要送孩子上学和走亲访友等，他一人每月就至少增加了三四百元开支。他苦笑着说：“我的退休工资不多，现在还要一半扔在进城来回的路上，这个经济房一点都不经济。”

二是这批房子户型设计过小。据了解，这次很多有资格登记购买经济适用房的人的现住房面积不足48平方米。而政府当初建造这批经济适用房时，考虑到申购家庭的经济承受能力差，因此好心地把这批房子都设计成了建筑面积为55~60平方米的小户型。但这偏偏违背了这类困难户改善居住条件的基本愿望。如都市水乡小区推出的552套房子，每套建筑面积为60平方米左右，虽比申请人现居旧房大十几个平方米，但因是小高层，去掉公摊面积，新旧房子的实用面积就差不多了。两天仅40多人申请登记。

3. 城市低收入者定义的困难

城市低收入者如何来界定？它对城市居民的覆盖率有多大？对于低收入者来说，由于低收入者的评估标准是以各地方的具体情况来确定（没有统一标准）的，这就必然造成不同地方的低收入者评估标准具有巨大的差异性。这种差异性表面上是适应各个地方的实际情况，但是也迫使大量低收入者从一个地方流向另外一个地方，即不断地向低收入者评估标准较高的地方流动，从而使得低收入评估标准较高地方的人口聚集密度越来越大，从而导致低收入评估标准高的地方的住房矛盾越来越严重。

4. 外来暂住人口无缘经济适用住房

暂住人口是指在某一城市居住半年以上的非本市户籍人口。全国绝大多数城市住房体制中依然残留着针对暂住人员的体制性障碍。

5. 经济适用房事实上“便宜”了不少关系户

经济适用房“僧多粥少”，销售中出现“猫腻”，富了有“路子”的人。经济适用房供不应求是不争的事实，甚至出现消费者为领号购买经济适用房排队几天几夜的现象。这种排队分号的销售方法本身就存在严重的漏洞，因为很多人没有时间排队但又想买房。这种需求催生了“倒号”现象。经济适用房一改“大庇天下寒士俱欢颜”的初衷而成为部分中上收入者投资的“天堂”。

六、我国经济适用房“走样”的原因分析

1. 地方政府过分追求经济指标

作为经济适用房，土地是无偿划拨的，相关行政事业性收费也要减免一半。按照规定，对经济适用房免征土地出让金。而土地出让金恰恰是地方政府收入的重要来源之一。这项明显有给予中低收入人群福利保障痕迹的政策与地方政府的财源站相对立。因此，地方政府的土地供应并不向经济适用房倾斜。中低收入家庭想要买到经济适用房，也就只能画饼充饥了。

2. 补贴对象存在偏差

国家制定经济适用房政策的本意是给中低收入家庭予以补贴，以帮助其实现购房意愿。然而事实上该政策并不到位，国家因此减少了大量土地转让收入和税收收入，这些利益很多进了高收入家庭和开发商的口袋。虽然国家及地方政府对购房者的申请条件进行了诸多限制，但是许多高收入者却通过隐瞒现有住房水平，同时取得一张符合规定的收入证明的手段来申请购房。而且购房资格的审核由开发商监理，这导致监理流于形式，因此大量的经济适用房被富人买走。这种马太效应对政府的声誉和社会的稳定极其不利。

3. 开发商追求利润最大化

尽管《经济适用住房管理办法》规定了经济适用房中、小型面积，规定开发商的利润应控制在3%以内，但是开发商为了牟取高额利润，在房屋上大做文章。一些房地产开发商享受政府优惠补贴的同时，利用混淆住房面积概念变相提高房价，或干脆以普通商品房名义销售等办法，使政府的补贴进了自己腰包。部分中低收入者本可享受的住房花落他人，优惠政策也落空。

4. 缺乏监督，助长腐败行为

开发商在全国各地的经济适用房领域进行敲诈并得逞，其原因在于经济适用房的开发得到政府的政策倾斜，为开发商的寻租行为创造了动机。如果经济适用房政策在操作上缺乏必然而有效的监督机制，极易出现暗箱操作、权钱交易等问题，必然助长腐败行为的产生。

经济适用房监督、管理的成本过高也是监管失控的另一重要原因。根据现有的经济适用房政策，经济适用房的立项需要政府批准，开发所利用的土地往往由政府规划，电网、小区配套设施等的建设需要政府负责，销售需要政府限价……经济适用房的监督、管理成本存在于各个环节中。只要一个环节出现问题，很可能会全盘皆输。由于没有专门的机构负责经济适用房的开发建设和分配，有关的职责都由开发商自己承担，因此实施过程中易发生许多政策上的偏差。

七、我国经济适用房的完善之路：从“砖头补贴”走向“人头补贴”

针对经济适用房中出现的一些难以控制的违规现象，2005 年 3 月全国政协委员、西安市政协原主席傅继德在全国政协会议上提交了一份关于停止开发建设经济适用房的提案。傅继德委员认为经济适用房走到今天，已经违背了该政策的初衷，因此经济适用房应该停止开发建设，以期形成统一的房地产开发市场，而对于困难户，按规定选定房屋后由政府直接向其提供经济补助。而北京市建委开发办随后表示，停止建设经济适用房将导致更多问题，故北京市不会停止经济适用房的供应。

其实，在房地产业界这两种观点一直存在着。用通俗的话概括，就是对困难户进行“砖头补贴”还是“人头补贴”之争。开发商从政府得到补偿金，盖好房子后，还可以从购买者手里赚到一笔钱。这种经济适用房的补贴政策，正是“砖头补贴”。而傅继德委员的提议，毫无疑问是一种“人头补贴”，即由政府出面并认真核实统计，给真正的低收入者发放补贴，然后通过市场体系来解决住房问题。

经济适用房作为一种福利措施，旨在通过某种政策倾斜，达到扩大住房供给、调节房地产投资结构和启动市场有效需求的目的。它是基于我国目前特殊的房地产市场和住房市场发展阶段的一种政策选择。然而，经济适用房能否兼顾效率与公平，还是一个值得探讨的问题。国家对经济适用房进行政策倾斜，而这种操作又缺乏必要的监督机制。许多房地产开发公司打着经济适用房的旗号争项目、争计划、争土地、争贷款，很容易诱发政企间的交易和寻租行为，而使经济适用房游离于主体适用范围之外。此外，即使以开发经济适用房为目的，许多开发商也把房子越建越大，把销售目标定位在中等收入家庭。这样的操作不符合经济适用房的建设目的和财政补贴的支付原则，即“砖头补贴”往往在执行过程中补给了不应该受到补贴的人。

从世界各国的住房补贴来看，一般来讲，只有在住房极度短缺的情况下才会实行“砖头补贴”。在市场经济运行过程中，“砖头补贴”有着难以避免的缺陷。为了使政策优惠能按预期的设想转移到中低收入阶层身上，政府需要花费大量精力和成本去监督经济适用房的流通和分配，而且也给腐败创造了温床。政府的责任应该是宏观调控、经济管理与产业政策的安排，故过分介入住房市场，有悖住房商品化、市场化的改革目标。而傅继德委员提议的“政府直接向困难户提供援助”，是一种“人头补贴”。这虽然还有待进一步思考，但是可以避免政府对住房市场的直接干预，节约政府巨额的监督成本，提高政府对市场的调控效率。而且，财政补贴直接到达需要补贴的个人，并全部转化为消费者的福利。这样，就不会在住房建设阶段产生效益流失或被生产者占有了。从市场角度出发，“人头补贴”应该是比较好的选择。我国应该逐步改变过去重“补砖头”的观念，探索“补砖头”和“补人头”相结合的住房保障新思路。

在我国从福利分房走向货币购房的过程中，住房政策会受到一定阶段经济发展水平的制约。住房问题的彻底解决需要长时间的努力，不可能一蹴而就。但是，我们应该明确房地产市场的发展方向是商品化、市场化，并且在这一背景下重新审视经济适用房的补贴方式，以实现社会利益最大化。经济适用房作为我国住房体制改革的阶段性措施已初步完成了它的历史使命。随着客观条件的变化，经济适用房建设应逐步让位于普通的商品房市场。

第三节　廉租房

住房难题几乎困扰着当今世界所有国家的平民百姓。即使在发达国家，“居者有其房”也并非所有人单靠自己的力量就可以实现的。但在这些国家，政府对廉租房这个重要的民生环节，已经有丰富的经验及政策供我国政府参考借鉴。在房价高热的背景下，廉租房被认为是舒缓供求矛盾、填补低价房源缺失裂痕的重要举措，更是宏观调控这只“大手”对高收入、低收入者之间断层的一次有力“抹平”，尤其体现中央政府关注民生民情、确保“居者有其屋”的决心。

廉租房是指政府以租金补贴或实物配租的方式，向符合城镇居民最低生活保障标准且住房困难的家庭提供社会保障性质的住房。2012 年住房和城乡建设部正式颁布《公共租赁住房管理办法》。2013 年住房城乡建设部、财政部、国家发展改革委发布《关于公共租赁住房和廉租住房并轨运行的通知》，该通知指出从 2014 年起，各地公共租赁住房和廉租住房并轨运行，并轨后统称为公共租赁住房。公共租赁住房是指由国家提供政策支持、限定建设标准和租金水平，面向符合规定条件的城镇中等偏下收入住房困难家庭、新进就业无房职工和在城镇稳定就业的外来务工人员出租的保障性住房。

一、国外的廉租房

西方国家一般都实行按高、中、低三种收入分类供应住房的体系。对于低收入者的住房供应，主要采取供应房租屋或政府补贴租金或两者结合的形式。

1. 英国的廉租房

英国政府（或单位）出钱建设适合低收入者居住的公房，然后用低廉的租金租给经审查合格的低收入者居住。这在英国政府转换体制的时候体现得尤其突出。在1980—1990年的房改中，除了出售公房和提租外，在后期还试图把廉租屋由政府所有转为住房协会所有。1989年英国政府拨出8亿英镑给住房协会，让它去收购地方政府拥有的公房，准备逐步地由住房协会来代替地方政府管住房。由于1990年撒切尔夫人辞职，这一转换没有继续完成，英国目前实行的廉租屋较多的还是政府的公房。

在英国，政府有责任向无家可归者及其家庭和特别低收入家庭或个人提供公共租赁房。政府的这项服务针对贫困线之下的社会群体。租赁公共住房的条件十分严格。以曼彻斯特市为例，一个无家可归者要得到市政府提供的公共租赁房，就首先必须回答他与曼彻斯特市的联系，因为只有与曼彻斯特市有某种联系的人，才可能得到曼彻斯特市提供的服务。一个人只要满足以下4条中的任意一条，就可以认为他与曼彻斯特市有联系：过去1年中，他至少在曼彻斯特市生活了6个月；过去5年中，他至少要在曼彻斯特市生活3年；他的父母、兄弟姐妹至少要在曼彻斯特市生活5年；他在曼彻斯特市有工作。还有一项富有人性光辉的条款：如果他与英国任何一个市都没有上述关系之一，或者因为一个非常特殊的原因，他必须住在曼彻斯特市，同样也可以认定他与曼彻斯特市有联系。

假定曼彻斯特市一对低收入家庭夫妻满足如下条件：年龄在25~40岁，有一个3~5岁的孩子；英国公民，没有犯罪记录；身体健康，没有残疾；没有领取政府任何社会福利补贴，没有获得任何税收减免；两人每周各工作20小时，各收入100英镑，交10英镑税和2英镑养老金，没有其他经济来源；原先租赁私人业主的住宅，没有自己的房地产，也没有来自房地产的收入。政府提供的周租金为46.15英镑，无须再支付任何额外的租金，同时还可以申请退税。当然，这个家庭必须支付他们日常使用的水、电、煤气费。另外，这个家庭也可以继续租赁私人业主的住宅，但是，他们必须支付超出46.15英镑之外的租金。因此，他们实际上是获得了政府对低收入家庭的住房补贴。以2005年GDP计算，英国人均收入为17 867英镑，而案例中的低收入三口之家的合计收入为10 400英镑，人均收入仅为3 467英镑，是英国人均收入的19%，低于中等收入的2/3，为贫困线之下的家庭。2005年，英国生活在贫困线以下的人口约占总人口的17%，约为1 027万人。英国市政府公共租赁房的服务对象正是这个群体。

根据英国的《住宅法》和有关住宅的条令，低收入家庭或无家可归的家庭所租赁的政府公共住宅起码要符合以下9个最基本的条件：结构稳定，没有严重的不可维修的问题，对居住者的身体健康不会产生影响，采光、保温和通风没有问题，供水卫生，炊事设备齐全并有洗碗池和冷热水管道，有适当的家庭厕所，有冷热水淋浴设施，有标准的下水系统。

多年来，在经济住房建设上，英国政府投资采取合作制，即中央政府与地方政府合作、政府和非政府组织合作。在经济住房建设的政府投资比例上，中央政府占主要部分，地方政府占次要部分。采取这个比例的原因是地方政府可用于这项投资的资金日益不足。除政府投资的40%外，剩余的60%由私人建筑商、银行、非营利的住宅社团和私人捐助等配套。采取这种资金比例建成后的住宅大部分进入供租赁的政府住宅系列，收入按比例再分配给投资者。实际上，政府投资主要用于购买和开发土地，而非政府机构的投资用于住宅建设本身。

中央政府投资是通过政府拥有的公共住宅公司或建筑协会（如英国住房协会）来实施的。这些协会一般按照政府住宅建设指南，把投资按比例用于少于3 000人或少于10 000人的社区，以保证确实为低收入人口提供基本住宅。对于地方政府和非政府投资来说，在那些地方投资的回收风险要小得多。

2. 美国的廉租房

按照美国1965年修订的《住宅法》，低收入者租住符合政府规定要求的住房，只支付收入25%的租金，超过部分由政府付给出租房主。1968年修订的《住宅法》又补充规定，对退休老人的房租也实行超过25%的部分由政府补贴的办法。后来政府将低收入家庭支付的收入租金比例提高到30%。

以纽约市为例，房屋配租包括以下四个环节：第一，纽约市住房局确定2001年低收入者住房的标准为月租500~700美元。该市的个人出租住房者和出租住房的房屋经营公司，都愿意向住房局提供符合该条件的出租住房的资料，便于住房局给他们代理出租而不收手续费。住房出租后由于住房局付大部分房租使他们收租更顺利，因此住房局要到提供资料的住房去实地调查，确定住房没有失修失养，价格也合适时才予以接受，并把它编辑成低收入者出租住房一览表。第二，住房局每年公布一次低收入线。属于低收入线下的居民在提供单位的收入证明并经住房局审查合格后，才能住低收入住房。第三，合格的低收入者到住房局查看出租住房一览表，从中选出几套符合自己要求的住房。其选择原则一般主要是自己上下班方便和社会环境较好，房价并不是第一位的条件。低收入者根据自己选择的几套住房，经与房主预约，直接到出租住房的现场去调查和比较。第四，低收入者选中了某一套住宅，即约定该房主共同到住房局去签订租赁合同。例如月租700美元，合同规定每月租房者交给房主200美元，住房局每月拨给房主500美元。

美国的廉租房既可以是集中建设在城市的某一区域内，被称为“共建筑”用房，也可以是分散在不同的普通租房户中，为户主所有，但接受政府租房补贴。这两种形式的廉租房户型多样，可以满足大小不同的家庭的需要。其房屋保养程度、居住标准等都与普通出租住宅相同，因此，廉租房并非贫民窟的代名词。

美国廉租房由联邦政府统一审批，程序很严格。美国房屋和城市建设部要求低收入者提出书面申请，提供完整真实的收入情况和家庭成员情况，如年龄（适用于老年人）、健康状况（适用于残疾人）等。低收入标准以申请人所在地的平均收入为准。政府中的官僚主义，也使得审核过程冗长，很多人在等待名单上排队数月都得不到答复。美国共有 130 万户家庭住在廉租房里。

3. 法国的廉租房

法国可谓是廉租房的天堂。其廉租房发展早，数量也惊人。全法国大约有 1/4 的人住在廉租房里。由于法国购置房屋的贷款难求，利率高，财产税（包括地皮税、住房税、空房税、遗产税等多种税收）也高，因此很多人不买房，拿着政府补助住进廉租房后，就不再搬出。在法国，廉租房的基准房租比普通私人住房的房租低一半左右。政府规定，人口超过 5 万的城镇中，廉租房占全部住房的比例不能低于 20%。

与美国不同，法国的廉租房管理和审核权下放到地方政府。在法国，申请人等待的时间要比美国短一些。另一个不同之处是，法国的廉租房租金固定，政府提供补贴，很多人出少量的钱，就可以住上市区内的“天价”豪宅，舒适程度极高。

廉租房的资金主要来自中央政府和地方各级政府，房屋建成后交给地方政府下属的廉租房管理办公室管理。按规定，该办公室一方面严格控制房源，大部分廉租房只租不卖；另一方面对社会公开廉租房出租情况，接受大众的监督。除了收入很低的移民家庭或家庭负担很重的多子女家庭外，廉租房受益群体的上限是那些收入相对较少的低级别公务员。以 2003 年为例，申请低租金住房的单身年收入限额，在巴黎、巴黎近郊和巴黎大区为 15 248 欧元（1 欧元约合 7.46 元人民币），外地为 13 257 欧元。三口之家的年收入限额在巴黎和巴黎近郊为 29 874 欧元，巴黎大区的其他地区为 27 393 欧元，外地为 21 290 欧元。

法国政府大力推行廉租房制度，一定程度上遏制了房价过快上涨。

二、我国的廉租房管理

城镇最低收入家庭廉租住房的保障方式应当以发放租赁住房补贴为主，实物配租、租金核减为辅。租赁住房补贴，是指市、县人民政府向符合条件的申请对象发放补贴，由其到市场上租赁住房。实物配租，是指市、县人民政府向符合条件的申请对象直接提供住房，并按照廉租住房租金标准收取租金。实物配租的廉租住房来源主要包括：①政府出资收购的住房；②社会捐赠的住房；③腾空的公有住房；④政府出资建设的廉租住房。2007 年 8 月，《国务院关于解决城市低收入家庭住房困难的若干意见》提出，应多渠道增加廉租住房房源。要采取政府新建、收购、改建以及鼓励社会捐赠等方式增加廉租住房供应。在小户型租赁住房短缺和住房租金较高的地方，市、县人民政府要加大廉租住房建设力度。新建廉租住房套型建筑面积控制在 50 平方米以内，主要在经济适用住房以及普通商品住房小区中配建，并在用地规划和土地出让条件中明确规定建成后由政府收回或回购；也可以考虑相对集中建设。

（1）租金核减即公房转化，是指产权单位按照当地市、县人民政府的规定，在一定时期内对现已承租公有住房的城镇最低收入家庭给予租金减免。2004 年 3 月 1 日起施行的《城镇最低收入家庭廉租住房管理办法》规定，廉租住房保障面积标准原则上不超过当地人均住房面积的 60%。对家庭收入连续一年以上超出规定收入标准的，应当取消其廉租住房保障资格，停发租赁住房补贴，或者在合理期限内收回廉租住房，或者停止租金核减。

（2）廉租房以发放租赁住房补贴为主的主要原因是方便最低收入家庭。如有可能某最低收入家庭住在城东，而其子女在城西上学，有了租金补贴的形式，这个家庭就可以在城西租房子了。同时，房价是商品价，而且租房者可以有所选择。这符合住房商品化、市场化的要求。政府的补贴是当着住房者的面写入合同的，补在明处，有利于树立政府的良好形象，有利于真正做到政企分开，可以实现精兵简政。

（3）廉租住房资金的来源及管理。廉租住房资金实行财政预算安排为主、多种渠道筹措的原则，主要包括：一是地方财政要将廉租住房保障资金纳入年度预算安排。二是住房公积金增值收益在提取贷款风险准备金和管理费用之后全部用于廉租住房建设。三是土地出让净收益用于廉租住房保障资金的比例不得低于 10%。各地还可根据实际情况进一步适当提高比例。四是廉租住房租金收入实行收支两条线管理，专项用于廉租住房的维护和管理。对中西部财政困难地区，通过中央预算内投资补助和中央财政廉租住房保障专项补助资金等方式给予支持。2008 年 1 月 1 日起，中央财政正式设立中西部财政困难地区及新疆建设兵团廉租房保障专项基金。

（4）廉租住房保障标准。廉租住房保障标准由市、县人民政府房地产行政主管部门会同财政、民政、国土资源、税务等有关部门拟定，报本级人民政府批准后公布执行。廉租住房租金标准由维修费、管理费两项因素构成。单位面积租赁住房补贴标准，按照市场平均租金与廉租住房租金标准的差额计算。

（5）廉租住房制度的保障范围。根据 2007 年 8 月国务院出台的《国务院关于解决城市低收入家庭住房困难的若干意见》，城市廉租住房制度是解决低收入家庭住房困难的主要途径。2007 年底前，所有设区的城市要对符合规定住房困难条件、申请廉租住房租赁补贴的城市低保家庭基本做到应保尽保；2008 年底前，所有县城要基本做到应保尽保。“十一五”时期末，全国廉租住房制度保障范围要由城市最低收入住房困难家庭扩大到低收入住房困难家庭；2008 年底前，东部地区和其他有条件的地区要将保障范围扩大到低收入住房困难家庭。

（6）廉租住房的管理。国务院建设行政主管部门对全国城镇最低收入家庭廉租住房工作实施指导和监督。省（自治区、直辖市）人民政府建设行政主管部门对本行政区域内城镇最低收入家庭廉租住房工作实施指导和监督。市、县人民政府房地产行政主管部门负责本行政区域内城镇最低收入家庭廉租住房管理工作。各级人民政府财政、民政、国土资源、税务等部门按照本部门职责分工，负责城镇最低收入家庭廉租住房的相关工作。

（7）违反有关规定的处罚。最低收入家庭申请廉租住房时违反本规定，如不如实申报家庭收入、家庭人口及住房状况的，由房地产行政主管部门取消其申请资格；已骗取廉租住房保障的，责令其退还已领取的租赁住房补贴，或者退出廉租住房并补交市场平均租金与廉租房标准租金的差额，或者补交核减的租金；情节恶劣的，并可处以 1 000 元以下的罚款。享受廉租住房保障的承租人有下列行为之一的，由房地产行政主管部门收回其承租的廉租住房，或者停止发放租赁补贴，或者停止租金核减：①将承租的廉租住房转借、转租；②擅自改变房屋用途；③连续6个月以上未在廉租住房居住。

三、我国廉租房制度及执行中的问题

1. 住户分布太分散

以郑州市为例，2004年全市26个以实物配租方式住上廉租房的家庭，分布在市内26个地点、26家社区。为管理这26户的水、电、气、暖，廉租办的工作人员每天不知要把郑州市转多少遍，花多少路费，而且由于不少“双困家庭”多年来养成了爱收集垃圾的习惯，居民们并不很欢迎这样的新邻居。

为此，市廉租办决定对实物配租方式进行改革。根据实物配租家庭的实际情况，先选择一个区，利用其自有土地集中进行一定规模的廉租房建设，相对集中安置“双困家庭”，集中进行管理。剩余住房出售后所获利益还可用于弥补该区廉租办工作经费的不足。

2. 生活费用“水涨船高”

以郑州市户素玲一家来说，新搬进的那套60多平方米的廉租住房确实很棒。但以前一家三口在传达室里凑合住的时候，什么费用都不用交，现在除了每月要交十几元的房租外，还得负担水、电、气、暖和物业管理费用。其居住地点的改变也给儿子入学带来不便。由于以实物配租的廉租户大多都不具备脱困前景，因此这样的问题如果不解决就有违政府推行廉租住房制度的初衷。

3. 分配不公平

一方面，廉租房数量对众多符合条件的贫困家庭来说简直是杯水车薪；另一方面，分配中又存在诸多不合理之处，廉租房不能堵住那些根本不具备条件的高收入者通过关系获得房源的漏洞。以昆明市为例，原来修建的安居小区就未能幸免名不副实的厄运，几乎每一个小区都存在50%以上的虚报住户。更有住户揭秘：她曾以没有住房为由从单位顺利开具证明，并向房管局某工作人员行贿4 000元，终于拿到90多平方米的“超标”安居房一套。原昆明市安居处（廉租处）负责人坦言：“安居房审核制度存在难以规避的漏洞。我们只管程序是否合法，却无法一一审核手续齐全者是否多处占房或者收入偏高。漏洞必须从源头封杀。”可是这个漏洞谁来封杀？怎样封杀？廉租房同样未能幸免于难。

4. 动态管理很困难

由于廉租住房的保障对象是特定的住房困难、经济困难的“双困家庭”，经济困难是能够享受到廉租房福利的必要条件，而房管部门对经济困难家庭的认定必须依据民政部门对其享受社会最低生活保障的认定。一旦脱离这个认定，房管部门很难界定困难家庭的对象。

廉租房有关政策规定，收入一年后超出标准，必须迁出，但如何迁出？如果届时低收入人群已经超标，总不至于将其硬性赶出。因此科学的退出机制至关重要，这又涉及对住户的追踪寻访，掌握经济收入来源，让更多的新兴低收入人群有房可住。退房并非简单的搬迁，更意味着搬出之后仍有房可住，有房可买。可见，廉租房建设已经牵一发而动全身。它呼唤各地政府在建设过程中条分缕析、统筹全局、未雨绸缪。

5. 政府重视不够，措施不力

对完善多层次的城镇住房供应体系和健全社会保障制度具有重要意义的廉租房政策的实施却并不是一帆风顺的。

中央政府和地方政府各自在廉租房建设中的责任一直未予以明确。直到2007年8月，国务院才出台《国务院关于解决城市低收入家庭住房困难的若干意见》，提出对中西部财政困难地区，通过中央预算内投资补助和中央财政廉租住房保障专项补助资金等方式给予支持。支持的金额、比例及方式等仍有待具体落实。除资金外，机构设置等亦反映政府重视的程度。以昆明市为例，该市房管局原来设有廉租住房建设管理处。2004年5月，却以“城市管理职能重心下移”为由，把机构下划到4个城区，20名工作人员全部分走。而接管工作的4个区并没有成立相应的廉租处，机构被“挂到了空挡上”，原来的处长改去了检察队，副处长被市局借调回去处理安居房产权证办理的收尾工作，人员四散。该省建设部门的官员对市里的工作找不到人衔接颇感头痛。

6. 流动人口被排除在廉租房之外

现在各地推行的廉租房政策都存在着一个趋向，那就是把城市流动人口排除在廉租住房制度之外，这种做法应该改变。因为我国正处于城市化加速的阶段，而城市流动人口正是我国城市化进程的主要动力。北京市的资料显示，1995—1999年，在北京市暂住一个月以下的流动人口从5.8%减少为3.8%，下降了2个百分点；暂住一个月至一年的从72.7%减少为67.8%，下降了4.9个百分点；暂住一年以上的由21.6%上升为28.4%，上升了6.8个百分点。与此相伴随的是暂住人口数量上的绝对增长。上海市的流动人口也有着类似的特征，上海市的流入人口在城市的滞留时间持续延长，想在沪定居的人口也呈上升趋势，当前居住在家庭户、集体户的流入人口中，在上海居住半年以上的流动人口比重从1993年的49%提高到1997年的70.1%，上升了21.1%；居住1~5年的人口占36.34%；准备长期留在上海的人口占24.93%。

与此同时，城市流动人口主要居住地大都位于城乡接合部，而且由于户口和经济条件的限制，他们只能租住。他们在租住地没有获得社区归属感和认同感，而工作和生活的极不稳定使他们在心理和情感上产生失落感和不安全感。这样的居住条件还带来了一系列的社会问题。

由于外来人口大多聚居在城乡接合部，和当地居民相对分离，这使得他们在生活中很难融入真正的市民社会中，造成了事实上的城市居民社区二元化结构。这种二元结构严重影响了农民工在真正意义上转化为非农业人口。这在客观上限制了农村城市化的进程，延缓了农村生产力结构、生产经营方式、生活方式、思维观念向城市趋近的进程。在我国的住房供应体系框架下，廉租房是解决城市流动人口的较好途径之一。首先，它是存在于我们现有住房供应框架中的，不牵涉到进行过大的制度改革，因此可以较快地开始实施，较快地发挥作用。其次是因为廉租房的来源。我国建立廉租住房制度的主要渠道有三个：一是在公房提租时将一部分困难家庭的住房通过减租归入廉租住房；二是在二级市场收购旧住房；三是购买、建造新房。廉租房的房源比较广泛和分散，可以避免社会各阶层分区居住等社会问题。让外来人口、最低收入人群与城市其他居民混住有助于减少治安、教育、医疗等社会问题。

2013 年，公共租赁房和廉租房并轨运行，廉租房将流动人口排除在外的缺点得到了极大的缓解，许多城市逐渐把流动人口纳入公共租赁房的保障体系内。

思考题

1. 我国住房体制改革的方向是什么？
2. 国外的住房金融政策大致划分为哪几类？
3. 何谓住房公积金？我国的住房公积金具有哪些特征？
4. 住房公积金有哪些作用？
5. 住房公积金的管理体制是怎样的？
6. 住房公积金的增值收益是如何使用的？
7. 我国住房公积金制度中存在哪些问题？
8. 住房公积金制度应如何改革和创新？
9. 新加坡的组屋政策是怎样的？
10. 日本保低放高的政策是怎样的？
11. 《经济适用住房管理办法》是在何种背景下出台的？
12. 《经济适用住房管理办法》的主要内容有哪些？
13. 《国务院关于解决城市低收入家庭住房困难的若干意见》有何新意？
14. 经济适用住房的有限产权体现何在？
15. 我国现阶段经济适用住房建设中存在哪些问题？其原因何在？
16. 如何完善我国的经济适用住房制度？
17. 英国、美国和法国的廉租房分别是如何管理的？
18. 我国现行廉租房政策是如何规定的？
19. 我国廉租房在制度设计和执行中还存在哪些问题？如何解决这些问题？

第十二章
社区养老

第一节　社区养老的基本范畴与社会嵌入理论

一、社区养老的相关定义

1. 社区

所谓社区就是一个小社会。社区不是一个新生的事物，而是一个古老的社会生活单位，它在人类社会生活中自古就有。德国社会学家滕尼斯（Tonnies）最早提出社区的概念。他认为社区是指那些由具有共同价值趋向的同质人口组成的、关系亲密的、守望相助的、疾病相抚的、富有人情味的社会团体①。

20 世纪 30 年代，以费孝通为首的一批燕京大学学生，首先将英文“community”一词译为中文“社区”②。从那以后，这个译名在我国社会学界被一直沿用下来。但是随着多学科研究的发展，不同的学者从不同的角度对社区给出了不同的定义。费孝通认为，社区是若干社会群体或社会组织聚集在某一地域里形成的一个在生活上互相关联的大集体。方明认为，社区是指聚集在一定地域范围内的社会群体和社会组织，是根据一套规范和制度结合而成的社会实体，是一个地域性社会生活共同体。吴铎认为，社区是一个地域内的主要社会活动或者生活方式基本属于同一类型的相对独立的地区性社会。虽然国内外学者对社区概念的理解各有侧重，对社区的定义也有所区别，但是对社区的

① 滕尼斯．共同体与社会：纯粹社会学的基本概念［M］．林荣远，译．北京：商务印书馆，1999：73.

② 唐忠新．社区服务思路与方法［M］．北京：机械工业出版社，2003：4.

基本特征和基本要素还是达成了共识。大部分学者同意社区含有以下因素：①人口集中；②地域；③劳动分工的互赖体系；④具有文化和社会活动的特质；⑤归属感；⑥自我维持与发展。因此，社区包含了五个基本特征[①]：①社区是一个社会实体。它是由具有一定数量与质量的人口组成的社会组织与地域。②社区是具有经济、政治、文化、社会整合与协调多元功能的社会组织空间。③社区是人们参与社会生活的基本场所。④社区是以居住聚落为主要形态、以有形生活设施为物质载体、以居民自治为主要组织方式的生活空间。⑤社区是发展变化的。它是一定历史时期社会生活的缩影。

城市社区在社会学领域是与农村社区相对应的一种社区类型。它是指在城市中被道路环绕的居住地段上，由有特定生活方式并且有成员归属感的人群所组成的、相对独立的社会共同体。结合我国城市特定的“行政区—社区体系”的实际，城市社区范围可界定为以居委会社区为主的“区—街道—居委会”三级构成的社区体系。

2. 社区养老

基于不同的研究角度，对养老的类型有不同的划分方法。从养老的经济保障看，养老类型可以划分为三种：家庭养老、社会养老及个人储蓄养老[②]。家庭养老是指由子女或亲属提供养老经济保障。社会养老是指以国家建立的养老保险为核心，也包括社会保险、社会福利、社会救助等方面的社会保障制度。个人储蓄养老是指个人在年轻时进行专项储蓄或者依靠租金、股票等经济收入自我养老。

从养老服务提供者的角度，养老类型又分为家庭养老和社会化养老。这里的家庭养老是由子女或亲属提供养老服务的养老方式。社会化养老是指养老服务由家庭以外的社会力量来提供的养老方式。

从老年人养老的居住地看，养老类型又分为居家养老和机构养老。

这里所指的社区养老并不是以上几种分类中的一种。它所指的是老年人居住在家中，以社区为中心，养老服务由以社区为依托的各种社会力量来提供。它是在不考虑养老资金来源的情况下由社区向住家老人（为主）提供养老服务的一种养老方式。社区养老的目的是社区为老人提供各种服务使老人尽可能地居住在自己的家中。

二、社会嵌入理论

社区养老背后的理论基础是社会嵌入理论。它认为，任何个人都不是孤立的，都是嵌入在特定社会结构和关系网络之中的，通过特定的社会关系网络获得社会支持以及信息、情感、服务等其他社会资源。

社会嵌入性（social embeddedness），简称为“嵌入性”。该理论的代表人物是格兰诺维特。他继承和发扬了前人关于嵌入性概念的解释，并提出自己的观点。他的嵌入性概念既反对社会化不足的概念，又反对过度社会化的概念。他指出，行动者既不可能脱离社会背景采取行动、做出决策，又不可能是规则的奴隶；相反，行动者在具体的、动

① 唐忠新．社区服务思路与方法［M］．北京：机械工业出版社，2003：4.

② 陶立群．中国老年人社会福利［M］．北京：中国社会出版社，2002：122.

态的社会关系制度中追求目标的实现[①]。因此，嵌入性概念并不完全否定这两种社会化，而是主张两者相互支持，主张个体与结构二者之间的融合和互动。

许多传统的理论认为，人进入老年期后应该以享受为生活目标而不再需要社会化了。传统社会的老年人具有天然的教化权位。他们只对别人施行教化，而自己则绝不会重新面对社会化的问题。然而，社会嵌入理论和现代社会发展证明，老年人仍然需要继续社会化，其主要的理由之一在于角色的转换[②]。这种转换及影响表现为[③]：①劳动角色转换为供养角色。这容易使老年人产生经济危机感。②决策角色转换为平民角色（在家庭中，由“家长”角色转换为被动接受照顾的角色）。它容易使老年人产生“被抛弃感”和寂寞感。③工具角色转换为感情角色。工具角色是指人们肩负着一定的社会公职，在社会政治、经济、文化各领域占据着主体地位。他们所扮演的角色是为了某种特殊的目的，如职业的角色。情感角色是为满足身心情感的角色，比如在家庭中父母、子女的角色。这种角色的转换使老年人常常碰到性别、角色模糊的问题以及伴随产生的老年夫妻之间的冲突。④父母角色转换为祖父母角色。

除了角色转换外，老年人还将遭遇多重“突然失去”的威胁，如子女情感支持的突然失去（子女成家分居造成老年人进入“空巢”状态）、健全身体的突然失去（遭受疾病并可能面临肢残或死亡）、配偶的突然失去（丧偶及其带来的心理健康问题）[④]。所有这一切对老年人而言都是将要面临的新问题，都需要通过继续社会化、加强学习、提高修养和不断自我调整来予以解决。社区养老是老人继续社会化的一个很好的平台。社区为老人提供的各种服务，可以使老人在角色转换过程中更好地应对，增强社区老人在角色转换过程中的适应性，减少角色突然转变的失落感。

第二节 城市社区养老的组织结构与经济文化基础

一、社区养老的组织结构

1. 社区养老的管理机构

我国社区养老工作主要由民政部门负责政策的制定和一部分资金的筹集。中华人民共和国民政部是社区养老的顶级主管单位，是我国社区养老的宏观管理机构。从目前的情况看，社区养老的宏观管理比较统一，未出现20世纪八九十年代社会保险管理中“五龙治水”的状况。地方民政部主要负责该地区社区养老具体方案的制定。地方对本地区政策的制定有一定的灵活性。例如：项目的设立、受惠对象等都由各地根据自身的

① BURGESS E W. Aging in western societies [M]. Chicago: University of Chicago Press, 1960.
② HAVIGHURST R J, R ALBRECHT. Older people [M]. New York: Longmans, 1953.
③ ROSE A M. A current theoretical issue in social gerontology [J]. The Gerontologist, 1964, 4 (1): 46-50.
④ ROSON I. The social context of the aging self [J]. The Gerontologist, 1973, 13 (1): 82-87.

经济社会条件确定。这在一定程度上体现了目前比较流行的福利多元主义思想中的分权。虽然同为民政部门，但是地方与中央的权力有明确的划分。

专一的管理部门避免了部门之间的互相扯皮，做到了计划与管理的统一。同时，地方政府又具有社区养老发展的自主性，可以结合各自的优势和情况制定不同的发展目标。在较早提供社区养老服务的英国，也于20世纪70年代成立了地方当局的社会服务部，对原来由不同机构提供的一系列“个人性社会服务”进行集中提供[①]，实现了专一式管理与分权管理的结合，保证了社区养老在英国的长效发展。因此说，我国现有的专一管理部门的管理与分权式管理相结合的管理模式，是社区养老健康发展的制度保障。

2. 社区的功能与地位

前面提到的社区养老的管理机构主要是指中央及地方各级的民政部门。它们是社区养老方针政策及具体制度的制定者。社区养老的具体实施机构是城市中的街道及以下的居委会辖区。社区能否为老人提供服务，有赖于社区的功能与地位。

（1）社区的功能。社区是一种地域共同体。它的功能是不断发展变化的。总的来说，社区有以下几种主要的功能[②]：①社会服务功能；②人的社会化功能；③社会参与和社会民主功能；④社会控制和社会稳定功能。社区服务，即“社区服务功能”的简称。社区服务是一个综合性的概念，其基本含义是指，在政府的资助和政策扶持下，根据居民的不同需求，由政府、社区内的各种法人社团、机构以及志愿者所提供的具有社会福利性和公益性的社会服务以及居民之间的互助性服务。这种福利性、公益性的社会服务的本质是无偿性的服务，并辅以不以营利为目的的微利、低偿性服务。这种社会服务的对象主要是社区中的弱势群体和优抚对象，也包括社区中的边缘群体和全体居民。为老年人提供服务是社区服务内容中的一个重要组成部分[③]。因此，从社区功能来说，社区可以承担起老年人养老的职能，使老人在自己熟悉的环境中，享受到较为专业的服务。而且，社区具有社会化功能，也为老人的继续社会化提供了平台，可以增加老人与家庭以外的其他人或组织的联系。

（2）社区的地位。社区养老的参与主体包括政府、社区自治组织、社区非营利组织、社区企业、社区居民、社区服务者。社区作为联系这些利益群体的纽带，必须具有高度的管理能力和协调解决问题的能力。居委会作为社区养老主要的实施单位，在社区养老中担当了重要的角色。《中华人民共和国居民委员会组织法》规定，居民委员会是城市居民自我管理、自我教育、自我服务的民主管理机构。

但是，在实际中，居委会这种群众自治组织的地位被虚化了。居委会除了按照《中华人民共和国居民委员会组织法》规定的日常工作外，还要承担区、街道各部门交办的名目繁多的工作任务。实际上居委会变成了各级党委、政府部门工作的承受层、操作层和落实层。工作不堪重负，整日忙于应付。有关部门曾经调查发现，居委会80%的工作

---

① 苏珊·特斯特．老年人社区照顾的跨国比较［M］．周向红，张小明，译．北京：中国社会出版社，2002：150.

② 张塑，何云峰．社区管理概论［M］．上海：生活·读书·新知三联书店，2000：9-12.

③ 张塑，何云峰．社区管理概论［M］．上海：生活·读书·新知三联书店，2000：11.

都是政府交办的，多达100多项。结果导致居委会法律地位悬空，不能体现居民的主体意识和参与意识，难以赢得居民的认同。与此同时，居委会很少有权力对社区内所发现的问题进行管理，形成了职权小、管辖面广、资金严重不足的局面。

在这种条件下发展社区养老很可能出现以下问题：①居委会自主权弱化，容易使地方政府为了追求政绩，而不考虑实际情况，盲目向居委会下任务，造成服务与需求之间的脱节。一些老人急需的服务不能提供，而另一些资源却严重地被浪费。②居委会将发展社区养老当作一种行政性任务，缺少参与的积极性，以一种应付上级检查的心态完成工作，影响养老服务质量。③长期形成的居委会与居民之间的被动关系，使居民对居委会缺乏信任，极大地影响了居民对社区养老的参与意愿。

根据福利多元主义的分权理论，福利服务的行政权不仅要由中央政府下放到地方政府，同时也要从地方政府转移至社区。因此，社区权利的下放，使社区居委会真正成为自我管理、自我教育、自我服务的群众性自治组织，是实现社会参与社区养老服务的保障，利于解决社区养老过程中的关键问题。否则，社区养老很难形成一个质的飞跃。

二、社区养老的经济资源

1. 发达国家社区养老的资金来源

社会保障中任何一个项目都需要大量的资金支撑。发达国家提倡并大力发展社区养老。除了人本思想的兴起，人口老龄化所带来的养老资金短缺也是一个不可忽视的原因。由于各国的政治、经济、文化基础不同，再加上原有的社会保障体系及保障目标不同，社区养老的建立模式及筹资方式出现了差异。

英国是西方福利国家的典型代表，也是最早出现社区养老的国家。在英国，社区养老也被称为“社区照顾”。社区照顾实际上分为社区内照顾和社区照顾两个概念。社区内照顾就是指运用社区资源，在社区内由专业人员进行照顾；社区照顾是由家人、朋友、邻居及社区志愿者提供的照顾①。这些服务或免费或收取低廉的费用，且收费标准由地方政府决定。在老年人能够承担的范围之内由老年人自己承担，不足部分由政府承担。英国的社区照顾财政上体现了以政府为主的特点。很多服务设施都是由政府资助的，社区、家庭和个人出资较少。

在德国，社区养老主要通过社区服务的形式来表现。“邻里之家”就是其中的一种。“邻里之家”是自我经营、自我管理、自负盈亏的社区服务机构，但其服务活动也得到了政府的一定资助与监督。因此，由家庭及个人出资来提供社区服务将是必不可少的。社区养老的资金主要来源于服务收费。

美国一直贯彻“自由主义”的福利政治制度。国家所起的作用最小，主要依赖市场和家庭去提供养老服务。自20世纪80年代以来，联邦政府所起的作用越来越小；相反，营利部门所起的作用则一直在变大。社区养老服务多是由私人商业部门或非营利部门提供的。私人营利机构的服务收费、政府补贴、慈善事业捐赠构成了美国社区养老服

① 杨蓓蕾．英国的社区照顾：一种新型的养老模式［J］．探索与争鸣，2000（12）：42.

务的多元化资金来源。

日本是亚洲最早进入老龄化社会的国家，也是全球老龄化进程最快、高龄人口比例最高的国家。在日本，社区老人服务中心一直是提供养老照顾的主要渠道。社区养老的形式多样化，依此产生的资金渠道也多样化。日本现有的四种社区养老组织形式的资金来源都不相同：第一，由政府建立的养老服务机构，占总体服务机构的60%~70%，其所需资金来自财政拨款。第二，得到政府部分资助的民间组织，如：社会福利协会、社会福利商社、社会福利法人等，要收取很低廉的费用。第三，志愿者。志愿者的主要成员是大学生、社区妇女及年纪较轻的老年人。这类服务以免费为主，少部分要收很低的费用。第四，企业式的养老服务。企业以保险方式获取资金，然后以低收费服务于老年人。这种方式的资金主要来自老年人自身或其家庭[①]。

表12-1是对英国、德国、美国、日本社区养老的资金来源情况的概括。

表12-1　英国、德国、美国、日本社区养老的资金来源

国家	提供服务的机构	基金来源
英国	政府建立的服务机构	财政拨款为主
德国	社会服务机构	服务收费为主、政府资助为辅
美国	私人营利机构 非营利机构	服务收费 政府补贴、慈善事业捐赠、收取少量的费用
日本	政府建立的服务机构 民间组织 企业式的机构	财政拨款 财政补助、收取非常少的费用 服务收费

总体来说，虽然发达国家的社区养老形式各不相同，但是都在摆脱单一依靠政府财政支出模式，力求社区服务形式多样化发展的同时，社区养老的资金来源渠道向多元化发展。然而不论怎样，政府财政仍然是社区养老体系建立的坚强后盾。财政拨款、财政补贴、非营利服务机构收取的低廉费用，是社区养老的主要资金来源。我们也可以看出，私营机构、非营利机构、社会服务机构、民间组织这些需要付费的机构所起的作用越来越大。因此，在多元化资金渠道发展的同时，由个人及家庭支付费用将是一个重要的发展趋势。

2. 我国目前社区养老的资金来源

我国的社区养老服务是依靠政府资助发展起来的，一直以来多是由政府投资的，但是这种靠政府投资的单一的模式无法满足社区养老服务日益发展的需要，将会使社区养老处于资金短缺的困境。近年来，各地政府为了妥善安置退休人员，让老年人度过安详的晚年，积极地拓宽社区养老的基金渠道，并进行了社区养老资金筹集的各种尝试。

（1）政府财政拨款和财政补助。

财政性拨款与财政性补助是我国社区养老的主要资金来源。目前，大部分地区的社

① 贾晓九．日本的老年人社会福利事业［J］．社会福利，2002（6）：50.

区服务设施及服务组织都是由政府出资建立的。同时，政府财政还要负担特困老人及特困家庭老年人社区养老的资金支出。例如：在汕头市社区居家养老的试点社区里，市政规定了有四类人员可以享受由政府出资的免费服务。这四类对象包括：在册“三无”孤老、低保户中 60 岁以上的孤老、孤老优抚对象、“五保户”。在有条件的地方，免费的服务扩展到了与残疾子女生活的老人、低收入孤老、一等以上伤残军人、市级以上劳动模范、百岁老人等。在大连市，特困老人社区居家养老经费也主要由各级政府的财政拨款组成。《大连市特困老年人货币化养老服务补贴实施意见》规定，居家养老服务补贴标准为：能自理的，每人每月补贴 80～150 元；介助的（能部分自理的），每人每月补贴 150～250 元；介护（不能自理）的，每人每月补贴 250～300 元。由政府出资，以代币券的形式向特困老人定期发放，老人持券可以到所在社区购买服务。在其他社区养老服务开展较好的地区，特困老人也有相关的优惠政策，但这些服务最终都建立在政府财政的基础上。

（2）福利彩票。

福利彩票所筹集的福利金主要用于扶老、助残、救孤、济困等社会福利事业。2001 年 5 月，民政部制定并出台了《“社区老年福利服务星光计划”实施方案》。方案中明确规定了民政部及省级民政部门掌握的绝大部分福利金即 80%要集中用于“星光计划”。根据统计，从 2001 年全面实施“星光计划”以来，政府共投入福利彩票公益金 14. 7 亿元，用于资助城市社区的老年人福利服务设施、活动场所及农村乡镇敬老院的建设。因此可以看出，福利彩票公益金将是我国社区养老发展过程中一个非常重要的资金来源。

（3）社区企业税后利润及有偿服务收入。

社区企业主要是指社区所办经济实体、社会福利企业、民政经济实体、经营性服务设施等。民政部 1995 年发布的《全国社区服务示范城区标准》，对示范城区要求，居委会所办经济年产值的 2%以上要用于发展社区服务业。同时，区、街道、居委会所属社区服务单位年产值的 6%以上要投入自身社区服务业和再发展。这里所指的社区服务业的服务对象不仅仅指老年人，但老年人作为一个特殊群体成了服务的重点。

面对人口老龄化的压力，单纯的政府投入已经不能满足社区服务及老年人的需要，因此，向服务对象收费的收入将是需要探索的社区养老的重要资金来源。汕头市的一些社区规定，除特困老年人外，其他老年人享受如上门服务、医疗服务、日托服务等都要收取费用。

（4）社会慈善捐赠。

慈善捐赠也是社区养老服务一项重要的资金来源。2006 年 3 月，民政部出台了关于慈善捐赠的税收优惠政策。政策规定，对企业、事业单位、社会团体和个人向慈善机构、基金会等非营利机构给予的公益、救济性捐赠，准予在缴纳企业所得税和个人所得税前全额扣除。对境外捐赠人无偿向受赠人捐赠的直接用于扶贫、慈善事业的物资，免征进口关税和进口环节增值税。这一政策，更进一步地推动了社会对社区养老事业的捐赠，增加了社区养老资金。

3. 我国社区养老经济资源的特点

从上述分析看，我国社区养老的资金来源主要呈现以下几个特点：①资金来源由单一化向多元化方向发展；②社区养老服务资金仍以政府财政为主；③福利彩票收入成为社区养老发展的有力资金补充；④社区养老服务收费提上日程。总的来说，养老服务的资金来源在面上已经铺开，但是具体到每一项资金渠道发展得却不深入。

民政部出台的《关于开展养老服务社会化示范活动的通知》将发展老年福利服务的资金列入财政预算，并对社会力量兴办的老年福利服务机构给予政策和资金的扶持。这里主要是将发展社区服务设施与社区特困老人的服务费用列入财政预算中，并不惠及全体老人。如果将社区养老的对象仅仅限制在特困老人的范围内，那么依靠财政为主的资金渠道是可以勉强维持的。但是，要想使其能为所有有需求的老人及家庭提供服务，在现有的经济条件下，政府财政是无法承担的。

因此，依靠政府财政为主的模式的直接后果就是资金短缺，这将会影响我国社区养老的发展。从国外的经验来看，要想扩大社区养老服务的范围，需要将养老服务非营利机构引入社区养老体系，应将老年人的服务收费纳入社区养老的主要资金来源，以形成养老的服务产业化模式，进而真正解决社区养老资金短缺的问题。

三、社区养老的文化基础

一种制度能在一个国家中建立并长久地发展，离不开适合制度成长的环境与文化。作为舶来品的社区养老，要融入我国的养老体系中，也需要分析我国的文化氛围是否适合这种养老方式的发展。

1. 我国传统养老文化

首先，“孝”文化是中国传统社会最基本的道德规范，也是养老文化的核心内容①。儒家文化将“孝”道放在了人生道德修养的首要方面，即认为“孝”道是人们天经地义、义不容辞的职责。如今，由“孝”文化引申到了“尊老敬老”这样一种社会伦理道德。尊老敬老被定格在了一个相当高的高度之上，并受法律保护。

其次，家庭与家庭供养文化。在我国几千年的农业社会中，传统的复合家庭一直是社会的主要构成部分。这种家庭的家庭成员由已婚不分家的兄弟与父母构成，家庭机构以父子为轴心，父权是其基本特征②。我国传统的家族是由同姓父系宗亲组成的、有共同祖先和固定继嗣原则的血亲集团；个体家庭依附于家族，缺乏自身的独立性；家族内部血缘纽带坚实、亲属联系密切，并有崇拜祖先、敬重尊长、信赖族人的文化传统，因此供养范围较宽，涉及的亲属面较广，不仅家庭成员要互相供养，而且对鳏寡孤独的老人五服之内的直系和旁系血亲也有供养之责。若无五服内近亲，乡里远亲也应供养。

最后，邻里互助文化。受儒家文化的影响，我国历来就有邻里互助的社会道德。如我国古代的《吕氏乡约》的四大纲领为：德业相劝；过失相规；礼俗相交；患难相恤。

---

① 李辉．论建立现代养老体系与弘扬传统养老文化［J］．人口学刊，2001（1）：45.

② 钟永圣，李增森．中国传统家庭养老的演进：文化伦理观念的转变结果［J］．人口学刊，2006（2）：51.

这种邻里互助文化成为发展社区养老的道德基础[①]。

2. 传统养老文化与现代养老方式结合

在传统社会向现代社会推进的过程中以及现代社会保障制度逐步建立和完善的进程中，这些文化思想受到很大的冲击。核心家庭代替了传统的复合家庭，邻里互助也被社会救济制度替代。家庭养老功能分解，部分家庭功能走向社会化，家庭为本位的伦理道德观念融入了国家本位、社会本位的伦理道德观念中。但是我们仍无法忽视家庭在老年生活中的重要地位。几千年的文化不可能在短短几十年中就完全抛弃，将老年人完全抛向社会也是不合实际的。孝文化、养老敬老、邻里互助的传统美德仍广泛存在于中国广大人民的观念中，体现在大多数人的行为上[②]，多数老人希望自己的晚年在家中度过。从 20 世纪中期开始，家庭观念比较淡薄的西方发达国家，也开始寻求一种家庭与社会相结合的养老方式。经过半个多世纪，社区养老在西方国家有了很大的发展，并在养老体系中起到了重要的作用。

在与我国一样深受儒家文化影响的日本，大部分老人愿意住在家里养老。依托社区的居家养老方式在日本的养老体系中占主导地位。发达的经济与传统的家庭观念在日本社会中并存，加上人口老龄化的风险，传统的家庭养老方式受到了挑战。以居家养老为核心的社会老年服务体系，满足了家庭成员心理及经济上的要求。社区成为联系家庭与社会的纽带。日本的社区养老服务体系包括设施服务和家庭看护服务。设施服务是指利用社区设施为居家养老的老年人提供休息、娱乐、保健、康复和护理等服务；家庭看护服务是社区养老体系的重要组成部分，服务对象是社区内生活不能自理、需要生活护理的老年人。日本的社区养老体系，既避免了高福利国家的弊端，又基本上满足了老年人的福利服务需求，其成果已得到了肯定。与我国有着相同民族习惯和文化传统的日本在社区养老方面取得的成绩也可以说明，我国的文化氛围是适合发展以居家养老为主的社区养老服务体系的。

第三节　我国城市社区养老发展的需求分析

一、老年人养老供需状况

从经济学的角度来看，需求与供给是一对相辅相成的概念。但是社区养老作为一种不完全的服务商品，具有所有社会服务的刚性。因此在经济条件不充分的条件下，建立社区养老，需要根据老年人及家庭的实际需要设置项目，将有限的资源发挥大的作用。

1. 老人养老需求分析

马斯洛将人的需求分为五个层次，即生理需求、安全需求、社交需求、受人尊重的

---

① 卓越．兰亚春．社区保障：创新社会保障体系的趋势选择［J］．社会科学战线，2004（2）：276.

② 康颖蕾，陈嘉旭．试论中国孝文化与养老保障制度［J］．西北人口，2007（1）：11.

需求及自我实现需求。老年人作为一个特殊的群体，也具有这五种需求。不同的是，这个群体又具有一定的需求特性①。

（1）生理需求。一般城镇老人的生理需求都可以得到满足，但是对于城镇中的一些特困老人特别是高龄特困老人，如果没有政府及社会的帮助，那么最基本的衣、食、住、行的需求都无法得到满足。因此，解决特殊老年群体的生理需求也成为社区养老中首先考虑的问题。

（2）安全需求。老年人是弱势群体，其安全需求较之其他人群更为迫切，尤其是在医疗服务的需求方面。因此，在医疗康复保健方面，老年人希望老有所医、健康长寿。一旦生病，希望能及时得到治疗，能就近看病和看好病；希望生病期间身边有人护理和照顾；希望有人指导他们加强平时的健康保健，使其不生病或少生病。

（3）社交需求，也称为归属需求。老年人的这一需求也是强烈的，主要表现为：①他们需要家庭的温暖、子女的孝顺，需要享受天伦之乐；②老年人也需要参与社会活动，与邻里、亲友接触和交流。

（4）受人尊重的需求。一个人在社会上总希望自己有稳定、牢固、强于他人的社会地位，需要自尊和得到他人的尊重。老年人也需要得到别人对他的尊重，他们对于别人对自己的态度尤为敏感。这种受人尊重的需求往往也会延伸为老年人注重自己在知识和修养方面的提高等。

（5）自我实现需求。老年人希望为社会做一些力所能及的事情，充分发挥自己的潜能和余热，实现自身的价值或未完成的心愿，也从中体验到成功的喜忧和满足感。主要表现为老年人退休后的再就业、积极地参加社区及社会事务。

从以上分析来看，老人养老不仅仅需要解决供养问题，而且也要满足老人的生活、心理需求。根据社会嵌入理论，由于老年人角色的转换，他们的心理和生理都会发生一定的变化，因此老年人生理和心理方面的需求也应该引起重视②。由于年龄的原因，从工作岗位上退休的老年人的社会职业角色也因此被解除。同时，家庭结构的变迁使老年人丧失了传统家庭中的权威地位，在生活上一时难以适应。而老年人的亲友又日复一日地减少，很难维持正常的社交与人际关系，使老人心理处于孤独空虚的状态。老人既不想离开生活的家庭，又需要有人为其提供日常生活的照料服务，因此充分发挥社区和家庭两方面的作用，为老年人提供一个良好的养老环境则显得尤其重要。社区养老最大的优势就是既可以解决老年人的供养问题，也可以满足老年人的心理需求。

2. 目前我国城市社区养老服务供给类型

社区养老在20世纪八九十年代就已经提出，在我国真正有一定的发展是从20世纪90年代末期开始的。目前，北京市、上海市、广州市、大连市、青岛市等大城市发展很快，都根据当地实际情况建立了一套社区养老办法。各地提供服务的项目侧重点各不相同，但是从提供的服务内容来看，大致分为以下四个方面：

---

① 王辅贤．社区养老助老服务的取向、问题与对策研究［J］．社会科学研究，2004（6）：110.

② 杨宗传．居家养老与中国养老模式［J］．经济评论，2000（3）：59.

（1）物质帮助。物质帮助不惠及所有老人，主要针对的是三无老人、困难“空巢”老人、残疾老人及高龄老人等生活上有很大困难的老年人。各地情况不同，所出现的形式也很不相同。大多数的城市和地区老年人通过资格审核后，由社区直接发放货币，根据当地的生活水平及经济条件决定发放数量，一般在150~500元。例如深圳市民政局推出的《深圳市社区居家养老服务实施方案（试行）》中规定：每月给户籍老人定额补助，覆盖范围包括85岁以上的老人、60岁以上非低保对象但生活不能自理的老人、60岁以上分散供养的“三无”老人、低保老人、重点优抚老人、60岁以上的享受低保且生活不能自理的老人。根据不同的标准，老人享受200~500元的定额补助用于购买各种养老服务。除了直接的货币补助外，还有其他的补助形式，大连市采用了向特困老人定期发放代币券的形式，老人持券可以到所在社区购买服务；在成都市成华区规定三无老人、困难“空巢”老人、残疾老人每年免费到助老爱心超市领取200~500元的生活必需品。

（2）生活照顾。目前的生活照顾针对老人的自理情况分为日间照顾和上门服务两种。日间照顾服务由社区服务中心或社区养老资源站提供场所，老人日间到场所接受照顾，夜间回家；上门服务以家政服务和护理服务为主，包括上门送餐、洗衣、陪护、居室卫生、医疗康复、陪送看病，等等。这些项目在我国发展很慢，由于对除特困老人以外的其他老人要收取一定的费用和宣传的缺位，还没有被多数老人认同。

（3）精神慰藉。这项服务主要针对那些无子女的老人及亲人不在身边的老人。主要的形式有社工或社区服务人员定期到老人家中家访、聊天，一些义工家庭与老人结对子，定期到老人家中聚会等。形式单一、难满足需求是这项服务的最大缺陷。

（4）生活娱乐。社区中的老年生活娱乐措施惠及所有老人，由国家出资建立或当地政府与社区中的企业共同出资建立。这些娱乐设施一般不收取费用，老年人可以根据自己的兴趣爱好选择。主要包括一些社团（如合唱团、秧歌队、太极拳社团，等等）、老年大学、老年图书馆等。社区老年生活娱乐目前发展迅速，尤其是在实施“星光计划”以来，国家投入了大量的资金用于社区老年福利设施建设。

3. 需求与供给之间的比较

根据前面的内容可以看出，针对老年人的需要，社区养老在服务提供上有了较大发展，提供的服务类型基本涵盖了老人生活上、精神上、心理上的需求。但是，随着老年人对社区的依附性越来越强，对社区服务的需求越来越多①，不少老人对至少一项的社区养老服务有需求。他们对社区养老的需求也日趋多样化。根据国务院办公厅印发的《社会养老服务体系建设规划（2011—2015年）》，社区养老服务涵盖生活照料、家政服务、康复护理、医疗保健、精神慰藉、法律服务等。

老年人对社区居家养老服务的需求较大，可见社区居家养老服务市场前景广阔。较高的供给表明当前居家养老服务已经得到一定程度的发展。然而，在供给较高的情况下，需求的满足程度却较低，这可能是由于当前提供的养老服务与需求不相适应②。

---

① 王放．人口老龄化与老年社会服务［J］．中国青年政治学院学报，2004（3）．

② 王琼．城市社区居家养老服务需求及其影响因素：基于全国性的城市老年人口调查数据［J］．人口研究，2016，40（1）：98-112．

二、我国城市老年人的收入状况和承受能力分析

如前所述，政府财政是目前社区养老的主要经济支撑，但是政府不可能承担社区养老的全部费用。随着老人及家庭对社区养老的认同，社区养老服务中的付费服务也将相应地增加。付费项目的确定及收费标准，将与老年的收入状况紧密联系。因此，有必要分析老年人的收入来源及总体的收入水平，确保社区养老项目建立以后有一定的消费群体。

1. 城镇老年人的主要收入来源

（1）劳动收入，是指到退休年龄后仍在工作的老年人所领取的收入。

（2）退休金，是指办理了离休、退休或离职手续的人，从原工作单位或社会保险部门领取的离退休生活费。

（3）基本生活费，是指不是按工资标准，只是为保证基本生活水平而领取的生活费。它包括因企业停工停产而下岗的职工领取的基本生活费，由民政部门向军烈属、“五保户”、残疾人等发放的生活抚恤金等。

（4）家庭其他成员供养，是指被登记人依靠家庭其他成员的收入。

（5）财产性收入，是指通过资金储蓄、借贷入股以及财产营运、租赁等所取得的利息、股息、红利、租金等收入。

（6）保险，是指从保险公司领取的保险金。

（7）其他，除以上几种情况之外的其他生活费来源。

根据近年数据，我国城市老年人的收入来源相对于传统的完全由家庭其他成员供养的供养方式发生了很大的变化。退休金成为城市老年人的主要收入来源，有60%以上的城市老人有退休金。城市男性老年人是自我经济供养能力最强的群体。这个人群中高达74.21%的老年人主要依靠退休金生活，对家庭其他成员的经济帮助依赖最少。相对而言，女性老年人特别是城镇女性老年人对家庭其他成员的经济帮助依赖仍很大，多达59.40%的城镇女性老年人需要家庭成员的供养。女性老年人的家庭成员供养比例高。除了女性自身的身体条件以外，也与长期以来女性因地位低、受教育和接受劳动技能培训的机会少，从而从事有退休金及劳动收入的工作的机会就相对要少很多有关①。

2. 我国城市老年人的承受能力分析

生活来源可以在一定程度上反映老年人的生活状况。相应地，以退休金作为主要生活来源的老人有相对的经济自主权，在经济上较少地依靠子女及亲属，与子女之间的经济冲突较少。同时生活状况与社会保险事业的发展也有很大的关系②。以劳动收入为主要生活来源的老人，一般为低龄老人。他们的身体状况相对较好，加上有自主的生活来源，因此生活也比较满足。而依靠家庭成员供养的老人的生活状况与提供经济来源的家

① 朱冬梅. 我国社会保障制度中的性别差异分析［J］. 中华女子学院山东分院学报，2005（4）：25.

② 龙书芹，风笑天. 城市居民的养老意愿及其影响因素：对江苏四城市老年生活状况的调查分析［J］. 南京社会科学，2007（1）：98-105.

庭成员的收入状况有很大的关系。因此，其经济自主权较小，他们是否有能力参加社区养老与家庭成员的意愿和经济状况相关。领取生活费的老人一般都属于生活困难老人，他们的生活由国家负担，因此，这些老人的生活状况与社会福利事业的发展及社会发展水平密切相关。他们是否愿意参加社区养老由当地社区的社区养老事业的发展状况和社区服务状况决定。

根据数据，领取退休金的老人在城市老人群体中的比例更大。随着养老保险覆盖面的扩大，这一比例也会有很大的提高。因此，对领取退休金老人的收入水平分析，可以一定程度地反映老人的总体承受力。

从表12-2和表12-3中的数据可以看出：①我国人均离退休费用持续增长；②人均离退休费用及增长速度低于在职职工的平均水平。离退休老人数量及人均离退休费用的持续增加将提升老年人的总体收入水平及承受能力，保证了老年人收入的稳定性及持续性，是社区养老发展的经济基础。同时，从资料中也可以看出，我国老年人的总体收入水平偏低，大多数老年人的收入水平及增长速度低于社会平均水平。这在很大程度上决定了老年人口的购买力和消费倾向的相对保守性①。而且，在这里分析的是经济条件相对较好的有退休收入的老人，其他老人特别是由家庭其他成员供养及领取基本生活费的老人，对养老服务的购买力将更弱。考虑到老年人还有其他需要，他们用于社区养老服务的费用将低于其实际收入。也就是说，老人的可支配收入不会完全用于社区养老服务上。

表12-2 我国历年离退休人数及相关费用

年份	2013	2014	2015	2016	2017	2018	2019
离退休年末人数/万人	8 041.0	8 593.4	9 141.9	10 103.4	11 025.7	11 797.7	12 310.4
离退休费用总额/亿元	18 470.4	21 754.7	25 812.7	31 853.8	38 051.5	44 644.9	49 228.0
人均离退休费/(元·月$^{-1}$)	1 914.2	2 109.6	2 353.0	2 627.3	2 876.0	3 153.5	3 332.4
在职职工平均工资/(元·月$^{-1}$)	4 290.3	4 696.7	5 169.1	5 630.8	6 193.2	6 867.8	7 541.8

表12-3 离退休人数、人均退休金、人均在职职工资增长幅度 单位:%

年份	2013	2014	2015	2016	2017	2018	2019
离退休人数增长幅度	8.0	6.9	6.4	10.5	9.1	7.0	4.3
人均退休金增长幅度	9.9	10.2	11.5	11.7	9.5	9.7	5.7
人均在职职工工资增长幅度	10.0	9.5	10.1	8.9	10.0	10.9	9.8

数据来源：《中国劳动统计年鉴—2020》。

虽然我国老年人对社区收费养老服务的承受能力较弱，但是与机构养老相比，社区养老的服务收费标准较低。相对来说，以居家养老为主的社区养老服务收取的费用更

① 张本波．我国人口老龄化的经济社会后果分析及政策选择［J］．宏观经济研究，2002（3）：27.

低。可以说，由于低廉的服务费用，老年人对社区养老服务有一定的购买力。

但是，较弱的费用承受能力也决定了：①社区养老服务特别是收费项目的发展方向要以中低层次的服务为主，尽可能建立在老年人承受的范围之内，以满足多数老人的需要。②要调动社会各种力量，为老年人提供服务，大力发展志愿者服务队伍。

三、我国城市社区养老服务人员

1. 社区养老服务人员类型

目前我国社区养老服务人员主要有以下三类：

（1）社区养老服务专业服务人员。社区养老服务专业服务人员是指受过专门的培训、具有某方面专业特长、专职从事社区养老服务的工作人员。这些工作人员具有老人护理、理疗保健、生活照顾、老人心理学等方面的专业知识，并受过专门的训练。目前这些人员主要分布在社区所办的养老机构中，在社区养老服务人员中的比例非常小。

社区养老中专业人员的优势在于：第一，服务专业化。由于老年人群体需求的特殊性，专业化的服务更容易满足他们的需求。第二，提高服务群体素质。虽然专业人员是社区养老服务中的中坚力量，但是他们并不是这一服务的主体。社区养老服务中大多数的服务人员仍然是没有接受正规训练的服务者。因此，更多专业人员的加入，可以提高整个社区养老服务的水平，提高整体素质。第三，增进老人及家庭对社区养老的信任，提供专业化的服务队伍、高质量的服务，将会吸引更多的老人加入社区养老中，有利于社区养老的发展。

（2）社区志愿者。社区志愿者主要是指在不获得任何物质报酬的情况下，为老年人提供社区养老服务，贡献个人时间及精力的人。在我国社区养老的发展中，社区志愿者也将起到重要的作用。从目前的情况来看，社区养老服务志愿者中大中学生占大多数，还包括了社区各界人士及社区中的低龄老人。志愿者为老人提供的服务也多种多样，包括娱乐活动、讲座、亲情陪伴、免费的家政服务、免费的身体检查等一系列活动。社区志愿者的出现极大地推动了社区养老事业的发展。

（3）社区中的专职服务人员。专职服务人员是指除专业服务人员、社区志愿者以外，领取一定服务费用的服务人员。专职服务人员包括社区中的家政公司、失业人员、享受低保者、其他社区招聘的为社区养老者提供服务的人员及社区中的非营利机构等。

这些人员提供服务的优势在于：①易于与服务对象沟通。服务人员主要来自服务的社区，容易与服务对象对相同事物产生共鸣，有利于双方关系的协调，便于养老服务的开展。②收费相对较低，符合老人及其家庭的承受能力。③一定程度上解决了社区中经济困难人群的生活问题。这些人员包括失业人员、享受低保者、失地农民等经济弱势群体。社区养老服务，为这些群体提供大量的工作岗位，解决了这部分群体的就业问题。④可以保持服务人员的长期性和稳定性。目前，他们是社区养老服务提供的主体。

2. 社区养老服务人员存在的问题

我国社区养老的服务人员队伍，在形式上实现了调动社会各界力量参与社区养老的目标。但是实际上，服务人员还存在着很多问题。这些问题将影响社区养老的发展。社区养老能否健康发展有赖于这些问题的解决。问题主要存在于以下五个方面：

（1）社区养老服务人员专业化程度低。专业服务人员的数量少，难以满足需求。与此同时，志愿者及社区专职服务人员接受专业化培训的机会少，因而这些人员缺乏养老服务专业知识。

（2）社区志愿者服务存在着管理混乱、志愿者服务组织建设不完善等很多问题。由于流动性大，社区志愿者之间或社区志愿者与服务对象、服务机构之间的关系松散。这造成管理存在难度，造成运作机制缺乏制度化、规范化。同时，社区志愿者队伍普遍不够壮大，也成为社区养老服务发展的制约因素。

（3）社会成员的参与度不高。由于养老服务特别是老人护理工作存在脏、累、责任重等特点，再加上收入低和社会地位低，很多社会成员不愿参与。其结果是：一方面，大量老人在寻找家庭以外的照顾；另一方面，社区中存在着大量的闲散劳动力。

（4）缺乏对年轻人的从业吸引力。传统的陈旧观念使得社会大众对养老服务工作存在一些偏见，很少有年轻人从事社区居家养老服务工作。首先，年轻人对事业发展的要求高，而养老服务行业缺乏上升的空间和渠道。其次，工资不能满足年轻人的需求。年轻人对基本生活的需求远远超过了中年妇女、农民工的层次，购房买车等已经成为其生活的必需，但是服务业的收入远远不能满足年轻人的要求。最后，社会地位低。年轻人大多学历层次较高，不仅向往从事收入高的职业，而且倾向于选择社会地位高而又稳定的工作。

（5）培训措施极为欠缺导致服务人员专业结构不合理。我国社区建设在很大程度上是以政府为主导推动的，目前政府正在加大力度采取种种措施发展社区养老服务，但同时也存在培训机构不专业、培训教师授课内容不被接受、教材不贴近实际、培训人员接受意愿低、参加培训人员文化水平低等问题。可见，政府为养老服务人员提供培训这项工作还远未跟上形势的发展，这就造成社区居家养老服务人员专业知识结构不合理。就接受职业培训方面来看，一半以上的人从未接受过职业培训，少数人接受过短期的基本护理知识培训，而接受长期综合知识培训者却基本没有①。

人力资本是推动社区养老事业发展的基本因素。我国社区养老服务调动了专业服务人员、社区志愿者、社区专职服务人员等社会群体，形成了以专职服务人员为主体，志愿者队伍为支撑，专业服务人员协助的服务模式。但是，从整体上来看，社区养老服务人员都存在人员短缺、管理无序、专业化程度低等问题。这些问题的出现将影响社区养老的发展。因此，社区养老服务人员的培养，将是社区养老发展及推广过程中重点解决的问题。

---

① 肖云，杨光辉．我国社区居家养老服务人员队伍结构优化研究：以 564 名社区居家养老服务人员为例［J］．西北人口，2013，34（6）：6.

第四节　我国城市社区养老的试点探索

一、我国城市社区养老的两个经典案例

随着社会现代化的发展、老龄社会的到来，老龄问题异常突出，广大老年人的养老问题迫切需要解决。虽然目前还存在着很多问题，但是从宏观、微观方面来说，我国城市已具备了发展社区养老的一些条件，即一定程度上可以大力发展社区养老。2006 年民政部出台了《关于开展全国养老服务社会化示范单位创建活动的通知》，将我国 31 个省份的 60 个城市社区指定为首批全国养老服务社会化试点单位。以居家为基础、以社区为依托、以机构为补充的养老服务体系成为这次试点单位积极提倡的养老模式。试点单位的具体实践经验，成为社区养老可行性的实践基础。各地社区养老的实践情况让我们看到了发展社区养老的曙光。在选取的这两个案例中，成都市成华区是这次试点单位之一，宁波市海曙区是其他发展较好地区的代表。其发展状况可以在一定程度上反映出我国社区养老的情况。

1. 宁波市海曙区的社区养老状况[①]

宁波市海曙区是人口老龄化比较严重的地区，2003 年有 60 岁以上老人 5.3 万名，占总人口的 17%，且每年以 1 至 2 个百分点的速度递增。虽然海曙区不是我国养老服务社会化示范单位，但是由于其老龄化问题较为严重，政府也在积极地寻求解决老年服务问题的出路。海曙区的社区养老模式，大体有以下几个特点：

（1）由政府出资，帮助高龄困难老人安享晚年。2003 年，海曙区政府组织建立了全区老人情况的数据库，掌握了老年人家庭的底数，实行动态管理。2003 年上半年，政府推出了“政府购买服务”这一新型养老服务模式，在 17 个社区进行试点，对 100 多名高龄、独居的困难老人，由政府出资购买服务，社区落实家庭服务员，每天上门服务 1 小时，服务成本为每人每年 2 000 元。2004 年，海曙区再次将这一养老服务模式在全区 65 个社区中全面推广，并将所需的资金 150 万元列入区政府年度财政预算。海曙区规定，凡是辖区内高龄、独居的困难老人，都可享受这一服务模式。

（2）建立“义工银行”，以自己今天的服务，换取明天他人的服务。海曙区建立了一支居家养老义工队伍。这支队伍以退休人员为主，有 429 名成员，按照自愿参加、自由退出的原则，义务对独居困难老人进行上门服务。义工队伍由社区居委会与区敬老协会共同管理。经区敬老协会统一培训的义工，发给《居家养老义工服务卡》，每天对服务内容、时间、体会等进行记录。每隔 3 个月，由区敬老协会会同社区居委会，在听取服务对象及有关方面意见的基础上，按 4 个档次评定其服务质量。按照“服务今天，享

① 根据《关于海曙区社会化居家养老工作的指导性意见》（海政办〔2004〕第 29 号）及《海曙 65 个社区推行居家养老模式》（宁波日报，2005-11-08）整理。

受明天”的原则，区敬老协会逐一记录义工服务时间和服务质量，统一入档。若干年后，当义工本人需要服务时，可提出申请，由市敬老协会统一调度义工为其提供相应的养老服务。义工服务对象主要是政府购买服务以外的800余名空巢独居困难老人。

（3）由个人购买服务，建立非营利性居家养老服务机构。目前，海曙区已在各个社区全面推行了这一新型的社会化养老方式。居家养老个人购买服务是指参照政府出钱为特困老人和特困残疾人购买上门服务的方式，由老人、老人子女或社会热心人士出资，区敬老协会和社区运作，社区居家养老服务员上门服务。每小时收费6.6元，其中1.1元用于给服务员买保险。

（4）让行动方便的老年人，走出小家庭，融入社区大家庭。2003年政府出资300余万元，相继在有条件的社区建起了一批“日托夜归”的居家养老服务中心。中心内除了以成本价供老人用膳的食堂外，还设有娱乐室、按摩健身室、阅览室等。为了鼓励更多的老年人参加，海曙区还进一步完善了社区老年协会等民间组织，把老年人组织起来。同时海曙区还普遍实行与医疗机构“联姻”，举办各种知识讲座，吸引老年人参加，提高他们的生活质量。

2. 成都市成华区的社区养老状况

作为全国养老服务社会化示范单位的成华区，老龄化问题也异常严重，全区常住人口60万人，其中60岁以上的老年人8万人，约占13%。成华区结合区情实际，把养老服务作为社区服务的特色重点和构建和谐社会的重要举措。政府部门与社会组织协同配合，发展以居家养老为主的社区养老服务。与宁波海曙区的社区养老服务不同，成华区养老服务的服务对象主要是“三无”老人、城市孤老和空巢老人，主要有以下三个特点：

（1）实行政府购买服务，建立专职与志愿相结合的养老护理队伍。对没有入住福利院的“三无”老人、城市孤老和空巢老人，由民政部门与品牌家政公司、劳务公司合作，建立了成华区彩霞助老服务社。由政府购买服务，招聘年龄在40~50岁，富有爱心的下岗失业人员和失地农民，为散居“五保”老人和困难“空巢”老人开展“钟点工”式家政服务。每名服务员为15~25名贫困老人提供服务，月收入可达到500~800元。这既解决了失业、失地人员再就业，又为老人提供了爱心服务，实现了“一种岗位，两种关爱”。

（2）建立全程式居家养老服务平台。在社区建立老年学校、老年活动中心（站）、老年康复中心、助老爱心超市、“空巢”老人爱心俱乐部。通过与驻区单位开展共驻共建活动，利用闲置土地和厂房，建立起126个小型分散、方便使用的老年福利服务设施，因地制宜地为老人提供生活照料、文化娱乐、康复医疗、体育健身等多方面服务，逐步形成完整的社区居家养老服务体系。

（3）开展家庭式的居家养老服务。将照顾对象、彩霞助老服务员、社区工作者、志愿者等原来单一的敬老个体与老人编织成为一个个“亲情之链”，组成“幸福家庭”。“家庭成员”定期到老人家中看望老人，使这些没有子女或子女不在身边的老人享受到家庭的温暖。区民政局、区慈善会为每个家庭发爱心卡，“三无”老人、困难“空巢”老人、残疾老人凭卡可每年免费到助老爱心超市领取200~500元的生活必需品；对行动不便的老人开设“爱心家庭病床”，社区卫生服务中心按时上门巡查、输液、打针；安装爱心门铃或“一键式”求助呼叫系统，在遇到紧急情况或需要服务时，老人可不出家门就得到快捷的救助。

二、我国城市发展社区养老的经验及反思

1. 先进地区发展社区养老的经验

从以上地区发展社区养老的情况看，基本做到了养老服务的社会化，实现了利用家庭和社区两种资源来满足老人物质上、精神上的需求。宁波市海曙区和成都市成华区，是社区养老发展速度较快的社区。虽然单纯地分析这两个地区有一定片面性，但是我们也可以从中看出我国示范单位及其他社区养老发展较快地区的情况，从而为我国社区养老在全国的推广起到一定的示范作用。其成功经验有：

（1）政府政策支持。社区养老的发展需要政府的大力支持。从社区养老实施的情况来看，政府在计划立项、财政补贴、设施建设规划、土地划拨、房屋租购、减免税费等方面，结合本地实际制定了具体的扶持保护政策，从政策上保证了社区养老的发展。特别是在财政支出中，将社区养老服务资金归入了当年政府的财政预算，实行按人头、按项目专项拨款，防止了养老服务资金使用的无序与浪费。

政府职责明确是发展社区养老的基础。从社区养老实施的情况来看，政府是社区养老政策的制定者和监督者，形成了政府领导、民政主管的管理模式。

（2）社会参与。社会参与包括社区中企业、民营非营利组织、非政府组织、社区居民的参与。从以上两区的情况来看，社会参与在养老服务提供上起到了极大的作用。海曙区积极动员社区老人参与社区养老，形成了以退休老人为主的社区服务队伍。成华区的社会参与范围更加广泛。不仅社区志愿者成为社区养老的参与主体，而且社区中与民政部门联合的家政公司、劳务公司承担了居家养老的“五保”老人与困难“空巢”老人的养老照顾服务。社会参与打破了国家对福利服务提供的垄断，实现了国家、企业、社区、个人共同参与，使一直以来被忽视的社区资源得到了有效的利用。

（3）构建全方位的养老服务体系。老人需求的多样性，要求养老服务体系构建要全方位推进。海曙区与成华区在发展以居家养老为主的社区养老过程中，都将对老人的上门生活照料放在了首位，并积极探索加强老人与社区联系的方法来满足老人的精神、心理需求。

2. 我国社区养老发展先进地区的特殊性

社区养老发展较快地区及试点地区的经验，可以给社区养老在全国的推广提供一定的模式与选择，使其他地区在发展过程中少走弯路。但是由于我国社区养老的发展时间很短，现在的发展情况也只能说明这些地区的发展势头良好，并不能确定它的长效性。而且我们也要看到，这些地区有一定的特殊性：

（1）社区或社区所在城市的经济情况好。从《首批全国养老服务社会化示范活动试点单位名单》来看，在试点的 60 个单位中，35 个是省会城市的社区，其他 25 个社区及养老机构也分布在经济发达城市。还有一些并不是示范单位，但社区养老服务发展

得较好的社区，例如宁波海曙区。这些社区大多都集中在北京市、上海市、广州市及一些沿海经济发达地区。由此可见，这些社区的经济条件远远高于全国的平均水平，地方财政充足。

（2）社区自身的福利设施比较齐全。社区养老发展的一些福利设施，例如老年活动室、老年大学、社区志愿者队伍等，并不是在短期内可以发展起来的。从这些发展快的社区来看，在国家开始提倡养老服务社会化以前，就有一些养老福利设施或社区已经开展了一些针对老人的服务。因此，这些社区在硬件上就有发展社区养老的优势。

（3）社区居民对社区养老的认识程度较高。大城市及经济发达地区为人们提供了大量信息，因此人们接受新事物的能力较强，思想比较开放。社区养老是一种新事物，其发展受到当地社区居民对社区养老认识程度的影响。社区养老发展较快地区主要集中在大城市及经济发达地区。这些地区人们接受新事物的能力强，再加上当地政府的大力宣传，人们对社区养老的认识程度很容易提高，易于接受社区养老。从发达地区的这些特殊性可以看出，社区养老在这些地区可以有良好的发展趋势，并不能说明在社区养老的推广过程中也会有这种发展势头。它们的经验在向全国特别是一些经济上欠发达、人们思想上较保守的地区推广的过程中很容易遇到困难。社区养老要在全国各城市全面地发展，将面临很多的问题。

3. 社区养老在全国推广过程中可能会遇到的问题

我们在前面两节分析宏观、微观条件时提出的问题，是我国城市发展社区养老过程中普遍存在的问题。试点地区对这些问题也有了一些探索性的发展，但是要在全国推广这些经验，仍会遇到很多困难。

（1）资金问题。这里的资金问题与本章第二节分析的资金来源的问题不同。这里的资金问题主要是来自两方面的：第一，地方财政资金短缺。由于地区间经济发展的不平衡，各地区财政收支也不同。社区养老中的政府财政支出大部分来自地方财政，因此，地方财政短缺的地区，很可能在社区养老财政投入中大打折扣。第二，老人及家庭对付费服务的购买力不足。这很容易造成的局面就是，特困老人靠财政解决养老服务问题，中高收入家庭的老人靠自己提供服务费用，而在这中间的一批既有服务需求而又没有经济实力的老人将成为社区养老发展中的空白带。

（2）服务人员问题。从第三节的分析我们可以看出，社区养老的服务人员存在着很多问题，试点地区也在探索解决的方法，但是并没有形成完整的发展思路，只是在摸索中前进。较成功的是对服务人员的“时间储蓄”，但是在推行过程中由于没有一定的标准，很可能形成一种形式上的模仿。

（3）老年人及家庭思想转换问题。虽然我国已经将养老服务社会化作为一项重点工作来抓，但是很多长期依赖于家庭来提供全套养老服务的老人，对社区养老缺乏了解。即使是在社区养老有很大发展的地区这种现象仍然存在。虽然社区养老并不像机构养老一样要求老人要与家庭分开，但是长期以来的养老观念，使老人及家庭一时之间很难接受养老服务从家庭向社区转移。

社区养老是在人口老龄化问题严重的情况下，国家积极倡导的养老方式。试点地区及发达地区在社区养老方面有了很大的进展，并开始积极探索适合本地区的发展模式，但是社区养老要真正能在全国城市推广还有很大的难度。试点地区的发展由于其特殊性并不能代表整个社会的发展情况，但这还是可以表明我国社区养老发展有一定的现实可行性。社区养老想要进一步发展，需要先解决相关问题。

第五节　我国城市社区养老发展的对策

由于社区养老具有低投入、高回报的特点，加上它既符合我国人民传统的道德观念，又可满足老年人物质上、生活上、精神上的多种需要，再加上通过对一些地区社区养老发展情况的分析，我们可以看到社区养老将在社会进步过程中，成为我国一种主要的养老方式。但是这只是发展的一种趋势。要回答社区养老是否能在我国生根、发芽，是否能成为普遍存在的一种养老方式这个问题，除了一段时间后通过对试点地区进行成果验证，还需要尽力消除社区养老发展过程中的一些障碍，保证试点地区的成功和在全国各地的推广。社区养老是长期而艰巨的工作。它不仅仅从纵向上需要政府上下级之间的通力配合，在横向上还需要社会各界的广泛支持。针对社区养老宏观、微观条件的分析及现实推广的一些问题，社区养老的发展需要一系列政策的落实并重点注意下列问题。

一、发展我国城市社区养老的政策建议

1. 社区权力的下放

社区主要是由以居委会社区为主的区—街道—居委会三级构成的社区体系。居委会作为社区养老的重要服务单位，要摆脱原来自治地位被虚化的情况，需要社区权力的下放。下放的权力主要包括以下两方面：

（1）资金权力的下放。政府或有关单位在交给社区工作任务的同时，要将此项工作的经费交给社区。这在社区养老服务中表现为，政府要把社区养老服务所划拨的资金直接交给社区自己管理，政府只对资金的使用情况进行监督，资金的使用由社区自主安排。而对于社区养老服务的其他费用来源，如分支产业的社区服务项目上交的管理费、社会服务募捐收入中的部分资金、其他社会捐赠等费用，由社区管理并自主使用。

（2）落实管理权的下放。社区本身就是一个城市居民自我管理、自我教育、自我服务的民主管理机构。由于长期以来社区管理上的行政色彩，虽然社区有自我管理的权力，但没有落到实处。因此，为推进城市社区建设，政府应转变职能，将重心下移，使工作进社区，将基层管理与服务的职能落实到社区，服务到居民，而不是把工作推给社区。在社区养老中，社区要积极协调社区中各个主体之间的关系，负责管理社区养老服务的总体事务，自主开展各种活动，调动社区中的财力、物力、人力发展社区养老服务，使社区真正成为居民的“头”，而不是政府的“腿”。

2. 拓宽养老资金渠道

我国社区养老发展采用多渠道的发展模式，但是从现实的情况来看，政府的财政仍然是社区养老发展的支柱。随着社区养老在全国的推行，这种主要依靠政府财政来发展的模式会面临很大的挑战。借鉴国内外发展社区养老的经验，除了政府的财政资助，增加社区养老的资金主要从以下两方面做起：

（1）继续加大宣传力度，鼓励社会各界积极关注养老事业，争取吸引更多的社会力量来援助老人。通过向社会呼吁，筹集捐款，鼓励社会团体、企事业单位和个人向社区养老服务机构捐资、捐物或提供无偿服务。充分发挥慈善机构的作用，像慈善会、红十字会、志愿者协会等慈善组织可以利用社会募集资金来资助社区养老，以补充社区养老资金。例如，中国香港公益金就是香港目前最主要的拨款组织。公益金通过不断举办活动，积极鼓励全港市民支持福利服务，募集捐款，以照顾社会中的弱者。中国内地特别是经济不发达地区应发展慈善公益事业，运用种种机制，鼓励发展慈善事业，切实提高慈善公益组织的社会地位。

（2）加快社区养老服务产业化进程。社区养老服务的产业化是指社区养老服务工作从行政性经营到市场化经营、从事业化管理到企业化管理、从非经济实体到经济实体、从财政维持到自负盈亏的过程。社区养老服务既要提倡志愿服务、立足奉献、无偿服务，也要遵循市场经济的价值规律，寻求产业化的发展道路，为社区养老服务的开展奠定物质基础。

3. 加快服务人员队伍建设

养老服务具有所有服务行业的特点。它需要人与人之间的接触与交流。人力资本是推动社区养老发展的重要因素。服务人员队伍在社区养老中出现的问题，严重制约着社区养老的发展。解决这些问题需要从以下两方面做起：

（1）加强服务人员专业化培养。

第一，大力培养从事社区养老服务工作的专业人才。从亚洲四个新兴国家和地区的社会工作发展情况来看，新加坡、韩国、中国香港、中国台湾非常重视社会工作专业教育，在其社会工作计划中包括提供专业证书教育和学士、硕士、博士学位教育。1961年，随着社会工作教育培训基金的设立，中国香港也开始在社会工作专业教育方面发展了许多高质量的专业学位教育计划。我国许多高校才刚刚开设社会工作课程，与社会工作教育发展成熟的国家和地区相比还有很大的差距。我们要借鉴这些地方的先进经验，加强高层次人才的培养，选择若干有实力的高校院系，积极试点社会工作高级人才的培养，培养一支具备现代社区老年服务理念、知识、方法和技巧的专业的社区服务工作队伍，促进我国社区养老服务事业健康有序地发展。

第二，加强非专业服务人员培养的工作力度。为我国社区养老提供服务的三类人员中非专业人员的专业水平差，这影响到了社区养老的发展。对这些人员的培训，可以采取两种方式：一是在拥有社区工作专业的大中专院校，开办社区工作专业培训班或进修班，设立相关的培训内容，如社区养老服务组织管理、老年心理知识以及老年医疗护理常识等内容，对那些年纪较轻、文化程度较高的专职服务人员进行培训，从而提高他们的专业知识水平和服务水平；二是对社区中的老年服务人员及志愿者，由社区工作管理机构聘请社区工作方面的专家进行授课，以此使他们在从事社区服务工作时更加科学、规范。

第三，建立社区服务从业人员的资格认证制度。从国际经验来看，1970 年以来，英国社会工作教育一直由政府财政支持的“社会工作教育训练中央委员会”负责管理。截至 1995 年，这个组织批准了两种专业资格证书：社会服务证书（CSS）和社会工作资格证书（CQSW）。到 20 世纪 80 年代末，被社会服务部门雇用的社会工作者中超过 85%的人都取得了专业（职业）资格。社会工作资格证书训练课程由能授予学士学位的高等教育机构提供，而社会服务证书训练课程由继续教育学院提供。1995 年这两种资格证书被一种单一的国家职业资格证书取代。这种革新使人们认识到社区服务朝专业化方向发展的趋势①。

专业化发展是一种趋势，但考虑到我国经济水平低和社区养老服务人员的总体水平差的现实，实行国家统一的资格认证制度也不合实际。国家可以根据不同的培训程度，发放等级不同的资格证书：一是对专业服务人员，发放高等教育机构资格认证，也可称为高级资格证书；二是对在大中专院校经过培训的专职服务人员，发放中级资格证书；三是对在社区工作管理机构接受培训的人员，发放初级资格证书。初级资格证书是社区服务人员上岗的准入标准。不论是社区志愿者还是社区中的闲散劳动力，只有经过社区工作管理机构的培训才可以上岗。持有资格证书的服务人员，在变换服务社区时可以免受培训。建立这项制度，旨在规范社区工作队伍的职业技能，从而提高社区工作的职业声望，使更多的人参与到社区养老服务中。

（2）规范社区志愿者队伍。通过以上对志愿者的专业化培训和资格认证可以一定程度上解决志愿者养老服务的专业化问题。社区养老志愿者管理的规范、队伍的扩大，要从以下三个方面做起：

第一，积极推进和完善社区志愿者登记注册制度。2005 年 9 月，国务院出台的《中国社区志愿者注册管理办法》，弥补了我国社区志愿者管理工作的空白。社区志愿者的服务对象主要是社区中的弱势群体，老年人是其中之一。由于志愿者队伍来源广泛，在注册登记时，要完善对志愿者的意愿及服务特长与其希望提供的服务等相关信息的登记。社区要对登记在册的志愿者根据其年龄、职业、专长及可以为老人提供服务的时间等对养老服务志愿者进行分类，使志愿者尽可能发挥各自的专长，从而提高服务效率。政策鼓励或财政支持社区志愿者进行网络注册登记，特别是对经济条件落后的社区要给予财政补贴。

第二，引导社区养老志愿者服务的发展。志愿服务的本质特征是当事人自愿，但志愿服务事业的发展却不能完全依靠志愿服务本身，需要政府引导志愿服务的发展。所谓“引导”就是不拘泥于完全内生的“自愿”，通过倡导和培育，促进志愿服务的发展。在这方面，社区基层组织要敏锐地发现志愿者的潜在力量，及时地进行宣传，吸引更多

① 柳丞，柳浪．当代国际社会工作［M］．北京：中国社会出版社，2002：200.

的人参加志愿者服务。把社区中的学校、工厂、机关单位作为重点的宣传阵地，定期到这些单位进行宣传，增加人们对社区养老志愿者服务的认识，使人们对志愿者服务由了解、熟悉、认同到最后参与。放弃原来“运动式”公益服务的传统做法，用逐渐引导的方式，维持养老服务志愿者队伍的壮大。

第三，建立社区养老志愿者服务激励制度。建立社区养老志愿者服务激励制度也是增加社会对志愿者服务队伍的认识、扩大志愿者服务队伍的有力手段。志愿者服务是一种无偿的、无私的奉献，但并不是说志愿者不应该有任何回报，对其不能有一定的激励措施。志愿者服务的回报主要不是直接的物质激励，而是多种形式的综合性、间接性和长期性的回报。志愿者表彰是我国长期以来存在的一种精神激励方式，这是有效的。社区养老发达地区也开始探索与将来获得的服务相挂钩的“时间储蓄”模式。对养老服务志愿者的这些激励政策不仅仅是为了满足个人利益，更多的是体现社会对这种行为的肯定和鼓励。这些激励制度应该是一种常规化的、规范化的方式，要通过国家法律、政府规定和社区约定等方式将其确定下来。

二、我国社区养老发展过程中要注意的问题

1. 建立社区养老项目应注意的问题

社区养老服务的最终目标就是为老年人提供服务，建立适合老年人需要的社区养老项目。通过前面的分析可以看到，社区养老项目要从物质、精神各个方面满足老年人的需求。根据目前的经济水平，项目建立时也要有一定的先后和缓急，不可以一窝蜂地硬上项目。因此，在建立时要注意以下问题：

（1）养老项目的建立首要考虑高龄老人及病残老人的需要。国际上通常将 65 岁定为老年人需要社会提供服务，并获得关照的界限。根据老人的健康行为的特征，可将老人分为四个年龄段：45~59 岁为老年前期（这是世界卫生组织专为发展中国家而设的）；60~74 岁为年轻老年；75~89 岁为中老年；90 岁以上为老老年。我国老年人的退休年龄为男 55~60 岁，女 50~55 岁。因此，除一些身体状况严重差的人以外，我国老年前期的人一般都处于劳动状态，不属于养老的范围。相应地，随着年龄的增长，老年人的身体状况日益变差，需要社会提供服务且获得关照的可能性越来越大。虽然中老年和老年人群在社会中的比例相对较小，但是由于其生活自理能力不断下降，给家庭及社会带来的负担日益加重。这些高龄老人及病残老人成为养老服务最需要关心的群体。因此，社区中养老项目的建立首先要考虑高龄老人及病残老人的需要。

第一，老年护理项目是社区养老中的首要问题。老年护理项目由社区服务人员提供。服务的项目包括收拾房间，买菜做饭，陪伴老人以及看护刚刚出院或不能自理的老人，照顾老人洗澡穿衣、服药，等等。工作时间根据老人的自理能力、身体状况及老年人和家庭成员的负担能力来确定，可以是每天几个小时、每周几次或一周七天每天 24 小时。“三无”老人的护理费用由社区及国家财政共同负担；对家庭生活困难和享受国家低保政策的老人，在收费上要给予一定的优惠。

第二，老年应急服务系统也是社区养老中重要的服务项目。应急服务系统的模式多

种多样：可以在老人家中安装呼叫机，老人们足不出户就可以通过呼叫网络享受送货上门、家务料理及医疗救治等服务；也可以在社区中设立24小时值班热线电话，老人在需要时拨打热线电话来满足需要；还可以安装一些其他的报警响应系统使老人在需要帮助和发生危机的时候能够及时寻求帮助。各个社区可以根据自己社区的经济情况和社区的特点来选择具体的系统模式。

第三，对高龄老人的上门探望活动尤其重要。高龄老人多行动不便或有疾病。老人的活动范围多在家中，与外界的接触较少。因此应组织社区服务人员定期探望高龄老人和病残老人。通常老人本身就是很好的探望者，社区中也可以组织年轻老人和身体状况好的老人作为探望者。探望者与老人一起做些老人们喜欢或需要的事情，如一起玩牌或下棋，一起看电视、聊天，等等。对于没有亲人和朋友在身边的老人，探望者对老人就显得更加重要。定期探望这一服务项目丰富了老人们的精神生活，有益于老人们的心理健康。

（2）构建社区养老项目要合理分配资源。虽然社区养老项目的构建要首先考虑高龄老人及病残老人的需要，但是社区养老的最终目标是为社区中所有有需要的老人提供服务，将家庭照顾功能全部或部分接过来，使老人尽可能地长时间在家中养老。如前面所述，社区主要是由以居委会社区为主的区—街道—居委会三级构成的。社区养老的发展需要三层单位之间通力配合，养老项目的构建也要做好各个单位的分工。

第一，具体的、成本较小的项目由居委会社区提供。居委会是社区养老的最基础的操作单位，是社区养老体系中的“前沿阵地”。养老服务的大多数项目都是在居委会辖区内操作。这些服务的共同特点是：服务人数多、服务提供频繁、项目建立的成本较小、较易操作。这些服务具体来说主要包括：①生活帮助，如照顾者帮助老人洗澡、穿衣、吃饭、刷牙等；②家务帮助，如做饭、洗衣、清扫房间、维修一些设施等；③出行帮助，如帮助购物、交各种费用、邮寄包裹等；④情感帮助，通过上门探望老人，从情感上消除老人的孤独感；⑤社区服务中心的帮助活动，如建立老人活动室、集体食堂、求助服务中心、卫生保健服务中心等。

第二，街道和区做好社区养老配套设施及大型项目的管理。由于居委会的规模较小，一般在1 000~3 000户，因此即使在居委会辖区内建立面面俱到的养老项目，也无法有效地利用，无法形成规模效应。区和街道在人力、物力、财力上明显优于居委会辖区，某些项目仅依靠居委会的力量是很难建立的。因此，社区养老项目的建立要上下级配合，合理利用资源，在以居委会辖区为社区养老基本单位的基础上，街道和区两个层面做补充，形成上下层之间的有效配置。

这就需要集中各个小区的力量，在区或街道的统一领导下，在区里或街道中开办规模较大的社区服务机构。机构主要为各个居委会辖区提供社区养老服务，并开办一些单个辖区无法独立提供或没有必要独立提供的服务，如：服务人员的专业培训工作、社区中应急系统的管理、服务人员服务费用的制定等，并由区或街道统一管理。同时，机构以街道为单位建立老人日托中心（老人白天或者家中没有亲人的时候在中心与其他老人一起度过，晚上再回到家中）、社区医疗服务中心（社区医疗服务中心与社会医疗保险相连接，老人可以就近就医）。虽然机构养老院不是社区养老的内容，但是鉴于社区中仍然有些收入高、思想比较开放的老人愿意到养老机构中养老，机构养老院也将成为社区养老的配套设施，以区为单位建立的养老机构也将是未来社区养老的一个重要组成部分。

总之，社区养老项目在“区—街道—居委会”之间的合理分配关系到资源的利用效率，也关系到老人及出资者的切身利益。

2. 协调社区养老各主体之间的关系

社区养老的主体由三个部分组成：养老服务的提供者，包括社区服务机构、社区中的非营利组织、私营机构及个人；养老服务的享受者，也就是社区中享受服务的老人；养老服务的管理者。社区养老服务的提供部门之间及提供者之间的关系都应协调，以便为老人提供有效、适当的服务。为了达到预期的效果，寻求不同的协调方法以提高服务水平是必不可少的。

（1）协调社区组织与服务提供者部门之间的关系。有些社区养老服务部门是由社区组织建立的，但是加快养老服务产业化进程后，私营机构及其他由社区组织管理的非营利机构将成为社区养老服务的主体。因此，社区组织与服务提供部门之间的交流或合作就显得很重要。

社区组织和服务提供者之间的交流合作可以通过以下方式来完成：共同制订服务计划、服务手册；共同商讨责任的分担方式；共同商讨服务使用者和照顾者之间交流的形式及重大事件解决方案。

（2）用协议的方式固定养老服务。为了有助于各方合作以及保证形式多样的养老服务顺利进行，协议安排是必需的。这种协议主要是指为老人提供的服务，特别是向一些有特殊需要的老人提供的服务及向一些情况比较特殊的老人（如由国家供养的“三无”老人、低保老人等）提供的服务，要通过协议方式固定下来，使提供的服务具有合理性、连续性和秩序性。

（3）加强各部门之间的信息交流。对政策制定者、服务提供者、照顾工作者而言，为了确保相关人员能够获知有关服务提供范围、授权标准以及服务提供资格确认等方面的信息，信息交换和传播是必不可少的。可以通过机构间的会议、信息的指引和展示、共同的资源库等来完成各部门之间的信息交流。

（4）加强服务人员之间的联系。社区养老的服务人员分为三类：专业服务人员、志愿者及专职服务人员。由于服务人员的来源比较广泛，他们各自的知识背景、生活经历不同，因此很可能在提供服务时他们就服务事项产生很大的差异。为了使提供服务的个人之间能够有效地合作并负担协调的责任，加强服务人员之间的交流与联系是很有必要的。增强他们之间的沟通和合作，可以通过提供相同背景的培训、组织一些需要共同参与的活动（如举办运动会、棋牌比赛等）来实现。

3. 注意社区养老中的性别差异问题

对于社区养老服务，性别差异非常重要。这是因为妇女预期寿命比男性长，但是不如男性健康。在生活不能自理的老人中，女性的比例要高于男性，被照顾的需求也更大。同时，妇女的收入较低，由子女或配偶供养的概率较大。由于就业差距，女性社会保险的参保率较低，也就意味着女性享受社会保险的人数少于男性，享有退休金的女性老人只是享有退休金男性老人的60%左右。再加上男性与女性的收入差异及退休年龄的差异造成女性缴纳的社会保险费少，也意味着女性退休后养老金低于男性。

社区养老普遍推广之后，养老服务的收费也将成为必然的发展趋势。鉴于女性老人的退休收入低、被供养的比例高，女性老人是否愿意参加，是否有能力参加社区养老将成为社区养老发展过程中的一大问题。因此，需要协调社区养老中的这种性别差异，尽量使社区有需要的老人都包括在社区养老的范围中。

（1）从政策上保证女性就业。由于就业及工资的差异，女性在参加社会保险的概率和获得保险金多少方面与男性存在差异。为了消除这种差异，就需要从社会政策上入手，包括就业政策、教育政策、培训政策等，提高女性劳动竞争力和就业率，使女性在年老后获得更多的保障。

（2）为女性年轻老人提供更多参加照顾服务的机会。年轻老人可以成为社区养老服务的提供者。为了使没有收入的女性年轻老人在身体情况差或生活不能自理的情况下获得更多的服务，社区有必要为这些人提供更多参加照顾服务的机会。服务报酬可以是向服务提供者发放服务费，也可以是用时间积累的方式，根据提供服务的时间来确定以后享受免费服务的时间。

（3）对付费项目在到达一定年龄后给予优惠。老人在达到一定年龄（如80岁或85岁）后，在享受付费项目时，要给予一定的优惠。这部分费用由社区或者国家来补贴。由于女性的寿命明显高于男性，这一政策也是倾向于女性老人的一种措施，从而保证每个老人都老有所养。

（4）无收入老人的社区养老与子女的社会养老金挂钩。应探索老人养老服务由子女社会养老保险金支付的发展新思路。这主要是指对于老人无收入，而子女的生活状况也困难的家庭，子女可以用自己养老金个人账户中的资金为父母支付社区养老服务费用。为了防止骗保事件的发生，个人账户中的资金不能直接发放到个人手中，服务费用直接由子女缴纳保费的社保部门定期向为老人提供服务的社区服务中心支付。由于女性老人由家庭成员供养的比例高，这些政策也有利于女性老年人参加社区养老。

4. 注意社区养老中的地区差异问题

目前社区养老服务发展较好的地区都是一些经济基础好、人民生活水平高、养老设施比较完善的地区。但是我们发展社区养老的目的是要在全国范围内推广。地区间经济、资源发展的不平衡，将成为社区养老发展的重要制约因素。因此我们一定要注意这种差异，国家要积极引导不发达地区社区养老的发展，并在政策上给予一定倾斜。这主要体现在以下两个方面：

（1）加大中央政府的财政支出。在经济发达地区，地方财政比较充足，社区中的企事业单位较多，除了中央财政对这些地区发展社区养老的支持外，地方财政、企事业单位的捐赠也是社区养老发展的资金支持。而不发达地区地方财政相对不足，而且老人对社区养老付费项目的承受能力更弱，中央财政有必要对这些地区加大资金投入，保证这些地区的老人也可以享受社区养老服务。

（2）对服务提供机构给予优惠的政策。虽然中央政府对不发达地区的财政倾斜是必需的，但是依靠财政来谋发展并不是发展的长久之策。地方政府要借鉴全国养老服务社会化示范单位的经验，对养老服务业的发展在计划立项、财政补贴、设施建设规划、土地划拨、房屋租购、减免税费等方面都给予一定的政策扶持，并通过社会力量来发展社区养老。

5. 社区养老要注意家庭、社区、机构之间关系的协调

目前，对解决我国人口老龄化问题形成的共识是：从我国的国情出发，采取国家、社会、家庭和老年人共同负担的原则，建立完善的现代养老体系①。所谓“现代养老体系”，是一种以养老文化为依托，以各种养老模式为框架，在一定社会发展阶段中，建立老年人口经济保障、身心健康和尊严生活的支持系统②。这个系统适应现代社会的经济、文化特征，主要具有三方面的功能：首先，是老年人口的基本经济或物质保障；其次，为老年人提供日常生活照料和情感寄托的人力资源；最后，是养老体系顺利运行的社会条件，包括法律制度保障和道德文化环境。这三个方面相互关联、相互制约。因此，一种单一的养老方式不能构成现代养老体系的全部。

社区养老采取现代养老方式与传统养老文化相结合的方式，是比较适合我国国情的养老方式，但是在发展过程中并不能认为单一的社区养老就可以满足我国老年人的需要。在鼓励社区养老发展的过程中，并不能排斥其他养老方式的发展，相反需要各种养老方式的协调发展。

（1）以社区养老为契机，继续弘扬传统养老文化。养老功能在家庭和社会之间的转移、替代和扩展是一个历史的必然。社会化养老方式是社会发展的必然，但是在几千年的养老文化的背景下及现有的社会经济条件下抛弃这种固有的养老方式是不合实际的。反而在家庭规模日益缩小、年轻一代受西方文化影响加深的情况下，大力弘扬家庭养老文化成为当务之急。这里所指的社区养老主要是指老年人的居家养老。因此，在鼓励社区养老的同时，要大力宣扬传统的养老文化，采取措施鼓励子女与老年人一同生活。

这里所指的子女与老人一同生活并不是说老年人的养老服务完全由家庭成员来负担，主要是使老人得到足够的精神安慰。老人身体状况较好时，养老服务主要由家庭成员来负担，老年人也可以参加社区组织的服务活动；老年人在生活不能完全自理及完全不能自理的情况下，可以根据家庭成员的时间及精力来选择养老服务是由家庭还是由社区来提供。为了鼓励子女与老年人共同生活，国家也要给予家庭一定的优惠条件，如：对购买大面积房屋的补贴、小区物业管理的优惠、在为与子女同住的老人提供收费服务时也可给予优惠。总体来说，就是采取各种措施保证这种传统养老文化的发展，保证国家和社会的长治久安。

---

① 刘花，巴喜荣．中国人口老龄化的几点思考［J］．学习论坛，2003（10）：5.

② 李辉．论建立现代养老体系与弘扬传统养老文化［J］．人口学刊，2001（1）：45.

（2）优化机构养老，共担养老职责。机构养老由于其老人养老的成本高、缺乏亲情支撑、经营模式单一等缺点，受到了社会各界的批判。但是我们也不能将思路仅仅局限于原有的经营和管理模式。对于高收入的老人，要思考如何才能满足他们的各方面需求。因此，要将机构养老转变为“创造环境，提供服务，按需供给”的新模式。

第一，转变老龄产业投资模式。投资是一切产业的源头，老龄产业也不例外。老年公寓投资形成以社会民间投资为主、政府投资为辅的多元结构。政府主要在土地与税费政策上给予一定的倾斜。中国老龄产业投资走“三三制”，这是今后发展的主要方向。所谓“三三制”，即国内民间资本、社会资本和老年个人资本。政府职能主要是运用政策杠杆协调多元资本，优化投资结构。

第二，转变养老院经营模式。目前，全国无论公办或民办的养老机构，都是靠“数床位”来维持生存，靠入住老人数量来增加经济收益。这必然会带来两个负面效应：其一是扩大面积，增加床位，带来投资过大的问题；其二是产出率低、回收期长，导致民间资本不愿进入老龄市场。老龄产业需要有新的增长点。拿房地产业来说，老人住宅的要求是无障碍、方便、安全、舒适，而无障碍住宅只有在老年公寓里才能实现。现在的住宅普遍无法改造成为无障碍型；老年“过剩房”的老龄市场交易，也能够带来边际效应。此外，还有老龄饮食服务、自助旅游、保健医疗等服务需要进一步开展。要运用现代科学理念与方法系统，整合各种资源，发展老龄产业，开发边际效益，形成“反哺机制”，变输血机制为造血功能。

第三，培训专业人才，提高服务人员的综合素质，扩大就业面，开发就业岗位，促进地方就业，形成两个良性循环——养老院生存发展的良性循环、地方就业的良性循环。

（3）家庭、社区、机构之间的互动。家庭养老、居家养老、社区养老和机构养老有所区别，但它们之间没有明显的界线，体现的是家—社区—机构之间互动的趋势。这种互动的实质就是在调动各方面力量的同时，巩固和发展家人、邻居、朋友、义工以及面对相同问题的人们之间的传统人际网络在养老中的作用，实现专业服务、传统家庭和社会网络的融合①。

老人在家中可以接受子女的照料，也可以接受社区入户服务。老人在机构中养老，也不能缺少家人的亲情关怀。社区养老服务中心可以派遣护理员到有困难的老人家里；也可以白天将生活不能自理的老人接到服务中心，晚上再送回去；还可以把生活不能自理的老人接到社区服务中心进行短期护理。另外，开在社区中的机构养老中心，也可以实现家庭成员与机构之间的良性互动。社区养老服务将连接家庭和机构，撑起亲情养老和精神赡养的一片蓝天。

---

① 程贤文．“家—社区—机构”互动型养老［J］．经济工作导刊，2001（14）：42.

思考题

1. 何为社区？社区养老是指什么？
2. 社会嵌入理论对于社区养老有何观点？
3. 我国社区养老的组织结构是什么？
4. 国内外社区养老的经济资源包括哪些方面？
5. 我国社区养老的文化基础有哪些？
6. 我国社区养老的需求状况如何？
7. 现阶段我国城市老人的收入对社区养老的承受能力如何？
8. 我国目前社区养老服务人员分为哪几类？其现存问题主要有哪些？
9. 成都市成华区和宁波市海曙区在发展社区养老方面有何经验做法？其特殊性何在？
10. 社区养老在全国推广会遇到哪些问题？
11. 你对我国发展社区养老的政策有何建议？
12. 我国社区养老的发展要注意解决哪些问题？

第十三章
社区卫生服务

第一节　社区卫生服务的相关概念

一、社区卫生服务简介

社区卫生服务是社区建设的重要组成部分，是在政府领导、社区参与、上级卫生机构指导下，为合理使用社区资源和适宜技术而开展的有效、经济、方便、综合、连续的基层卫生服务。它以基层卫生机构为主体，以全科医师为骨干，以人的健康为中心、家庭为单位、社区为范围、需求为导向，以妇女、儿童、老年人、慢性病人、残疾人等为重点，以解决社区主要卫生问题、满足基本卫生服务需求为目的，融预防、医疗、保健、康复、健康教育、计划生育技术服务等为一体。

二、医学模式

医学模式是以一定的思想观点和思维方式去研究医学的属性、职能和发展规律的，是对健康和疾病的总体特征及其本质的哲学概括，也是人类防治疾病和获取健康的经验总结。医学模式随医学进步而发展、演变，现在正处于生物医学模式向现代生物—心理—社会医学模式转变的过程中。医学模式的转变对医学科学研究、医疗卫生事业的发展和医学教育方向等将产生重大而深刻的影响。

三、现代医学模式提出了社区卫生服务的要求

现代医学模式概括了影响人类健康和疾病的全部因素，从医学的整体性出发，分析

了生物、心理和社会因素对健康和疾病的综合作用，突出了社会因素的决定作用。现代医学模式要求预防医学更新医学观念，将生物医学预防扩大到社会预防。发展社区卫生服务是实现这一目标的主要途径。社区卫生服务是以解决社区卫生问题为目标，融预防、医疗、保健、康复、健康教育和计划生育技术服务为一体的综合卫生服务。它对于保护和促进健康、提高生活和环境质量、发挥预防医学效能将产生积极深远的作用。有人称社区卫生这一变革为人类第三次卫生革命（第一次卫生革命以防治传染病和寄生虫病为主要目标，第二次卫生革命的目的则以防治心脑血管病、恶性肿瘤、糖尿病等现代慢性病为主）。我国学者提出的“大卫生”观念，认为作为社会事业一部分的卫生事业要纳入国家发展规划，政府应承担责任，社会各部门应积极配合，人人参与，才能使医学社会化，进而实现社会预防和社会保健的目标。

四、公共卫生及突发性公共卫生事件

公共卫生就是以预防医学的理论、观点和技能为基础，对预防疾病、促进人群健康所采取的社会性实践，也称公共卫生措施。突发性公共卫生事件是指突然发生，造成或者可能造成社会公众健康严重损害的重大传染病疫情、群体性不明原因疾病、重大食物和职业中毒以及其他严重影响公众健康的事件。突发性公共卫生事件包括：甲类传染病出现、乙类传染病明显升高、新传染病出现、不明原因疾病暴发、各类自然灾害发生后疾病暴发流行、各类中毒出现、免疫接种出现群体副反应、医院内感染事件等。应对突发性公共卫生事件的公共卫生措施包括基础性公共卫生措施和应急性公共卫生措施。前者包括建立和完善各级卫生监督和疾病预防控制机制，建立与公共卫生事件有关的责任网、信息网和紧急救助网，加强基础卫生设施建设，保护环境，建立和健全饮用水、食品等的监督和管理制度，开展病媒昆虫、鼠及其病媒动物的监控，健全爱国卫生运动制度，开展计划免疫和预防接种，开展健康教育和全民健身运动等。后者包括紧急启动“三网”、制定防治方案、建立技术保障系统和后勤保障系统等，并在实践中不断完善应对突发性公共卫生事件的应急机制。

五、全科医生

全科医生是经过全科医学专业培训，临床技能全面、医德高尚的高素质基层医疗保健人才。全科医生富有独立的工作能力，对个人、家庭及社区提供便捷又廉价的防、治、保、康全方位的优质服务。在开展全科医疗服务中，如果没有具有活力的全科医生作为坚实的基础，工作将缺乏生气和动力。那种单纯的专科医疗服务体系，势必造成医疗秩序的混乱，也没有任何国家的经济能够负担得起。

英国皇家全科医学院对全科医生的定义为：在家庭、诊所或医院里向个人和家庭提供人性化、初级、连续性医疗服务的医生。全科医生由于长期在基层工作，积累了丰富的实践经验，因此了解人们的心态、人际交往、疾病的来龙去脉。他们是初级医疗保健的专家。全科医生面对的不仅仅是有疾患的人，并且包括广大的健康人群。他们可利用社区的一切资源，如政府、民政、慈善以及企业团体、居委会等，解决患者的具体困难。他们根据疾病的需要可将其妥善地转入专科或大医院诊治，全面协调医患之间的关系，为患者负起全程的责任。

（一）全科医生应具备的特点

（1）综合性的知识：全科医生应掌握全面的基础和临床医学的基本知识，除此还应了解社会学、心理学、政治、法律、社会经济学甚至宗教知识，以便解决各个个体的身心疾患和群体的健康卫生问题等。

（2）高尚的素质：全科医生肩负生命周期健康照顾的重担，对每一个人都有高度的责任感和同情心，对每一个问题需始终站在公正的立场上。他们常常会遇到一些棘手的问题，必须具备冷静的头脑、良好的思想境界，甚至具备政治家的智慧，洞察眼前所经历的一切事物，调节人们的情绪，使人们思想平静、生活安逸、工作舒畅、精神愉快。因此，他们除具有好的医学才能外，还必须有高尚的人品、良好的修养，即全科医生一生需不断进取。

（3）丰富的生活经验：全科医生面临的是疾病和生活交织的问题。这些问题是医学知识与社会常识、人文科学边缘的接合。他们生活在社区，距居民最近，不是在高墙内的医院，而是不时地介入个人和家庭之中，最能了解人们的生活情境，了解个人的心愿和家庭状况，从实践中能获得丰富的生活经验。正是这些，丰富了他们的头脑，使其对问题有深刻的认识，并具有较强的解决问题的能力。

（4）卓越的管理才能：全科医生以病人为中心，维护患者的利益，站在较高的层次观察和解决社区内个人和家庭的问题，并且对整个社区卫生状态进行监测，随时提出干预措施，与有关部门（政府、企业、慈善等部门）进行协商共管。他们坚守自己的工作岗位，更是要进行细致的业务、人事、经济管理，因此在其工作中施展了卓越的管理才能。他们也只有具有这种才能，方能当好一个全科医生。全科医生由于对医疗和医疗费用的卓越管理，获得了医疗保健“守门人”的专业称号。

（5）执着的科学精神：随着日新月异的知识更新，人民医疗保健需求的不断提高，全科医生为满足社区和个人的需要，必须对各门学科不断地进行学习和研究。只有具有谦虚的作风和严谨的科学态度，对不断进展和变化的科学和社会知识孜孜不倦地学习，才能处理好社区和人群的健康问题，也才能成为一个合格的全科医生。

（二）全科医生的业务范畴

全科医生的业务范畴包括：

（1）门诊形式处理常见病、多发病及一般急症；

（2）对危重急症进行院前处理；

（3）心理咨询，对个人及家庭问题的处理；

（4）传染病的管理及处理；

（5）建立家庭病床，上门向家庭病人提供服务；

（6）家访或为老人提供方便服务；

（7）妇幼保健、老年人保健；

（8）健康教育及健康促进；

（9）社区大卫生管理，包括疾病监测（地方病、职业病、传染病、多发病）、多发病危险因素调查、饮食卫生、公害等管理；

（10）协调病人转诊、会诊、咨询专家以及提供医疗救济和支持；

（11）社区人群周期性健康检查；

（12）对本部门进行管理；

（13）个人学习、进修学术交流、会议等。

由此可见，全科医生是受过全科训练的具有初级保健特长的医生。一位全科医生大约可管理 1 000~3 000 人。他与专科医生协作完成医疗保健的Ⅰ、Ⅱ、Ⅲ级防治。世界卫生组织研究认为，医疗系统全科与专科医生的比率为 1∶1 较为合适，而某些国家则认为全科医生应多一些。

第二节　社区卫生服务的发展

一、国外的社区卫生服务

1. 英国社区医疗模式

英国实行国民健康保健制度（national health service，NHS）即免费医疗制度。该制度体系建立于 1948 年，目前已经成为英国福利制度中的一项特色工程。NHS 旨在为英国全体国民提供免费医疗服务。在英国，无论是亿万富翁还是身无分文的流浪者，只要需要医疗支持，都能得到相关服务。在整个国家医疗服务体系中，卫生部是最高决策和管理部门，负责统筹规划英国的整体医疗发展蓝图，负责医疗服务战略制定和管理。

NHS 由英国各级公立医院、各类诊所、社区医疗中心和养老院等医疗机构组成，这些机构构成了英国医疗体系的基本单位，被称为联合体。英国大多数城市和大型市镇都有自己的医院联合体。这些医疗单位能够提供国民日常所需的医疗服务，满足大多数患者的需要。

NHS 分为三层管理等级。第一层为社区基础医疗系统。社区诊所 24 小时提供最基本的保健服务，包括医疗保健和社会关怀在内的综合服务机构。一般常见病患者就医必须先到基本医疗点就诊，然后根据病情的需要，医师决定是否将把患者转诊到上一级医院。这样一种体系在很长一段时间里发挥了重要作用，一度被英国人标榜为“西方最完善的医疗服务体系”。第二层为地区医院。地区医院通常就是该地区的医疗中心。有的地区有好几家，由同一管理层管理。地区医院接诊从第一级机构转诊来的患者。第三层为教学医院。教学医院以紧急救治重大疑难病的医院为主。一级医疗机构在转诊的时候如果认定病情复杂，可以直接转给三级，而二级医疗机构也可以转诊给三级。

英国现在的社区卫生服务在国际上都位居前列。社区医疗是英国国家医疗服务体系的最大组成部分，其运行经费约占其总预算的 75%。每个社区公民都有专门的家庭医师

（全科医生，general practioner，GP），负责基本医疗服务。在英国，每位居民或外国人都要在社区医疗所登记注册，然后工作人员会指定一名家庭医师。你登记的健康档案将传给家庭医师，同时工作人员会发给你一张保健卡及保健医师的电话，你有事可随时随地与你的家庭医师联系。社区家庭医师对每户人家的健康状况也了如指掌，日常生活中感到身体不适者可预约家庭医师。对行动不便者，家庭医师也可上门出诊。家庭医师的角色就如同国内社区医院、乡镇卫生院和单位医务室的保健医生。

预防保健是家庭医师最主要的任务之一。通常 1 名家庭医师负责为 1 500~3 200 人服务。家庭医师的报酬与每月诊治疾病的人次或预防保健任务挂钩，同时家庭医师也可以接受私人医疗服务，故家庭医师平均年薪为 7 万~10 万英镑，有的一年能得到 25 万英镑的年薪。这种薪金水平超过在大学教学医院的同级医师，因此许多大医院医师都愿意到社区诊所工作。社区家庭医师要经过大医院正式培训 5 年以上，拿到全科医师资格证书后才能到社区诊所工作。英国的家庭医师职位竞争非常激烈，许多医学生和年轻医师都愿意到社区医院去当家庭医师。这样就确保了家庭医师的业务水平，同样也能留住人才使其在社区医院工作。由此看来，经济杠杆对医师分流起重要作用。

如果患者需要到上一级医院去检查或进一步治疗，家庭医师就会给患者写转诊单，并且帮患者预约好专科门诊和检查时间，患者凭转诊单才能到二级、三级医院诊疗，急诊除外。

2. 丹麦社区的健康服务

丹麦各社区都成立了 24 小时家庭关照呼叫中心，建立起了家庭呼叫系统，由社区聘用的护士和家庭服务人员昼夜值班。社区护士可以根据居民的要求 24 小时随叫随到。服务内容包括咨询、打针、包扎伤口、插入导尿管、照顾病人服药等。服务方式可以是临时呼叫，也可以是按计划定期访问。

67 岁以下的居民可以到社区中心或社区残障者中心申请家庭护士；67 岁以上的居民可以直接到社区养老与关怀办公室申请家庭护士。老弱病残者可以在社区中心申请得到一个日间呼叫电话。特别需要及时帮助的居民还可以在家中安装一个紧急呼叫电话。申请电话呼叫和接受家庭护士服务都是免费的。

丹麦社区健康服务的形式多种多样，其他服务还有：

（1）急救车服务。所有居民在遇到突发疾病、意外事故、受伤或分娩等情况时都有权享受急救车服务。急救车在呼救后 10 分钟之内就会赶到。急救车配备有医疗设备和一名医生、一名急救助理。丹麦的急救电话是 112，不收取任何费用。

（2）家庭牙科服务。哥本哈根和腓特烈斯贝的社区居民都可以享受这项服务。无论因何种原因不能到牙科诊所的人都可以约请牙科医生到家中来看病。病人通过社区中心、社区护士或养老院等预约登记即可。家庭牙科服务隶属于丹麦牙齿保健协会，在协会登记注册通常每年需要交 350 克朗，此后的检查和治疗就全部免费了。

（3）临终关怀。丹麦社区允许提供家庭临终关怀，即当医院的治疗已经无效的时候，允许病人选择留在医院或回到家中。如果回家，病人的亲属可以通过申请在家中陪伴与照料他，并享受关怀津贴，作为收入减少的补偿。关怀津贴通常是疾病津贴的 1.5

倍，但不能超过关怀者的正常收入。此外，社区还开办了一些临终关怀院，垂危病人可以申请进入临终关怀院或私人疗养院的临终关怀病房。哥本哈根有两家社区临终关怀院，塔根大街 186 号还有一家私人疗养院设有临终关怀病房。这样做的目的是给病人以最好的照顾，减轻病人的痛苦。临终关怀院不收取任何费用，私人疗养院收取一定的膳食和洗衣房费用。

（4）职场保健。哥本哈根有一个职场健康中心。该中心专门负责哥本哈根公共部门和私人公司的保健，为职员提供健康咨询并举办各种活动和讲座。其内容有食疗、减肥、锻炼、戒烟、戒酒、个人健康评估以及如何缓解工作压力、增强工作满意度等。

（5）心理健康服务。保持心理健康对现代人来说具有越来越重要的意义。心理疾患治疗在现代社区服务中也具有越来越重要的地位。哥本哈根的社区精神疾病中心利用恳谈、讲座、休闲活动等各种方式为社区居民提供心理咨询，排解其心理压力。

（6）其他特殊的健康问题——艾滋病、酗酒、避孕。哥本哈根专为艾滋病患者开设了一条电话服务热线。任何人都可以通过这条热线就有关艾滋病的问题进行咨询。服务热线于每天 9 点到 23 点开通，周末也不休息。个人还可以通过热线进行预约，以获得特别辅导。

哥本哈根性病门诊部可以做 HIV（艾滋病病毒）匿名检测。检验结果 3 个工作日便可拿到。门诊部还可以对个人进行个别辅导讲解。此外，丹麦国家医院传染病科、维兹奥勒医院传染病门诊部都可以做 HIV 匿名检测。

哥本哈根门诊部和其他医院开设有 5 个酗酒诊疗科，对酗酒者给予治疗和帮助，提供建议。接受治疗的人既可以直接前往，也可以选择匿名治疗。

在丹麦，任何人，包括青少年，都可以免费获得关于避孕的信息和建议，通过自己的家庭医生或另外选择医生来了解避孕方法、性传播疾病的预防以及堕胎的知识。哥本哈根有一家性与社会协会。它开办的诊所也提供这方面的咨询，并且为 7~10 年级的学生开办性知识班、讲解避孕方法等。哥本哈根还开设了一条为青年人服务的性知识帮助热线和一个帮助网站。这些服务也都是免费的。

实际上，社区健康服务是丹麦医疗保健制度的重要组成部分。丹麦医疗保健制度的特点是将权利下放到每一个社区政府。国家、郡、社区三级政府紧密合作，确保医疗保健制度完整而无懈可击。中央政府通常只负责制定总政策，郡政府负责运作公共医院，社区则承担着初级保健的重任。

社区初级医疗保健是丹麦医疗保健制度的基础和支柱。它包括通治各科的普通开业医生、专科医生、牙医、理疗医生和社区政府雇佣的家庭护士。根据国家医疗补贴计划，这些医生、护士的收入大部分由政府负责支付，因此居民看病基本免费。

在丹麦，社区中约有 3 200 名普通开业医生。每个年满 16 岁的公民都有权选择一位自己的开业医生。移居丹麦的外国人或从外国迁回丹麦的本国人需要等候 6 个星期方能享受这项福利。通科医生通常是固定几年不变的，能够做到对病人家庭遗传病史、个人病史、个人身体全面情况都心中有数。社区居民有了健康问题都要首先找他诊视。他可根据情况治疗或推荐病人去看专科门诊，还可为病人联系家庭护士及其他社区保健服务。家庭医生提供免费的昼夜服务。因此丹麦人亲切地把他称为“家庭的守护神”。

丹麦的医疗保健服务分为第一组和第二组。公民可以自由选择是加入第一组还是加入第二组；如果不选择的话，便自动成为第一组的成员。第一组的人只能在距离自家住宅不超过5千米的诊所选择一位家庭医生，第二组的人则可以自由选择家庭医生，但要自己承担一部分费用。在一个组里待满12个月以后可以重新换组。16岁以下没有独立生活能力的孩子和父母拥有同一个家庭医生，年满16岁以后就可以选择自己的家庭医生了。

经过家庭医生推荐，病人可以到专科门诊或医院去看病。丹麦的专科医生、在医院就职的医生以及护士向病人提供医疗或护理服务，而病人无须付钱。医院一张病床一天费用在3 000~4 000克朗，但全部由公共福利机构担负。实际上，丹麦人看病的费用约85%由国家出，只有牙病、理疗、麻醉药品等的少量费用由个人负担。

牙科保健是社区初级保健的一个重要内容。在哥本哈根，凡不满18岁的孩子都享受免费的牙齿保健。哥本哈根有专门的儿童与青少年牙齿保健服务门诊部。门诊部会定期通知孩子们去做牙科检查和治疗。第一次检查从儿童年满18个月时就开始了。丹麦人可以自由选择社区牙科门诊部或者是私人牙科医生，二者都是免费的①。

二、发展我国社区卫生服务的意义

在我国现阶段大力发展社区卫生服务具有重大意义：

第一，它是提供基本卫生服务，满足人民群众日益增长的卫生服务需求，提高人民健康水平的重要保障。社区卫生服务覆盖广泛、方便群众、能使广大群众获得基本卫生服务，也有利于满足群众日益增长的多样化卫生服务需求。社区卫生服务强调预防为主、防治结合，有利于将预防保健落实到社区、家庭和个人，提高人群健康水平。

第二，它是深化卫生改革，建立与社会主义市场经济体制相适应的城市卫生服务体系的重要基础。社区卫生服务可以在基层解决广大居民的多数基本健康问题。积极发展社区卫生服务，有利于调整城市卫生服务体系的结构、功能、布局，提高效率，降低成本，形成以社区卫生服务机构为基础，大中型医院为医疗中心，预防、保健、健康教育等机构为预防、保健中心，适应社会主义初级阶段国情和社会主义市场经济体制的城市卫生服务体系新格局。

第三，它是建立城镇职工基本医疗保险制度的迫切要求。社区卫生服务可以为参保职工就近诊治一般常见病、多发病、慢性病，帮助参保职工合理利用大医院服务，并通过健康教育、预防保健，增进职工健康，减少发病。这既保证基本医疗，又降低成本，符合“低水平、广覆盖”原则，对职工基本医疗保险制度长久稳定运行，起重要支撑作用。

第四，它是加强社会主义精神文明建设，密切党群干群关系，维护社会稳定的重要途径。社区卫生服务通过多种形式的服务为群众排忧解难，使社区卫生人员与广大居民

① 杨叙．丹麦社区的健康服务［J］．社区，2003（21）：31-32.

建立起新型医患关系，有利于加强社会主义精神文明建设。积极开展社区卫生服务是为人民办好事、办实事的德政民心工程，充分体现全心全意为人民服务的宗旨，有利于密切党群干群关系，维护社会稳定，促进国家长治久安。

第五，发展社区卫生服务可以优化卫生资源配置，成为有效解决群众看病难、看病贵问题的切入点。我国卫生事业发展中一个突出问题是卫生资源配置不合理，优质资源过度向大医院集中，城市大中型医院集中了大量的高新医疗设备和优秀医护人才，而基层卫生资源则严重不足。社区卫生服务的覆盖面小，医护人员数量不足，服务设施和设备匮乏，服务质量难以取得群众信任。因此，大中型医院吸引了大量常见病、多发病患者，门诊治疗人满为患，而社区卫生服务机构很少有患者就诊。社区卫生服务的发展则可扭转这种局面。

三、我国社区卫生服务发展的历史与规划

早在 1997 年,《国务院关于卫生改革与发展的决定》中就提出：改革城市卫生服务体系，积极发展社区卫生服务，逐步形成功能合理、方便群众的卫生服务网络。基层卫生机构要以社区、家庭为服务对象，开展疾病预防、常见病与多发病的诊治、医疗与伤残康复、健康教育、计划生育技术服务和妇女儿童与老年人、残疾人保健等工作。要把社区医疗服务纳入职工医疗保险，建立双向转诊制度。有计划地分流医务人员和组织社会上的医务人员，在居民区开设卫生服务网点，并将其纳入社区卫生服务体系。城市大医院主要从事急危重症和疑难病症的诊疗，结合临床实践开展医学教育和科研工作，不断提高医学科技水平，还要指导和培训基层卫生人员。1999 年，卫生部印发了《关于发展城市社区卫生服务的若干意见的通知》。2002 年，卫生部又印发了《关于加快发展城市社区卫生服务的意见的通知》。

从 1997 年以来，社区卫生服务开始在一些地区试点。在总结各地试点经验和问题的基础上，2006 年 2 月 21 日,《国务院关于发展城市社区卫生服务的指导意见》提出了我国社区卫生服务发展的规划。2015 年，我国制定了《全国医疗卫生服务体系规划纲要（2015—2020 年）》。

1. 发展社区卫生服务的基本原则

坚持社区卫生服务的公益性质，注重卫生服务的公平、效率和可及性。坚持政府主导，鼓励社会参与，多渠道发展社区卫生服务。坚持实行区域卫生规划，调整现有卫生资源并辅以改扩建和新建，健全社区卫生服务网络。坚持公共卫生和基本医疗并重、中西医并重，防治结合。坚持以地方为主，因地制宜，探索创新，积极推进。

2. 推进社区卫生服务体系建设

（1）坚持公益性质，完善社区卫生服务功能。社区卫生服务机构提供公共卫生服务和基本医疗服务，具有公益性质，不以营利为目的。社区卫生服务机构要以社区、家庭和居民为服务对象，以妇女、儿童、老年人、慢性病人、残疾人、贫困居民等为服务重点，以主动服务、上门服务为主，开展健康教育、预防、保健、康复、计划生育技术服务和一般常见病、多发病的诊疗服务。

（2）坚持政府主导，鼓励社会参与，建立健全社区卫生服务网络。地方政府要制定发展规划，有计划、有步骤地建立健全以社区卫生服务中心和社区卫生服务站为主体，以诊所、医务所（室）、护理院等其他基层医疗机构为补充的社区卫生服务网络。在大中型城市，政府原则上按照3万~10万居民或按照街道办事处所辖范围规划设置1所社区卫生服务中心，根据需要可设置若干社区卫生服务站。社区卫生服务中心与社区卫生服务站可实行一体化管理。社区卫生服务机构主要通过调整现有卫生资源，对政府举办的一级、部分二级医院和国有企事业单位所属医疗机构等基层医疗机构进行转型或改造改制设立。现有卫生资源不足的，应加以补充和完善。要按照平等、竞争、择优的原则，统筹社区卫生服务机构，鼓励社会力量参与，充分发挥社会力量举办的社区卫生服务机构的作用。

（3）建立社区卫生服务机构与预防保健机构、医院合理的分工协作关系。调整疾病预防控制机构、妇幼保健院等预防保健机构的职能，适宜社区开展的公共卫生服务交由社区卫生服务机构承担。疾病预防控制机构、妇幼保健院等预防保健机构要对社区卫生服务机构提供业务指导和技术支持。实行社区卫生服务机构与大中型医院多种形式的联合与合作，建立分级医疗和双向转诊制度，探索开展社区首诊制试点，由社区卫生服务机构逐步提供大中型医院的一般门诊、康复和护理等服务。

（4）加强社区卫生服务队伍建设。加强高等医学院校的全科医学、社区护理学科教育，积极为社区培训全科医师、护士，鼓励高等医学院校毕业生到社区卫生服务机构服务。完善全科医师、护士等卫生技术人员的任职资格制度，制定聘用办法，加强岗位培训，开展规范化培训，提高人员素质和专业技术能力。要采取多种形式鼓励和组织大中型医院、预防保健机构、计划生育技术服务机构的高、中级卫生技术人员定期到社区卫生服务机构提供技术指导和服务。社区卫生服务机构要有计划地组织卫生技术人员到医院和预防保健机构进修学习、参加学术活动。鼓励退休医护人员依照有关规定提供社区卫生服务。

（5）完善社区卫生服务运行机制。政府举办的社区卫生服务机构属于事业单位，因此要根据事业单位改革原则，改革人事管理制度，按照服务工作需要和精干、效能的要求，实行定编定岗、公开招聘、合同聘用、岗位管理、绩效考核的办法。对工作绩效优异的人员予以奖励；对经培训仍达不到要求的人员按国家有关规定解除聘用关系。要改革收入分配管理制度，实行以岗位工资和绩效工资为主要内容的收入分配办法，加强和改善工资总额管理。社区卫生服务从业人员的收入不得与服务收入直接挂钩。

（6）各地区要积极探索建立科学合理的社区卫生服务收支运行管理机制，规范收支管理，有条件的可实行收支两条线管理试点。地方政府要按照购买服务的方式，根据社区服务人口以及社区卫生服务机构提供的公共卫生服务项目数量、质量和相关成本核定财政补助。尚不具备条件的可以按人员基本工资和开展公共卫生服务所需经费核定政府举办的社区卫生服务机构财政补助，并创造条件完善财政补助方式。各地区要采取有效办法，鼓励药品生产经营企业生产、供应质优价廉的社区卫生服务常用药品，开展政府集中采购、统一配送、零差率销售药品分开试点。

（7）加强社区卫生服务的监督管理。规范社区卫生服务机构的设置条件和标准，依法严格社区卫生服务机构、从业人员和技术服务项目的准入，明确社区卫生服务范围和内容，健全社区卫生服务技术操作规程和工作制度，完善社区卫生服务考核评价制度，推进社区卫生服务信息管理系统建设。加强社区卫生服务的标准化建设，对不符合要求的社区卫生服务机构和工作人员，要及时调整，保证服务质量。加强社区卫生服务执业监管，建立社会民主监督制度，将接受服务居民的满意度作为考核社区卫生服务机构和从业人员业绩的重要标准。发挥行业自律组织在提供服务、反映诉求、规范行为等方面的作用。加强药品、医疗器械管理，确保医药安全。严格财务管理，加强财政、审计监督。

（8）发挥中医药和民族医药在社区卫生服务中的优势与作用。加强社区中医药和民族医药服务能力建设，合理配备中医药和民族医药专业技术人员，积极开展对社区卫生服务从业人员的中医药基本知识和技能培训，推广和应用适宜的中医药和民族医药技术。在预防、医疗、康复、健康教育等方面，充分利用中医药和民族医药资源，充分发挥中医药和民族医药的特色和优势。

3. 完善发展社区卫生服务的政策措施

（1）制定实施社区卫生服务发展规划。地方政府要制订社区卫生服务发展中长期规划和年度发展计划，将发展社区卫生服务纳入当地国民经济和社会发展规划及区域卫生规划，落实规划实施的政策措施。在城市新建和改建居民区中，社区卫生服务设施要与居民住宅同步规划、同步建设、同步投入使用。市辖区人民政府原则上不再举办医院，着力于发展社区卫生服务。

（2）加大对社区卫生服务的经费投入。各级政府要调整财政支出结构，建立稳定的社区卫生服务筹资和投入机制，加大对社区卫生服务的投入力度。地方政府要为社区卫生服务机构提供必要的房屋和医疗卫生设备等设施，对业务培训给予适当补助，并根据社区人口以及服务项目和数量、质量及相关成本核定预防保健等社区公共卫生服务的经费补助。政府举办的社区卫生服务机构的离退休人员费用，在事业单位养老保障制度改革前，由地方政府根据有关规定予以安排。地方政府要根据本地实际情况进一步加大力度安排社区公共卫生服务经费，并随着经济发展逐步增加该经费。中央财政从2007年起对中西部地区发展社区公共卫生服务按照一定标准给予补助。中央对中西部地区社区卫生服务机构的基础设施建设、基本设备配置和人员培训等给予了必要支持。

（3）发挥社区卫生服务在医疗保障中的作用。按照“低水平、广覆盖”的原则，不断扩大医疗保险的覆盖范围，完善城镇职工基本医疗保险定点管理办法和医疗费用结算办法，将符合条件的社区卫生服务机构纳入城镇职工基本医疗保险定点医疗机构的范围，将符合规定的医疗服务项目纳入基本医疗保险支付范围，引导参保人员充分利用社区卫生服务，探索建立以社区卫生服务为基础的城市医疗救助制度。

（4）落实有关部门职责，促进社区卫生服务发展。各有关部门要切实履行职责，共同推进社区卫生服务发展。

卫生部门负责制定社区卫生服务发展规划、准入标准和管理规范，制定社区公共卫生服务项目，加强行业监督管理。按照国家有关规定，组织开展社区卫生服务从业人员岗位培训和继续教育。

机构编制部门牵头研究与制定政府举办的社区卫生服务机构的人员编制标准。

发展改革部门负责将社区卫生服务发展纳入国民经济和社会发展规划，根据需要安排社区卫生服务机构基础设施建设投资。

价格部门研究制定社区卫生服务收费标准和药品价格管理办法。

教育部门负责全科医学和社区护理学科教育，将社区卫生服务技能作为医学教育的重要内容。

民政部门负责将社区卫生服务纳入社区建设规划，探索建立以社区卫生服务为基础的城市医疗救助制度，做好社区卫生服务的民主监督工作。

财政部门负责制定社区卫生服务的财政补助政策及财务收支管理办法。

人力资源和社会保障部门负责完善全科医师、护士等卫生技术人员的任职资格制度，制定社区全科医师、护士等卫生技术人员的聘用办法和吸引优秀卫生人才进社区的有关政策。该部门负责制定促进城镇职工基本医疗保险参保人员到社区卫生服务机构就诊的有关政策措施。

建设（规划）部门负责按照国家有关标准，将社区卫生服务设施纳入城市建设规划，并依法加强监督。

人口和计划生育部门负责社区计划生育技术服务的指导和管理。

食品药品监管部门负责社区卫生服务所需药品和医疗器械的质量监督管理。

中医药部门负责制定推动中医药和民族医药为社区居民服务的有关政策措施。

简言之，我国政府正大力倡导的社区医院呈现以下特点：具有社会公益性质，属于非营利性医疗机构；以 3 万~10 万居民为服务对象规划设置社区卫生服务中心，根据需要可设置若干社区卫生服务站；提供常见病、多发病的诊疗、护理以及诊断明确的慢性病的治疗等；每万名居民配备 2~3 名全科医师、1 名公共卫生医师，护士和医护按 1∶1 配备；实行按项目收费，也可以对一般常见病、多发病采取按病种收费等方式；在药品价格方面，降低药品加价率，鼓励廉价药品的使用；将符合条件的社区卫生服务机构纳入定点范围，将符合规定的社区卫生服务项目纳入支付范围；与大医院合作，实行双向转诊、通用病历、专家定期坐诊等。

四、我国社区卫生服务的发展规模

截至 2019 年初，全国 95%以上的城市开展了城市社区卫生服务。2019 年全国有社区卫生服务中心（站）35 013 个，其中社区卫生服务中心 9 561 个，社区卫生服务站 25 452 个；全国社区卫生服务中心卫生人员 48.8 万人，其中卫生技术人员 41.5 万人，执业（助理）医师 17 万人；全国社区卫生服务站卫生人员 12.3 万人，其中卫生技术人员 11 万人，执业（助理）医师 5 万人。全国社区卫生服务中心诊疗人次 6.9 亿人次，比上年增加 0.5 亿人次；全国社区卫生服务站诊疗人次 1.7 亿人次，比上年增加 0.1 亿人次。

第三节　社区首诊制、双向转诊制与首席医师制

一、社区首诊制

1. 社区首诊制的定义

社区首诊制指患病先到社区，由社区医生来把关，社区解决不了的再到大医院。西方发达国家普遍开展了社区首诊。这种分级医疗的模式，主要是为了理性地利用医疗资源和医疗服务，合理降低医疗成本和医疗费用。2007 年，北京开始推行无保障老人在社区卫生服务中心首诊的制度，一些城市如江苏省南京市等地要求城镇居民医疗保险的参保人实行社区首诊。另有一些地区如深圳市、四川省南充市对参加大病医疗保险的农民工采取该制度。

2. 实现社区首诊制需要解决的问题

首先，应该提高社区卫生服务站和服务中心技术人员的水平，改善社区医疗条件。举例说，心脏病是老年人的常见病，犯病一般都在夜里，而且情况非常紧急，社区医院晚上又不开门，病人只有自己到大医院去。其次，社区卫生服务中心和三甲医院要实现业务的资源对口。最后，采用经济手段分流患者，确确实实让患者在社区看病的价钱比较便宜。

3. 农民工与社区首诊制

2006 年 2 月 21 日，国务院出台的《国务院关于发展城市社区卫生服务的指导意见》提出大力发展社区卫生服务的方针。随后，国家卫生部、国务院体改办、国家计委、民政部、财政部、原人事部、原劳动保障部、住房和城乡建设部、税务总局、药品监管局、中医药局等众多部门出台了支持政策。同年 6 月 22 日，劳动保障部发布了《关于促进医疗保险参保人员充分利用社区卫生服务的指导意见》。社区卫生服务大有一蹴而就之势。劳动保障部亦要求各地“结合社区卫生服务事业发展，积极探索切实有效的农民工就医管理方式，以方便参保农民工就医”。在此原则的指导下，少数地方进行了探索。如四川省南充市规定：农民工按照就近的原则每年在城镇职工医疗保险定点的社区卫生服务中心、一级及以下医院中选择一家首诊医疗机构并报医保经办机构登记。参保农民工非急诊疾病先到首诊医疗机构就诊，因病情需要转诊转院的，由首诊医疗机构出具证明，经医疗保险经办机构审核同意后办理。深圳市外来工大病医疗保险也在充分利用社区卫生服务的基础上大大降低了医疗成本。

诚然，分布在城市社区的医疗卫生机构，也可作为农民工看病的便利资源。由于目前农民工获取的相关卫生信息很少，大多数人并不了解当地卫生服务机构的分布状况和功能定位，一想到看病，就想到大医院和高额的医疗费用，因此很难有效利用这些卫生资源。事实上，社区卫生服务机构是面向辖区内所有居民的，不论年龄、身份都可以获

得服务，费用也相对较低。因此，应该加大宣传力度，鼓励农民工根据自身经济条件，充分利用社区医疗资源。然而是否需要硬性地指定农民工在社区医院首诊，却值得商榷。

事实上，北京市等地社区卫生服务的试点证明，社区医疗机构的医疗设施跟不上，医疗技术无法保证，双向转诊不具操作性，首诊制还有漫长道路要走，目前只能将无子女的孤寡老人定为首诊制的对象。其他城市社区医疗的步伐更滞后于北京市。在此条件下，指定农民工在社区医院首诊是充分利用社区医疗资源的体现抑或是对农民工的歧视，这需要进一步研究。从一个角度看，指定首诊医院限定了农民工医疗机构的选择权，还有可能延误治疗；而个别地方将农民工生病报销目录中限制在社区用药目录的规定则直接降低了农民工的医疗保障待遇水平。

4. 上海市为鼓励病人在社区卫生服务中心就诊采取的措施

为鼓励病人在社区卫生服务中心就诊，2006 年 12 月 26 日，上海市卫生局、上海市医疗保险局、上海市财政局、上海市物价局和上海市信息化工作委员会联合出台了《本市市民社区就诊和定向转诊普通门（急）诊诊查费减免试行办法》，规定各二级、三级医疗机构要在切实做好定向转诊病人普通门（急）诊诊查费减免工作的同时，建立接收定向转诊病人的“绿色通道”，为定向转诊病人在挂号、检查、住院等方面提供适当的优先服务，安排本院主治及以上专业技术职称的医师接诊，做好接诊病人的院内分诊。

二、双向转诊制

1. 双向转诊的定义

双向转诊是规范基层医疗机构与上级医疗机构（大中型医疗机构）之间病人有序流动的管理制度。双向转诊制度的建立和实施，可以有效地规范医疗服务流程，有利于实现“小病在社区、大病到医院、康复回社区”的分工合理的医疗服务格局。

原卫生部发言人则将双向转诊制度解释为：社区卫生服务机构与区域大中型综合医院、专科医院签订协议，让一般常见、多发的小病在社区卫生服务机构治疗，大病则转向二级以上的大医院，而在大医院确诊后的慢性病治疗和手术后的康复则可转至社区卫生服务机构。这样，就可以实现“小病不出社区，大病及时转诊”。双向转诊制度是与分级医疗联系在一起的，其核心是两者明确各自的职能，形成优势互补，而不是相互抢夺医疗市场。

许多国家和地区均实行双向转诊制度。双向转诊制度在我国一些省市的实施，在解决群众看病难、看病贵问题方面表现出积极的社会意义。

（1）解决群众看病难问题。“大医院人满为患，社区中心冷冷清清”一直被认为是看病难的症结所在。双向转诊制度在这方面体现出明显的优势。以往患者得了重病或遇上疑难杂症，到大医院找专家看病深感不便。推行“双向转诊”后，大医院往往对挂钩的社区中心输送、预约的患者都开通了“绿色通道”。群众对于看病难的不满情绪有所缓解。

（2）减缓医疗费用增长的速度。大医院和社区卫生服务机构的医疗费用普遍有很大的差别。2005 年南京市卫生局的一项调查显示，南京市社区卫生服务机构人均门诊费 53 元，人均住院费 1 920 元，分别为大医院门诊费和住院费的 1/3 和 1/5。而高血压、糖尿病等慢性疾病治疗费尚不及大医院的 1/2。实行双向转诊制度，可以使患者看病费用大幅下降。例如，上海岳阳医院的脑出血或脑外伤病人以往术后要在该院治疗 3 个月以上，平均医疗费用为 4 万~5 万元。2004 年 8 月与虹口区 9 家社区卫生服务中心建立“双向转诊”网络后，这些患者在平稳度过急性期（约 1~1.5 个月）后，及时转入社区卫生服务中心进行后续康复，可节省医疗费用 1.5 万~2 万元。2005 年全年中，该院“双向转诊”病人共达 214 位，其中转出住院病人 55 位，接受各社区中心转诊入住病人 159 例。在床位没有增加的情况下，平均住院天数比上一年度缩短了 2 天，每位转诊患者平均可节省 20%~30%的医疗费。

（3）医疗资源整合得到有效利用。我国医疗资源分布的不均衡，集中体现在医疗资源的地域分布和各等级医院的设备、高等级人才的分布不平衡上。大量的优质医疗资源集中在经济发达地区和大城市，各种高精尖的仪器设备、专家教授也多集中于大城市的高等级大医院中。居民对社区卫生人员、技术、服务缺乏必要的信任和认可。这已经严重制约了当前社区卫生事业的发展。实行双向转诊制度后，大医院会定期派医务人员到对口的社区医院蹲点，采取培训、进修、讲座、带教等方式，加强对社区医疗人才的培养，并鼓励优秀人才向社区流动，提升社区医院的医疗水平，使当地居民愿意上社区医院就诊。石家庄市要求市直医疗机构要与基层医疗机构签订帮扶协议，免费为基层医疗机构培训业务骨干，采取长期进修或短期培训的方式，轮训基层卫生技术人员。石家庄市要求建立市、县、乡“三点一线”联系制度，上级医疗机构医务人员定期到帮扶对象辖区进行巡诊、义诊，定期举办讲座，提供技术支持，帮助基层医疗单位解决医疗技术难题。石家庄市还成立“石家庄市医疗服务专家会诊中心”和“网上会诊高速公路”，建立区域医疗咨询平台，加强垂直医疗机构资源整合。

2. 双向转诊行为需要规范

目前，已有许多地区实现了双向转诊制度。双向转诊行为需要规范，才能健康发展。

（1）双向转诊的基本原则。双向转诊应当遵循一些基本原则：①患者自愿的原则；②分级管理原则；③患者病情与医院专科特色相结合的原则；④设备通用、技术共享的原则；⑤无缝式连续管理的原则；⑥规避医疗服务市场垄断的原则。

（2）双向转诊的条件。需明确双向转诊的条件，包括上转条件和下转条件，以规范转诊行为并保护患者利益。

（3）双向转诊需要政策支持。政策支持是引导患者接受双向转诊的重要手段。医保的地域性限制、医疗费用报销比例、计算机系统互通、转诊标准确定、检查结果互认、合作医院服务质量有效监控、医疗事故和过错处理措施以及会诊费用标准等问题制约着双向转诊工作。广东省在医院之间建立了统一有效的治疗标准：病人可先在基层医院完成术前检查，再通过电话预约转至省人民医院救治、做大手术。石家庄市规定，上转来的患者可在接诊医院免收挂号费、诊查费，减免住院床位费、物理检查费，优先就诊等；同时，规定各接诊医疗机构不得做不必要的重复检查。

3. 双向转诊需要解决的问题

2007 年，北京市、上海市、青岛市、广州市、武汉市等城市开始尝试双向转诊制度。双向转诊容易出现“向上转容易，向下转困难”：社区卫生服务中心对无法接诊的重症患者，会很快将其转入大医院；而大医院一般会待病人完全康复后，才让他出院。“向下转”之所以不畅，一方面是由于病源的多少直接影响医院的收入，另一方面也是由于社区医院在设备技术上有时无法满足病人康复需要。比如，社区卫生服务配备常用药品有 312 种，这和大医院的药品种类相差很远，一些患者需要的药在社区医院根本找不到；再如检测设备问题，社区卫生服务中心（站）检查设备跟不上，大医院不承认一些检测结果。2007 年 4 月起，北京市卫生部门只是初步明确了双向转诊的标准，即社区医院不能确诊的疑难复杂病例、有手术指征的危重病人等须向大医院“上转”；大医院中一般常见病和多发病、诊断明确且需要长期治疗的慢性病患者则可转往社区医院继续治疗。但是，双向转诊要想走得更远，还有许多“细活”要做，比如各个病种转诊的具体标准、医疗保险的顺利衔接等。

在观念、制度上存在“瓶颈”。观念方面，如市民对社区医院的技术水平不太信任，一些大医院的医生不太情愿出诊；机制方面，如验单检查无法互认，相当部分患者转诊后仍需重新检查等。

双向转诊的层次与内涵应在实践中不断完善与深化。大医院与社区医疗机构的互动，不仅体现在为患者看病方面，而且要拓展到教学、科研、医疗管理等方面。政府应组建专门的管理协调机构，搭建支援与受援双方对话与沟通的平台。目前，北京市东城区、西城区等均成立了社区卫生服务管理中心，统筹、规划、管理、组织、协调包括“双向转诊”在内的社区卫生服务工作。

双向转诊是一系统工程，最终实现仍有漫长道路。首先，要在社区培养合格的全科医师。其次，要充分利用社会资源如各大医院离退休专家等。最后，应充分依托大医院专家的帮助，使社区门诊逐步规范。以北京市为例，第一阶段是试点，最少需要 3~4 年来实现第一批的双向转诊。政府要分派任务给大医院，令其负责社区中心技术和人才的培养等，让老百姓认可社区医院。再经过两批、三批的带动，逐渐覆盖到整个北京市。

三、首席医师制

1. 上海市社区卫生服务中心引进首席医师制

上海市社区卫生服务中心建立首席医师制度。首席医师由二级、三级医院派出的医务人员或服务中心内部具有本科以上学历和主治医师以上职称的人员担任，负责开展业务培训，指导全科医生的诊疗工作，审核定向转诊和双向转诊，让高年资的医生坐堂，对服务中心的医疗质量进行把关。

2. 北京市社区医生巡诊制度

医生改坐诊为亲自上门巡诊，在北京市东城区更有制度上的保证。巡诊次数越多，工作量就会越高，鼓励社区医生上门巡诊。新型社区卫生服务模式鼓励社区医生外出巡诊、包户到人，以方便社区患者，特别是行动不便的老人，而就诊者则不用因此缴纳额外费用。巡诊次数和医生待遇挂钩，是为了提高社区医生的工作积极性。巡诊的工作量计分是坐诊的三倍。医生坐诊一次得 0.25 分，而上门巡诊一次就能得 0.75 分。

3. 石家庄市推行社区责任医生制

2007 年 3 月 28 日，石家庄市开始在全市社区卫生服务机构推行社区责任医生制度，力争达到每一个家庭都拥有社区责任医生，实现“小病在社区、大病进医院”的就医模式。

社区责任医生制度，就是将社区卫生服务站的医务人员进行资源整合，按照服务区域范围进行划片，每个医生负责各自区域内居民健康的服务活动。社区责任医生的主要职责是：服从社区卫生服务机构的管理，按规定做好管辖区内的居民建档、疾病分类、慢性病管理、重点人群的登记造册及相关资料的填写和补充。熟悉管辖区域的范围、家庭户数、居民健康状况。有计划地进行每月一次社区巡诊，开展健康咨询服务，为居民提供身体、心理、社会行为等方面的健康和医疗帮助。与居委会共同组织每月一次的健康教育。每周进行一次重点人群访视，对辖区内残障、行动不便患者或危重病人，要及时提供上门服务。及时掌握居民的健康和患病治疗信息，及时为居民提供相应的健康服务，包括提出康复计划等。

石家庄市要求各社区卫生服务机构要在各个楼院设置“社区责任医生”的明示标志，将社区责任医生的资格、职称、服务项目、联系电话等印制成名片，发放到每一个社区、每一个家庭中。只要居民有健康或就医方面的需求，就可拨打电话，寻求责任医生的帮助。

4. 北京市对社区护士统一考核

社区护士是社区卫生服务专业队伍建设的重要组成部分，社区护士承担着社区人群的预防保健、健康教育、慢性病护理管理、妇女儿童和老年等人群的护理及疾病康复等任务，与全科医师、防保医师和其他社区卫生技术人员共同实现社区卫生服务“六位一体”的功能。北京市在全国首次对社区护士实行统一培训标准、统一教材、统一考核、统一发证的任职资格制度。北京市要求社区护士必须通过理论和技能考核，取得社区护士的岗位培训考试合格证书，三次考试不合格将转岗分流。社区护士技能操作考核重点是测血压、无菌技术、各种注射、导尿术等技能。2006 年 12 月，北京市在全市开展了首次社区护士的技能考核。

第四节　药品采购制度的改革

一、从药品传统招标采购模式到药品集中采购的转变

我国公立医疗机构的药品招标采购始于1993年，河南省首开先河。为了降低医院采购成本，杜绝假劣药品进入市场，杜绝药品购销活动中发生的“吃回扣”等不正之风，河南省实行了医院药品集中定点采购，使得医院的药品采购成本3年降了15%，而通过计算机网络进行交易的方式也逐渐盛行。随后，上海市浦东区也实行了医院药品进场公开采购制度，货比三家，集中交易，保证医院的药品进价越来越便宜。随着2000年《中华人民共和国招投标法》的实施，集中采购和招标开始挂钩。2000—2001年，国务院办公厅、卫生部、国家经贸委、国家计委、药品监管局陆续出台了大量政策，推行医疗机构的药品集中招标采购制度。

2000年3月，海南省6家三甲医院率先在网上进行药品集中招标，共采购100多个品种，打响了药品集中招标采购模式在国内的第一枪。药品集中招标采购制将很多临床用药价格拉下了一大截。例如哈药集团制药总厂生产的“头孢曲松钠”在海南中标价从以前的33元降到了2.9元，降幅达91%。同时，山东省罗欣“头孢哌酮钠”在海南从33.06元降到8.69元，降幅为73.7%。丽珠集团“盐酸左氧氟沙星”从58.68元降到16.17元，降幅达72%。2001年9月中旬，卫生部等六部门在海南召开药品招标采购工作现场办公会。两个月后，卫生部、国家食品药品监管局、国务院纠风办等六个部门联合出台《医疗机构药品集中招标采购工作规范（试行）》，并在全国推行该模式。药品采购实行地市级招标和省级招标两种方式。

2004年4月前后，因该模式运行成本太高等问题，中国医药商业协会等13家行业协会联名上书国务院，呼吁暂缓推行这一工作，以减轻企业负担。2004年9月，在多方调研之后，卫生部、国家发展改革委等六部委再度联合发出《关于进一步规范医疗机构药品集中招标采购的若干规定》（以下简称“320号文”）。但后来320号文并未能有效执行。由于种种复杂矛盾交织，药品集中招标采购模式没有最终实现“减少流通成本”“让利于老百姓”两个初衷，国家不得不在各地开始又一轮新模式试点。2006年国家已不再要求各地执行统一的招标模式，而是放权给地方去探索行之有效的办法。在此背景下先后出现四川挂网限价模式、云南宣威模式、上海闵行模式、上海松江模式和南京药房托管模式等，药品流通领域兴起一场波及全国的“革新运动”。

二、政府集中采购模式

2009年国家实施新医改，发布《关于进一步规范医疗机构药品集中采购工作的意

见》，要求全面实行政府主导、以省为单位的网上药品集中采购工作，这标志着我国药品采购进入“政府主导、省为单位、网上集采”阶段。2015 年《国务院办公厅关于完善公立医院药品集中采购工作的指导意见》提出“坚持以省为单位的网上药品集中采购方向，实行一个平台、上下联动、公开透明、分类采购”，即借鉴国际通行的药品采购模式，按“量价挂钩、分类采购、招采合一”等市场化手段，使药品虚高价格回归本位，规范药品采购供应行为，重构药品生产流通秩序，由此兴起了第三方集团药品采购模式。

2018 年，中央全面深化改革委员会第五次会议审议通过了《国家组织药品集中采购试点方案》，提出国家组织药品集中采购试点，降低群众药费负担，规范药品流通秩序。2020 年，《中共中央、国务院关于深化医疗保障制度改革的意见》提出深化药品、医用耗材集中带量采购制度改革；坚持招采合一、量价挂钩，全面实行药品、医用耗材集中带量采购；以医保支付为基础，建立招标、采购、交易、结算、监督一体化的省级招标采购平台，推进构建区域性、全国性联盟采购机制，形成竞争充分、价格合理、规范有序的供应保障体系。

著名的云南宣威模式、银川模式、上海闵行模式、北京市的零差率销售都属于政府集中采购模式行为。

1. 云南宣威模式

云南省宣威市是全国首个药品采购放弃跟标的县级市。从 2004 年下半年开始，云南省宣威市放弃了跟标——跟随并依照上级药品招标价格为参照采购药品，把全市所有定点医疗机构的常用药品捆绑在一起竞价，由市卫生局药品配送中心直接与供药方谈判并开展招投标，创造性地进行了招标采购的尝试。

当地政府采取三轮竞价、一轮议价的程序，把价格压到合理水平，同时要求医疗机构必须 100%使用中标药品。通过卫生局的配送中心，通知两家中标公司，要求其一周之内必须上门配送医院所用药品。医院须按时结算药品货款。作为合同三方中的一方，当地卫生局负责监督医院与公司各自的责权落实。明确竞标价即采购价，无须中标方再行“打点”医疗机构，使该市药品中标价格比省集中招标价格降了 35%。

宣威模式的招标采购就此形成。从 2004 年下半年实施后，宣威市所有官办医疗机构进药均通过卫生局药品配送中心向中标的云南科汇公司申购，这大幅降低了药价。

2. 银川模式

政府全额拨款、药品“零利润”销售、“六统一”品牌经营等是富有特色的银川模式。原卫生部把银川市在发展社区卫生服务中取得的成功经验向全国推广。

2005 年 7 月，银川市卫生局在全国首开先河，对社区卫生机构药品实行集中议价采购，统一价格“零利润”销售。243 种基本常用药品总体平均价格比医院降低了 38. 15%，比药店降低了 5. 52%，低廉的价格给居民带来实惠。为了满足需求，后来新增了 200 多种药品。这样低的利润自然无法给社区卫生服务机构发工资，但银川市卫生局决定对市属各医院承办的社区卫生服务机构管理模式进行调整，实行统一管理。这次调整的内容包括：社区卫生服务机构自主经营、自负盈亏，而各医院不得再向社区卫生服务机构收取管理、设备折旧等费用。对于社区卫生服务机构开展的公共卫生服务，除基本医疗以外，其他由市卫生局根据其所提供的公共卫生项目、服务人口数量及服务质量等统一考核，根据结果以政府购买的方式予以补助。这些补助由社区卫生服务机构自行支配。每个服务机构的人员配备按《银川市社区卫生服务准入标准》执行。

银川市将社区卫生服务网络纳入新型城市卫生服务体系进行规划建设，确定社区卫生服务机构的公益性地位，以政府举办为主，加大对社区卫生的投入，对市属医院设立的社区卫生服务机构实行全额预算拨款，统一补助政策和工资发放项目；政府对社区卫生服务机构的公共卫生服务按项目进行购买，确保计划免疫、妇幼保健、慢性病管理、家庭健康管理等公共卫生服务落到实处。

同时通过实现标识、形象、功能、理念、模式、价格的“六统一”，建立起银川市社区卫生服务的品牌和文化，吸引居民到社区卫生服务机构接受服务。

3. 上海闵行模式

上海市闵行区改革的重点在医药分家。上海市闵行区的医改始于2005年8月。“联合选择、集中签约、统一支付、政府监管”是闵行区医改模式的宗旨。联合选择，意味着原来在闵行区各医院所使用的4 000多个药品品规，在按照“一品一规一厂一供应商”原则选择最经济、最合理的药品后，最后精简出来的只有1 900多个；统一支付，由原来的医院分别支付，变为利用第三方电子商务平台由政府统一支付；医院的药品收入统一上缴财政之后，财政再根据业务量等因素向医院拨款，实现收支两条线。闵行区这一试点模式被誉为对医药分家的尝试。这个模式极大地消灭了商业环节的“猫腻”，使供货商从原来的40家通过招标变为10家，并通过企业上报“商业折扣”来规避医药促销，并且加强监管，规范一系列的药品购销行为。

闵行模式的另一个重要作用在于挤出从前流入个人腰包的中间费用后上交给国家。而杜绝医药代表促销的方法除了筛选出最经济的药品目录之外，还有一点就是中间费用的运用。在药品招标中，企业必须报出自己以往在医药销售中留出的促销费用，这往往是医生的回扣来源。杜绝促销的另外一个机制是政府加强监管。在闵行区的医院，用量前10位的药品以及医务人员必须备案并公示。另外，闵行卫生局还实行有奖举报制度，对举报者严格保密，并给予精神及物质奖励。奖励额可以按照查实药品促销费的1~5倍发放。

除了采购权上交，各个医院的支付权也被集中到了闵行区财政。每个月，医院的订单经过上头的采购小组审核之后提供给供货企业。在结算的时候，采购小组对上月的采购、配送和货款及发票信息进行汇总确认之后，由区财政统一进行结算支付，取代了各医院的分别结算。而医院的所有药品收入，也统一汇总到区财政中，根据医院的工作量、公共卫生服务量进行再分配。关于怎么分配，闵行区卫生局确定了一道公式，其中工作量、公共卫生服务量是正性指标，此后还要推出负性指标，根据正负指标综合核算。如果医院的工作完成了，满意度达不到90%，那么财政拨款就要打折扣，这就是所谓负性指标的一部分。

闵行模式还不是完全意义上的医药分家。在我国医疗体制的宏观背景之下，作为一个省市下面的一个基层卫生部门，能制定出这样的制度已属难能可贵。公办医疗机构的利润来源应该完全来自财政，而不应该从药品里面有所得。如果说卖药的收入上缴财政之后再返还医院，那么实际上这种改革还不是很彻底。但是即便在美国这样的发达国家，要做到医院在售药上没有利润，理论上行得通，在现实上也很难做得到。闵行区能够切断部门利益，探索现有框架下尽可能的一种制度来防止医疗腐败，这是它的可贵之处。另外闵行区提出一个问题——政府剥夺了医院的采购权，那么谁来监督医院的采购专用账户？如果说以往的操作模式存在一定的腐败，那么采购集中之后又怎么防止集中的腐败呢？

闵行区推行的医改政策曾经引起了广泛的关注，也遭受到来自多方的压力。曾有多名学者到闵行区调研，但当后来上海市松江区医改模式被热炒时，有学者认为此举可被看作：在不同的试点过后，当地政府要推行的是更加温和的“松江模式”。

4. 北京市实行社区卫生服务机构常用药品零差率销售

自2005年12月25日起，北京市2 600多家社区卫生服务机构全面实行零差率销售，312种社区常用药以统一购入价出售，此举给病人带来大约36. 1%的优惠幅度。这一举措的实施，进一步保证居民用药的安全、有效、经济、便捷。

在市政府成立的由九个委办局组成的北京市社区卫生服务药品和医用耗材政府集中采购领导小组的领导下，北京市医疗机构药品集中招标采购中心于2015年12月中旬圆满完成“2006年北京市社区卫生服务药品政府集中采购”工作，并制定了《2006年北京市社区卫生服务药品政府集中采购成交品种目录》。到2007年上半年，312个通用名的药品、923个品规的社区常用药已经确定。根据估计，药品的最终平均降价幅度可达到21. 1%，较上一年度为居民多让利3亿元左右。

为改革社区卫生服务体制，北京市卫生局提出“社区医改，药品先行，抓住药品零差率这个牛鼻子”的思路，把社区用药作为改革的“突破口”，将社区群众治疗常见病、多发病、慢性病的常用药品纳入政府集中采购范围，实行“政府集中采购，统一配送，零差率销售”，改变过去“以药养医”的状况，让利于民，使社区卫生服务中心（站）在用药花费方面比大、中型医院更具明显优势，从而吸引更多群众到社区医疗机构就诊，实现“小病到社区，大病到医院，康复回社区”的社区卫生服务的发展目标。

此次社区卫生服务机构药品机制改革的最显著特点是突出以政府为主导；政府出资、政府采购、政府管理；建立统一的政府采购系统、监管体系；政府阶段性购买代理机构服务；政府用财政预算安排购买药品；不向企业收取任何费用，确保代理机构的中立性，体现出公平性、公益性的原则。

此次政府集中采购，政府采取生产企业“打包”报价的方式，即“组合报价”，一个生产企业将多个品种，依照通用名组合成“包”，每个“包”按照政府测定的价格总体降低20%报价，一个“包”的产品不能少于5个。

另外，此次“政府集中采购，统一配送，零差率销售”突出了社区用药特点。在对18区县部分有代表意义的社区卫生服务中心（站）临床用药情况的详细调研的基础上，由富有临床经验的社区一线专家集体讨论，确定能够覆盖社区常见病和多发病的300多种通用名的药品及其临床实用剂型规格并将其纳入采购范围。这既满足了社区群众一般用药需求，又防止了企业通过奇异剂型和规格变相提高药价。这些药以治疗常见病、多发病和慢性病为主，约占社区全部用药金额的85%。

这次集中招标采购，还建立起了一个社区药品统一配送体系。市药监局共遴选出5家市级配送企业，最终有15个区县选择北京医药股份有限公司，3家选择嘉事堂药业股份有限公司作为其唯一市级配送企业。

以北京市门头沟区社区为例，其卫生服务药品零差率销售工作突出了四个特点：

一是因地制宜，整合资源。针对门城地区社区卫生服务中心设置相对集中的特点，整合资源，新组建了集预防保健、诊疗、康复、健康教育、后勤保障等功能为一体的“门城社区卫生服务中心”。

二是细致准备，宣传到位。制定了药品零差率销售工作的实施方案；组织了各社区卫生服务中心（站）负责人集中学习，对相关人员进行了培训；制作了宣传展板48张、“社区用药”印章48枚；印制并发放了市区宣传品4万余份。

三是多方合作，保证实施。协同一、二级配送商深入每个社区卫生服务中心（站）调查药品盘点等准备情况，并进行网络维护，以保证社区卫生服务站实现网络购药。

四是责任明确，加强监管。社区卫生工作领导小组分级负责辖区内社区药品和医用耗材的采购、配送、销售，采用全过程的监督管理；聘请了人大代表、政协委员和群众代表参与平时的现场监督。各级政府相关部门通过社区采购供应管理信息系统，对社区医疗机构的日常购销工作实行网上监管。

三、挂网限价模式

1. 挂网限价模式减少招标代理费开支

在传统集中招标采购运行的数年间，遭受业界非议最多的就是药品招标代理商。不少药品经营企业反映，由于中标之后，仍需进行“二次公关”，企业销售成本并不比以前少，反而多出了一块代理服务费。

2006年5月，北京市已将招标代理费从0.5%下调到0.3%。按北京120亿元的采购金额计算，代理服务费用缩减约2 400万元。另外，颇受中央政府青睐的挂网限价模式已经绕开原有的第三方代理服务商，由接受限价或竞价条件的药厂直接上政府网参与竞争。2007年招标代理服务业务量大幅削减。占国内招标采购代理业务70%的海虹控股已开始酝酿业务转型，从招标采购代理机构向纯粹的第三方医药电子商务平台过渡。

新业务面临的最大问题就是，绕过药批后，医院能否及时支付药费。2006 年济南市、青岛市等地相关部门已成立“集中结算办公室”，要求医院在指定银行开立“药品采购专户”，药品采购资金先由银行垫付 70%、医院承担 30%，之后银行再从医院收入账户中扣除。

2. 四川省药品挂网限价模式

从 2005 年开始，四川省在全国率先探索药品上网限价竞价、阳光采购新模式。将所有采购品种都放到网上，凡招过标的药品都以上次中标价为限。过去未参加过招标的，专利药以最高零售价 7.5 折的价格挂网，原研药和国内仿制 GMP 药均以最高限价的 6.5 折挂网。改革初期，四川省这一做法曾遭到了一些跨国药企强烈反对，有 200 多个新品种无人投标。但四川省的药品招标系统受到了原监察部、原卫生部的充分肯定。原国务院纠风办先后 3 次邀请他们参会交流。2006 年卫生部号召全国向四川省学习，国内共有 17 个省市赴川取经。2005 年就实现了 3 个批次的药品上网限价竞价销售，208 家医疗机构实现了上网采购。实行上网限价竞价采购后，不同厂家的药品完全凭借价格与服务的竞争，进入医院。同类药品不同的品种、同品种不同的厂家，全部上网，各个环节、各类信息都在网上公示，购销双方在网上公开公平交易，政府监管部门和社会公众也可以在网上对药品交易的全过程进行监控。这大大提高了药品交易的透明度，给企业创造了公平竞争的条件。传统招标中，一个品种一般只有一个厂家中标。而上网采购是只要符合要求都可以，有的品种甚至可以 7 个厂家都中标，保证了竞争的公平公正。根据四川省药招办测算，2004 年集中招标，中标率仅 20%，许多企业空手而归。2006 年，上网药品确认率达到 70%~80%。

药品上网交易取代了反复招标，企业负担大大减轻，企业只要递交一套资料就行。企业申报上网药品，只须递交必要的资料。平台通过国家食品药品监督管理局的数据库对申报企业、拟上网的药品进行资质审核。只要资质合格、无违规记录、低于限价报价，即可进入平台上网销售。每个上网药品只交纳 180 元的计算机信息处理费，不再交纳其他任何费用。2005 年仅上网交易服务费一项，企业全年少交 1 700 万元。

3. 广东省药品网上阳光采购

继四川省之后，广东省在 2007 年 1 月正式实施《广东省医疗机构药品网上限价竞价阳光采购实施方案（试行）》。与 2005 年试行挂网限价模式的四川省一样，广东省此次挂网采购的具体做法也是：先成立一个政府经办机构即“广东省医药采购服务中心”，通过“广东省医药采购平台”网络系统，进行药品限价竞价、药品电子商务交易。广东省的做法包括以下内容：

一是由药品生产企业直接投标。为了压缩中间环节，此次改革一改以往由经销商参加投标的方式，而是由药品生产企业直接投标。生产商根据自己的发展需要，决定产品的价格及竞价策略，最终决定产品的命运。此次挂网采购有飞跃性的改进，过去广东省有 23 个招标主体，每次招标都要动用四五十人，标书垒得如小山一样高。现在全部统一到网上采购，不用奔赴各地与不同代理机构协调，大大节省了企业招标成本。

二是首创“不限价不竞价品种”入围规则，为廉价老药开辟“绿色通道”。近年来，质优价廉的老药在市场上难觅踪影的事件频频发生，其原因就是利润微薄，很多企业不愿生产。为了调动企业积极性，让廉价老药重出江湖，广东省2007年已有5 395种廉价老药，由生产企业报价后直接挂网提供给医疗机构采购。广东省内的医疗机构已经开始采购廉价老药。对于限价竞价药品，引入市场竞争机制优胜劣汰。根据一种药品国家规定的价格、历年在广东省的销售价格以及它在15个省市的销售价格，制定出一个最高限价，厂家之间在限价的前提下进行竞争。共有33 521个品规参与报价。按不同剂型、规格和质量层次，设立不同竞价组。同竞价组3个及其以上厂家限价竞价品种于2007年2月28日至3月2日进行了3轮竞价，共有22 495个品种参与了竞价，竞价入围的有13 406个品种规格，入围率59. 60%，入围品种平均降价率为40. 39%。

三是让专家参与选药杀价。为了挤掉药品水分，广东省首创了专家选药杀价的价格谈判机制。首先是专家评审投票。广东省组织了102个药学、医学专家，分两组，对同竞价组1~2个厂家的议价品种中属政府定价而且报价不高于最高历史中标价的品种进行了筛选，有934个品种直接入围。专家认为还有降价空间的7 484个议价品种进入“人机对话”环节。专家在网上与药企“讨价还价”，经过此番“砍价”，有6 376个品种入围，入围率85. 2%，大部分名优品种均已入围，药价平均降幅为10. 31%。“人机对话”谈判结束后，同竞价组1~2个厂家的议价品种中不接受“人机对话”谈判入围建议价格的1 300多个品种，进入面对面谈判。另外还有1 000多个品种进入重点监控限额采购目录。从2007年3月21日起的一个星期时间内，完成了3轮面对面谈判。第一轮谈判是对同竞价组报价之比两倍或两倍以上的品种进行专家与企业面对面谈判，最后121个入围，26个进入重点监控限额采购，有23个品种在这一轮被淘汰。第二轮则是对纳入重点监控限额采购目录中降价幅度最小的5%的品种进行面对面谈判，有40多家企业的47个品规参与。由于进口名牌药的比例很大，加上厂家的强势坚持，最后仅有2家被淘汰，其余则全部进入重点监控限额采购目录。第三轮谈判则是针对无限价品种，也就是剂型奇特、报价虚高的“翻新老药”，由专家与企业谈判之后确定是否入围。

四是首创“两票制”规范流通环节。以前药品配送环节繁琐，比如一个东北药品从厂家出来是5元，到北京市的一级经销商变成了10元，再到海南省的二级经销商涨到了20元，转到广州市三级经销商可能已是50元，等这个药品到了中山市的某家医院卖给病人时已经80元了。这些经销商大部分连仓库都没有，根本不具备基本的配送能力，就靠开发票提成赚钱。为了规范流通领域，广东首创了两票制，也就是药厂开发票给配送商，配送商再开发票给医院，其实质是中间只允许存在一个配送商，两次开票完成药品从出厂到患者手中，大大缩减了中间环节。在两票制格局下，药厂肯定要找配送实力强的经销商。在2007年报名的2 000多家经销商中，大配送公司不愁没单接，但很多不具备配送能力的开票公司被淘汰。不过也有业内人士分析，根据方案中的要求，本次报名的 2 000 家商业公司中真正具备药品配送能力的只有 30%左右。两票制一旦推行，将全面推动广东省药品经销商的重新洗牌。

五是重罚，保障监管成效。在过去的药品招标采购中，企业故意报低价格，中标后却不供货的现象时有发生。对此广东省规定，如果企业入围后却不供货，将严肃处理，取消其挂网资格。挂网采购是对药品集中招标采购模式的改革，是一种全新的探索，但任何改革都不可能毕其功于一役，广东省会在不断摸索中加以完善。通过推行挂网采购，经过几轮砍价，尽管还未能完全挤干药价虚高的水分，但是已基本摸出药品价格底细，可以为将来物价部门准确定价提供参考。

六是重点监控进口药。在三轮面对面谈判中，有众多大牌外资药厂参与的第二轮谈判引起很大争议。外资企业谈判阵容强大，不肯降价，如治乳腺癌药物赫赛汀 22 538.21 元/支，一个疗程需要 30 万元，实属“天价药”。最终企业填报的确认价格是 22 538 元，只是象征性地去掉小数点后面的 0.21 元。在谈判现场，这些进口药品生产企业的代表多以专利产品、在治疗领域不可替代性或以进口的口岸价高为挡箭牌，拒绝接受谈判专家降价的建议，且态度强硬。参与谈判的 47 家企业除了 2 家被淘汰之外，其余的药企没有接受降价建议，但这些天价进口药品并没有被直接淘汰而是进入重点监控限额采购行列。原因是：由于这些药品独有的疗效和市场需求，谈判专家不忍心将其“踢”出广东市场，但是医疗机构必须将其纳入重点监控品种，对其采购数量和价格都必须进行监督。

七是“猛砍”报价虚高的翻新老药。进入第三轮谈判，面对一些药品改头换面，以新剂型出现，报价虚高，专家毫不留情。广西壮族自治区某药厂生产的“阿米卡星”洗剂报价 36.3 元/瓶，远高于同类产品。该企业代表称，该产品以前是针剂，现在是水溶剂，产品升级使成本增加了。主谈判官直说，水溶剂技术含量比针剂还低，对比你的成本和报价，有大幅降价空间。企业代表强调，我们加了一个喷头，使用起来更加方便。主谈判官不为所动：“我告诉你，一个喷头才 1.3 元，如果价格不合适，就会失去广东市场。”企业代表说，最低 25.6 元。专家又给了一次报价机会，企业降到 23.6 元，最终在确认价格一栏中填报 23.6 元。一药多名、品规混乱现象泛滥，如：阿奇霉素有商品名 97 个，左旋氧氟沙星有商品名 92 个，头孢哌酮钠、舒巴坦钠有商品名 75 个，克林霉素有商品名 66 个，加替沙星 61 个，头孢他啶 59 个，克拉霉素 53 个，头孢曲松 50 个等。专家担忧：这样的现象极有可能导致医生重复用药，患者重复购药、重复用药，从而危及患者的用药安全和身体健康，甚至危及公众的生命安全。加快治理“一药多名”的混乱现象，规范医疗机构用药范围，逐步建立以省为范围的药品目录已经刻不容缓。

4. 药品招标挂网不能唯价格是从

所谓“药品招标挂网”，就是政府把统一采购药品信息挂在互联网上，制定出最高价格后，各制药企业根据自己的情况在网络交易平台展开竞价，以出价最低者中标。此举意在增加政府招标的透明度，减少药品招标中间环节，从而降低药价。

客观地看，药品招标只是医疗体制改革中的一个方面。药品招标解决不了“以药养医”、看病难、看病贵等问题。医药分业、医和药收支两条线、政府补贴等政策，都会对药品招标产生影响。只有国家的相关配套政策和药品招标举措一同发挥作用，才能从根本上解决看病贵的问题。在新医改方案出台前，仅靠降低药品的价格，对解决看病贵问题的影响力是有限的。

中国医药行业存在技术含量低、产品同质化情况严重的问题。企业要从低水平的竞争中脱颖而出，研发创新能力就显得尤为重要。国家对于自主创新问题也日益重视，出台了一系列的优惠政策给予大力扶持。研发创新实力是药品生产企业最重要的核心竞争力。具有创新优势企业的价值将在未来逐步得以体现。只有更多具有核心竞争力的药品出现，更多的品牌药品出现，实现产品规模化生产，提高市场占有率，减少流通环节，降低生产、经营成本，药品的价格才会真正下降到合理水平。

药品集中招标采购的本意是让消费者享有药费降低的实惠，在药品企业之间形成充分的市场竞争。这是政策制定者的初衷，但在执行中走了样。一切以低价格为原则，一切以低价格为药品竞价入围的依据。部分地区对于产品入围的评定完全忽视了产品质量，违背了应当遵循“质量优先、价格合理、行为规范”的原则。单纯以价格来选标，使一些质量管理严、产品质量好、具有良好品牌的大型企业很容易被排除。这样有些药品的疗效就得不到保证，影响人民的用药安全，更影响医药市场的健康发展。因此，有关部门应建立健全优胜劣汰的竞争机制，提供公平竞争的客观环境。在药品挂网招标工作中，充分考虑药品质量、市场占有率、药品疗效、企业规模等因素，真正使质优价廉的药品得以中标。

四、药品第三方集团采购模式

药品第三方集团采购模式是指医疗机构通过委托药品集中采购组织（Group Purchasing Organizations，GPOs）来进行药品采购，由 GPDs 负责与药品生产经营企业或批发商进行谈判。医疗机构完全自愿加入某个 GPO；GPO 通常通过竞价招标订立合同，同时，为满足组织成员的不同需求和折扣平衡，会针对不同情况制定有针对性的合同。委托第三方的药品集中采购模式在国际上得到了普遍的认可。该模式主要借鉴了美国，美国医疗行业集团采购协会（Health Industry Group Purchasing Association，HIGPA）将 GPOs 定义为：通过集中医疗机构（包括医院、家庭护理中心和家庭保健机构）的采购量，和制造商、经销商等供货商进行价格谈判，以达到节省费用和提高效率的目的的组织。

迄今为止，我国的医药产品采购仍然以行政力量集中采购为主，但随着市场经济的日趋繁荣，管理制度的不断完善。近年，上海、深圳等市场经济繁荣的地区率先尝试第三方集团采购模式，但与美国的 GPOs 存在一定的区别。上海是由参与的医疗机构组成公立医疗机构药品集团采购联盟，将联盟内医疗机构的药品目录合并，以形成批量优势，引导生产企业和批发企业参与竞争，形成竞价机制。深圳主要是由政府多个部门共同遴选出一家药品经营企业，作为药品采购组织，负责全市公立医院的药品集中、带量、限价采购。GPO 再与公立医院签订药品采购合同，明确合同期内各品规药品的供货价、预期采购量、付款要求和违约责任，所有流程都基于“阳光平台”的框架。

其优势在于：通过集中采购，实施“带量采购”，增加与药品生产企业“砍价”的实力；通过组织定点生产、定点采购、谈判议价，减少药品流通环节，降低药品采购成本；通过推进药品采购价格、质量层次等信息公开透明，推进医药现代物流供应链向公立医院延伸，降低药事服务成本。

五、药房外包

根据医院是否参与利润分配，产生了北湖模式和南京药房托管运动的区别。

1. 北湖模式

医药不分、以药养医是导致药价居高不下的主要症结。武汉市在建立社区卫生服务网络的基础上，在北湖街社区卫生服务中心试行医药分家，其做法的核心是“医院不再参与药品利润分配”。

2005 年初，武汉市通过公开招标，对社区卫生服务中心实行药品统一配送。此举使药价降低了 20%左右。之后北湖街社区卫生服务中心与医药公司签订合作协议。该协议规定，在保证临床用药需求、保证药品价格等于或低于社会知名平价药店售卖的药品的前提下，药房交由医药公司独立经营管理，社区卫生服务中心不再参与药品利润的分配，药房经营业绩好坏与社区卫生服务中心无关，医生开药多少也与药房无关。实行药房外包后，药价平均降幅达 45%左右。

这一实践证明，截断“以药养医”后，反而实现了“以药兴医”。通过平价药房吸引患者，增大门诊量、增加医疗服务收入来提升盈利水平。这实现了患者、医院、药店三方受益：居民买药费用下降，医院日门诊量由原来 30 人次增加到 100 人次，药店日销售额由“分家”前的 1 000 元增至近 1 万元。同时，医药分家纠正了过去各个环节上存在的不正之风，让患者成为最大受益者，这是其改革成功的重要标志。

2. 南京药房托管运动

南京药房托管运动实行的是“二权分离”和“三个不变”。2006 年 5 月，南京市政府决定在全市 13 个区近 200 家医院全面推行该制度，其中包括所有的一级医疗机构和 50%的二级医疗机构，并于 2007 年下半年开始继续扩展到三级医疗机构。具体做法是，由中标的大型医药商业企业对试点医院进行药房托管，实行“二权分离”和“三个不变”：所有权与经营权分离，所有权归医院，经营权交给企业；药房的产权、药剂科的职能和药房人员的身份不变。所有药品由中标商业公司配送供应。医院每年从药房销售收入中提成 30%~35%作为补偿。

简单地说，药房托管模式就是医院自己不再招标采购药品，而是把药品的采购权委托给一家医药公司，由医药公司代为招标采购，医院和医药公司双方按比例分配药费收入，双方各自拿出5%直接让利于患者，把药费最终降下来。该模式斩断了医院和药品的利益关系，使老百姓的药价逐渐降下来，使医疗机构原有的业务收入未受影响，使企业也有利可图，因此受到不少人的青睐。然而，“药房托管”只是把经营权和管理权交给托管单位，相关配套改革措施很难彻底实施。因此，“药房托管”只能是医药分家的过渡模式。根治药价虚高的问题，还需要多管齐下，通过深化体制改革推进。

六、药品招标应重点破解企业的规避行为

近年，随着各地新一轮医疗改革的开展，挂网招标、集中药品招标、药房外包等一系列降低药价的改革措施相继出台。新一轮的药品招标改革如何才能还原药价本色呢?有关药品专家建议，药品招标应加强招标后的管理，着力防止企业规避行为产生。当前药品集中招标企业规避严重，药品招标中一些企业以“新药、特药”的形式继续生产、经销高价药品，而一些临床证明疗效好、质量高、价格低的“普药、老药”，因其利润微薄，在招标采购中又竞相降价，最终无奈退出市场；有的生产、经营企业为争取中标数量，盲目压价、恶意杀价，造成部分中标药品配送困难，甚至无人配送。

集中招标前5年，每年有6 000种左右的所谓“新药”上市。在“新药”中有大量的独家规格、独家剂型以及原研制药品、单独定价药品，规避招标，进入议价，其价格难以下降。有关专家分析，对药品招标缺乏全程监督是造成药品越招越贵的主要原因。当前我国60%的药品价格由药品生产企业自主确定。在市场经济条件下，企业为了追求利润最大化，抬高药价不可避免。而企业的任意定价行为没有受到应有的监督和制约，致使药价居高不下。

缺乏科学、规范的药品招标机制是难以抑制药价虚高的主要原因之一。药品招标在我国已经实行了多年。由于医疗机构一直是招标主体，医疗机构既是药品招标规则的制定者，又是执行者，难以避免暗箱操作等不正之风，一些不法行为反而因此披上了合法的外衣。最终的结果不是“一招就死”就是药价越招越贵。

招标只是药品招标工作的一个环节。药品招标工作还有配送环节、使用环节。招到低价药后，医药企业是否愿意按质按量予以配送？医院是否会对招标药品“招而不用”？这些都是药招工作需要统筹的问题。

新一轮的药品招标机制改革要真正降低药价，必须建立一套系统的药品招标、使用、监督体系。

首先，进一步完善相关法规。其次，对相关企业应该实行准入原则，保障药品安全有效。再次，药品招标应有一定的集中度。当前，各市县甚至各医疗机构实行单独招标，药品招标程序复杂，手续繁多，工作量大，招投标人及政府部门要投入大量的人力、物力、财力，这使得企业投标成本剧增，也为人为操作提供了更多的可能。最后，必须对药品招标实行全程监督，不仅要监督药品招标，也要监督药品的定价、销售等招标药品后续管理环节。

思考题

1. 何谓社区卫生服务?
2. 何谓医学模式?
3. 为何现代医学提出了社区卫生服务的要求?
4. 公共卫生和突发性公共卫生事件分别指什么?
5. 何谓全科医生?
6. 英国和丹麦的社区卫生服务是怎样的?
7. 发展社区卫生服务在我国有何重大意义?
8. 我国社区卫生服务的规划是怎样的?
9. 北京市社区卫生服务实践有何经验?
10. 上海市社区卫生服务实践有何经验?
11. 我国原有的社区卫生服务存在哪些不足?
12. 何谓社区首诊制?社区首诊制需要解决哪些问题?
13. 你是如何看待农民工社区首诊制的?
14. 何谓双向转诊制?实行双向转诊制有何意义?
15. 目前我国的双向转诊制需要解决哪些问题?
16. 为了满足社区卫生服务的发展要求,医护人员需要做出怎样的变化?
17. 药品传统集中招标采购模式的利与弊分别表现在哪些方面?
18. 举例说明各地兴起的药品的政府集中采购模式。
19. 举例说明药品的挂网限价模式并评述该模式。
20. 评述药房外包方式。
21. 药品招标的重点是什么?

第十四章
教育福利

第一节　国外的教育福利

一、国外中小学教育福利

1. 日本中小学生的免费营养午餐和牛奶供给制度①

日本针对中小学生推行营养午餐供给制度。1954 年日本政府制定的《学校餐饮供给法》规定，全国施行义务教育制的学校（包括中小学、特殊教育学校等）都必须实施“学校餐饮供给制度”。其目的在于：希望能够帮助学生养成正确的日常饮食习惯；丰富学生的校园生活；培养学生开朗的性格；确保学生的饮食生活合理化；改善学生的营养结构；促进学生的身体健康；引导学生正确理解粮食的生产、分配及消费过程。到 1970 年，几乎日本所有的小学都采用该制度。到 1975 年以后，实施该制度的中学超过 80%。截至 2005 年 5 月，日本已在 3.4 万所学校为 1 048 万中小学生供给营养午餐，普及率达 93%。

此外，日本还向学生实行牛奶供应。虽然历史较短，但是覆盖率达到 93%。1957 年，学校供给牛奶制度作为应对乳制品需求变化的调整对策，在日本中小学开始实施。自 1970 年起，除部分地区外，日本学校供应的牛奶全部变为鲜牛奶。

日本政府对营养午餐和牛奶供给实行补贴：日本学校的营养午餐和牛奶供给，从试点到推广，每个阶段都有国家和地方财政支持。在学校营养午餐供给方面，政府补助金

① 胡承康．学校供给营养餐：日本的强国战略［J］．新教育，2006（4）：55-58.

额大约占 50%，费用来源主要由国家财政、地方政府财政、市町村财政三部分组成。如日本东洋中小学校营养午餐，家长负担费用的数额一般为：小学低年级占 48.51%，小学中年级占 48.7%，小学高年级占 48.78%，中学占 48.67%。有一些学校，营养午餐供给完全由政府补贴。

在学校供给学生牛奶方面，日本政府主要采用了“菜单式”补贴方法，即按照每瓶 200 毫升的单价进行补贴。例如，1980 年每瓶牛奶单价为 36.30 日元，其中政府补贴 5.80 日元，占 15.98%；家长实际负担 30.50 日元，占 84.02%。其后虽然日本在学校供给学生牛奶方面的政府补助有所减少，但是 2005 年国家财政支出补助金仍达到 31.67 亿日元，相当于 2.3 亿元人民币。总之，在日本，每年不论是营养午餐还是牛奶供给，其费用中有相当比例是由政府以“政府补助金”形式补贴到每个中小学生身上的。中小学校普遍配有营养师，并且营养师的学历至少是大学专科，毕业后须经过两年培训，方有资格上岗。学校营养师受人尊敬，享受国家公务员待遇，负责午餐的调配和发放以及向学生进行营养知识和饮食卫生知识教育，具体指导学生用餐。

2. 印度中小学生的福利①

作为与中国国情相似的发展中人口大国，印度政府也一直将全民普及义务教育作为各项工作的重中之重。按规定，印度初等教育采取“10+2”的教育体系，其中 1 年级到 5 年级为小学，6 年级到 8 年级为初中，9 年级到 10 年级为高中。在 12 年教育当中，1 年级到 8 年级为全免费的义务教育，9 年级以上会收取相应的学费。数额根据印度各邦的发展水平及福利状况而各不相同，具体从每年 48 卢比到 360 卢比不等（10 卢比约合人民币 1 元）。从 1 年级到 8 年级，学校不会向学生收取任何学费，其教材也是由政府专门拨款购置并向学生免费提供的。除此之外，每位在校的学生每年还可以免费领取冬、夏以及春秋季三套校服。在小学阶段，每个学生还可以有一份政府提供的 2 卢比的免费午餐，而 6 年级以上的学生不再享受此待遇，需自行从家里带饭。在义务教育阶段，学生唯一需要负担的费用是每月 12 卢比的“政府福利基金”。也就是说，学生每年只需交 144 卢比，折合成人民币还不到 30 元。而且此项收费一般也不必再上交给政府，而是由学校自主地在小规模维修校舍、举办文体活动中使用。

此外，在印度南部一些经济较为发达的邦还规定：为那些只有一个孩子，而且是女儿的家庭提供孩子直到研究生的免费教育。印度还会从高中起给这些独生女儿发放奖学金。对于那些只有两个孩子并且都是女儿的家庭，政府也会免除其中一个女儿的全部教育费用。

3. 英国中小学生的福利②

英国的公立中学全部实行免费教育，学生不必交纳学杂费、教材费、书本费。学生上课使用的各科教材均由学校统一发放。学生具有课本的使用权，但没有所有权。一般来说，英国中学课本只在课上使用，许多科目下课后教师就将课本收回，学生不必带教科书回家；而学生课下可阅读的书目很多，不必去死啃教科书。英国人有勤俭节约的好

---

① 陈继辉．印度八年义务教育只收 240 元［J］．陕西教育，2006（1）：70.

② 李素菊．英国的中学教育［J］．思想政治课教学，2004（11）：48-50.

传统，学生的一套教材常常可供几届学生反复使用。

英国的每个中学都有自己的图书馆和网络中心。学生进校后可免费办理一张磁卡借书证。凭此卡学生可最多借阅 4 本图书，期限为 4 周。在校学生还可随时免费上网，免费设立自己的邮箱。英国的中学一般为 9 点上课，3 点放学，每天上 5 节课。图书馆每天早晚各延长开放一两个小时，为学生的阅读创造了条件。为方便学生上网查阅资料，学校计算机教室的电脑可供学生随时使用。另外，每个教室都安装有数台电脑，可供学生利用课间或没课的时间上网。对于学生在网上查阅的资料，如果愿意下载，学校可为其免费提供复印纸张。英国中学生上课所用的笔记本、作业本、学习资料及卷子纸张，也是由学校免费提供的。每学期开学，各科教师都发给每位学生一个新笔记本，如果学生用完了可向教师提出再领新笔记本。

为保证每个学生都能接受教育，英国政府实行对困难家庭的补助政策。凡处于失业靠领取救济金生活或收入在最低生活线以下的家庭，学校均可免费为其子女提供午餐。当然，审批程序是十分正规和严格的。学校对新入本校的学生会及时发放申请困难补助的书面表格与材料。

4. 泰国为每名小学生提供一台笔记本电脑①

泰国时任总理他信 2006 年宣布了一项雄心勃勃的计划：从当年 10 月开始，将向全国的上百万名小学生提供廉价的笔记本电脑。这一计划是在美国麻省理工的媒体实验所提出的“每个孩子一台笔记本电脑”计划基础上制订并宣布的。“每个孩子一台笔记本电脑”计划宣称，向全世界每个孩子提供一台免费电脑，价值 100 美元，由政府买单，因此该计划又被称为“100 美元电脑计划”。

2005 年，他信与“每个孩子一台笔记本电脑”计划的发起人尼古拉·尼葛洛庞帝教授见面之后，泰国政府最终接纳了这一计划。他信还表示，除了泰国以外，还有包括中国和巴西等国家对这一计划感兴趣，并签署了协议。这 100 美元的笔记本电脑造价低廉并且以学习作为其设计目的，因此它的运行费用很低。这一笔记本电脑采用免费的 Linux 操作系统，以闪存来代替硬盘储存资料，同时可以用拉伸式手动发电装置来为笔记本电脑供电。

二、国外高等教育福利

1. 印度高等教育福利②

印度高校分为中央大学、邦立大学、国家级学院和准大学（准大学不享受政府的财政拨款）四类。各高校按科类、专业和层次实行差别收费。印度公立高校一直实行低收费政策，把高等教育视作社会福利事业，其收费标准上调幅度很小，甚至有的学校几十年没有调整标准。尼赫鲁大学和德里大学为中央大学，由印度大学拨款委员会直接拨

① 孙德龙. 泰国总理宣布：全国百万小学生每人一台笔记本电脑［N/OL］.（2006-08-29）［2021-11-30］. http://zqb.cyol.com/content/2006-08/29/content_1493171.htm.

② 刘立柱，钟磊. 印度高等教育福利化对我国的启示［J］. 教育研究，2007（2）：42-45.

款。2006—2007 学年尼赫鲁大学本科生和硕士生年学费为 216 卢比，学杂费为 114.5 卢比。根据印度 2005—2006 年度政府工作报告，印度人均年收入为 17 823 卢比，学杂费占人均收入的 1.8%。德里大学法学院本科生学费为 180 卢比；孟买大学属于邦立大学，校本部第一学年硕士生学杂费为 2 226 卢比；德里工学院为印度宪法规定的国家级学院类型，1961 年由印度议会通过《工学院法》而设立，该学院 2006—2007 学年本科生年学费 2.7 万卢比。虽然德里工学院等六所理工大学学院也是国家共办的，但是由于其教学科研水平被认为与麻省理工学院齐名，学生未来能够有理想的工作，因此吸引众多学生报考，收费相对较高。印度理学院（设在班加罗尔）是《印度大学拨款委员会法》确认的享有大学的学术地位和特权的“准大学”类型，只招收研究生。该学院 2006—2007 学年硕士生年学费为 4 000 卢比，但该校每个学生每月都享受 5 000～10 000 卢比的奖学金，缴费也只是象征意义了。

2. 英国大学生资助政策①

作为世界上第一个高福利国家，英国一直奉行凯恩斯主义，提供从“摇篮到坟墓”的社会福利。英国政府在 20 世纪 50 年代到 20 世纪 80 年代的 30 年中，实施“免费上大学加助学金”的高等教育财政制度。即由政府为所有大学提供财政拨款，为所有全日制大学生支付大学学费，并且为贫困学生提供解决生活费问题的助学金。

20 世纪 70 年代中期的中东石油战争使英国与其他发达国家一样遭受严重的经济和财政危机。“免费上大学加助学金”的大学生资助政策受到质疑。1990 年英国正式开始实施“缴学费上大学，贫困学生贷款加补助”的资助方式。但贷款回收遇到很多困难，这使得国家不得不改进贷款政策。在此期间，伦敦经济学院 N. 巴尔教授、I. 克劳福德先生及伦敦大学教育学院 M. 伍德霍尔博士等一批著名学者反复呼吁，应该建立“按收入比例还贷”的助学贷款，使学生在有能力还贷的时候按收入高低还款。与此同时，改用“税收系统或者国民社会保障系统来回收贷款”，以确保贷款的回收。

之后，英国改变了“免费上大学加助学金”的政策，分三步走，建构起“先上学、后付费”的“学生贷款与助学金混合资助”体系。其内涵是：所有大学生都可以贷款付学费，毕业就业后按收入比例还贷，由税务部门回收贷款。特别困难的学生还可以申请生活费贷款和助学金。政府还对师范生等给予专业津贴，吸引出身贫寒但学业优秀的学生学习社会急需的专业。如果学生毕业后从事“社会回报”高而“个人回报”少的工作，或者离校后一直从事低收入工作，甚至失业，那么政府和社会就应该中止他们还款，甚至应该向他们提供失业救济和专业津贴。

根据“社会回报与个人回报”的原则，英国政府设定了大学毕业生还贷的收入门槛，2006—2007 年为年收入 15 000 英镑。如果毕业生年收入未达到 15 000 英镑，那么学生当年就不必还贷。此外，英国政府还依据这一原则，为学习师范课程和护理课程的学生设立了“教师培训津贴”和“健康护理津贴”以吸引优秀学生学习这些专业，以保持英国整个社会的基础教育质量和医疗护理质量。如果一个大学毕业生经常处于失业

① 张民选．英国大学生资助政策的演进与启示［J］．比较教育研究，2007（5）：1-6.

状态或者年收入经常低于 15 000 英镑，那么当这名毕业生达到 65 岁时，政府就将为他核销，并支付剩余的债务。

英国现行的“按收入比例还款的助学贷款”包括“学费贷款”和“生活费贷款”两个部分。“学费贷款”的贷款金额取决于大学的收费标准，学生的贷款直接转给学生所在大学。每个全日制注册学生都有权借贷“学费贷款”（tuition loan），从而实现了“先上学，后付费”和“保证不让贫困学生无法入学”的资助政策目标。“生活费贷款”（maintenance loan）是一项“按家庭贫困程度提供的贷款”（means-tested loan），即学生能够获得的贷款金额，需要按家庭收入、大学所在地生活费标准和住校与否三大指标来评定。

针对助学贷款的回收，目前各国学者和世界银行等国际组织公认的有效机制是，通过税收系统或者养老保险系统来回收助学贷款资金。

除了大学生助学贷款，英国最重要的、涉及学生比例最大的政府资助就是助学金。英国政府为所有全日制本科及 45%的本科以下程度的大学生提供数量不等的生活费、助学金。此外，英国政府还向特殊学生群体提供“特殊助学金”（特殊助学金的最高金额与助学金相同）“残疾学生助学金”“学生子女税收减免”“教师培训津贴”（teacher training bursary）和“健康护理津贴”等资助。

与助学金相比，“教师培训津贴”相当充裕。所有小学教育专业的师范生（教育学士学位及教师教育证书课程）都能够获得包括学费和生活费在内的 6 000 英镑。所有中学教育专业的师范生（教育学学士学位加一年本科后教师教育证书课程或者荣誉学士学位课程）都能获得 9 000 英镑的专业津贴。如果本科学习其他专业，毕业后接受一年制的“本科后教师教育证书课程”，学生则可以免除学费，并获得 1 200 英镑的“教师培训津贴”。

第二节　我国学前教育福利与中小学生的“两免一补”

一、学前教育福利

学前教育福利是教育福利的基础环节，作为整个教育过程中能享受福利的初始，学前教育福利直接奠定了儿童在受教育阶段获得教育资源和保障的基础，作用不容忽视。学前教育福利实质是为了使 0~6 岁儿童能够获得优质的、公平的教育，促使幼儿更好地发展，实现幼有所育。

学前教育福利包含多种福利项目，包括现金、服务、实物、优惠、机会以及权利等一切为适龄幼儿提供的教育机会和教育条件，旨在通过各种政策安排保障 0~6 岁儿童有机会享受平等的、普惠的、优质的学前教育。三孩生育政策出台以来，国家作为学前教育福利的重要责任主体，学前教育的公共财政预算资金不断增加，并且也出台了多项政策以大力发展学前教育福利事业。2021 年 6 月公布的《中共中央 国务院关于优化生育政策促进人口长期均衡发展的决定》提出系列保障措施。除了推进城镇小区配套幼儿园治理、持续提升普惠性幼儿园覆盖率以外，全面开展课后文体活动、社会实践项目和托管服务，推动放学时间与父母下班时间衔接，也是发展学前教育福利着力的重点①。

大力发展公办园和普惠园建设可以有效展现学前教育的福利性，更好地保障儿童接受学前教育服务。截至 2020 年底，在政府的积极推动下，全国共有幼儿园 29.17 万所，比上年增加 1.05 万所，增长 3.73%。其中，普惠性幼儿园 23.41 万所，比上年增加 3.12 万所，增长 15.38%，占全国幼儿园总数的 80.25%。学前教育入园幼儿 1 791.40 万人；在园幼儿 4 818.26 万人，比上年增加 104.38 万人，增长 2.21%。其中，普惠性幼儿园在园幼儿 4 082.83 万人，比上年增加 499.88 万人，增长 13.95%，占全国在园幼儿总数的 84.74%。学前教育毛入园率达到 85.2%，比上年提高 1.8%。

二、"两免一补"的定义

"两免一补"是对农村义务教育阶段家庭经济困难学生免费提供教科书，免学杂费并逐步补助寄宿生生活费的一项政策。

2001 年，按照《中华人民共和国义务教育法》的要求，国家明确提出"两免一补"的政策，每年拿出 1 亿元，作为家庭经济困难学生上学的补助。为保证助学金制度的顺利实施，国务院要求各级政府都要建立助学金专款。此外，中央财政每年还另外拿出 1 亿元（2002 年为 2 亿元，2003 年为 4 亿元）用于向未完成普及九年义务教育任务的国家扶贫开发工作重点县和中西部农村地区贫困中小学免费提供教科书。2003 年，《国务院关于进一步加强农村教育工作的决定》提出，要建立健全资助家庭经济困难学生就学制度。其目标是：争取到 2007 年全国农村义务教育阶段家庭经济困难学生都能享受到"两免一补"，努力做到不让学生因家庭经济困难而失学，并力争到 2010 年在全国农村地区全部实行免费义务教育。为此，国家从 2004 年秋季新学期开始，再次大幅度增加中央财政专项资金。以 2005 年为例，中央和地方财政对中西部地区共安排"两免一补"资金 72 亿元，其中免费教科书资金为 30.4 亿元，免学杂费资金为 30.6 亿元，寄宿生生活补助资金近 11 亿元。2005—2007 年，中央财政安排 227 亿元专项资金，将免费教科书发放范围扩大到中西部农村义务教育阶段全部的家庭经济困难学生，同时推动地方政府逐步落实免学杂费和补助寄宿生生活费的责任。2005 年，国家基本对中西部农村 400 万义务教育阶段贫困学生实行了免学杂费、免书本费、补助寄宿生生活费，实现了"两免一补"目标。各地在实施中因地制宜，不断发展该制度，如重庆市的"三免一补"、包头市的"四免一补"等。2008 年春季学期起，全国所有农村地区义务教育阶段学校免除书费，城市义务教育免除学杂费。2018 年的政府工作报告强调发展公平而有

① 中国政府网. 中共中央 国务院关于优化生育政策促进人口长期均衡发展的决定［EB/OL］.（2021-07-20）［2022-08-12］. http://www.gov.cn/zhengce/2021-07/20/content_5626190.htm.

质量的教育，推动城乡教育一体化，这意味着城市和农村义务教育学生可以同样的享受“两免一补”政策。

2007年11月，《财政部、教育部关于调整完善农村义务教育经费保障机制改革有关政策的通知》提出了以下措施：

（1）进一步落实农村义务教育阶段家庭经济困难寄宿生的生活费补助政策。

对于中西部地区，参照各地现行政策和生活水平，中央出台农村义务教育阶段家庭经济困难寄宿生的生活费基本补助标准，从2007年秋季学期起执行。具体标准为：小学生每生每天补助2元，初中生每生每天补助3元，学生每年在校天数均按250天计算。享受寄宿生生活费补助的家庭经济困难学生的比例，由省级财政、教育部门根据当地实际情况确定。中央财政对中西部地区按照基本标准的50%给予奖励性补助。中西部地区地方财政应承担的50%部分，由省级财政统筹落实。中西部地区可在中央确定的基本标准的基础上，根据实际情况调高标准。调高标准所需资金，由地方财政负责解决。

从2007年秋季学期开始，东部地区也应加大落实农村义务教育阶段家庭经济困难寄宿生生活费补助政策的力度，其所需资金主要由地方财政自行承担。根据东部地区各省份政策落实情况及其财力状况等因素，中央财政给予适当奖励。

（2）向全国农村义务教育阶段学生免费提供教科书，提高中央财政免费教科书补助标准，推进教科书循环使用工作。

从2007年秋季学期开始，向全国农村义务教育阶段学生免费提供国家课程的教科书，其所需资金由中央财政承担。从2008年春季学期开始，免费提供地方课程的教科书，其所需资金由地方财政承担。

从2008年春季学期起，中央财政进一步提高国家课程免费教科书的补助标准，同时建立部分科目免费教科书的循环使用制度。为保证循环使用教科书的质量，中央财政每年按照循环使用教科书书款的一定比例安排资金，用于循环教科书的补充更新。

（3）提高中西部地区部分省份农村义务教育阶段中小学的生均公用经费基本标准，提前落实基准定额。

从2007年开始，对中西部地区农村义务教育阶段中小学的生均公用经费基本标准，小学低于150元或初中低于250元的省份，分别提高到150元和250元（其县镇标准相应达到180元和280元）。2008年，中央出台农村义务教育阶段中小学公用经费基准定额，分两年将基准定额落实到位。2008年和2009年，每年落实公用经费基本标准与基准定额差额的50%。中央与地方的经费分担比例，仍按《国务院关于深化农村义务教育经费保障机制改革的通知》（以下简称《通知》）的规定执行。

（4）适当提高中西部地区农村义务教育阶段中小学校舍维修改造的测算单价标准。

2007年起，提高中西部地区农村义务教育阶段中小学校舍维修改造的测算单价标准。中部地区每平方米由300元提高到400元，西部地区每平方米由400元提高到500元。在此基础上，对校舍维修改造成本较高的高寒地区等，进一步提高测算单价标准。中央与中西部地区的经费分担比例，仍按《通知》的规定执行。对东部地区，根据其财力状况以及校舍维修改造成效等情况，中央财政继续给予适当奖励。

（5）对中部地区享受西部大开发政策的243个县（市、区）执行西部地区有关政策。

从2007年起，在中部六省享受西部大开发政策的243个县（市、区），免除农村义务教育阶段学生学杂费和提高农村义务教育阶段中小学公用经费保障水平所需资金，按照中央与地方8：2的分担比例执行。243个县（市、区）的具体范围，按照《国务院办公厅关于中部六省比照实施振兴东北地区等老工业基地和西部大开发有关政策范围的通知》的规定执行。

三、"两免一补"的申请程序

①学生提出申请并填写申请表；②到村（居）委会签署意见；③学校进一步核实调查，初步确定受助对象；④学校将贫困学生名单、贫困情况、减免的具体项目与金额等张榜公示7天，以接受社会和群众监督；⑤公示无异议后，学校将核实的贫困学生名单，连同申请表上报教育部门；⑥学校对贫困学生实行动态管理，并根据贫困程度的变化适时进行调整。

四、"两免一补"对象的界定标准

享受"两免一补"待遇的对象包括：①持有农村特困户救助证的家庭子女；②农村人均年收入低于一定标准的家庭子女；③父母有重大疾病并丧失劳动能力的贫困学生；④父母离异或丧父、丧母等原因造成家庭经济困难的学生；⑤由突发事件导致家庭贫困的子女；⑥接受特殊教育的学生；⑦由建设征地导致农村家庭人均耕地面积大量减少且造成家庭经济严重困难的学生；⑧当地政府规定的其他需要资助的学生。

"两免一补"的对象范围不断扩大，已突破了原来贫困家庭的范围。一些地方所有农村和城市中小学生免除书费，并全面实施"两免一补"。2006年6月全国人大常委会对《中华人民共和国义务教育法》进行修订，明确规定九年义务教育阶段学费、书杂费全免，各地于当年9月1日起陆续实施。

如从2006年秋季开学起，北京市对远郊农村地区义务教育阶段学生全面实行"两免一补"政策，减免费用由市、区县财政各分担50%。该政策主要包括三方面内容：一是对10个远郊区县公办义务教育学校就读的、有本市农村户籍的学生免收教科书费；二是对有本市农村户籍的山区学生、城乡低保家庭学生、残疾学生（含随班就读）每人每年提供300元助学补助；三是对10个远郊区县公办义务教育学校中农村户籍的住宿生、特教学校住宿生、城乡低保家庭的住宿生免收寄宿费，每人每月发放100元伙食补助。

从2007年春季学期起，"两免一补"政策在天津全市范围全面实行。

2007年9月3日是广东农村义务教育一个标志性的日子。1 000多万农村义务教育阶段的孩子都在开学时领到了一套免费教材。这正式宣告了广东省农村义务教育阶段"收费"时代的终结。广东省成为在全国率先实现真正意义上的农村免费义务教育的省份。

自2007年9月1日起，珠海市翻开了新的一页：全市推行12年免费义务教育，对象是拥有该市户籍、就读于市内公办及民办普通中小学和中等职业学校的学生。与全国范围内实施的九年制义务教育相比，珠海市将义务教育范围扩大到高中三年，即高中阶段（含普通高中、职业高中、技工及中专）学生免交学费，但仍需交书杂费。

五、实施“两免一补”政策的重大意义

从宏观角度看，对农村义务教育阶段贫困家庭学生实行“两免一补”政策，是解决“三农”问题的重大举措，是促进农村义务教育持续健康发展的措施。“两免一补”政策体现了党中央、国务院对农村义务教育的高度重视和对农村困难群体的亲切关怀。认真落实好这项政策，对于促进农村税费改革，减轻农民负担，巩固农村义务教育“以县为主”的管理体制，加快农村义务教育事业的发展，具有十分重要的意义。

从学校的微观角度看，“两免一补”至少有以下三大好处：一是卸掉了收费负担；二是减轻了“保学”（保证学生的就读率）负担；三是减轻了信用负担。过去学生家长对收费抱怨很多，影响学校和教师的声誉。现在取消了所有的收费项目，学校一心一意办学，教师一心一意教学，学校的形象好了，在学生中的影响力和号召力也更强了。

六、“两免一补”政策落实情况的监督

一是加强专项资金管理。中央免费教科书专项资金统一纳入省级财政国库管理，实行分账核算，集中支付。二是加大督查力度。省财政厅、省教育厅将不定期检查各地“两免一补”工作的实施情况，加强对操作程序、资金管理等环节的监督检查，杜绝违法违纪行为。如2005年10月，国家教育督导团派出3个督察组赴湖北省、湖南省、黑龙江省、云南省、陕西省和甘肃省六省对“两免一补”工作执行情况进行了专项督导检查活动。三是接受社会监督。各市州、县（市、区）要开设“两免一补”举报电话，接受群众监督。

第三节　我国高等院校的“奖贷助补减”

近年，我国政府对高等院校学生的教育福利体系进行了不断的改革。除可以享受寒暑假回家火车票费用减半、教育存款免缴存款利息税等多种福利外，目前高等院校贫困学生还可以享受到国家“奖贷助补减”的福利政策。该制度是资助贫困生的一项重要制度。奖，是指在学校设立各种形式的奖学金，用以支持家庭经济困难、学习优秀的学生和学习农业、师范、体育、航海、民族等特殊专业的学生。贷，是指由金融机构针对高校学生开展的各种助学贷款。助，是指在学校的教学、科研、管理及校园环境维护等方面，为经济困难的学生设立一些勤工助学的岗位，让他们通过从事一定时间的劳动，获得一定的报酬，以贴补其在学习期间的一些开支。补，是指困难补助。每年中央和地

方政府，都拨出一定的专款，对经济困难学生进行补助。国家还规定高校每年都要从所收取的学费中提取10%左右的资金，用于困难学生的补助。减，是指减收或免收学费。国家已做出规定，对学习农业、师范、体育、航海、民族等特殊专业的学生减免学费。同时，还要学校对家庭经济困难的学生视情况不同减收或免收学费①。新的资助政策体系建立后，我国高等教育将形成国家奖学金、国家励志奖学金、国家助学金、国家助学贷款和勤工助学等多种方式并举的资助政策体系。其中，解决家庭经济困难学生学费、住宿费问题，以国家助学贷款为主，以国家励志奖学金等为辅；解决生活费问题，以国家助学金为主，以勤工助学等为辅。中等职业教育形成以国家助学金为主，以学生工学结合、学生顶岗实习、学校减免学费等为辅的资助政策体系。

一、国家奖学金

国家奖学金是中央政府自2002年9月1日起对家庭经济困难、品学兼优的全国普通高等学校全日制在校本专科生提供的无偿资助。其目的在于帮助家庭经济困难的普通高等学校学生顺利完成学业，激励家庭经济困难的普通高等学校学生勤奋学习、努力进取，促进学生在德、智、体、美等方面得到全面发展。其资助对象为全国普通高等学校的家庭经济困难、品学兼优的全日制本专科学生，包括当年考入普通高校的全日制本专科生以及在校全日制本专科生。申请的基本条件包括：①热爱祖国，拥护中国共产党的领导，道德品质优良；②自觉遵守宪法和法律，执行大学生守则和学校规章制度，生活俭朴；③身体健康；④在校期间学习成绩优秀或全国统一高考成绩优秀；⑤家庭经济困难。高等学校可按照国家奖学金基本申请条件制定相应的综合测评办法，并根据学生家庭经济状况、思想品德、学习成绩、体育锻炼、校规校纪等具体指标对学生进行考核。

国家奖学金分为两个等级。全国每年定额发放给45 000名学生，其中10 000名特别优秀的学生享受一等奖学金，标准为每人每年6 000元；35 000名学生享受二等奖学金，标准为每人每年4 000元。2007年起，国家奖学金奖励标准提高至本、专科生每人每年8 000元，硕士生每人每年2万元，博士生每人每年3万元，人数增加到6万人。

2007年对高校中品学兼优的二年级以上（含二年级）的在校贫困学生（含高职、第二学士学位）新设国家励志奖学金，资助比例达3%，每人每年5 000元。国家励志奖学金适当向国家最需要的农林水地矿油核等专业的学生倾斜。中央部门所属高校国家励志奖学金所需资金由中央负担。地方所属高校国家励志奖学金所需资金根据各地财力及生源状况由中央与地方按比例分担。其中，在西部地区，不分生源，中央与地方的分担比例为8∶2。在中部地区，生源为西部地区的，中央与地方的分担比例为8∶2；生源为其他地区的，中央与地方的分担比例为6∶4。在东部地区，生源为西部地区和中部地区的，中央与地方的分担比例分别为8∶2和6∶4；生源为东部地区的，中央与地方的分担比例根据财力及生源状况等因素分省份确定。人口较少民族家庭经济困难学生资助资金全部由中央负担。鼓励各地加大资助力度，超出中央核定总额部分的国家励志

① 时正新．中国社会救助体系研究［M］．北京：中国社会科学出版社，2002：143.

奖学金所需资金由中央给予适当补助。省（区、市）以下分担比例由各地根据中央确定的原则自行确定[①]。国家励志奖学金每学年评选一次，实行等额评审。每年9月30日前，学生根据国家励志奖学金的申请条件，向学校提出申请。报经高校主管部门批准后，高校于每年11月30日前将国家励志奖学金一次性发放给获奖学生，并记入学生的学籍档案。

从2007年开始，中央与地方还共同设立国家助学金，用于资助普通本科高校、高职校全日制本专科在校生（含高职、第二学位）中家庭经济困难学生和中等职业学校所有全日制在校农村学生及城市家庭经济困难学生。国家助学金资助面平均约占全国普通本科高校和高等职业学校在校生总数的20%，平均资助标准为每人每年2 000元。具体标准为每人每年1 000~3 000元，可以分为2~3档。国家助学金每学年评定一次。每年9月30日前，学生根据国家助学金的基本申请条件，向学校提出申请，各高校于当年11月15日前完成评审。国家助学金按10个月发放，高校按月将国家助学金发放到受助学生手中。

中等职业学校国家助学金（以下简称“中职助学金”）的资助对象是具有中等职业学校全日制正式学籍的在校一、二年级所有农村户籍的学生和县镇非农户口的学生以及城市家庭经济困难学生。资助标准为每人每年1 500元。中职助学金覆盖所有实施中等学历教育的公办和民办职业学校，具体包括普通中专、成人中专、职业高中、技工学校、职业技术学院附属的中专部和中等职业学校等。但上述学校必须经政府有关部门根据国家有关规定批准，并已在省级教育行政部门备案。《中等职业学校国家助学金管理暂行办法》规定，中职助学金资助对象覆盖所有在校一、二年级农村户籍的学生、县镇非农户口的学生和城市家庭经济困难学生。三年级学生将通过工学结合、顶岗实习获得一定报酬，用于支付学习和生活费用。

根据国家奖学金申请条件，高等学校学生个人向所在学校提出申请（可每年连续申请），并提交国家奖学金申请表。国家奖学金按年度申请和评审，每年10月开始受理申请，当年12月底前评审完毕。

国家奖学金的评审程序如下：

（1）财政部根据各中央主管部门和省（自治区、直辖市）所属普通高等学校上一年的全日制在校本专科生人数，于每年9月1日前确定各中央主管部门和省（自治区、直辖市）国家奖学金的推荐名额；各中央主管部门和省（自治区、直辖市）财政厅（局）（会同教育主管部门）按照财政部确定的国家奖学金推荐名额，确定各高校国家奖学金的推荐名额，对重点高校和师范、农林、民族、体育、航海、水利、地质、矿产、石油等专业的学生占在校生比例较大的高校适当倾斜。

（2）各高校学生将个人的申请材料于每年10月1日前提交给所在学校，由学校在

---

① 教育部. 国务院关于建立健全普通本科高校高等职业学校和中等职业学校家庭经济困难学生资助政策体系的意见［EB/OL］.（2007-05-13）［2022-08-10］. http://www.moe.gov.cn/jyb_xxgk/moe_1777/moe_1778/tnull_27695.html.

限额内等额评审后，于每年10月31日前将推荐名单及有关材料按照隶属关系分别报送中央主管部门或省（自治区、直辖市）教育主管部门审核。省（自治区、直辖市）教育主管部门将审核意见报省（自治区、直辖市）财政厅（局）复核。各中央主管部门和省（自治区、直辖市）财政厅（局）于每年11月15日前，将复核后的获国家奖学金的学生名单备案表报财政部备案。

财政部按照国家奖学金推荐名额，确定各中央主管部门和省（自治区、直辖市）国家奖学金预算。在接到国家奖学金学生名单备案材料后，财政部于1个月内将国家奖学金预算下达给各中央主管部门和省（自治区、直辖市）财政厅（局）。各中央主管部门和省（自治区、直辖市）财政厅（局）通过省（自治区、直辖市）教育主管部门将资金拨给高校，由高校统一发放给获国家奖学金的学生。

国家奖学金实行公示制。各高校应坚持公开、公平、公正的原则，在向中央主管部门和省（自治区、直辖市）教育主管部门报送评审名单及有关推荐材料之前，应将评审名单向全校师生公示，以防止不正之风，杜绝弄虚作假行为。

各省（自治区、直辖市）及计划单列市由本级财政安排专项资金，参照本办法设立本地区的政府奖学金，可将该奖学金称为“××省省（自治区、直辖市）政府奖学金”。具体资助人数及实施细则，由各省（自治区、直辖市）自定。地方所属高校国家励志奖学金所需资金根据各地财力及生源状况由中央与地方按比例分担。人口较少民族家庭经济困难学生资助资金全部由中央负担。

二、国家助学贷款

1. 国家助学贷款的利与弊

国家助学贷款是党中央、国务院在社会主义市场经济条件下，利用金融手段完善我国普通高校资助政策体系，加大对普通高校贫困家庭学生资助力度所采取的一项重大措施。国家助学贷款是由政府主导，财政贴息，财政和高校共同给予银行一定风险补偿金，银行、教育行政部门与高校共同操作的专门帮助高校贫困家庭学生的银行贷款。借款学生不需要办理贷款担保或抵押，但需要承诺按期还款，并承担相关法律责任。借款学生通过学校向银行申请贷款，用于弥补在校学习期间学费、住宿费和生活费的不足，毕业后分期偿还。

国家助学贷款业务主要由高校根据实际情况为贫困学生统一办理。学生考上大学可通过“绿色通道”按时报到，通过学校向银行提出贷款申请。申请材料包括：国家助学贷款申请书；本人学生证和居民身份证复印件（未成年人提供法定监护人的有效身份证明和书面同意申请贷款的证明）；本人对家庭经济困难情况的说明；学生家庭所在地有关部门出具的家庭经济困难证明。

中央部门所属普通高校毕业生到西部地区和艰苦边远地区基层单位（指县级以下机关、企事业单位和艰苦地区的艰苦行业）就业，服务期在3年以上（含3年）的，其在校学习期间获得国家助学贷款本金及其全部偿还之前产生的利息将由中央财政代为偿还。同时，各省（自治区、直辖市）要参照办法规定的原则，制定吸引和鼓励高校毕业生在本辖区艰苦边远地区基层单位就业的国家助学贷款代偿资助办法。

我国的国家助学贷款制度于1999年初步确立。1999年5月13日中国人民银行、教育部、财政部联合发布了《关于国家助学贷款的管理规定（试行）》。同年国家助学贷款试点工作正式在北京、上海、天津、重庆、武汉、沈阳、西安、南京等8个城市启动。2000年2月和8月，国家对该政策进行了2次调整，将贷款范围扩大到全国高校，承办银行扩大到工、农、中、建4家国有独资商业银行，贷款对象扩大到研究生和攻读双学位的全日制学生，并将担保贷款改为信用贷款。

2003年下半年，国家助学贷款出现了下滑现象，面临停顿的危险。教育部、财政部、中国人民银行、银监会4部门对国家助学贷款政策和机制进行了重大改革，建立了以风险补偿机制为核心的新政策、新机制。

2004年6月，新机制颁布实施后，实行贷款学生在校期间贷款利息全部由财政补贴、还款年限延长至毕业后6年。2006年9月初步启动的国家助学贷款代偿机制等，为完善以国家助学贷款为主体的高校经济困难学生资助体系奠定了良好基础。针对普通高等学校中的全日制本专科生、研究生、第二学士学位应届毕业生的，若自愿去中西部地区和艰苦边远地区县级以下基层单位工作、服务达到规定时间（3年），就可以获得国家给予的国家助学贷款代偿资金，用以偿还贷款。此外，如果应征入伍服义务兵役，也可获得国家助学贷款代偿资金。

2020年7月，教育部等4部门调整完善国家助学贷款政策，助学贷款还本宽限期由3年延长至5年。2021年9月1日，国务院决定完善国家助学贷款政策，提高国家助学贷款额度。一是自当年秋季学期起提高贷款额度，将本专科生每生每年最高贷款额度由8 000元提高至12 000元，研究生由12 000元提高至16 000元，财政对学生在校期间的贷款利息实行全额补贴。二是财政继续对助学贷款承办银行给予一定比例风险补偿并合理调低补偿比例。三是引导学生勤俭节约，努力向学、学以致用，增强就业和报效国家、服务社会的能力。学校也要努力为学生提供更多勤工助学的机会。

2. 国家助学贷款引入保险机制

虽然2004年国家对助学贷款政策在风险补偿机制等诸多方面进行了重大调整，但是问题并未得到彻底解决。在当年承办银行招标中，多个省份出现流标。根据教育部的统计，国家助学贷款发放比例始终未能达到国家要求的20%。一般商业性助学贷款则从2004年以后就已经基本停办。要提高我国助学贷款的覆盖率，要改变商业银行参与积极性不高和惜贷的现状，关键是解决国家助学贷款政策中存在的风险防范的制度性缺陷问题，建立一套完整的风险管控长效机制，科学合理地实现还贷风险的转移和分担。其中通过引入保险机制对贫困家庭学生等弱势群体提供助学贷款的信用担保，从而改变目前的运行模式，是完善我国助学贷款制度为数不多的选项之一。在此背景下，“学贷险”应运而生。

作为一个保险产品要收取保费，同时承保并不是单纯地意味着保险公司代学生归还贷款，而是在助学贷款风险管控机制中添加一个参与者。多方共同参与建设贷款学生信息管理平台，借助个人征信系统、第二代居民身份证系统和劳动人事部门的劳动合同鉴证和备案管理系统等，及时掌握违约学生真实信息，降低追偿成本。此外，还可发挥再保险的二次保障功能，通过向国内和国外的再保险公司的分保，将助学贷款的违约风险再次转移和分散，同时也引入更多的机构来关注和参与助学贷款的推进，降低违约率，让更多学生受益。

为了保证国家对贫困学生资助政策的实施，保险业 2006 年就在云南省、江苏省、四川省和河南省等省份开展了助学贷款信用保险的试点，全年共为 3 万多名学生提供了助学贷款保险，承担相关的保险责任达 2 亿元。同时，通过保险业的积极参与，还突破以往风险补偿金使用的政策性障碍。2007 年 8 月，中国农业银行云南省分行拓东支行接到了华安保险云南分公司对其投保的“学贷险”的首次赔付 2. 14 万元。这开出了全国保险公司因助学贷款违约向银行赔付的第一单，也标志着助学贷款引入商业保险化解信贷风险的模式取得了实质性进展。业界认为，此创新模式有可能使因高风险而被银行视为畏途的国家助学贷款峰回路转。

然而，在信用保险助学贷款模式中，虽然承担了全部信贷风险的保险公司制定了相应的风险管控方案，但是由于目前我国个人信用信息登记、披露制度仍然不完善，要保证保险公司将该项业务长期健康地进行下去，国家必要的政策扶持以及相应机制和体制的进一步完善，是不能缺少的。

3. 生源地信用贷款的探索

生源地信用助学贷款是各地探索出的比较符合金融属性、具有商业可持续发展的一个助学贷款品种，在身份认定、信用约束等方面有突出优势，是原有国家助学贷款形式的有益补充，是国家助学贷款的有机组成部分。2007 年，新疆维吾尔自治区、内蒙古自治区、江苏省、贵州省、云南省、浙江省、甘肃省、山东省、江西省开展了生源地贷款试点工作。

与高校国家助学贷款相比，生源地助学贷款的特点主要体现在：一是学生在当地贷款，当地银行比较容易调查学生家庭经济困难的情况，操作比较方便，成本较低；二是学生在当地就可以取得贷款，在入学前就可获得国家的资助，顺利到校报到入学；三是由于贷款发生在生源所在地，学生还款便于跟踪和管理，比原有高校国家助学贷款更加灵活。

生源地信用助学贷款有四个特点：一是信用贷款无须担保，仅要求学生父母或法定监护人与学生组成共同借款人。对学生家庭经济情况的认定在当地完成，更准确快捷，将学生与家庭“绑定”也有助于降低还款风险。以前一些地方自行开展了生源地贷款，必须要有担保人，但困难学生在乡村有时很难找到合适的担保人，最终享受不到贷款。因此，新的办法由“担保贷款”变为“信用贷款”，取消担保人，以借款人信用来担保。二是贷款期限长。每年申请的贷款原则上不超过 6 000 元。贷款利率按中国人民银行同期公布的同档次基准利率执行，不上浮。从贷款到还贷最长期限可达 14 年。贷款期限更加合理，更加符合助学贷款的实际。三是面向所有正式录取的全日制本专科生，不区分高校新生和在校生，首次将民办高校和独立学院纳入助学贷款范畴。四是贴息和风险补偿金全部由国家或地方财政承担，减轻了高校的经济负担。对于考入中央高校的学生，其贷款利息由中央财政承担。对于考入地方高校的学生，跨省（自治区、直辖市）就读学生的贴息全部由中央负担；在本省（自治区、直辖市）高校就读的，其贷款利息由地方财政负担。为化解贷款中可能出现的风险，国家还专门为生源地信用助学贷款特别建立了风险补偿专项资金，其比例按当年贷款发生额的 15%确定，由中央财政和地方财政合理分担。对于考入中央高校的学生，其风险补偿金由中央财政承担。对于考入地方高校的学生，跨省（自治区、直辖市）就读的，其风险补偿金由中央负担；在本省（自治区、直辖市）高校就读的，其风险补偿金由中央和地方分担。其中，在中西部省份，中央与地方各分担 50%；在东部省份，按国家助学金资金分担政策逐省确定分担比例。同时根据各省份财力状况、高校在校学生人数等因素设定调整系数。

在生源地信用助学贷款的过程中，县级资助管理中心至关重要。按照 2007 年 8 月 13 日财政部、教育部、国家开发银行联合下发的《关于在部分地区开展生源地信用助学贷款试点的通知》，各地县级教育局必须要求成立学生资助管理中心。在县级教育行政部门成立资助中心，是做好生源地信用助学贷款试点工作的前提，也是贯彻落实新资助政策体系整体工作的必然要求。在整体资助工作方面，县级资助中心不仅在生源地信用助学贷款工作中承担着学生家庭经济状况的认定、贷款需求的编制、贷款的申请和初审以及将来的催还贷款等工作，而且承担着中等职业学校国家助学金的管理。高校和中职学生家庭经济状况等基础信息的收集、整理、汇总等工作十分重要。但根据初步了解，各地落实情况差距较大，还有一些地方没有成立机构，工作推进速度偏慢，没有达到预期目标。因此，各地县级教育行政部门是否成立了资助中心并很好地承担起上述工作，将直接影响到新资助政策能否落实尤其是生源地信用助学贷款工作能否持续开展。

根据 2007 年出台的《国家开发银行生源地信用助学贷款管理暂行办法》，申请生源地助学信用贷款的学生家庭必须具备以下条件：

（1）无不良信用记录。

（2）学生父母或其他法定监护人的户籍在本县。

（3）家庭经济困难，符合以下特征之一，被视为全部收入不足以支付学生在校期间完成学业所需的基本费用：①农村特困户和城镇低保户；②孤儿及残疾人家庭；③遭受天灾人祸，造成重大损失，无力负担学生费用；④家庭成员患有重大疾病；⑤家庭主要收入创造者因故丧失劳动能力；⑥无稳定收入的单亲家庭；⑦老、少、边、穷及偏远农村的贫困家庭；⑧父母双方或一方失业的家庭；⑨家庭年现金总收入低于 8 000 元人民币；⑩其他贫困家庭。

助学贷款属于政策性贷款，而经办助学贷款业务的金融机构过少。在一些农村地区，农村信用社仍是辖区唯一发放生源地助学贷款的金融机构。目前农村信用社发放生源地助学贷款，在资金、利率等方面并不享受助学贷款补贴、补偿等优惠政策。可从以下几个方面完善生源地助学贷款制度：

（1）国家应加大对发放生源地助学贷款的金融机构的扶持力度，给予享有国家商业银行发放助学贷款的一切优惠政策，包括中央和地方财政统筹安排贴息资金、免征国家助学贷款利息收入营业税、呆坏账核销等国家助学贷款的优惠政策。同时，开展生源地助学贷款招投标工作，利用市场机制推动助学贷款良性发展。对开办生源地助学贷款的农村信用社，最好由省级政府统--对照国家助学贷款政策规定，以转移支付形式给予减免所得税、贴息和支付风险补偿金等优惠政策，为信用社减少后顾之忧，借政府之力推动生源地助学贷款业务的发展，提高农村信用社开办生源地助学贷款业务的积极性，使这一利国利民的助学政策更好地得以实施。

（2）加大对开办生源地助学贷款的农村信用社的资金支持。助学贷款是一项长期工程，资金占用期限较长。对于资金短缺的农村信用社，可由中国人民银行给予专项再贷款资金支持，还可与政府部门携手，争取其他渠道的资金支持，提高对生源地贫困学生的资金支持率。在确保贫困家庭大学新生不失学的同时，进一步扩大帮扶范围，使在校大学生也能得到帮扶。

（3）建立生源地助学贷款风险补偿机制。参照国家助学贷款风险补偿专项资金管理办法的规定，探索建立生源地助学贷款风险补偿机制，按照“风险分担”的原则，由财政部门按助学贷款发生额的一定比例，建立生源地助学贷款补偿专项资金，向农村信用社给予适当补偿，进一步降低农村信用社贷款风险。

两种助学贷款政策有机衔接，有利于减轻生源地农村信用社的资金压力，使其继续发挥对贫困生入学的资金支持作用，在学生入学后则转而由国家助学贷款给予资金支持。这样可以减轻学生家长的偿债压力，以便腾出资金和精力发展生产，从根本上改善自身的生活条件。生源地农村信用社也可以集中力量使有限的资金更好地发挥支持社会主义新农村建设的作用①。

三、学费减免

随着我国普通高等学校招生和毕业生就业制度改革的深入，普通高等学校中部分学生确因经济条件所限，在交纳全部学费方面存在困难。为使这部分学生（以下简称“困难学生”）不因此影响学业，在收取学费的普通高等院校中，对困难学生实行学费减免政策。

（1）减免学费的条件。国家对部分确因经济条件所限，交纳学费有困难的学生，特别是其中的孤残学生、少数民族学生及烈士子女、优抚家庭子女等，实行减免学费政

---

① 潘锋．生源地助学贷款的困惑［N/OL］．金融日报，2007-08-21.

策。其中对在校月收入（包括各种奖学金和各种补贴）已低于学校所在地区居民的平均最低生活水准线、学习和生活经济条件特别困难的学生免收全部学费；对其他一般困难的学生可适当减收部分学费。具体减免办法由省级教育、物价、财政部门制定。

各高等学校执行原劳动和社会保障部等六部门下发的《关于加强国有企业下岗职工管理和再就业服务中心建设有关问题的通知》，对生活特别困难的下岗职工子女就学，经企业、街道出具证明，应酌情减免学费。

（2）减免学费的额度由各高等学校根据本地区省级教育行政部门的有关规定及本校的实施办法，结合学生本人表现及经济状况，在认真调查的基础上，逐一审核、研究决定，并可根据实际情况及时进行调整。

（3）减免学费的管理。各高等学校要根据国家及本地区省级教育行政部门的有关规定，结合本校的实际情况，制定本校的实施办法，并报学校的主管部门备案。各高等学校有权对享受减免学费的学生及其家庭的经济情况进行抽查。对弄虚作假者，除需全额补交减免的费用外，还应视情况给以必要的纪律处分。各高等院校要在招生前向社会公布包括减免学费在内的各类资助困难学生的有关规定，采取有效措施，向社会进行宣传，消除经济困难考生及其家长的疑虑，保证合格新生按规定入校学习。减免学费是资助经济困难学生接受高等教育的一项重要措施。各高等学校应根据本校实际，与其他有关政策统筹安排。

从 2007 年起，对教育部直属师范大学新招收的师范生，实行免费教育。

四、我国高校学生资助体系的问题及对策

我国现有的高校资助体系使得不少贫困生难以享受到这一优惠政策，而一些不应该享受资助的学生却迟迟没有退出资助行列，占用了名额。现有的高校资助体系存在以下问题：

（1）贫困生信息不畅，评定标准滞后。各高校对学生经济情况的了解，往往还仅限于学生入学时的《家庭经济状况调查表》或者生源地一些部门的一纸证明，入学后也只能依靠对学生日常生活的观察。信息不对称的情形经常发生，对于什么样的家庭经济状况可以定为贫困以及如何评定贫困的等级，标准不统一。不少地方和高校没有依据变化了的经济情况来调整这些标准，导致贫困生资助覆盖面变小变窄。

（2）资助体系分散，资金分配不均。作为国家整个贫困生资助体系的直接执行人，高校大多按照相关规定分散执行奖助学金、助学贷款、勤工助学、学费减免等政策，而缺乏一整套针对学生个体的帮困助学方案，以致各项措施交叉执行，出现重复资助、覆盖面过窄等分配不均衡现象。经常出现大家都关注个别最困难的学生，而使个别困难学生的受助总额大大超过本身资助需求的情形。同时，其他困难学生则得不到应有的资助，最终影响了贫困生资助活动的公平与公正。

（3）资金来源狭窄，资助力度有限。从现在高校助困的几个渠道来看，由于近年招生规模基本稳定，学校学费收入不会有多少波动，因此提取 10%的增长比例的可能性

不大。在社会资助方面，上升的幅度也不是太明显，而且社会团体、个人捐赠具有不可控因素。政府资助和助学贷款应该是助困资金新的增长点，暴露出资金来源狭窄的问题。

针对上述高校助学体系中暴露出的诸多问题，应从以下四方面采取措施，以解决高校贫困生助学面临的难题：

（1）加大政府财政助困投入。因为高校学费收入比较固定，按规定从其中提取10%的助困资金也就相对固定，而自筹资金的浮动也不会太大。唯一能增长且比较可控的渠道就是政府财政投入了。一方面可以增加国家和省级奖助学金额度，另一方面可以适当提高用于申请助学贷款的风险补偿金的分摊比例。

（2）建立评定机制，设计资助规划。各校助学资金基本能覆盖到每个贫困生头上，但是每人获得的资助有多有少，差距比较大，有的能拿到几千元，而有的只有几百元，相差很大。应采取对学生进行家访或委托进行家庭情况调查等形式，摸清学生真实家庭经济情况，并按照事前制定好的标准对其贫困程度进行评定、建立档案。经过评定后，为每一位受助学生的具体情况设计一份完整的资助计划，并监测其在校期间的整个受助过程。资助计划包含学生基本信息以及其可能获得的所有资助项目。将包括奖助学金、助学贷款、勤工助学和减免学费等在内的贫困生资助项目全部归入资助计划，并统一实施监测，保证工作更加有效、更具有针对性，避免因管理分散而产生的资助金额不均衡的情况，保证分配公平、有效，保证公正、公开地实施助困活动。

（3）建立普惠式社会救助机制。现在的助困体系中有不少政策是有条件的，而不是针对所有贫困生的，比如奖学金针对成绩好的学生，成绩差的贫困生享受不到。这些政策把一些成绩不好的贫困生挡在门外，减少了他们受资助的机会。因此，应设立一个普惠式的社会救助机制，只要是家庭经济困难的学生都可享受。

（4）探索多种资助形式。除了已有的资助形式外，还应该多探索新的或是丰富已有的助困形式，比如助学贷款。到 2007 年江苏开办了农村信用社生源地贷款业务，效果很好，但其他省份不多。另外，生源地贷款如果能扩大到其他商业银行的话，效果会更好①。金融机构可以结合自身特点，加快推出更多符合学生需求特点的商业性助学贷款产品，进一步完善内控制度，加强贷款管理，防范助学贷款风险。同时，要加强与保险机构的合作，探索将保险引入助学贷款业务的新途径，有效转移和防范助学贷款风险。中国人民银行各分支机构要督促经办机构把助学贷款的还贷信息及时纳入个人征信体系。从道德规范和制度建设两方面同时推进，减少助学贷款的违约风险，营造有利于助学贷款业务可持续发展的舆论环境并建立社会信用体系。

---

① 王骏勇，廖君，茆琛．高校贫困生资助需补强“四大软肋”四举措化解［EB/OL］.（2007-03-05）［2015-11-30］. http://news.163.com/07/0305/09/38QF5K5C000120GU.html.

思考题

1. 日本的中小学生有哪些福利？

2. 试述印度、英国和泰国中小学生的福利。

3. 试述印度和英国的高等教育福利。

4. 何谓“两免一补”？其对象包括哪些？在我国实施“两免一补”有何重大意义？

5. 目前“两免一补”实施中存在哪些问题？

6. 应如何完善“两免一补”政策？

7. 高等院校的“奖贷助补减”分别指什么？

8. 何谓国家奖学金、国家励志奖学金、国家助学金和中职助学金？

9. 叙述我国国家助学贷款制度的发展过程并论述其利与弊。

10. 如何看待“学贷险”？

11. 如何探索我国生源地信用贷款？

12. 如何管理高校的学费减免？

13. 我国高校贫困学生资助体系存在哪些问题？对策是什么？

参考文献

［1］贾征. 社区服务与社会保障［M］. 北京：中国劳动与社会保障出版社，2001.

［2］徐永翔. 社会福利政策导论［M］. 上海：华东理工大学出版社，2003.

［3］吴东民，董西明. 非营利组织管理［M］. 北京：中国人民大学出版社，2003.

［4］孙光德. 社会保障概论［M］. 北京：中国人民大学出版社，2004.

［5］霍斯金斯. 21 世纪初的社会保障［M］. 侯宝琴，译. 北京：中国劳动社会保障出版社，2004.

［6］吉尔伯特. 社会福利的目标定位：全球发展趋势与展望［M］. 郑秉文，等译. 北京：中国劳动社会保障出版社，2004.

［7］斯哥，等. 地球村的社会保障：全球化和社会保障面临的挑战［M］. 华迎放，等译. 北京：中国劳动保障出版社，2004.

［8］韩艳. 中国养老服务政策的演进路径和发展方向：基于 1949—2014 年国家层面政策文本的研究［J］. 东南学术，2015（4）：7.

［9］刘松涛，王林萍. 新《农协法》颁布后日本农协全面改革探析［J］. 现代日本经济，2018（1）：25-36.

［10］郑功成. 尽快补上养老服务中人文关怀的短板［J］. 中国社会工作，2018（29）：34.

［11］佚名. 为了夕阳红满天：老年人福利与养老服务 40 年发展历程与成就［J］. 中国民政，2018（24）：30-33.

［12］董丽艳. 新型农民专业合作经济组织发展问题及解决对策［J］. 山西农经，2020（2）：53-59.

［13］郑功成. 实施积极应对人口老龄化的国家战略［J］. 人民论坛·学术前沿，2020（22）：19-27.

［14］刘文莉. 习近平关于新时代妇女发展重要论述研究［D］. 武汉：武汉科技大学，2021.

［15］王博. 我国社会团体登记管理工作现状及展望：基于对《社会团体登记管理条例》实施效果评估的分析［J］. 中国行政管理，2021（2）：40-46.